Direito Digital

Direito Digital

2021 • 2ª Edição

José Gaspar Schwalbach

ALMEDINA

DIREITO DIGITAL

AUTOR
José Gaspar Schwalbach

EDITOR
EDIÇÕES ALMEDINA, S.A.
Rua Fernandes Tomás, nºs 76-80
3000-167 Coimbra
Tel.: 239 851 904 · Fax: 239 851 901
www.almedina.net · editora@almedina.net

Design de coleção: FBA.
Capa: Edições Almedina

PRÉ-IMPRESSÃO
EDIÇÕES ALMEDINA, S.A.

IMPRESSÃO E ACABAMENTO

Dezembro, 2021

DEPÓSITO LEGAL

ALMEDINA | GRUPOALMEDINA

BIBLIOTECA NACIONAL DE PORTUGAL – CATALOGAÇÃO NA PUBLICAÇÃO

SCHWALBACH, José Gaspar

Direito digital. – 2ª ed. – (Guias práticos)
ISBN 978-989-40-0090-7

CDU 34

ÍNDICE

Aos Meus Sobrinhos.
E a todos os que Navegam pelo ciberespaço.

I. Prefácio

Publicada no passado dia 17 de Maio de 2021, e já após a impressão da presente obra, a Lei nº 27/2021 veio aprovar a Carta Portuguesa de Direitos Humanos na Era Digital, que entrou em vigor em Julho de 2021, pelo que importava aditar tal Magno Documento a um Manual que pretende apresentar-se como ponto de partida para o leitor, integrando noções, legislação e minutas de peças processuais, contractos e outros documentos úteis nesta nova realidade.

É, cada vez mais, claro que o Legislador Nacional (mas também o Europeu) optou pela escolha terminológica de "Digital" para se referir a esta novíssima realidade, afastando-se de outras opções que se revelam menos adequadas para o escopo da nossa matéria.

A Carta Portuguesa de Direitos Humanos na Era Digital veio consagrar, pela primeira vez, no nosso País, direitos em ambiente digital e de acesso ao ambiente digital, e avança no tocante a Liberdade de expressão e criação em ambiente digital, Garantia do acesso e uso impedindo que possa ser colocado em causa o acesso à internet e estabelecendo o novo direito à protecção contra a desinformação (ainda que de forma pouco clara na sua primeira redacção).

O projecto de lei 914/XIV/2ª, que visava proceder à primeira alteração da Lei 27/2021, de 17 de Maio, (Concretamente ao referido art. 6º) baixou no passado dia 20 de Outubro para a Comissão de Assuntos Constitucionais, Direitos, Liberdades e Garantias, sem votação, pelo prazo de 60 dias, sendo que tal projecto ficará naturalmente comprometido pela dissolução da Assembleia da República, aguardando-se, ainda assim, a decisão do Tribunal Constitucional quanto ao pedido de fiscalização sucessiva do citado preceito na sua actual redacção.

O Regulamento da Vida Artificial, o Regulamento de governação de dados e a Directiva do Mercado Único Digital merecem igualmente a nossa atenção numa altura em que o mercado das cripto-moedas ganha cada vez mais força e importância nos negócios jurídicos portugueses.

Mas, também com o surgimento do primeiro País a aceitar cripto-moedas como moeda Legal, El Salvador, surge a possibilidade de, nos termos do nosso Código Civil, serem celebrados negócios jurídicos com recurso às novas moedas digitais uma vez que, como já havíamos referido, ali se prevê a possibilidade de celebração de negócios relativos a moeda com curso legal no estrangeiro, ainda que o devedor possa pagar em moeda com curso legal no País, segundo o câmbio do dia do cumprimento e do lugar para este estabelecido (assim o *art. 558º do Código Civil*), motivo pelo quais importará igualmente aprofundar tal estudo.

Finalmente, no que diz respeito ao Direito Criminal, uma nota quanto às alterações à Lei do Cibercrime e ao Acórdão do Tribunal Constitucional relativamente à necessidade de abertura pelo juiz de instrução criminal das correspondências digitais (sem possibilidade de delegação), e que na proposta de Lei agora em discussão se pretendia atribuir competência ao Ministério Público, algo que o Tribunal Constitucional considerou uma "restrição dos direitos fundamentais à inviolabilidade da correspondência" e uma "violação das garantias constitucionais de defesa em processo penal".

A proposta de alteração ao art. 17º da Lei do Cibercrime, acabou por ser retirada da Proposta de Lei nº 98/XIV/2ª (GOV) que Transpõe a Directiva (UE) 2019/713, relativa ao combate à fraude e à contrafacção de meios de pagamento que não em numerário, e que foi aprovada, em votação final global, a 20 de Outubro de 2021.

Estamos já num novo Mundo Digital.

II. Introdução

A presente obra, agora na sua segunda edição revista e aumentada, pretende de forma simples permitir o acesso directo a temas importantes relacionados com o Direito Digital ou Ciberdireito, no fundo, o conjunto de normas que regulam os novíssimos direitos que surgiram com os Computadores Pessoais e a Internet.

O primeiro computador pessoal surgiu há quarenta anos, a 12 de Agosto de 1981, tendo a norte-americana IBM sido pioneira ao apresentar o seu Modelo 5150, com o processador 8088 da Intel e sistema operativo licenciado pela Microsoft.

Iniciava-se uma nova era. Uma novíssima Era Digital.

O 5051 da IBM – que sem disco rígido se apresentava como o conjunto de monitor monocromático de cor verde, teclado, unidade central, impressora e unidade externa de disquetes – inovava pelo seu tamanho físico, já que até aí os computadores, para além de terem valores que ascendiam a cerca de $20.000,00 (vinte mil dólares), ocupavam áreas que os impediam de ser adquiridos para uso doméstico.

Também o valor do novo 5051 veio garantir a abertura do mercado residencial e de pequenas e médias empresas à IBM com o valor de venda ao público do primeiro computador pessoal fixado em cerca de €1.300,00 (mil e trezentos euros), o que equivaleria hoje a cerca de €3.375,00 (três mil trezentos e setenta e cinco euros) sendo distribuído com software que incluía a folha de cálculo *VisiCalc*, processamento de texto através do programa *Easywriter* 1.0 e, ainda, o primeiro jogo da *Microsoft – Adventure*.

Estavam lançados os dados para uma nova era.

Foi com este equipamento que o computador da IBM marcou o início de uma nova era no uso digital, daí ser considerado o "Pai" dos computadores modernos, que veio revolucionar todo o sector.

Actualmente, o confinamento e o redireccionamento para o teletrabalho vieram contrariar a tendência de queda nas vendas, sendo que segundo a norte-americana *IDC Corporate USA* as fabricantes fecharam 2020 com números superiores a 302 milhões de PC vendidos (incluindo computadores de secretária, portáveis e workstations) com a Lenovo, HP Inc e Dell Technologies no topo da tabela.

Mas, já antes da chegada às nossas casas dos computadores pessoais, se tinha iniciado a pesquisa sobre a comutação de pacotes de dados e redes de comutação de pacotes, com recurso a vários protocolos.

Entre a década de 60 e o início da década de 70, sistemas *Telenet, Cyclades, Merit Network* ou *Tymnet* foram desenvolvidos e permitiam a transmissão de dados.

Em especial, *a Arpanet (Advanced Research Projects Agency Network)* – financiada pelo Departamento de Defesa dos Estados Unidos através da sua Agência de Projectos de Pesquisa Avançada (ARPA) de onde herdaria o nome – veio lançar as bases da actual internet (*Lievrouw, L. A.; Livingstone, S. M. (2006). Handbook of New Media: Student Edition. EUA: SAGE. p. 253. 475 páginas. ISBN 1412918731*), permitindo desenvolver protocolos de comunicação entre várias redes separadas no espaço físico, tendo sido a primeira rede a implementar o conjunto de protocolos TCP/IP.

Também em 1981, com o financiamento da Rede de Ciência da Computação (CSNET) pela Fundação Nacional da Ciência norte-americana (NSF) se aumentou o acesso à ARPANET. Em 1982, o conjunto de protocolos de Internet (TCP/IP) foi introduzido como o protocolo de rede padrão na ARPANET, tendo, no início dos anos 80, a NSF financiado o estabelecimento de diversos centros nacionais de supercomputação nas diversas universidades, proporcionando uma interconectividade em 1986 com o projecto NSFNET, que também criou acesso aos sítios electrónicos por supercomputadores nos Estados Unidos a partir de organizações de pesquisa e educação. A ARPANET viria a ser desactivada em 1990. [*G. Schneider; J. Evans; K. Pinard (2009). The Internet – Illustrated. EUA: Cengage Learning. ISBN 0538750987*]

Com o desmantelamento da NSFNET (*National Science Foundation Network*) e a remoção das últimas restrições sobre o uso da internet para transportar o tráfego comercial, a internet foi definitivamente liberalizada em 1995, tornando-se o seu uso comercial (*Harris, Susan R.; Gerich, Elise «Retiring the NSFNET Backbone Service: Chronicling the End of an Era». ConneXions. 10*) iniciando, no final da década de 80, uma rápida expansão para a Europa, Ásia e Austrália.

A partir do início da década de 1990 a internet passou a ter um impacto crescente sobre a cultura e o comércio mundiais, nomeadamente com o surgimento de sistemas de comunicação instantânea com programas como o *mIRC* (cliente de chat através do protocolo de *Internet Relay Chat*) mas também softwares como o ICQ cuja notificação de nova mensagem ficou gravada para todos os seus utilizadores.

Do protocolo IRC à facilidade de envio de mensagens de correio electrónico, chamadas VoIP (*Voice over* IP), chamadas de vídeo, fóruns de discussão, páginas web institucionais, redes sociais, sítios de compras em linha, o mundo Digital evoluiu a uma velocidade imbatível.

Ao mesmo tempo as operadoras de comunicação – conscientes da necessidade de assegurar a transmissão cada vez mais elevada de dados – aumentaram a oferta que nos anos 90 era maioritariamente disponibilizada com recurso a modems que ocupavam as linhas telefónicas, e cuja velocidade era naturalmente incompatível com o que a sociedade impunha com o aumento da curiosidade desta nova Era.

Hoje, à velocidade da fibra óptica, a oferta de conteúdos e aplicações permitem considerar a internet como uma extensão da nossa vida pessoal e laboral, como espaço familiar, de trabalho ou de entretenimento. Quantos almoços de família se fizeram com recurso às novas tecnologias, com recurso a programas como Zoom ou *WhatsApp*. Quantas reuniões com clientes ou com colegas de trabalho. Quantos julgamentos terão já sido feitos através da aplicação *Webex*. É, pois, deste mundo digital que trataremos na presente obra que apenas pretende abrir a porta para o que já existe e cuja regulamentação não é, ainda, suficiente para as actuais necessidades.

Em Maio de 2021 é publicada a Carta Portuguesa dos Direitos Humanos na Era Digital, numa altura em que o Legislador Europeu trabalha já em propostas de Regulamentos sobre Governação de Dados (Novembro de 2020) e vida artificial (Abril de 2021).

Ao legislador espera-o um trabalho árduo de seleccionar todas as matérias cujo actual estado das artes permite que se verifiquem em ambientes digitais (transmissão de dados pessoais, comércio electrónico, investimento em cripto-activos, desde a sua oferta inicial de distribuição até à celebração de contratos por diferença – CDF) e regula-los para que a fuga para o mundo virtual não implique uma perda de competência territorial e consequente inviabilização da segurança jurídica cuja base estará, espera-se, na norma a criar.

III. Resenha Histórica

Em Portugal, a Lei da criminalidade informática (Lei nº 109/91, de 17 de Agosto), que entrou em vigor em Dezembro daquele ano, apresentava já definições para rede informática, sistema informático, programa informático, topografia, produto semicondutor e intercepção, prevendo já níveis de valores (elevado aquele que excedesse 50 unidades de conta e consideravelmente elevado aquele que excedesse as 200 unidades de conta no momento da prática do facto).

A Lei da Criminalidade Informática previa já a responsabilidade penal das pessoas colectivas ou equiparadas, as quais respondiam penal e civilmente (de forma solidária), pelo pagamento de multas, indemnizações e outras prestações em que fossem condenados os agentes das respectivas infracções.

Subsidiariamente aplicável a legislação penal (ex vi do art. 1º) a Lei nº 109/91 de 17 de Agosto previa no seu elenco de crimes ligados à informática a Falsidade informática (art. 4º) Dano relativo a dados ou programas informáticos (art. 5º), Sabotagem informática (art. 6º), Acesso ilegítimo (art. 7º), Intercepção ilegítima (art. 8º) e Reprodução ilegítima de programa protegido (art. 9º), prevendo-se a aplicação de penas às pessoas colectivas e equiparadas pelos crimes ali previstos, nomeadamente a admoestação, multa ou dissolução.

A Lei da Criminalidade informática veio estabelecer os conceitos de rede informática, como o conjunto de dois ou mais computadores interconectados, sistema informático, como o conjunto constituído por um ou mais computadores, respectivos equipamentos periféricos e suporte lógico que assegurasse o processamento de dados.

A definição de programa informático consistia em "*conjunto de instruções capazes, quando inseridas num suporte explorável em máquina, de permitir à máquina que tem por função o tratamento de informações indicar, executar ou produzir determinada função, tarefa ou resultado*".

Do ponto de vista físico, veio igualmente a ser definida "topografia" como a série de imagens ligadas entre si, independentemente do modo como são fixadas ou codificadas, que representam a configuração tridimensional das camadas que compõem um produto semicondutor e na qual cada imagem reproduz o desenho ou parte dele de uma superfície do produto semicondutor, independentemente da fase do respectivo fabrico e produto semicondutor , como "*a forma final ou intermédia de qualquer produto, composto por um substrato que inclua uma camada de material semicondutor e constituído por uma ou várias camadas de matérias condutoras, isolantes ou semicondutoras, segundo uma disposição conforme a uma configuração tridimensional e destinada a cumprir, exclusivamente ou não, uma função electrónica*".

Do ponto de vista da criminalidade informática, teve o legislador a necessidade de especificar o conceito de "Intercepção" (de dados informáticos) como o acto destinado a captar informações contidas num sistema automatizado de dados, através de dispositivos electromagnéticos, acústicos, mecânicos ou outros.

Também para efeitos de aplicação da moldura penal, e considerando que o valor do tipo de bem protegido pelo mesmo poderia variar fixou-se valor elevado como aquele que excedesse 50 unidades de conta processual penal avaliadas no momento da prática do facto e valor consideravelmente elevado como aquele que excedesse 200 unidades de conta processual penal avaliadas no momento da prática do facto.

Assim, a partir de 1991, passa a estar tipificado no ordenamento jurídico português o crime de *Falsidade informática*, o qual se verificaria sempre que alguém, com intenção de provocar engano nas relações jurídicas, introduzisse, modificasse, apagasse ou suprimisse dados ou programas informáticos ou, por qualquer outra forma, interferisse num tratamento informático de dados, quando esses dados ou programas fossem susceptíveis de servirem como meio de prova, de tal modo que a sua visualização produzisse os mesmos efeitos de um documento falsificado, ou, bem assim, os utilizasse para os fins descritos, seria punido com pena de prisão até cinco anos ou multa de 120 a 600 dias.

Nas mesmas penas incorreria quem usasse documento produzido a partir de dados ou programas informatizados que fossem objecto dos actos referidos, actuando com intenção de causar prejuízo a outrem ou de obter um benefício ilegítimo, para si ou para terceiros.

A referida moldura penal subiria para pena de prisão de um a cinco anos sempre que os factos referidos forem praticados por funcionário no exercício das suas funções.

Quanto ao crime de *dano relativo a dados ou programas informáticos*, previa-se ali que quem, sem para tanto estar autorizado, e actuando com intenção de causar prejuízo a outrem ou de obter um benefício ilegítimo para si ou para terceiros, apagasse, destruísse, no todo ou em parte, danificasse, suprimisse ou tornasse não utilizáveis dados ou programas informáticos alheios ou, por qualquer forma, lhes afectasse a capacidade de uso seria punido com pena de prisão até três anos ou pena de multa, sendo a tentativa punível, dependendo de queixa o procedimento criminal excepto se os danos causados fossem de valor consideravelmente elevados.

Quanto ao referido crime, caso o dano causado fosse de valor superior a 50 unidades de conta a pena seria a de prisão até 5 anos ou de multa até 600 dias, mas já se os danos causados fossem superiores a 200 unidades de conta, a pena fixar-se-ia em prisão de 1 a 10 anos.

O crime de *sabotagem informática*, previa que quem introduzisse, alterasse, apagasse ou suprimisse dados ou programas informáticos ou, por qualquer outra forma, interferisse em sistema informático, actuando com intenção de entravar ou perturbar o funcionamento de um sistema informático ou de comunicação de dados à distância, seria punido com pena de prisão até 5 anos ou com pena de multa até 600 dias, sendo que a pena seria a de prisão de um a cinco anos se o dano emergente da perturbação fosse de valor elevado ou, de 1 a 10 anos de prisão se o dano emergente da perturbação fosse de valor consideravelmente elevado.

O crime de *acesso ilegítimo* verificar-se-ia sempre que alguém que, não estando para tanto autorizado e com a intenção de alcançar, para si ou para outrem, um benefício ou vantagem ilegítimos, de qualquer modo acedesse a um sistema ou rede informática, seria punido com pena de prisão até 1 ano ou com pena de multa até 120 dias.

A pena seria a de prisão até três anos ou multa se o acesso fosse conseguido através de violação de regras de segurança, mas subiria para prisão de um a cinco anos quando, através do acesso, o agente tivesse tomado conhecimento de segredo comercial ou industrial ou de dados confidenciais, protegidos por lei ou, caso o benefício ou vantagem patrimonial obtidos fossem de valor consideravelmente elevado sendo, em qualquer caso, a tentativa punível.

Praticaria o *crime de Intercepção ilegítima* todo aquele que, sem para tanto estar autorizado, e através de meios técnicos, interceptasse comunicações que se processassem no interior de um sistema ou rede informáticos, a eles destinadas ou deles provenientes, sendo nesses casos punida a prática do referido crime com pena de prisão até três anos, ou com pena de multa, e sendo a tentativa punível.

O crime de *Reprodução ilegítima de programa protegido* consistia em alguém, sem para tal estar autorizado, reproduzir, divulgar ou comunicar ao público programa informático protegido por lei, sendo nesses casos punido com pena de prisão até três anos ou com pena de multa.

Na mesma pena incorreria quem ilegitimamente reproduzisse topografia de um produto semicondutor ou a explorar comercialmente ou importasse, para esses fins, uma topografia ou um produto semicondutor fabricado a partir dessa topografia, sendo sempre a tentativa punível.

No caso penas aplicáveis às pessoas colectivas e equiparadas e pelos crimes previstos na referida lei previa-se a possibilidade de decretar a pena de dissolução, a qual seria aplicada quando os titulares dos órgãos ou representantes da pessoa colectiva ou sociedade tivessem agido com a intenção, exclusiva ou predominantemente, de, por meio dela, praticar os factos que integrassem os crimes ali previstos ou quando a prática reiterada desses factos revelasse que a pessoa colectiva ou sociedade estava a ser utilizada para esse efeito, quer pelos seus membros, quer por quem exercesse a respectiva administração.

A titulo de penas acessórias poderiam ser aplicadas a *perda de bens, a caução de boa conduta* (obrigação de o agente depositar uma quantia em dinheiro, entre €50,00 a €5.000,00 a fixar pelo tribunal e por período entre seis meses a dois anos e a qual seria perdida a favor do Estado caso o agente praticasse nova infracção), *interdição temporária do exercício de certas actividades ou profissões* (aplicada sempre que a infracção fosse cometida com flagrante e manifesto abuso da profissão ou no exercício de actividade que dependesse de um título público, de uma autorização ou homologação da autoridade pública), *encerramento temporário ou definitivo de estabelecimento* (decretado por períodos mínimos de um mês a um ano no primeiro caso, sendo definitivo o encerramento em casos de anteriores condenações por infracções previstas na Lei da criminalidade informática, tiver sido já decretado o encerramento temporário e houver condenação anterior com pena de prisão por dano de valor consideravelmente elevado ou para um número avultado de pessoas) *e a publicidade da decisão condenatória* (sempre efectivada a expensas do condenado, em publicação periódica editada na área da comarca da prática da infracção ou, na sua falta, em publicação da área da comarca mais próxima, bem como através da afixação de editais, por período não inferior a 30 dias, no próprio estabelecimento ou no local do exercício da actividade, por forma bem visível pelo público).

Relativamente à conservação de prova, a Lei nº 32/2008, de 17 de Julho (Lei relativa a conservação de dados gerados ou tratados no contexto da oferta de serviços de comunicações electrónicas publicamente disponíveis ou de redes públicas de comunicações) viria estabelecer um regime processual privativo relativamente à conservação de dados, impondo aos fornecedores de serviços de comunicações electrónicas publicamente disponíveis ou de uma rede pública de comunicações a conservação de diversas categorias de dados, nomeadamente de dados necessários para encontrar e identificar a fonte de uma comunicação, dados necessários para encontrar e identificar o destino de uma comunicação, dados necessários para identificar a data, a hora e a duração de uma comunicação, dados necessários para identificar o tipo de comunicação, dados necessários para identificar o equipamento de telecomunicações dos utilizadores, ou o que se considera ser o seu equipamento e dados necessários para identificar a localização do equipamento de comunicação móvel.

Relativamente a acessos à Internet, ao correio electrónico através da Internet e às comunicações telefónicas através da Internet estabeleceu-se a preservação dos códigos de identificação atribuídos ao utilizador, o código de identificação do utilizador e o número de telefone atribuídos a qualquer comunicação que entre na rede telefónica pública, o nome e o endereço do assinante ou do utilizador registado, a quem o endereço do protocolo IP, o código de identificação de utilizador ou o número de telefone estavam atribuídos no momento da comunicação sendo que se estipulava a preservação do código de identificação do utilizador ou o número de telefone do destinatário pretendido, ou de uma comunicação telefónica através da Internet, os nomes e os endereços dos subscritores, ou dos utilizadores registados, e o código de identificação de utilizador do destinatário pretendido da comunicação devendo sempre ser registada a data e a hora do início (*log in*) e do fim (*log off*) da ligação ao serviço de acesso à Internet com base em determinado fuso horário, juntamente com o endereço do protocolo IP, dinâmico ou estático, atribuído pelo fornecedor do serviço de acesso à Internet a uma comunicação, bem como o código de identificação de utilizador do subscritor ou do utilizador registado.

Estávamos, ainda, numa fase em que os acessos à internet eram feitos por via de modems cuja utilização implicava chamada telefónica para a operadora fornecedora de serviços de acesso à internet.

Por esse motivo, ficaria registada a data e a hora do início e do fim da ligação ao serviço de correio electrónico através da Internet ou de comunicações através da Internet, com base em determinado fuso horário, bem como o número de telefone que solicita o acesso por linha telefónica, a linha de assinante digital (*digital subscriber line*, ou DSL), ou qualquer outro identificador terminal do autor da comunicação.

A Lei da Criminalidade informática veio a ser revogada em 2009, com a publicação da Lei nº 109/2009 de 15 de Setembro que aprovou a Lei do Cibercrime, transpondo para a ordem jurídica interna a Decisão Quadro nº 2005/222/JAI, do Conselho, de 24 de Fevereiro, relativa a ataques contra sistemas de informação, e adaptou o direito interno à Convenção sobre Cibercrime do Conselho da Europa.

Com a entrada em vigor da referida lei foram estabelecidas as disposições penais materiais e processuais, bem como as disposições relativas à cooperação internacional em matéria penal, relativas ao domínio do cibercrime e da recolha de prova em suporte electrónico tendo em consideração o facto deste tipo de criminalidade estar, habitualmente, associado a práticas transfronteiriças que criavam obstáculos à aquisição de prova e à celeridade necessária para a cessação de actividades criminosas.

O Legislador mantém, grosso modo, as definições anteriormente estabelecidas na Lei da criminalidade informática, desenvolvendo-as no seu artigo 2º onde define na sua alínea a) «Sistema informático», como "*qualquer dispositivo ou conjunto de dispositivos interligados ou associados, em que um ou mais de entre eles desenvolve, em execução de um programa, o tratamento automatizado de dados informáticos, bem como a rede que suporta a comunicação entre eles e o conjunto de dados informáticos armazenados, tratados, recuperados ou transmitidos por aquele ou aqueles dispositivos, tendo em vista o seu funcionamento, utilização, protecção e manutenção*", uma definição, mais cuidada relativamente à anterior que definia como simples "*conjunto constituído por um ou mais computadores, respectivos equipamentos periféricos e suporte lógico que assegurasse o processamento de dados.*"

Foi mantida igualmente a definição de "*Intercepção*" (de dados informáticos) como o acto destinado a captar informações contidas num sistema automatizado de dados, através de dispositivos electromagnéticos, acústicos, mecânicos ou outros, bem como a definição de "*Topografia*" (uma série de imagens ligadas entre si, independentemente do modo como são fixadas ou codificadas, que representam a configuração tridimensional das camadas que compõem um produto semicondutor e na qual cada imagem reproduz o desenho, ou parte dele, de uma superfície do produto semicondutor, independentemente da fase do respectivo fabrico) e de "*Produto semicondutor*" (a forma final ou intermédia de qualquer produto, composto por um substrato que inclua uma camada de material semicondutor e constituído por uma ou várias camadas de matérias condutoras, isolantes ou semicondutoras, segundo uma disposição conforme a uma configuração tridimensional e destinada a cumprir, exclusivamente ou não, uma função electrónica).

Surgem, contudo, as novas definições de "*Dados informáticos*" como qualquer representação de factos, informações ou conceitos sob uma forma susceptível de processamento num sistema informático, incluindo os programas aptos a fazerem um sistema informático executar uma função, "*Dados de tráfego*", como os dados informáticos relacionados com uma comunicação efectuada por meio de um sistema informático, gerados por este sistema como elemento de uma cadeia de comunicação, indicando a origem da comunicação, o destino, o trajecto, a hora, a data, o tamanho, a duração ou o tipo do serviço subjacente e "*Fornecedor de serviço*" como qualquer entidade, pública ou privada, que faculte aos utilizadores dos seus serviços a possibilidade de comunicar por meio de um sistema informático, bem como qualquer outra entidade que trate ou armazene dados informáticos em nome e por conta daquela entidade fornecedora de serviço ou dos respectivos utilizadores.

O catálogo dos crimes tipificados na Lei 109/2009 de 15 de Setembro é idêntico ao que já constava da Lei de 1991, e inclui o crime de *Falsidade informática* (art. 3º), *o crime de Dano relativo a programas ou outros dados informáticos* (Art. 4º), *o crime de Sabotagem informática* (Art. 5º), *o crime de acesso ilegítimo* (art. 6º), *o crime de intercepção ilegítima* (art. 7º) *o crime de reprodução ilegítima de programa protegido* (art. 8º), mas passa, agora, a incluir um conjunto de disposições processuais aplicáveis a processos relativos crimes que constem da Lei do Cibercrime, a crimes cometidos por meio de sistema informático e a quaisquer outros em relação aos quais seja necessário proceder à recolha de prova em suporte electrónico.

E tal alteração veio a ter impacto, por exemplo, na alteração da jurisprudência que até aqui equiparava, por exemplo, as mensagens SMS às cartas de correio, distinguindo entre as situações em que ainda estariam fechadas ou aquelas em que já haviam sido abertas pelo destinatário, e que agora vê tal entendimento alterado, uma vez que a leitura de mensagens guardadas num cartão de telemóvel (ou equipamento) por um agente policial sem autorização do seu dono ou do JIC passa a ser prova proibida, em nada relevando que as mesmas tivessem sido ou não abertas e lidas pelo destinatário porquanto a lei não distingue entre essas duas situações.

A preservação expedita de dados passa a ser ordenada pela autoridade judiciária competente ou órgão de polícia criminal em caso de urgência ou perigo na demora, discriminando a natureza dos dados, origem e destino se conhecidos e período de tempo pelo qual deverão ser preservados, num máximo de três meses, deixando de se aplicar o regime processual das comunicações telefónicas previsto nos artigos 187º a 190º do Código de Processo Penal por extensão às «telecomunicações electrónicas», «crimes informáticos» e «recolha de prova electrónica (informática)»., sendo que tendo em vista assegurar a preservação dos dados de tráfego relativos a uma determinada comunicação, independentemente do número de fornecedores de serviço que nela participaram, o fornecedor de serviço a quem essa preservação tenha sido ordenada indica à autoridade judiciária ou ao órgão de polícia criminal, logo que o souber, outros fornecedores de serviço através dos quais aquela comunicação tenha sido efectuada, tendo em vista permitir identificar todos os fornecedores de serviço e a via através da qual aquela comunicação foi efectuada.

No decurso do processo, se se tornar necessário à produção de prova, tendo em vista a descoberta da verdade, obter dados informáticos específicos e determinados, armazenados num determinado sistema informático, a autoridade judiciária competente ordena a quem tenha disponibilidade ou controlo desses dados que os comunique ao processo ou que permita o acesso aos mesmos, sob pena de punição por desobediência, será a injunção para apresentação ou concessão do acesso a dados, sendo igualmente possível a apreensão de dados informáticos (dados ou documentos informáticos necessários à produção de prova), quer do suporte onde está instalado o sistema ou apreensão do suporte onde estão armazenados os dados informáticos, bem como dos dispositivos necessários à respectiva leitura, quer através de realização de uma cópia dos dados, em suporte autónomo, que será junto ao processo, quer ainda através da preservação, por meios tecnológicos, da integridade dos dados, sem realização de cópia nem remoção dos mesmos ou ainda através de eliminação não reversível ou bloqueio do acesso aos dados.

Tal como supra referido, a apreensão de correio electrónico e registos de comunicações de natureza semelhante passa agora a ter tratamento específico, impondo-se que quando sejam encontrados, armazenados nesse sistema informático ou noutro a que seja permitido o acesso legítimo a partir do primeiro, o juiz possa autorizar ou ordenar, por despacho, a apreensão daqueles que se afigurem ser de grande interesse para a descoberta da verdade ou para a prova, aplicando-se correspondentemente o regime da apreensão de correspondência previsto no Código de Processo Penal, sendo igualmente admissível o recurso à intercepção de comunicações e o registo de transmissões de dados informáticos os quais apenas poderão ser autorizados durante o inquérito, se houver razões para crer que a diligência é indispensável para a descoberta da verdade ou que a prova seria, de outra forma, impossível ou muito difícil de obter, por despacho fundamentado do juiz de instrução e mediante requerimento do Ministério Público.

Passa a ser admissível o recurso às acções encobertas previstas na Lei nº 101/2001, de 25 de Agosto, nos termos aí previstos, no decurso de inquérito relativo aos crimes da lei do Cibercrime ou àqueles cometidos por meio de um sistema informático, quando lhes corresponda, em abstracto, pena de prisão de máximo superior a 5 anos ou, ainda que a pena seja inferior, e sendo dolosos, os crimes contra a liberdade e autodeterminação sexual nos casos em que os ofendidos sejam menores ou incapazes, a burla qualificada, a burla informática e nas comunicações, a discriminação racial, religiosa ou sexual, as infracções económico-financeiras, bem como os crimes consagrados no título IV do Código do Direito de Autor e dos Direitos Conexos.

A Cooperação internacional é igualmente uma das apostas para efeitos de investigações ou procedimentos respeitantes a crimes relacionados com sistemas ou dados informáticos, bem como para efeitos de recolha de prova, em suporte electrónico, de um crime, de acordo com as normas sobre transferência de dados pessoais previstas na Lei nº 67/98, de 26 de Outubro sendo criado um ponto de contacto permanente para a cooperação internacional, tendo em vista a prestação de assistência imediata para os efeitos referidos no artigo anterior, assegurado pela Polícia Judiciária, vinte e quatro horas por dia, sete dias por semana.

Relativamente à aplicação no espaço da lei penal portuguesa e à competência dos tribunais portugueses, prevê-se que para além do disposto no Código Penal em matéria de aplicação no espaço da lei penal portuguesa, e salvo tratado ou convenção internacional em contrário, a lei penal portuguesa será ainda aplicável a factos praticados por Portugueses, se aos mesmos não for aplicável a lei penal de nenhum outro Estado, cometidos em benefício de pessoas colectivas com sede em território português, fisicamente praticados em território português, ainda que visem sistemas informáticos localizados fora desse território ou que visem sistemas informáticos localizados em território português, independentemente do local onde esses factos forem fisicamente praticados.

A 8 de Maio de 2021, o Presidente da República promulgou a Carta Portuguesa de Direitos Humanos na Era Digital, que viria a ser publicada a 17 de Maio de 2021 (Lei nº 27/2021) e que veio consagrar, pela primeira vez, no ordenamento jurídico Português, Direitos em ambiente digital e de acesso ao ambiente digital, avançando quanto à Liberdade de expressão e criação em ambiente digital, Garantia do acesso e uso das redes de informação, impedindo que possa ser colocado em causa o acesso à internet ao mesmo tempo que estabelece o novo direito à protecção contra a desinformação – este último ponto de redacção inicial dúbia que poderia, no limite, abrir portas à regulação e selecção da informação digital disponível ao Cidadão, em claro choque com o efectivo direito à Informação.

IV. Carta Portuguesa dos Direitos Humanos na Era Digital

Publicada no passado dia 17 de Maio de 2021, e já após a impressão da primeira edição da presente obra, a Lei nº 27/2021 veio aprovar a Carta Portuguesa de Direitos Humanos na Era Digital, que entrou em vigor na segunda quinzena de Julho de 2021.

É, cada vez mais, claro que o Legislador Nacional (mas também o Europeu) optou pela escolha terminológica de "Digital" para se referir a esta novíssima realidade, afastando-se de outras opções que – não obstante defendidas por diversos autores – possam ser menos adequadas para o escopo da nossa matéria.

A Carta Portuguesa de Direitos Humanos na Era Digital consagra, pela primeira vez, no nosso País, direitos em ambiente digital e de acesso ao ambiente digital, e avança no tocante a Liberdade de expressão e criação em ambiente digital, Garantia do acesso e uso impedindo que possa ser colocado em causa o acesso à internet e estabelece o novo direito à protecção contra a desinformação.

Mas tal preceito, na sua redacção original, criava o risco para o cidadão utilizador, de um acesso reduzido a informação que poderia, em teoria, e ao abrigo de tal preceito, ser totalmente seleccionada – direccionada para quaisquer fins pretendidos – limitando, na verdade, o Direito à Informação e abrindo portas a uma nova censura.

Por esse motivo, após a sua promulgação, o Presidente da República fez pedido de fiscalização sucessiva ao Tribunal Constitucional da norma contida no art. 6º da Carta, referindo no seu pedido que "(...) a jurisprudência recente do Tribunal Constitucional [TC] traduz uma preocupação cada vez mais marcada e estrita relativamente à necessidade de maior densificação e determinabilidade de conceitos com reflexos em matéria de Direitos, Liberdades e Garantias", (...)" requerendo, a final, a referida fiscalização "por violação do direito à liberdade de expressão, previsto no artigo 37º; do regime material dos direitos, liberdades e garantias, previsto no artigo 18º; do princípio da proporcionalidade, decorrente do artigo 18º; do princípio de Estado de direito, consagrado do artigo 2º; da reserva de lei parlamentar, prevista na alínea b) do nº 1 do artigo 165º; todos da Constituição da República Portuguesa."

Mas ao mesmo tempo, a Carta do Direitos Humanos na Era Digital consagra direitos de reunião, manifestação, associação e participação em ambiente digital, incumbindo aos órgãos de soberania e de poder regional e local assegurar a possibilidade de exercício de tais direitos através de plataformas digitais ou outros meios digitais.

Quanto à privacidade e outros direitos pessoais, consagra-se o direito à privacidade em ambiente digital, o direito à neutralidade da Internet, prevendo-se que os conteúdos transmitidos e recebidos em ambiente digital não sejam sujeitos a discriminação, restrição ou interferência ao mesmo tempo que se abre a porta ao desenvolvimento de competências digitais (art. 11º) assumindo-se como clara a luta contra o info-analfabetismo e estabelecendo-se que todos têm direito à educação para a aquisição e o desenvolvimento de competências digitais, e determinando-se que o Estado deva promover e executar programas que incentivem e facilitem o acesso, por parte das várias faixas etárias da população, a meios e instrumentos digitais e tecnológicos, por forma a assegurar, designadamente, a educação através da Internet e a utilização crescente de serviços públicos digitais, missão igualmente delegada no serviço público de comunicação social audiovisual.

O direito à identidade e outros direitos pessoais, previsto no artigo 12º da Carta vem consagrar o direito à identidade pessoal, ao bom nome e à reputação, à imagem e à palavra, bem como à sua integridade moral em ambiente digital, determinando-se que o Estado combata a usurpação de identidade e incentive a criação de plataformas que permitam o uso pelo cidadão de meios seguros de autenticação electrónica, a par da promoção de mecanismos que visem o aumento da segurança e da confiança nas transacções comerciais, em especial na óptica da defesa do consumidor.

O direito ao esquecimento, já abordado no tema relativo à Pegada Digital e previsto no artigo 17º do Regulamento Geral sobre a Protecção de Dados o "Direito ao apagamento dos dados («direito a ser esquecido»)" é igualmente previsto no artigo 13º da Carta, prevendo-se o direito de obter do Estado apoio no exercício do direito ao apagamento de dados pessoais que lhes digam respeito, nos termos e nas condições estabelecidas na legislação europeia e nacional aplicáveis, e o qual ser exercido a título póstumo por qualquer herdeiro do titular do direito, salvo quando este tenha feito determinação em sentido contrário.

Avança-se igualmente quanto ao uso da inteligência artificial e de robôs, estabelecendo-se que a mesma deva ser orientada pelo respeito dos direitos fundamentais, garantindo um justo equilíbrio entre os princípios da explicabilidade, da segurança, da transparência e da responsabilidade, que atenda às circunstâncias de cada caso concreto e estabeleça processos destinados a evitar quaisquer preconceitos e formas de discriminação, num campo em que igualmente a nível europeu encontramos já uma proposta de Regulamento (que estabelece regras harmonizadas em matéria de Inteligência Artificial – Regulamento Inteligência Artificial – e altera determinados actos legislativos da União).

Mas tal previsão terá um alcance mais alargado, uma vez que se poderá estar na presença de uma abertura a decisões automatizadas, com impacto jurídico significativo na esfera dos destinatários e motivo pelo qual se prevê o dever de comunicação aos interessados e se estabelece a sua susceptibilidade de recurso.

Quanto à criação e uso de robôs, os mesmos deverão respeitar os princípios da beneficência, da não-maleficência, do respeito pela autonomia humana e pela justiça, bem como os princípios e valores consagrados no artigo 2º do Tratado da União Europeia, nomeadamente a não discriminação e a tolerância.

No que às plataformas digitais diz respeito, como redes sociais ou outros sítios que criem perfis públicos ou privados dos utilizadores a Carta prevê que na sua utilização todos tenham direito a receber informação clara e simples sobre as condições de prestação de serviços quando utilizem plataformas que viabilizam fluxos de informação e comunicação, podendo exercer nessas plataformas os direitos garantidos pela Carta e ver garantida a protecção do seu perfil, incluindo a sua recuperação se necessário, bem como de obter cópia dos dados pessoais que lhes digam respeito nos termos previstos na lei e ainda de apresentar reclamações e recorrer a meios alternativos de resolução de conflitos nos termos previstos na lei.

Mas num mundo cada vez mais digital, o direito à ciber-segurança tem de, necessariamente, ser protegido pelo Estado, o qual é incumbido de definir políticas públicas que garantam a protecção dos cidadãos e das redes e sistemas de informação, e que criem mecanismos que aumentem a segurança no uso da Internet, em especial por parte de crianças e jovens.

Quanto à criação de conteúdos, estabelece-se no artigo 16º o direito à liberdade de criação e à protecção dos conteúdos, segundo o qual todos têm direito à livre criação intelectual, artística, científica e técnica, bem como a beneficiarem, no ambiente digital, da protecção legalmente conferida às obras, prestações, produções e outros conteúdos protegidos por direitos de propriedade intelectual, aplicando-se ainda, a título transitório, e até à publicação de legislação específica, as normas vigentes que regulam o impedimento do acesso ou remoção de conteúdos disponibilizados em violação do direito de autor e direitos conexos.

Consagra-se ainda na Carta Portuguesa de Direitos Humanos na Era Digital o Direito à protecção contra a geolocalização abusiva, o Direito ao testamento digital – prevendo-se que todas as pessoas possam manifestar antecipadamente a sua vontade no que concerne à disposição dos seus conteúdos e dados pessoais, designadamente os constantes dos seus perfis e contas pessoais em plataformas digitais, nos termos das condições contratuais de prestação do serviço e da legislação aplicável, inclusive quanto à capacidade testamentária.

Mas a novíssima Carta prevê igualmente no seu artigo 19º direitos digitais face à Administração Pública, reconhecendo-se a todos o direito a beneficiar da transição para procedimentos administrativos digitais, a obter informação digital relativamente a procedimentos e actos administrativos e a comunicar com os decisores e a assistência pessoal no caso de procedimentos exclusivamente digitais – tendo em conta o actual panorama nacional no acesso à informática por várias camadas etárias da população.

Inova igualmente no sentido em que se prevê que dados prestados a um serviço possam ser partilhados com outros, podendo o cidadão beneficiar de regimes de «dados abertos» que facultem o acesso a dados constantes das aplicações informáticas de serviços públicos e permitam a sua reutilização, nos termos previstos na lei;

Quanto às crianças, prevê-se que tenham direito a protecção especial e aos cuidados necessários ao seu bem-estar e segurança no ciberespaço, podendo exprimir livremente a sua opinião e consagrando-se a liberdade de receber e transmitir informações ou ideias, em função da sua idade e maturidade.

No artigo 21º da Carta, sob a epigrafe de acção popular digital e outras garantias, prevê-se que para defesa do disposto na presente lei, a todos são reconhecidos os direitos previstos na legislação referente à acção popular, devidamente adaptada à realidade do ambiente digital.

Incumbirá ao Estado apoiar o exercício pelos cidadãos dos direitos de reclamação, de recurso e de acesso a formas alternativas de resolução de litígios emergentes de relações jurídicas estabelecidas no ciberespaço determinando-se que as pessoas colectivas sem fins lucrativos que se dediquem à promoção e defesa do disposto na Carta podem obter o estatuto de utilidade pública.

V. Conceitos

1. Direito da Informática

A terminologia Direito da informática foi acolhida inicialmente como sendo o campo do direito que se propunha estudar as questões jurídicas relacionadas com o uso de computadores e da tecnologia da informação. O certo é que tal designação poderá eventualmente ser redutora para o universo que se pretenderá explorar.

Direito Digital, Direito Cibernético ou Ciberdireito, Direito da Tecnologia da Informação, Direito da Internet ou Direito Electrónico surgem igualmente como terminologias concorrentes ou paralelas, que de forma mais ampla ou restrita incluam ou pertençam a áreas especificas ou mais vastas.

O certo é que com o desenvolvimento da Internet (quer do ponto de vista de conteúdos, quer do ponto de vista de acessibilidade), verificou-se um aumento da importância da informática e da tecnologia da informação nas relações jurídicas, espoletando o surgimento de uma nova área do Direito.

"Informática", nome, feminino, será a ciência que se ocupa do tratamento automático e racional da informação considerada como suporte dos conhecimentos e das comunicações, que se encontra associada à utilização de computador e seus programas. (*"informática", in Dicionário Priberam da Língua Portuguesa [em linha], 2008-2021, https://dicionario.priberam.org/ inform%C3%A1tica [consultado em 26-01-2021]*) e, portanto, relacionado com o uso do computador e seus programas mas que deixa de se poder associar directamente aos serviços informáticos fornecidos através da rede, transacções de activos ou mesmo a regulação de serviços e actividades virtuais e que, consequentemente, levará a que deixe de fazer sentido continuar a aplicar.

2. Ciberdireito

O Ciberdireito ou Direito Cibernético será aquele ramo do direito que estudará tudo aquilo que é cibernético (adjectivo do grego *kubernetikós, -ê, -ón,* próprio de piloto, capaz de pilotar, relativo ao ciberespaço ou à Internet – "cibernético", in

Dicionário Priberam da Língua Portuguesa [em linha], 2008-2021, https://dicionario.priberam.org/ cibern%C3%A9tico [consultado em 26-01-2021].

Tal terminologia, relacionada directamente com a navegação na rede, propor-se-á a estudar todas as questões jurídicas que surjam especificamente no contexto virtual, cibernético, o que seria uma definição que colocaria de parte as infra-estruturas, o suporte físico, os periféricos ou outros elementos cuja regulação se imponha igualmente.

Do nosso ponto de vista é, pois, todo aquele conjunto de normas que venha a reger a vida no espaço em linha, no ciberespaço.

Por esse motivo o Legislador de 2009 escolheu o nome de Lei do Cibercrime para a Lei nº 109/2009 de 15 de Setembro, que transpôs para a ordem jurídica interna a Decisão Quadro nº 2005/222/JAI, do Conselho, de 24 de Fevereiro.

Decisão Quadro essa que já no seu considerando 7 fazia referência a "cibercriminalidade" quendo referia que "*É necessário completar o trabalho realizado pelas organizações internacionais, especialmente ao nível do Conselho da Europa, no domínio da aproximação do direito penal e os trabalhos do G8 sobre cooperação transnacional no âmbito da criminalidade de alta tecnologia, propondo uma abordagem comum neste domínio ao nível da União Europeia. Este pedido foi desenvolvido na Comunicação que a Comissão dirigiu ao Conselho, ao Parlamento Europeu, ao Comité Económico reforçando a segurança das infra-estruturas da informação e lutando contra a* ***cibercriminalidade***.".

Mas, actualmente, o Ciberdireito está ainda em desenvolvimento e carece de um trabalho exigente por parte do Legislador que não tem logrado antever ou, sequer, acompanhar a evolução tecnológica.

Se é certo que não se pretende um estrangular da criatividade técnica, não será menos correcto dizer que nas últimas décadas se tem assistido a uma desvalorização, ainda que não intencional, da real importância e impacto deste novo mundo, que se encontra já nas nossas casas, e onde os nossos filhos e sobrinhos, até já alguns de nós, vão diariamente, por lazer ou por trabalho, viver, fazer compras ou para prestação de serviços e até para concertos de música.

Quantos Pais ou Avós já ouviram falar do *Fortnite* (Jogo electrónico da *Epic Games* lançado em 2017 na versão *Fortnite: Battle Royale*, desenvolvido para várias plataformas como Android, iOS, Playstation, Xbox ou Windows, multijogadores – até 100 pessoas – com mais de 125 milhões de jogadores em menos de um ano, e com concertos em directo. Tal como noticiado pelo Observador.pt, o rapper norte-americano Travis Scott facturou 16,5 milhões de euros num concerto virtual no "*Fortnite*", juntando mais de 12,3 milhões de jogadores, num record de *streaming* neste jogo, e cuja duração foi apenas de 9 minutos.

https://observador.pt/2020/12/04/travis-scott-faturou-165-milhoes-de-euros-num-so-concerto-no-fortnite/). Quantos de nós viram há poucos anos no cinema o filme "*Get Ready Player One*"?. Convida-se o leitor menos atento a visitar sítios da internet como *http://www.earth2.io* ou *http://www.vPark.io*, onde a compra e venda de propriedades já há muito começou e onde se pode ser proprietário de réplicas das cidades actuais, parcelas de terrenos e edificar as novas cidades virtuais onde já existem prestações de serviços e vendas de bens como roupa, calçado ou quadros) e facilmente compreenderá que aquele filme de ficção já não o é.

3. Direito Digital

di·gi·tal do latim *digitalis, -e*, adjectivo de dois géneros, "1. dos dedos ou a eles relativos (ex.: articulações digitais; impressões digitais); 2. Relativo a dígito. 3. Que apresenta dados, resultados ou indicações sob forma numérica, por oposição a analógico (ex.: máquina digital; relógio digital; o som analógico é depois convertido em digital). 4. [Informática] Que é relativo ou envolve tecnologia electrónica, como computadores ou Internet (ex.: legislação sobre os direitos de autor no espaço digital). "digital", in Dicionário Priberam da Língua Portuguesa [em linha], 2008-2021, https://dicionario.priberam.org/digital [consultado em 21-01-2021].

O Direito Digital será o ramo do direito resultante da ciência do Direito e a Ciência da Computação, no fundo o conjunto de relações jurídicas, normas, aplicações e conhecimentos que sejam oriundas do mundo digital e cuja regulação se impõe, hoje mais que nunca.

Será uma área mais ampla do Direito que necessariamente abarcará matérias em diversos ramos do ordenamento jurídico, desde logo, do Direito Penal (v.g. Lei do Cibercrime, com tipos de crime e com capítulos específicos quanto à matéria processual), mas também do Direito Civil, Laboral, Tributário, Comercial e mesmo Constitucional.

Impor-se-á garantir a validade jurídica de informações, serviços, transacções e bens em contexto virtual que já ocorrem na vida em sociedade, e cuja tecnologia já se encontra sedimentada no mundo actual.

Aos profissionais do Direito foram já disponibilizadas ferramentas computacionais que vieram abrir a porta para este novo mundo. Desde aplicações informáticas para gestão processual, certificados digitais para atestar da origem de determinado documento processual, a equipamentos informáticos periféricos como leitores de cartões de cidadão, leitores de impressões digitais ou simplesmente programas informáticos (*Cisco Webex*) que vieram substituir as videoconferências sempre tão difíceis de agendar (muitas vezes por indisponibilidade de sala no Tribunal ou Estabelecimento Prisional) e facilitar a prestação de depoimentos ou declarações assegurando a exibição de documentos no momento e sem necessidade de esforços para carregar o processo físico para junto de uma câmara esperando que o depoente lograsse perceber de que documento se trataria.

O certo é que a mesma tecnologia ficou acessível (na verdade bem mais cedo) para toda a comunidade de cibernautas, potencializando a prática de ilícitos criminais.

Para além da actual DarkWeb, já desde o início da liberalização da internet que foram vários os sítios em linha que surgiram relacionados com a distribuição ilícita de músicas, filmes e programas informáticos. Quanto a estes últimos, e porque a tecnologia em meados da década de 90 apresentava ainda níveis de segurança baixos, eram vários os sítios que por ordem alfabética apresentavam códigos de números de séries ou miniprogramas para "crackar" ou "hackear" o programa ilicitamente distribuído e que apenas permitiria a sua utilização ilimitada mediante o pagamento da licença.

Neste sentido e tal como já supra referido, veja-se a Carta Portuguesa de Direitos Humanos na Era Digital publicada pela Lei nº 27/2021 sendo evidente que o Legislador Nacional (mas também o Europeu) acompanha a escolha terminológica de "Digital" para se referir a esta novíssima realidade.

Assim, ter-se-á o Direito Digital como uma nova abordagem multidisciplinar dos vários ramos do Direito num contexto especificamente vocacionado para as relações jurídicas virtuais e com recurso à utilização de tecnologia e abrangendo, quer o Ciberdireito, quer outros ramos do Direito cuja aplicação no mundo digital é necessariamente imediata.

VI. Definições

Por ordem alfabética, e porque se justifica ter presente conceitos ou definições que surgem neste novo meio digital, são apresentadas as definições.

1. Blockchain

Blockchain, foi criado em 2008 por *Santoshi Nakamoto,* para servir como livro-razão (livro que agrupa, por contas, os lançamentos registados no livro-diário; razão livro-razão in *Dicionário infopédia da Língua Portuguesa [em linha]. Porto: Porto Editora, 2003-2021. [consult. 2021-01-26 18:50:06]. Disponível na Internet: https:// www.infopedia.pt/ dicionarios/ lingua-portuguesa/livro-razão*) nas transacções de criptomoedas, e é, numa tradução literal para português como Cadeia de Blocos, o nome dado a uma lista de registos em crescimento, listas estas denominadas por Blocos, ligados através de criptografia.

Numa comparação jurídica, imagine-se os antigos livros de registos, de nascimentos por exemplo, que se iam preenchendo até final, passando-se a um segundo livro, e depois a um terceiro.

Ou, numa comparação ainda mais judicial, as páginas de um processo que completando um primeiro volume, seguiriam o seu registo num segundo, ao primeiro, cozido à linha.

No caso do blockchain, cada bloco conterá uma *hash* criptográfica (*Cryptographic Hash Function* (CHF) é um algoritmo matemático que mapeia dados informáticos de vários tamanhos para uma matriz de bits de tamanho fixo) do bloco anterior (*neste sentido Narayanan, Arvind; Bonneau, Joseph; Felten, Edward; Miller, Andrew; Goldfeder, Steven (2016). Bitcoin and cryptocurrency technologies: a comprehensive introduction. Princeton: Princeton University Press*), um selo de data e informação da transacção (representada pela Árvore *Hash* ou *Merkle* – nome dado na ciência computacional e em criptografia ao organigrama em que cada célula está associada e etiquetada com informação sobre o respectivo bloco, ramificações superiores e inferiores, permitindo uma segurança eficiente e transparência quanto à validação dos conteúdos de grandes conjuntos de informação), sendo impermeável a alterações uma vez que, por génese, não é possível qualquer alteração (ainda que retroactiva) sem alterar toda a sequência seguinte de registos em blocos.

A sua criação permitiu à Bitcoin ultrapassar a questão da necessidade de ter uma autoridade central ou servidor central, permitindo uma consulta da informação pública e utilizadas por várias criptomoedas.

2. Cripto-activos

Na proposta de Regulamento (MiCA) relativo aos mercados de cripto-activos e que altera a Directiva (UE) 2019/1937 encontramos no artigo 3º (cuja epigrafe é Definições) que se entende por «Cripto-activo», uma representação digital de valor ou de direitos que pode ser transferida e armazenada electronicamente, recorrendo à tecnologia de registo distribuído ou a outra tecnologia semelhante.

De acordo com a CMVM, (conforme *https://www.cmvm.pt/pt/AreadoInvestidor/ Faq/Pages/FAQs-Cripto-activos_investidores.aspx*), os Cripto-activos são representações digitais de activos baseadas em tecnologia blockchain, não emitidas por um banco central, instituição de crédito ou instituição de moeda electrónica, e que podem ser utilizadas como forma de pagamento em comunidades que os aceitem ou ter outras quaisquer finalidades como a atribuição de direitos à utilização de determinados bens e serviços ou, então, por exemplo, a um determinado retorno financeiro.

Assim, serão cripto-activos, tokens, coins, criptomoedas ou moedas virtuais.

Para a CVM (*Comissão de Valores Mobiliários – Brasil in Cripto-activos – Série Alertas – Maio de 2018*) o seu funcionamento baseia-se numa tecnologia de registo descentralizado, numa espécie de contabilidade ou livro-razão distribuído por rede de computadores ponto a ponto espalhados pelo mundo, sendo a totalidade da transacção divulgada para a rede só sendo aceite após um complexo sistema de validação – tratando-se pois de operações praticamente irreversíveis.

A validação da propriedade dos referidos activos virtuais será feita, não pela comprovação da identidade do seu detentor, mas antes por uma palavra passe que permite que as transacções sejam realizadas de forma quase anónima e sem que as partes tenham que revelar quaisquer informações pessoais que não desejem.

Para a CMVM os riscos associados aos cripto-activos são, entre outros, Risco de Liquidez, Risco de perda parcial ou da totalidade dos montantes investidos, risco de a informação disponibilizada (habitualmente nos whitepappers) ser insuficiente, risco de fraude, inexistência de regulamentação específica para a protecção dos investidores dos cripto-activos que não sejam valores mobiliários, risco na formação do preço dos cripto-activos, risco de branqueamento de capitais, risco de experimentação ou de inovação, risco de perda do código de acessos aos cripto-activos, bem como o facto de a maioria dos agentes que comercializam cripto-activos não se encontrarem sedeados em Portugal, existindo igualmente uma elevada volatilidade dos mesmos.

3. Criptomoeda

Uma criptomoeda ou cibermoeda é um meio de troca, o qual poderá ser ou não centralizado e que recorre à tecnologia blockchain bem como a criptografia para garantir a validade das transacções e a criação de novas unidades da moeda (*Andy Greenberg – 20 de Abril de 2011). «Crypto Currency». Forbes.com*).

A criptomoeda mais conhecida é a Bitcoin – a a 20 de Outubro de 2021 atingiu um valor unitário de €56.569 (cinquenta e seis mil, quinhentos e sessenta e nove euros), e que a 28 de Março de 2020 valia "apenas" €5.276,00 (cinco mil duzentos e setenta e seis euros) por unidade.

Desde a sua criação, em 2009, surgiram várias criptomoedas, sendo acordo com o sítio CoinMarketCap.com o número de criptomoedas superior a 7.800, existindo igualmente registo nos últimos tempos de uma explosão da quantidade tokens, criados com base no protocolo do Ethereum, principalmente após a onda massiva de Ofertas Iniciais de Moedas (usualmente referida como ICO, do inglês Initial Coin Offering – (*neste sentido Tasca, Paolo «Digital Currencies: Principles, Trends, Opportunities, and Risks». Social Science Research Network*).

Actualmente são vários os bancos que comercializam criptomoedas, sendo possível criar contas directamente de um smartphone através de aplicações disponíveis na PlayStore (sistemas Android) ou AppStore (iOS).

Já em 2018, a Directiva (UE) 2018/843 do Parlamento Europeu e do Conselho de 30 de Maio de 2018 (que veio alterar a Directiva (UE) 2015/849 relativa à prevenção da utilização do sistema financeiro para efeitos de branqueamento de capitais ou de financiamento do terrorismo e que altera as Directivas 2009/138/CE e 2013/36/EU) introduziu as definições de "Moeda electrónica": moeda electrónica na acepção do artigo 2º, ponto 2), da Directiva 2009/110/CE, mas excluindo o valor monetário a que se refere o artigo 1º, nºs 4 e 5, da mesma directiva;», tendo aditado os seguintes pontos:

> «18) "Moeda virtual": uma representação digital de valor que não seja emitida ou garantida por um banco central ou uma autoridade pública, que não esteja necessariamente ligada a uma moeda legalmente estabelecida e não possua o estatuto jurídico de moeda ou dinheiro, mas que é aceite por pessoas singulares ou colectivas como meio de troca e que pode possa ser transferida, armazenada e comercializada por via electrónica;
>
> 19) "Prestador de serviços de custódia de carteiras": uma entidade que presta serviços de salvaguarda de chaves criptográficas privadas em nome dos seus clientes, com vista a deter, armazenar e transferir moedas virtuais.»;

Também a nova redacção da Lei do Cibercrime vem, no seu Artigo 3º-G, considerar "sistema ou meio de pagamento" aquele que tenha por objecto moeda virtual, para efeitos de maior protecção e subsunção aos novos crimes tipificados na sequência da transposição da Directiva (UE) 2019/713.

4. Dados informáticos

da·do (do *latim datus, -a, -um,* dado, entregue, particípio de do, dare, dar) é nome masculino que significará "Cada um dos elementos conhecidos de um problema, ou informação que se constitui como elemento necessário para uma questão, descrição ou avaliação (ex.: não tinha dados suficientes para falar sobre aquele assunto). É igualmente o resultado de pesquisa ou cálculo (ex.: teve de analisar diversos dados estatísticos para a tese de mestrado), informação relativa a um indivíduo (ex.: dados pessoais) mas, no que para a informática diz respeito, será a " Informação capaz de ser processada por um sistema informático (ex.: processamento de dados)" (neste sentido *"dado", in Dicionário Priberam da Língua Portuguesa [em linha], 2008-2021, https://dicionario.priberam.org/dado [consultado em 05-01-2021]*).

Encontramos dois tipos de dados, os dados estruturados e dados não estruturados, onde os primeiros correspondem a dados formatados, organizados em tabelas – linhas e colunas – e consequentemente facilmente processados, e os segundos, correspondem a dados que não possuem uma formatação específica e são mais difíceis de serem processados (veja-se neste sentido as mensagens de correio electrónico, documentos de texto, imagens ou vídeos, ou mensagens instantâneas, nomeadamente em redes sociais ou aplicações de conversação.

A definição de «Dados informáticos» para a Convenção sobre o Cibercrime, adoptada em Budapeste em 23 de Novembro de 2001, será "qualquer representação de factos, informações ou conceitos numa forma adequada para o processamento informático, incluindo um programa que permita a um sistema informático executar uma função (assim o art. 1º al. b) da Convenção).

A Lei nº 109/2009, de 15 de Setembro – art. 2º, veio definir de forma similar dados informáticos, como "qualquer representação de factos, informações ou conceitos sob uma forma susceptível de processamento num sistema informático, incluindo os programas aptos a fazerem um sistema informático executar uma função".

5. Dados de tráfego

A 23 de Novembro de 2001, no âmbito da Convenção sobre o Cibercrime, adoptada em Budapeste, definiu-se «Dados de tráfego», como "quaisquer dados informáticos relativos a uma comunicação efectuada por meio de um sistema informático, que foram gerados por um sistema informático enquanto elemento da cadeia de comunicação, e indicam a origem, o destino, o trajecto, a hora, a data, o tamanho e a duração da comunicação, ou o tipo de serviço subjacente" (al. d) do art. 1º da Convenção), definição próxima da Lei do cibercrime onde consta que serão dados informáticos aqueles relacionados com uma comunicação efectuada por meio de um sistema informático, gerados por este sistema como elemento de uma cadeia de comunicação, indicando a origem da comunicação, o destino, o trajecto, a hora, a data, o tamanho, a duração ou o tipo do serviço subjacente – Lei nº 109/2009, de 15 de Setembro – art. 2º

Nos termos da Lei nº 41/2004, de 18 de Agosto (Protecção de dados pessoais e privacidade nas telecomunicações) que Transpõe para a ordem jurídica nacional a Directiva nº 2002/58/CE, do Parlamento Europeu e do Conselho, de 12 de Julho, relativa ao tratamento de dados pessoais e à protecção da privacidade no sector das comunicações electrónicas, serão «Dados de tráfego» quaisquer dados tratados para efeitos do envio de uma comunicação através de uma rede de comunicações electrónicas ou para efeitos da facturação da mesma e «Dados de localização» quaisquer dados tratados numa rede de comunicações electrónicas ou no âmbito de um serviço de comunicações electrónicas que indiquem a posição geográfica do equipamento terminal de um utilizador de um serviço de comunicações electrónicas acessível ao público.

6. Darkweb

DarkWeb é o nome dado a uma zona da rede electrónica (à qual pertence igualmente a nossa conhecida internet) mais escura ou ao qual é atribuído um endereço sóbrio e está relacionado com qualquer servidor ou conjunto de servidores de rede aos quais não se consegue aceder pela Internet porquanto carecem de softwares (browsers à semelhança do que sucede com o Internet Explorer e o Google Chrome para a Internet), configurações ou autorizações específicas para o seu acesso.

Serão redes paralelas com acesso menos divulgado onde actualmente se consegue comprar ou vender de tudo, aceder a informações livres ou confidenciais, e até a produtos ilegais porquanto o seu controlo é inexistente ou impraticável.

Se imaginarmos um icebergue, dividido horizontalmente em três partes, em que a central será maior do que a parte superior e a parte inferior, poder-se-á referir à nossa conhecida internet (também conhecida por *SurfaceWeb*), no topo, como aquela parte que está a cima do nível da água, a *DeepWeb*, a baixo do nível da água até uma profundidade considerável, e na parte inferior e mais escura, a *Darkweb*.

Assim, os domínios da DarkWeb e DeepWeb apresentam a mesma estrutura básica, uma vez que não são indexáveis por motores de busca como o Google.com ou o Yahoo.com (não respondem a *webspiders* ou *webcrawlers* – rastreadores de rede) sendo que habitualmente, a Darkweb apresenta um tamanho menor e é mais associada à prática de crimes ao contrário da *DeepWeb* onde encontramos domínios necessários a operações na internet como sistemas de conversação no *Whatsapp* ou *Facebook Messenger*.

Ora, aqueles sítios da *DeepWeb* não indexados pelos motores de busca associados à *DarkWeb* são habitualmente utilizados como pontos de contacto, acesso a informação ilícita ou pelo menos proibida, sendo a maioria dos seus domínios compostos por sequências de caracteres e números aleatórios, sendo apenas conseguido o acesso a quem possua tais endereços completos. Tal acesso será, ainda, apenas possível através de utilização de programas (browsers como o *Tor*) ou mesmo sistemas operativos específicos (como é o caso do *Linux Red Hat*) sendo habituais os ataques à rede do utilizador, pelo que é aconselhável o acesso através de computador específico para tal navegação, sem qualquer ligação à rede doméstica ou interna, e sem que nesse computador haja dados pessoais, salvo se tal acesso estiver protegido.

Entre os crimes associados aos sítios disponíveis na *DarkWeb*, encontram-se o tráfico de drogas, exploração infantil, serviços de assassinos, oferta de vídeos reais com tortura até à morte, tráfico humano ou sexo relacionado com perturbações parafilicas.

O sítio *Silk Road*, (Rota da Seda) lançado em Fevereiro de 2011, é um dos exemplos de mercado de venda em linha de produtos na *Darkweb* que era acessível através do browser Tor, e um dos maiores sítios para comércio de drogas, o qual foi encerrado pelo FBI e o seu criador, *Ross Ulbricht*, condenado a prisão perpétua em 2015 (*neste sentido https://www.fbi.gov/contact-us/field-offices/newyork/news/press-releases/ross-ulbricht-the-creator-and-owner-of-the-silk-road-website-found-guilty-in-manhattan-federal-court-on-all-counts*).

Segundo Owen, Gareth. (*"Dr Gareth Owen: Tor: Hidden Services and Deanonymisation" 20 de Junho de 2015*), os serviços disponíveis no browser Tor (*Onion Services*) em 2015 estariam disponíveis na Darkweb conteúdos relacionados com Apostas, venda de armas, conversações, abusos, livros, pornografia, hospedagem, Hacking, Anonimato, Foruns de conversação, contrafacção, denúncias, conteúdos Wiki, alojamento de correios electrónicos, Bitcoins, Fraude, Mercados e Drogas.

Em Fevereiro de 2016 segundo Moore, Daniel. (disponível em *"Cryptopolitik and the Darknet". Survival: Global Politics and Strategy.*) os conteúdos da Darkweb abordavam, entre outros, Violência, Armas, Ilícito Social, Hacking, Pornografia Ilícita, Extremismo, Serviços Financeiros Ilícitos e venda de produtos estupefacientes.

7. DeepWeb

A *DeepWeb*, como referido, será a camada de sítios que fica imediatamente abaixo da conhecida Internet (*SurfaceWeb*) e que se associa à totalidade da informação não imediatamente acessível de forma livre na internet.

Serão todos aqueles endereços que não são indexados pelos motores de pesquisa por motivos de segurança e privacidade (como é o caso dos conteúdos de segurança de Bancos, Aplicações de Conversação ou outras bases de dados).

Será na *DeepWeb* que encontramos toda a informação (Dados Informáticos e Dados de Tráfego, por exemplo) necessários à manutenção da rede e os quais estão indisponíveis para o utilizador comum, são sendo possível o acesso mediante endereços específicos e sistemas de autenticação.

O seu acesso poderá ser possível através de um explorador comum (como *o Internet Explorer ou Google Chrome*), mas também através do *Tor* (o qual permite o acesso a toda a rede, quer seja a nossa conhecida internet, quer seja a *DeepWeb* ou *DarkWeb*).

Nota importante para o facto de quer a *DeepWeb*, quer a *DarkWeb* não serem sítios de acesso exclusivo a meliantes desejosos de cometer crimes, sendo contudo associado a indivíduos preocupados com a "*pegada digital*" (o rasto que todos deixamos na internet pelos sítios que exploramos e visitamos) ou com acesso a informação (como curiosos, vitimas de perseguição política ou industrial, académicos, jornalistas, activistas ou quaisquer outras pessoas que em função da sua profissão careçam de aceder àquela parte da rede).

8. DNS (Domain Name Sistem)

Sistema de Nomes de Domínio é um dos protocolos de internet que se encontra na sua camada mais alta (estão os protocolos de aplicação), e que definem mensagens específicas e formatos digitais comunicados por aplicações. As informações sobre domínio consistem num sistema hierárquico e distribuído de gestão de nomes, e que permite que a um determinado sítio com o IP 216.58.193.68 corresponda ao endereço www.google.com , sendo que a todo o sítio na internet corresponde, na verdade e na sua génese, um IP, o qual é posteriormente associado a determinado conjunto de caracteres formando palavras ou nomes e associadas a um "*top domain*" (que reconhecemos como .com, .pt, .net, .eu) mas também frequentemente utilizados para redes internas.

Existem diversos sítios na internet para se revelar o IP de determinado sítio (como por *exemplo https://www.site24x7.com/pt/tools/localizar-ip.html*).

9. Fornecedor de Serviço

Será o nome dado a qualquer entidade, pública ou privada, que faculte aos utilizadores dos seus serviços a possibilidade de comunicar por meio de um sistema informático, bem como qualquer outra entidade que trate ou armazene dados informáticos em nome e por conta daquela entidade fornecedora de serviço ou dos respectivos utilizadores – conforme definição que consta da Lei nº 109/2009, de 15 de Setembro – art. 2º.

A Convenção de Bucareste refere-se na alínea c) do seu art. 1º (relativo a Definições) a «Prestador de serviços» enquanto "*i) Qualquer entidade pública ou privada que faculte aos utilizadores dos seus serviços a possibilidade de comunicarem por meio de um sistema informático ou ii) Qualquer outra entidade que processe ou armazene dados informáticos em nome desse serviço de comunicações ou dos seus utilizadores;*"

Será o ISP (Internet Service Provider) ou a própria empresa que gere a Rede Social (Facebook, Twitter ou Instragram) ou rede de serviços (Google, MSN ou Yahoo, por exemplo):

10. Hacker

Numa tradução literal, "Decifrador", é alguém que acede ou decifra. Em informática é o nome dado a determinada pessoa que se dedica, quer profissionalmente quer de forma amadora ainda que com grande intensidade, a explorar e ou alterar equipamentos, programas informáticos e redes de computadores.

A sua acção poderá ser movida por contratos, protesto, acesso a informações privilegiadas, desafios, lazer ou para avaliação e detecção de pontos fracos de sistemas informáticos, permitindo uma constante reformulação de protecções.

É habitual a partilha de informações nas comunidades e grupos, com colaborações em projectos e criação de programas informáticos gratuitos, sendo tida por muitos como uma cultura, ideologia mas também com motivações específicas.

Para Eric S. Raymond, (autor de *The New Hacker's Dictionary*) os membros do submundo informático deverão ser chamados de "crackers" mas para a cultura tal visão é rejeitada e antes substituída por um escopo de diferentes categorias como "*white hat, grey hat, black hat e script kiddie*" reservando-se o termo "*cracker*" para a actividade criminosa.

For more malicious activity.

A cultura *Hacker* é um conceito que advém da comunidade de entusiastas entre programadores e engenheiros electrónicos nos anos 60, (assim *Raymond, Eric* -2000 – "*The Early Hackers". A Brief History of Hackerdom. Thyrsus Enterprises*) que se expandiu para a comunidade doméstica que passou a utilizar os computadores a título de lazer.

Assim, serão *Security hackers* aqueles indivíduos envolvidos com a invasão de sistemas de segurança, de entre os quais encontramos os *White Hat Hackers* (trabalham para manter a salvo de outros hackers os dados pessoais ou confidenciais, através de pesquisa de vulnerabilidades nos sistemas de informação e cujo trabalho é habitualmente pago e efectuado a título profissional ou junto a polícias), *Black hat hackers* (ou crackers, são aqueles cuja actividade é habitualmente criminosa ou mal intencionada e que habitualmente roubam, exploram e vendem dados informáticos sendo movidos por ganho pessoal ou do grupo. É uma actividade ilegal, cujos conhecimentos técnicos lhe permitem atingir proveitos vantajosos da sua actividade. Um *cracker*, que é habitualmente associado a este grupo, não é necessariamente movido por intenções de destruição ou obtenção de vantagem, mas que por meio de acesso a sistemas informáticos ou vulnerabilidades desses sistemas se oferece para as reparar em troco de compensação económica) e *Grey hat hackers* (o grupo que inclui todos aqueles indivíduos que invadem sistemas de informação por lazer, diversão ou chacota, podendo reparar ou explorar as vulnerabilidades de um sistema sem que pretendam ganhos económicos com tal actividade).

11. ICO ou Inicial Coin Offer

Tal como referido no sítio em linha da Comissão do Mercado de valores Mobiliários (*disponível em https://www.cmvm.pt/pt/AreadoInvestidor/Faq/Pages/FAQs-Cripto-activos_investidores.aspx*), designa uma oferta de distribuição inicial de cripto-activos, sendo uma forma de captação de fundos do público através de cripto-activos recorrendo à tecnologia de blockchain. São operações onde o emitente (pessoal singular ou colectiva) emite cripto-activos que são pagas com moedas com curso legal ou outros cripto-activos.

Na circunstância de uma ICO ser dirigida a investidores residentes em Portugal e de os cripto-activos emitidos na ICO serem valores mobiliários na acepção do Código dos Valores Mobiliários, esclarece a CMVM (*https://www.cmvm.pt/pt/AreadoInvestidor/Faq/Pages/FAQs-Cripto-activos_industria.aspx*) que será de aplicar a legislação nacional e comunitária referente às ofertas públicas de valores mobiliários.

12. Intercepção de dados

Não obstante a Lei 109/2009 de 15 de Setembro não ter impresso no seu corpo quaisquer considerandos, encontramos na exposição de motivos da sua Proposta inicial (PROPOSTA DE LEI Nº 289/X/4ª) a contextualização dos motivos que levaram à previsão da possibilidade de intercepção de dados.

Na verdade, ali consta que "*Na generalidade, em termos estruturais, no que respeita ao direito penal material, pode afirmar-se que a transposição da Decisão-Quadro nº 2005/222/JAI e a consagração das obrigações legais resultantes da Convenção supõem apenas ajustamentos da actual legislação sobre criminalidade informática. Ressalvam-se as novas formas de criminalidade, algumas das quais já referidas e em relação às quais a legislação portuguesa tem sido considerada deficitária.*

Já no campo das normas de direito processual penal, a desadequação da ordem jurídica nacional às novas realidades a implementar é superior. A recente revisão do Código de Processo Penal optou pela limitação, em abstracto, da possibilidade de realização de intercepções de comunicações telefónicas e electrónicas, não tendo incluído normas especiais para a área da cibercriminalidade. Assim, não está prevista a obtenção de dados de tráfego nem a realização de intercepção de comunicações electrónicas na investigação de crimes não previstos no artigo 187º do Código de Processo Penal.

Entre eles, encontram-se crimes previstos na Lei nº 109/91, de 17 de Agosto, bem como crimes contra a propriedade intelectual cometidos por via de redes informáticas.

A realização de intercepções de comunicações electrónicas e, sobretudo, a obtenção de dados de tráfego, são ferramentas processuais essenciais em processo-crime em que se investiguem crimes cometidos por via das redes de comunicações, tendo essa preocupação ficado espelhada no diploma que obriga os operadores de comunicações a guardarem os dados de tráfego dos seus clientes, tendo em vista a sua eventual necessidade em investigação criminal – Lei nº 32/2008, de 17 de Julho, que regula a conservação de dados gerados ou tratados no contexto da oferta de serviços de comunicações electrónicas. Importa assim superar o actual regime, de modo a fornecer ao sistema processual penal normas que permitam a obtenção de dados de tráfego e a realização de intercepções de comunicações em investigações de crimes praticados no ambiente virtual. É o que se pretende fazer por via da lei que agora se propõe."

Intercepção de dados corresponderá, pois, ao acto destinado a captar informações contidas num sistema informático, através de dispositivos electromagnéticos, acústicos, mecânicos ou outros – Lei nº 109/2009, de 15 de Setembro – art. 2º.

12. IP

O Protocolo de Internet (*Internet Protocol*), consiste no conjunto de regras que estabelece como os dados informáticos devem ser entregues através da rede publica de internet. É um protocolo de comunicação da internet utilizado entre todas as máquinas (computadores, servidores, smartphones) ligadas à rede para transmissão de dados.

Cada equipamento terá um endereço de IP (poderá o leitor consultar o endereço de IP do seu equipamento em sítios como *https://whatismyipaddress.com/*) sendo possível, através desse endereço compreender onde se encontra fisicamente o servidor ou utilizador através de ferramentas como IP Tracker (*https://www.opentracker.net/feature/ip-tracker/*) e que reconhecem e rastreiam ambas as versões deste protocolo (IPv4 e IPv6).

Através destas ferramentas será possível localizar, por exemplo, o ponto de acesso de determinado utilizador que está a aceder a um sistema de informação, ou local de onde alguém enviou fotografias, ou as recebeu durante uma conversação de *WhatsApp*, ou acedeu a um Perfil de *Facebook* ou *Twitter*.

É, assim, possível localizar determinado sujeito que publicou uma imagem na conta pessoal de Facebook de outrem, sabendo que com determinado IP (indicado pelos Operadores de Serviços de Internet como Facebook, Google, WhatsApp) se encontra a utilizar determinado servidor de prestador de dados electrónicos (como a *Vodafone, a Altice ou a NOS* por exemplo, o qual terá também a informação de que tal IP se encontra associado ao Cliente X).

É certo que, para o utilizador médio, tal será um risco menor, uma vez que serviços como VPN's (*Virtual Private Network*) permitiram ocultar o IP, mascarando-o como se o utilizador estivesse num diferente País.

Para o efeito existem serviços de *VPN* gratuitos ou pagos os quais permitem aceder a informação como se se estivesse localizado fisicamente num outro local.

Por exemplo, uma vez que em países como a República Popular da China os acessos à Google.com e seus serviços, Facebook ou Instagram se encontram bloqueados, é comum o recurso a *VPNs* para que se possa – por exemplo em turismo – aceder a tais sítios e serviços sem os bloqueios impostos por cada país.

O protocolo IP para domínios ainda recorre à quarta versão (IPv4 com 32 bits habitualmente uma sequência de 4 grupos de números como 96.60.128.69) mas actualmente, tendo em conta o boom da Internet das coisas e o número de pessoas e dispositivos ligados à rede, passou já se generalizou a utilização do protocolo IPv6 (com 128bits e que terão corresponderão a uma apresentação similar a 2608:f0d0:1055:0551:0050:0050:0000:0004 ou 2677:f0d0:1002:51::4).

13. Pegada Digital

Nome dado ao rasto que todos deixamos na internet pelos sítios que exploramos e visitamos, ficando registado quer no dispositivo electrónico utilizado para o acesso (em ficheiros temporários ou histórico de acessos), bem como nas operadoras de comunicações digitais, mas também nos próprios sítios visitados.

Poderá incluir dados pessoais como fotografias, nomes de utilizador, nomes pessoais, cartões de crédito, compras, agenda de contactos, vídeos e registos de actividades e que ficam alojados nos sítios em linha que frequentemente visitamos.

A este propósito encontramos no artigo 17º do Regulamento Geral sobre a Protecção de Dados o "Direito ao apagamento dos dados («direito a ser esquecido»)" segundo o qual o titular tem o direito de obter do responsável pelo tratamento que sejam apagados os seus dados pessoais, sem demora injustificada, e este tem a obrigação de apagar os dados pessoais, sem demora injustificada, quando se aplique um dos seguintes motivos, nomeadamente porque os dados pessoais deixaram de ser necessários para a finalidade que motivou a sua recolha ou tratamento, ou porque o titular retira o consentimento em que se baseia o tratamento dos dados nos termos do artigo 6º, nº 1, alínea a), ou do artigo 9º, nº 2, alínea a) do Regulamento e se não existir outro fundamento jurídico para o referido tratamento ou, simplesmente, porque o titular se opõe ao tratamento dos dados pessoais ou estes tenham sido tratados ilicitamente.

14. Phishing

É o nome dado à técnica utilizada para ludibriar os utilizadores e obter informações confidenciais como nomes de utilizadores, palavras passe, detalhes de cartões de crédito ou acesso a servidores remotos ou de correio electrónico, por exemplo.

Para o efeito, são enviadas mensagens de correio electrónico com ligações para sítios da internet simulados (com aparente aspecto de páginas comuns como *Netbanking* ou páginas iniciais de redes sociais) onde é suposto ao utilizador inserir os seus dados de acesso.

Podem igualmente ser utilizados sítios de compras em linha, em que após o utilizador escolher bens ou serviços que pretenda adquirir seja levado para uma página de pagamentos onde inserirá os dados de cartão de crédito e que, no momento da submissão do pedido, serão encaminhados para determinada pessoa que os utilizará de seguida ou, na maioria dos casos, cobradas as quantias (cujo valor é de imediato transferido para contas bancárias ou criptocarteiras), sem que os bens sejam alguma vez enviados para a vítima.

Mensagens de correio electrónico alegadamente enviadas por instituições Bancárias são as mais comuns em Portugal (mas na generalidade da amostra enviadas em Português do Brasil com expressões como "*Acessar*" *ou* "*Recadastramento*") onde o utilizador é encaminhado para as falsas "*Landing pages*" ou Páginas iniciais da instituição.

Outro tipo de mensagens electrónicas enviadas frequentemente relaciona-se com alegadas contas da EDP ou pagamentos à AT, ou ainda "comprovativos de transferência bancária para a sua conta" por determinada empresa a título de pagamento da prestação de serviços e cujos anexos e ligações permitem deixar o equipamento do utilizador vulnerável.

Para o efeito, é essencial ao utilizador ter presente que instituições bancárias nunca pedem esse tipo de dados (muito menos de forma total) e que a Autoridade Tributária não envia ficheiros html ou pdf habitualmente.

Em caso de dúvida sobre a autenticidade da comunicação, uma simples operação permitirá ter mais informações sobre o conteúdo exibido. Qualquer cliente de correio electrónico (Outlook ou Thunderbird por exemplo) permite seleccionar em cada mensagem, no separador "Opções" ou "Mais" a opção "Ver fonte".

E ao seleccionar tal opção, surge uma caixa de texto com o seguinte aspecto:

```
Return-Path: <it@fmx02.freemail.hu>
Delivered-To: geral@ domain.pt
Received: from montifr-dir02.it.dadainternal ([172.29.136.20])
   by montifr-be05.it.dadainternal with LMTP
   id aHoHIIwXXmAsNwAAcZL9MQ
   (envelope-from <it@fmx02.freemail.hu>)
   for <geral@ domain.pt>; Fri, 26 Mar 2021 18:19:08 +0100
Received: from scott20 ([172.29.136.20])
   by montifr-dir02.it.dadainternal with LMTP
   id 8D3BH4wXXmDVNwAA4OebYQ
   (envelope-from <it@fmx02.freemail.hu>)
   for <geral@schwalbach.pt>; Fri, 26 Mar 2021 18:19:08 +0100
Received: from fmfwd01.freemail.hu ([195.228.245.79])
   by cmsmtp with ESMTP
   id Pq72lpGfhnqlGPq72lzD1b; Fri, 26 Mar 2021 18:19:08 +0100
X-Cloudmark-Reporter: geral@ domain.pt
Received-SPF: none
Received:      from      fmx02.freemail.hu      (fmlb00.freemail.hu
   [195.228.245.211])
   by fmfwd01.freemail.hu (Postfix) with SMTP id A454C5BD66
   for <geral@schwalbach.pt>; Fri, 26 Mar 2021 15:39:01 +0100 (CET)
Received: (qmail 59113 invoked from network); 26 Mar 2021 15:39:01
   +0100
Received: from unknown (HELO fmx02.freemail.hu) (176.111.173.10)
   by fmx02.freemail.hu with SMTP; 26 Mar 2021 15:39:01 +0100
From: "postmaster@ domain.pt" <it@fmx02.freemail.hu>
To: geral@domain.pt
Subject: (9) Undelivered Mails
Date: 26 Mar 2021 07:39:01 -0700
Message-ID: <20210326073901.DBA2C2836054E8FC@fmx02.freemail.hu>
MIME-Version: 1.0
Content-Type: text/html;
   charset="iso-8859-1"
Content-Transfer-Encoding: quoted-printable
X-VR-SPAMSTATE: SPAM
X-VR-SPAMSCORE: 320
X-VR-SPAMCAUSE:
gggruggvucftvghtrhhoucdtuddrgedtkedrudefjedgjeejucetu
fdoteggodetrfdotffvucfrrhhofhhilhgvmecuhfftgffgofetkffnpd
cuqfgfvfenuceurghilhhouhhtmecufedttdenucgoteeftdelqddtud
```

```
culddvtddmnegojfhtmhhlqfhnlhihqddqrfhhihhshhhinhhgqd
gjfeekhedqtddvucdlfedttddmnecujfgurhephffvufffkfggtgfg
sehhqheftddttddunecuhfhrohhmpedfphhoshhtmhgrshhtvghr
sehstghhfigrlhgsrggthhdrphhtfdcuoehithesfhhmgidtvddrfh
hrvggvmhgrihhlrdhhuheqnecuffhomhgrihhnpegvmhgurdhorhhgr
dhtrhenucfkphepudelhedrvddvkedrvdeghedrvdduuddpudejiedrud
duuddrudejfedruddtnecurfgrrhgrmhephhgvlhhopehfmhigtd
dvrdhfrhgvvghmrghilhdrhhhupdhinhgvthepudelhedrvddvkedrv
deghedrvdduuddpmhgrihhlfhhrohhmpehithesfhhmgidtvddrfhhr
vggvmhgrihhlrdhhuhdprhgtphhtthhopehgvghrrghlsehstghhfigr
lhgsrggthhdrphhtnecuvehluhhsthgvrhfuihiivgeptd
```

```
<HTML><HEAD>
<META name=3DGENERATOR content=3D"MSHTML 11.00.9600.19940"></HEAD>
```

No exemplo apresentado (em que o assunto da nossa mensagem de phishing era *"(9) Undelivered Mails"* o destinatário da mensagem poderia achar que por algum erro técnico 9 mensagens suas não teriam sido entregues ao destinatário, surgindo uma ligação a dizer *"release pending messages to inbox"* o que levaria a acreditar que ao carregar na opção as mensagens seriam devolvidas ou (re)enviadas.

Se o leitor receber semelhante mensagem não deve, naturalmente, carregar em qualquer ligação semelhante, a qual permitiria o acesso imediato aos seus dados e ou equipamento.

Mas no que *"à fonte"* da mensagem diz respeito, os actuais servidores de correio electrónico permitem já catalogar as mensagens. No nosso caso o nosso servidor apresenta já os seguintes marcadores:

```
Content-Transfer-Encoding: quoted-printable
X-VR-SPAMSTATE: SPAM
X-VR-SPAMSCORE: 320
```

O que demonstra a probabilidade alta de ser mensagem de SPAM ou *Fishing*.

Mas muito facilmente chegaríamos lá sem estes marcadores automáticos. Ora, onde colocamos neste exemplo *"domain"* na verdade surge com o nosso domínio electrónico (como altice.pt ou oa.pt) o que aumentaria a credibilidade da acção ilícita.

Sucede, porém, que no topo do cabeçalho constam informações sobre o real remetente da mensagem:

```
Return-Path: <it@fmx02.freemail.hu>
```

Ou seja, foi remetido por um utilizador com recurso a serviço de envio de mensagens gratuito (sítio da internet com o endereço freemail.hu) hospedado na Hungria (top domain consta como .hu).

```
Delivered-To: geral@ domain.pt
Received: from montifr-dir02.it.dadainternal ([172.29.136.20])
   by montifr-be05.it.dadainternal with LMTP
   id aHoHIIwXXmAsNwAAcZL9MQ
   (envelope-from <it@fmx02.freemail.hu>)
   for <geral@ domain.pt>; Fri, 26 Mar 2021 18:19:08 +0100

Received: from scott20 ([172.29.136.20])
   by montifr-dir02.it.dadainternal with LMTP
   id 8D3BH4wXXmDVNwAA4OebYQ
   (envelope-from <it@fmx02.freemail.hu>)
   for <geral@schwalbach.pt>; Fri, 26 Mar 2021 18:19:08 +0100

Received: from fmfwd01.freemail.hu ([195.228.245.79])
   by cmsmtp with ESMTP
   id Pq72lpGfhnqlGPq72lzD1b; Fri, 26 Mar 2021 18:19:08 +0100
```

Por outro lado, a última parte deste cabeçalho, permitir-nos-á, através da já referida ferramenta disponível através do endereço *https://www.opentracker.net/feature/ip-tracker/* perceber onde se encontra localizado o sistema que nos enviou a mensagem:

```
Received: from fmfwd01.freemail.hu ([195.228.245.79])
```

Pelo que for feita a pesquisa pelo endereço IP 195.228.245.79 conseguiremos perceber que o nosso remetente enviou a mensagem de correio electrónico de *Phishing* da Hungria, mais concretamente da cidade de Kaposvar:

Summary of IP's Profile Details	Copy
IP address: **195.228.245.79** City: **Kaposvar** Region name: Somogy Country name: Hungary Life Expectency: 71.4 Avg Income: **4806** EUR Timezone: Europe/Budapest Sub continent: Eastern Europe Country code: HU Geo-targeting: **true** Latitude: 47.721 Longitude: 18.7364	World currency: EUR EU member: true org: Magyar Telekom isp: Magyar Telekom Connection: undefined Continent: Europe Population: 10 043 200 IP range tracked: 195.228.244.0 - 195.228.255.255 Surface area: 93 030 km sq. GNP: 48 267 mln. Demographic data: **true** Ad (re)targeting: **true**

Mas, apesar da precaução e das cautelas, é certo que milhares de mensagens de correio electrónicas continuam a ser enviadas, algumas com anexos ou pequenos programas que, uma vez instalados, permitem igualmente o acesso aos sistemas de informação. São os chamados *Trojans* ou em português, *Cavalos de Troia*.

Os tipos de *phishing* incluem o chamado "*Spear Phishing*" (habitualmente direccionadas a instituições ou pessoas especificas, consistindo na recolha de detalhes e informações pessoais o mais acurada possível para aumentar a probabilidade de sucesso do atacante, sendo consequentemente a técnica mais eficaz), "*Clone Phishing*" (será toda aquela actividade que consiste em tentar reencaminhar o utilizador para um sítio clonado e que aparente ser legítimo – nomeadamente as já referidas páginas iniciais de Bancos, Redes Sociais ou outros sítios que requeiram credenciais de acesso, sendo uma técnica que recorre maioritariamente ao envio de mensagem de correio electrónico para que se carregue em determinada ligação que nos reencaminha para a tal página clone) e *Whaling* (Pesca da Baleia – e que consiste em localizar alvos de altos cargos ou com notoriedade, e levar a cabo ataques que possam ser disfarçados de notificações judiciais ou da administração, queixas de clientes ou questões corporativas.

No crime de *phishing* (que equipararemos ao crime de burla) o agente escolherá o seu alvo (que poderá ser uma pessoa em específico ou um grupo generalizado de pessoas, numa determinada zona geográfica), definindo o objectivo do ataque e qual os meios a que recorrerá, para que a vítima possa acreditar na fidedignidade da informação enviada.

Para atingir uma pessoa em específico o agente necessitará apenas de um endereço de correio electrónico da vítima ou, por exemplo, no nome de utilizador de uma rede social para que lhe possa enviar a mensagem inicial.

Alternativamente, são várias as bases de dados de endereços de correio electrónico à venda, quer na Internet, quer na *Deep* ou *DarkWeb*.

Essas bases de dados organizam endereços de correio electrónico por País ou Cidade, por exemplo, mas também por grupos de interesse (imagine-se que num ataque informático determinado Hacker tem acesso à base de dados de Clientes de uma empresa fornecedora de Energia Eléctrica, ou à Base de Dados de utilizadores de uma rede social ou de encontros amorosos, ou ainda, à base de dados de uma empresa de análise financeira). Muitas bases de dados de endereços de correio electrónico tiveram origem com o envio e reenvio de mensagens de correio electrónico que traziam fotografias ou apresentações *powerpoint* e que os utilizadores reenviavam aos seus grupos, muitas vezes todos, os seus contactos sem apagar os endereços de correio electrónico que constavam da mensagem reenviada.

Assim, na posse de tal base de dados, é posto em prática o plano criminoso que carecerá de um elemento ardiloso que permita levar a vítima a acreditar no pedido efectuado.

Será nesta fase que o agente (ou agentes), preparam o material a ser utilizado, como mensagens de correio electrónico, sítios da internet falsos, contratos com operadoras ou prestadores de serviço para o envio, por exemplo, de sms's de autenticação.

Escolhido o tema e levadas a cabo todas as etapas prévias ao ataque informático, será necessário obter as informações relevantes do alvo (ou alvos) pretendidos, ao mesmo tempo em que se tenta ocultar a procedência do ataque (com recurso a VPN's e outros serviços em linha gratuitos e de fácil registo, preferencialmente em países distintos da localização do alvo, ou com barreiras linguísticas ou políticas).

Concluída a preparação e já na posse de tais dados (muitas bases de dados que circulam na internet ou são vendidas na *DeepWeb* são autênticas folhas de excel com coluna de Nome, Cidade, Endereço de Correio Electrónico, contactos de telemóvel, etc com tantas colunas quantas as opções que cada servidor armazena relativamente aos dados recolhidos a determinado propósito como o registo em redes sociais ou bases de dados corporativas) inicia-se o ataque, o qual terá lugar por um ou mais meios à disposição do agente.

Os meios mais comuns serão via correio electrónico ou via sítios em linha com ligações para outros sítios (habitualmente em sítios com distribuição de músicas ou programas informáticos distribuídos ilicitamente, mas também em sítios não fidedignos de pornografia, por exemplo) e em que se abrem janelas (*popups*) com novos sítios de forma quase incessante.

Nos últimos tempos, também o ataque poderá ter lugar através de sistemas de mensagens electrónicos como *Whatsapp* ou *Facebook Messenger* (em que recolhidos os dados de acesso às aplicações, o ataque se espalha automaticamente para todos os contactos daquela lista), mas também através de pequenos programas aos quais se dá o nome de *malware*.

Em caso de sucesso no ataque informático, os dados obtidos são remetidos para o agente (quer aqueles inseridos em páginas de internet falsas, quer dados capturados por programas de malware – Keylogger por exemplo, que funciona igualmente por *hardware* – dispositivo usb ao qual se liga o cabo do teclado e que por sua vez se liga ao computador, e que regista todas as teclas em que se carrega de um teclado, na sua sequência, enviado ou armazenado tais registos em documentos de texto – txt ou log).

É na posse de tais dados que se vai concluir o ilícito criminal, pois que a partir deste momento ocorre o furto de valores, informações, apropriação de identidade para cometer quaisquer outros ilícitos, sendo igualmente habitual a venda destas identidades.

Consumado o ataque informático, são apagadas as contas dos serviços utilizados, ou as ligações entre as várias etapas do plano ardiloso, o que impede o processo de investigação, já de si difícil.

15. POP3, IMAP e SMTP

São protocolos de aplicação, que se encontram na camada mais alta da internet e que, tal como o protocolo DNS, definem mensagens especificas e formatos digitais comunicados por aplicações.

Assim, o protocolo POP3 (*Post Office Protocol*) é utilizado no acesso remoto a servidores de correio electrónico, permitindo que todas as mensagens que ali se encontram armazenadas sejam transferidas sequencialmente para um cliente de correio electrónico (assim *Dean, Tamara (2010). Network+ Guide to Networks*) instalado como o *Outlook* ou *ThunderBird* em determinado equipamento electrónico como um computador.

Poder-se-á concluir que se trata de um processo off-line, tendo em consideração que, efectivamente, após o acesso aos servidores a informação (mensagens de correio electrónicas) são transferidas para o equipamento (é feito o *download*) onde passam a estar até que sejam apagadas pelo utilizador.

Esta característica permite que utilizadores com acesso reduzido à internet tenham acesso constante às mensagens de correio electrónico sem necessitarem de estar ligados à rede.

O Protocolo IMAP (*Internet Message Access Protocol*), permite, à imagem do POP3, o acesso às mensagens de correio electrónico existentes em determinado servidor através da ligação TCP/IP (*assim cit. Dean, Tamara (2010). Network+ Guide to Networks. Delmar*) mas foi desenhado para permitir uma gestão total de uma caixa de correio electrónico por múltiplos utilizadores, o que significa que os programas clientes deixam a mensagem no servidor até que um determinado utilizador apague a mensagem.

O SMTP (*Simple Mail Transfer Protocol*), é o protocolo que permite o envio de mensagens electrónicas. Os servidores de correio electrónico e outros agentes de envio de mensagens (*scripts* em sítios em linha por exemplo) utilizam este protocolo para enviar e receber mensagens, sendo que os programas de correio electrónico comuns utilizam este protocolo apenas para enviar mensagens (através das portas 587 ou 465), sendo que para a recepção de mensagens utilizam os referidos protocolos POP3 e SMTP.

16. Produto Semicondutor

Produto semicondutor é o nome dado à forma final ou intermédia de qualquer produto, composto por um substrato que inclua uma camada de material semicondutor e constituído por uma ou várias camadas de matérias condutoras, isolantes ou semicondutoras, segundo uma disposição conforme a uma configuração tridimensional e destinada a cumprir, exclusivamente ou não, uma função electrónica. Lei nº 109/2009, de 15 de Setembro – art. 2º.

De acordo com o disposto no Artigo 153º do Código da Propriedade Industrial, a definição de produto semicondutor é a forma final, ou intermédia, de qualquer produto que, cumulativamente consista num corpo material que inclua uma camada de material semicondutor, possua uma ou mais camadas compostas de material condutor, isolante ou semicondutor, estando as mesmas dispostas de acordo com um modelo tridimensional predeterminado e seja destinado a desempenhar uma função electrónica, quer exclusivamente, quer em conjunto com outras funções.

Os semicondutores são sólidos geralmente cristalinos de condutividade eléctrica intermediária entre condutores e isolantes sendo, em muitos pontos, semelhantes aos materiais cerâmicos e, consequentemente, tidos como uma subclasse da cerâmica.

Esta condutividade eléctrica dos semicondutores é particularmente sensível a condições ambientais como temperatura ou estado eléctrico sendo a base da produção de componentes electrónicos como transístores e díodos, mas também microprocessadores e nanocircuitos.

17. TCP, UDP e ICMP

Os protocolos TCP, UDP e ICMP encontram-se igualmente na camada média da Internet.

O primeiro, TCP (*Transmission Control Protocol*), permite realizar ligações virtuais, com determinado grau de garantia na ligação e comunicação de dados sendo um dos principais protocolos da Internet e que juntamente com o protocolo IP foi criado na implementação inicial da rede, motivo pelo qual muitas vezes nos referimos ao TCP/IP.

O TCP garante a entrega de correntes de bytes de forma segura, ordenada e livre de erros entre aplicações que recorram a anfitriões e que comunicam através de uma rede IP.

A maioria das aplicações na internet como a *World Wide Web*, os clientes de correio electrónico, os acessos remotos e transferências de ficheiros baseiam-se e recorrem a este protocolo.

É um protocolo de ligação, sendo necessário estabelecer-se a ligação entre o cliente e o servidor como pressuposto do envio da informação electrónica (envio de dados).

Mas programas que não necessitem de um serviço de *stream* de dados seguro podem recorrer ao protocolo UDP (*User Datagram Protocol*) o qual oferece um serviço de envio de *datagrams* (pacotes de dados) sem ligação que dá preferência ao tempo sobre a segurança.

O ICMP (*Internet Control Message Protocol*) é outro dos protocolos existentes e que é habitualmente utilizado nas redes informáticas, nomeadamente em equipamentos electrónicos como routers, e que permite o envio de mensagens de erro e informação operacional como resultados de sucesso ou erro nas comunicações com outros endereços de IP, nomeadamente quando tentamos aceder a um determinado computador da rede doméstica ou da empresa e recebemos o alerta em como determinado equipamento não se encontra disponível (neste sentido Forouzan, Behrouz A. – 2007- *Data Communications And Networking* – Ed. McGraw-Hill).

18. HTTP e FTP

Localizados na camada mais alta da internet, o protocolo HTTP (*Hypertext Transfer Protocol*) e o protocolo FTP (*File Transfer Protocol*) serão bem conhecidos dos utilizadores.

O Primeiro, (em português Protocolo de Transferência de Hipertexto) permite o acesso às páginas existentes nos sítios de internet. É um meio de comunicação utilizado para sistemas de informação de meios de comunicação em linha, distribuídos e colectivos (neste sentido *T. Berners-Lee, 1996*), o qual é o pilar para a comunicação de dados da *World Wide Web.*

Assim, o hipertexto será o texto estruturado que recorre a ligações lógicas (hiperlinks) entre pontos que igualmente contêm texto, o qual é transferido através deste protocolo.

Protocolo para a troca ou transferência de hipertexto.

Em Junho de 1999, o Consórcio da World Wide Web e a Internet Engineering Task Force, publicaram uma série de Requests for Comments, entre elas o RFC 2616 (disponível em .https://tools.ietf.org/html/rfc2616) e que definiu o HTTP/1.1, como "*um protocolo de nível de aplicativo para sistemas de informação hipermédia distribuídos e colaborativos. É um protocolo genérico, sem estado, que pode ser usado para muitas tarefas além do seu uso para hipertexto, como servidores de nomes e sistemas de gerenciamento de objectos distribuídos, por meio da extensão de seus métodos de solicitação, códigos de erro e cabeçalhos. Uma característica do HTTP é a digitação e negociação da representação dos dados, permitindo que os sistemas sejam construídos independentemente dos dados que estão sendo transferidos. (...)*"

Assim, quando se pretende aceder a determinado documento ou outra página num determinado sitio, a partir de uma palavra ou imagem, utilizamos hiperligações (ou links) para determinado endereço URI que pode ser um URL (Universal Resource Locator ou Localizador Universal de Recurso), ou um URN (um nome).

Já o protocolo FTP (*File Transfer Protocol* ou Protocolo de Transferência de Ficheiros) é o protocolo padrão autónomo independente de hardware para transferência de ficheiros.

Habitualmente, a transferência de dados em redes de computadores passa pela transferência de ficheiros e acesso a sistemas de arquivos remotos (com o mesmo ambiente que estamos habituados a encontrar no nosso computador, com arquivos dentro das famosas pastas amarelas, com pastas ou ficheiros no seu interior).

19. Topografia

Topografia (do grego τόπος, topos, que significa "lugar", "região", e γράφω, grapho, que significa "descrever", portanto "descrição de um lugar") é a ciência que estuda todos os acidentes geográficos definindo a sua situação e localização.

Para a Lei nº 109/2009, de 15 de Setembro e de acordo com a definição do legislador no seu art. 2º, será "uma série de imagens ligadas entre si, independentemente do modo como são fixadas ou codificadas, que representam a configuração tridimensional das camadas que compõem um produto semicondutor e na qual cada imagem reproduz o desenho, ou parte dele, de uma superfície do produto semicondutor, independentemente da fase do respectivo fabrico".

Já para o Código da Propriedade Industrial, decorre do seu artigo 154º (Definição de topografia de um produto semicondutor) que topografia de um produto semicondutor é o conjunto de imagens relacionadas, quer fixas, quer codificadas, que representem a disposição tridimensional das camadas de que o produto se compõe, em que cada imagem possua a disposição, ou parte da disposição, de uma superfície do mesmo produto, em qualquer fase do seu fabrico, sendo, nos termos do disposto no artigo 155º (relativo ao objecto de protecção legal) que só gozam de protecção legal as topografias de produtos semicondutores que resultem do esforço intelectual do seu próprio criador e não sejam conhecidas na indústria dos semicondutores ou as topografias que consistam em elementos conhecidos na indústria dos semicondutores, desde que a combinação desses elementos, no seu conjunto, satisfaça as condições ali previstas.

Todo o criador de topografia final, ou intermédia, de um produto semicondutor gozará do direito exclusivo de dispor dessa topografia, desde que satisfaça as prescrições legais, designadamente as relativas ao registo, sendo que este não pode, no entanto, efectuar-se decorridos dois anos a contar da primeira exploração comercial da topografia em qualquer lugar, nem após o prazo de 15 anos a contar da data em que esta tenha sido fixada, ou codificada, pela primeira vez, se nunca tiver sido explorada, sendo nos termos do disposto no artigo 159º do Código da Propriedade aplicáveis às topografias de produtos semicondutores as disposições relativas às patentes, em tudo o que não contrarie a natureza daquele direito privativo.

20. Token (*Crypto-token*)

Uma conta blockchain pode fornecer outras funções para além de fazer pagamentos, como por exemplo, aceder a aplicativos descentralizados ou celebrar contratos inteligentes.

Nesses casos, as unidades ou moedas são às vezes chamadas de cripto-tokens (ou criptotokens). As criptomoedas são geralmente geradas pelo seu próprio blockchain, como é o caso das Bitcoin e Litecoin, enquanto os tokens são normalmente emitidos dentro de um contrato inteligente executado em cima de um blockchain como a Ethereum.

A criptomoeda descentralizada é produzida por todo o sistema de criptomoeda colectivamente, a uma taxa que é definida quando o sistema é criado e que é conhecida publicamente.

Em sistemas bancários e económicos centralizados, como o Sistema da Reserva Federal norte-americana, conselhos corporativos ou governos controlam o fornecimento de moeda imprimindo unidades de moeda fiduciária ou exigindo acréscimos aos livros-razão bancários digitais.

No caso da criptomoeda descentralizada, as empresas ou governos não podem produzir novas unidades e até agora não forneceram suporte para outras empresas, bancos ou entidades corporativas que detêm o valor dos activos medidos nela sendo que o sistema técnico subjacente no qual as criptomoedas descentralizadas são baseadas foi criado pelo grupo de indivíduos ou indivíduo (desconhece-se ainda) conhecido como Satoshi Nakamoto. *("Blockchains: The great chain of being sure about things". The Economist. 31 de Outubro de 2015.)*

21. Trojan (ou Cavalo de Troia)

De acordo com o Sitio malwarebytes.com/ Trojan será um termo genérico para disseminação de malware, alertando-se: "Cautela com os gregos que trazem presentes".

Na verdade, ali se refere que *"já no poema épico de Virgílio, a Eneida, um inteligente estratega de guerra grego chamado Ulisses elabora um plano para colocar os seus homens no interior da cidade murada de Troia. Em vez de destruir ou escalar as muralhas da cidade, Ulisses vê outra via de entrada: com o engano. Os soldados troianos observam enquanto os gregos parecem afastar-se nos seus navios, deixando para trás um gigante cavalo de madeira como sinal de rendição. Embriagados pela vitória, os troianos levam o cavalo para dentro das suas muralhas, apenas para descobrir que, durante todo esse tempo, Ulisses e os seus homens estavam escondidos no interior."*

Tal como o seu homónimo, os novos ataques de cavalo de Troia, ou tal como habitualmente se refere "os *trojans*", recorrem ao engano e à engenharia social para ludibriar as vítimas levando-as a executar programas informáticos aparentemente benignos, ou pelo menos, inofensivos, mas que na verdade ocultam fins maliciosos.

Na verdade, não obstante ser referido como vírus ou *worm*, na verdade o Trojan não infecta ficheiros (como um vírus) que consegue replicar-se e espalhar-se, infectando outros programas sendo também distinto dos *worms*, um tipo de *malware* parecido com os vírus, mas não precisam de estar associados a outro programa para se disseminarem.

Teremos então *trojans* como um termo genérico para disseminação de *malware*, que dependendo da intenção criminosa do programador, poderá ser como um canivete suíço do *hacking* actuando como uma parcela de *malware* autónoma ou como ferramenta para outras actividades, como por exemplo para comunicar com o hacker em determinado momento ou para abrir determinadas portas do sistema, deixando-o vulnerável a ataques, tal como o fizeram os soldados gregos a partir do interior da fortaleza de Troia, ou seja, será uma estratégia de disseminação que os hackers utilizam para disseminar qualquer tipo de ameaça, desde *ransomware* que imediatamente exige dinheiro, até spyware que se esconde enquanto rouba informações valiosas, como dados pessoais e financeiros (*informação disponível em https://pt.malwarebytes.com/trojan/).*

22. Sistema informático

Será qualquer dispositivo ou conjunto de dispositivos interligados ou associados, em que um ou mais de entre eles desenvolve, em execução de um programa, o tratamento automatizado de dados informáticos, bem como a rede que suporta a comunicação entre eles e o conjunto de dados informáticos armazenados, tratados, recuperados ou transmitidos por aquele ou aqueles dispositivos, tendo em vista o seu funcionamento, utilização, protecção e manutenção; Lei nº 109/2009, de 15 de Setembro – art. 2º.

A referida definição constava já da Convenção sobre o Cibercrime, adoptada em Budapeste em 23 de Novembro de 2001 e de acordo com a qual «Sistema informático» seria *"um equipamento ou conjunto de equipamentos interligados ou relacionados entre si que asseguram, isoladamente ou em conjunto, pela execução de um programa, o tratamento automatizado de dados"* (assim a al. c) do art. 1º da Convenção).

Consiste num conjunto de dispositivos electrónicos (hardware) capazes de processar informações de acordo com um programa (software) sendo o software mais importante o sistema operativo (que fornece as bases para a execução das aplicações que o utilizador pretende executar).

São exemplos de sistemas operativos o *Windows, o MacOS e o Linux*, sendo sem sombra de dúvidas o *Windows*, produzido pela *Microsoft*, o mais utilizado nos nossos dias (pelo menos a nível doméstico) dada a sua distribuição de origem com os novos equipamentos.

Um sistema informático poderá ser composto por uma rede de computadores e servidores, e até em cluster (conjunto de computadores fortemente ligados e que trabalham em conjunto, de um modo que, em muitos aspectos, podem ser considerados como um único sistema) dependendo da situação e das necessidades.

Um sistema informático (ou baseado em computador) será, pois, aquele que automatiza ou apoia a realização de actividades humanas através do processamento de informações, sendo habitualmente caracterizado por ter diversos elementos, nomeadamente *Hardware* (a parte física), *Software* (programas informáticos), Informações, utilizador, Procedimentos ou Tarefas e Documentação.

23. VPN

Tal como supra referido, o recurso a serviços de VPN's (Virtual Private Network) permitem ocultar o IP, mascarando-o como se o utilizador estivesse num diferente País.

Na verdade existem serviços de *VPN* gratuitos *(https://www.trusted-vpn.com/)* ou pagos que permitem aceder a informação como se se estivéssemos localizados fisicamente num outro local.

No exemplo anteriormente dado e, considerando que em países como a República Popular da China os acessos à Google.com e seus serviços, Facebook ou Instagram se encontram bloqueados, é comum o recurso a *VPNs* para que se possa aceder a tais sítios e serviços sem os bloqueios impostos por cada país.

Também em Fevereiro de 2021, a junta militar que tomou o poder em Mianmar bloqueou o acesso à rede social Facebook uma vez que os opositores do golpe utilizavam aquela rede para compartilhar ideias para combater as acções dos generais (conforme *https://www.dw.com/pt-br/militares-bloqueiam-facebook-em-mianmar-para-abafar-protestos/a-56456511*).

Ora, a Rede privada virtual, construída sobre uma rede de comunicações pública (como por exemplo, a Internet), permite transportar pela rede pública os dados utilizando protocolos padrões, não necessariamente seguros mas criando uma ligação segura e criptografada, que pode ser considerada como um túnel, entre o dispositivo e o servidor operado pelo serviço VPN (assim *Crawford, Douglas. «Five Best VPN Services in 2017.».)*

A VPN será, pois, uma ligação estabelecida sobre uma infra-estrutura pública ou compartilhada, com recurso a tecnologias de tunelamento e criptografia para manter seguros os dados de tráfego, sendo que as VPNs seguras utilizam protocolos de criptografia por tunelamento que atribuem a confidencialidade, autenticação e integridade necessárias para garantir a privacidade das comunicações requerida.

24. Mundo Virtual

Os mundos virtuais (Virtual world ou Virtual Space) consistem em ambientes simulados por computadores, os quais podem ser populados por vários utilizadores, que podem criar avatars pessoais e, simultaneamente e de forma independente, explorer o referido mundo virtual e participar em actividades, comunicando com outros utilizadores (assim *Bartle, Richard (2003). Designing Virtual Worlds. New Riders*).

Estes avatares (personas) poderão ser representações textuais ou gráficas dos seus utilizadores, ou poderão consistir em vídeos ao vivo com sensações áudio e tácteis.

Já nos referimos ao *Fortnite* (Jogo electrónico da *Epic Games* lançado em 2017 na versão *Fortnite: Battle Royale,* que permite até 100 pessoas em simultâneo – com mais de 125 milhões de jogadores em menos de um ano, e com concertos em directo).

Sítios da internet como *http://www.earth2.io* ou *http://www.vPark.io,* estão já disponíveis na rede onde é possível a compra e venda de propriedades e seu arrendamento, e onde estão já a surgir novas comunidades.

Actualmente, são várias as notícias que nos tão conta da venda de ténis para utilizar nestes novos mundos ou de obras de arte para decorar as novas casas virtuais.

Tal como noticiado pelo jornal The Guardian (disponível em https://www.theguardian.com/fashion/2021/mar/19/a-virtual-steal-the-gucci-sneakers-for-sale-at-1799) os ténis digitais da marca de luxo Gucci estão à venda por $17.99, e são os primeiros ténis da marca que podem ser utilizados exclusivamente em mundos virtuais ou de realidade aumentada, mas na verdade acredita-se que se esteja apenas no inicio de um novo mercado.

O timing deste novo produto será, para o diário, deliberado, uma vez que o aumento de gastos com bens que apenas existem na realidade digital tem ocupado os últimos cabeçalhos com os novos mercados especulativos dos tokens não-fungíveis (NFT's) a aquecer, nomeadamente com venda de obras de arte.

Foi igualmente notícia a 24 de Março de 2021, (disponível em https://edition.cnn.com/style/article/digital-nft-mars-house-scli-intl/index.html) a venda da primeira casa digital NFT do mundo, por $500,000,00 (€422,850,85 que correspondem na verdade a 288 Ether, a criptomoeda utilizada na compra), num projecto idealizado pela artista Krista Kim.

Com o nome Mars House, a primeira casa digital do mundo NFT (non-fungible token) foi notícia mundial, abrindo caminho à arte digital e outros bens para serem vendidos na rede.

O NFT (Non-fungible token) é um token único digital que verifica efectivamente a autenticidade e propriedade do bem. É encriptado com a assinatura do artista na sua blockchain, da mesma forma que é utilizado para marcar as criptomoedas como a bitcoin.

Com a referida aquisição, o comprador recebeu ficheiros 3D para fazer o upload do imóvel para o seu "*Metaverse*." (a extensão virtual no nosso mundo, onde áreas de terra são compradas e vendidas, e casas digitais e negócios se constroem).

É neste contexto que surge a economia virtual, emergente da interacção entre os novos residentes ou visitantes dos mundos virtuais. Enquanto os designers tomam conta desta nova economia pelos seus mecanismos de transacções, são os comportamentos dos utilizadores que definem as condições económicas destes mundos virtuais.

Uma nova economia emerge como resultado das escolhas dos utilizadores neste mundo virtual entre a realidade e o mundo digital. Os participantes têm tempo limitado no mundo virtual, tal como no mundo real, o qual terão que dividir entre tarefas como recolha de recursos, transacções ou diversões. As suas escolhas ditarão o valor dos bens na economia.

Esta economia é tipicamente guiada pelas necessidades da aplicação, tais como equipamento, comida ou bens, sendo que os mundos virtuais oferecem igualmente novas oportunidades de negócio aos publicitários um novo espaço, tal como já acontece em diversos jogos de vídeo.

Do ponto de vista geográfico, os mundos virtuais podem variar mas, actualmente, verifica-se uma tendência para réplica o mundo real (neste sentido Earth2 ou VPark).

Também quanto ao Hardware existe um mercado que aguarda com expectativas elevadas novas ofertas, quer de sistemas de óculos 3D, quer de interacção domótica que permita ligar numa sinergia perfeita os dois mundos.

Todos os negócios que hoje realizamos no mundo real, poderão igualmente ocorrer em mundos virtuais (compra e venda de bens e serviços), deslocações a lojas, deslocações ao medico ou até julgamentos (tenha-se em consideração que actualmente já utilizamos o Sistema Webex para julgamento, que não é mais do que a utilização de Sistema de dados para reunião em linha, sendo que a experiência em contexto de mundo virtual teria um peso mais imersivo com o verdadeiro sentido de se estar numa sala de audiências, ou pelo menos na mesma).

VII. Actual contexto Europeu

1. Investimento no Digital

A 8 de Novembro de 2019 a Presidência finlandesa apresentou o ponto da situação sobre tributação digital, estando criado o consenso necessário para se avançar com os objectivos traçados: um acordo político sobre a arquitectura para reformas fiscais digitais até Janeiro de 2020, com a elaboração de um relatório definitivo até final de 2020.

Relativamente à tributação dos serviços digitais – e tendo em conta os desafios fiscais inerentes à digitalização da economia e a necessidade de uma abordagem futura desta temática nos meses que se seguiriam, foi necessário estudar a necessidade de redistribuição do lucro das empresas digitais a fim de determinar novas regras para o local onde o imposto é devido e a proporção do lucro a tributar numa determinada jurisdição e, por outro lado, explorar a concepção de um sistema destinado a assegurar que as empresas activas a nível internacional pagassem um nível mínimo de imposto para proteger a base de tributação da erosão e da transferência de lucros.

Assim, relativamente à tributação dos serviços digitais seria necessário implementar novas regras em matéria de IVA (A primeira reforma visou facilitar a detecção da fraude fiscal nas transacções do comércio electrónico transfronteiras sendo que as novas regras permitiriam que os Estados-Membros recolhessem, de forma harmonizada, os registos disponibilizados electronicamente pelos prestadores de serviços de pagamento, como, por exemplo, os bancos.

Adicionalmente, planeou-se criar um novo sistema electrónico central para o armazenamento das informações sobre pagamentos e para o tratamento posterior dessas informações por funcionários antifraude nacionais.

Quanto ao comércio electrónico o Conselho chegou a um acordo provisório sobre novas regras para troca de dados sobre pagamentos relevantes para efeitos de IVA (conforme o comunicado de imprensa, 8 de Novembro de 2019).

Mas uma segunda reforma, relativamente às regras em matéria de IVA aplicáveis às pequenas empresas previa que houvesse uma redução de encargos administrativos e de custos de conformação para as pequenas empresas, contribuindo para criar um ambiente fiscal propício ao crescimento das PME e das suas actividade comerciais transfronteiriças.

Em Novembro de 2019 foi elaborado um projecto de declaração conjunta do Conselho e da Comissão sobre criptomoedas estáveis (de 6 de Novembro de 2019 que viria a ser divulgado no início de Dezembro de 2019 e no qual estas duas instituições europeias garantiam estar "*dispostas a tomar todas as medidas necessárias para assegurar normas adequadas em matéria de protecção dos consumidores e condições monetárias e financeiras ordenadas*". "*Todas as opções devem estar em cima da mesa, incluindo quaisquer medidas destinadas a evitar que determinadas 'criptomoedas estáveis' [moedas digitais não sujeitas à procura e à flutuação do mercado] mundiais dessem origem a riscos impossíveis de gerir*".

Esta posição comum do Conselho e da Comissão Europeia surgiu na mesma altura em que a rede social Facebook se preparava para criar a moeda digital Libra.

Mas em Fevereiro de 2020, a resposta dada pelo vice-presidente executivo Valdis Dombrovskis em nome da Comissão Europeia (18.2.2020 PT E-003495/2019) foi num sentido diverso, referindo que "*Para competir a nível mundial, a Europa deve abraçar a inovação tecnológica, nomeadamente no sector financeiro. Os cripto-activos proporcionam oportunidades em termos de pagamentos baratos e rápidos, mas é importante ter em conta os riscos que representam. Para equacionar estes riscos, é importante distinguir entre actividades de menor escala e iniciativas de «criptomoedas estáveis globais», como o projecto Libra.*"

A declaração conjunta do Conselho e da Comissão sobre as «criptomoedas estáveis», adoptada em 5 de Dezembro, destacava tanto as oportunidades como os desafios associados às «criptomoedas estáveis» mundiais, definindo claramente as expectativas da UE em relação aos promotores dessas iniciativas e procura assegurar que os potenciais promotores dariam resposta a todas as preocupações antes da entrada em funcionamento de projectos de «criptomoedas estáveis» a nível mundial.

O projecto Libra passou a ser abrangido pelo trabalho que a Comissão realizou desde Abril de 2019 em relação a todos os cripto-activos, com base nos pareceres da Autoridade Bancária Europeia e da Autoridade Europeia dos Valores Mobiliários e dos Mercados.

Já a 19 de Dezembro de 2019, a Comissão lançou uma consulta pública para recolher os pontos de vista sobre os cripto-activos em geral, bem como sobre a adequação do quadro regulamentar existente aos cripto-activos, incluindo as «criptomoedas estáveis» sendo que as informações recolhidas no âmbito da referida consulta pública viriam a ser tidas em conta na avaliação de impacto da Comissão sobre uma eventual iniciativa futura.

No que se refere em particular à luta contra o branqueamento de capitais, a Directiva (UE) 2018/843 (Directiva (UE) 2018/843 do Parlamento Europeu e do Conselho, de 30 de Maio de 2018, já referida e que veio alterar a Directiva (UE) 2015/849 relativa à prevenção da utilização do sistema financeiro para efeitos de branqueamento de capitais ou de financiamento do terrorismo) já havia introduzido na legislação da UE uma definição de moeda virtual e incluía, na definição de entidade obrigada, os prestadores de serviços de câmbio entre moedas virtuais e moedas fiduciárias e os prestadores de serviços de custódia de carteiras digitais sendo que o prazo para a transposição da directiva pelos Estados-Membros expirou em 10 de Janeiro de 2020.

Foram aditadas as definições de "Moeda virtual" (uma representação digital de valor que não seja emitida ou garantida por um banco central ou uma autoridade pública, que não esteja necessariamente ligada a uma moeda legalmente estabelecida e não possua o estatuto jurídico de moeda ou dinheiro, mas que é aceite por pessoas singulares ou colectivas como meio de troca e que pode possa ser transferida, armazenada e comercializada por via electrónica) e "Prestador de serviços de custódia de carteiras" (uma entidade que presta serviços de salvaguarda de chaves criptográficas privadas em nome dos seus clientes, com vista a deter, armazenar e transferir moedas virtuais.).

Mas já antes, no seguimento do debate efectuado no Conselho (ECOFIN) de 17 de Maio de 2019 e tendo em vista a preparação dos debates no Conselho (ECOFIN) de 8 de Novembro de 2019, a Comissão revelava a sua preocupação pela regulação do imposto sobre o rendimento no que se refere aos desafios fiscais decorrentes da digitalização da economia (nomeadamente saber se as regras internacionais em matéria de imposto sobre o rendimento continuavam a estar plenamente actualizadas na moderna economia global, com o surgimento de novos factores geradores de valor e a perda de relevância das distâncias físicas. Considerou-se importante avaliar se a digitalização agravava os riscos relacionados com a erosão da base tributável e a transferência de lucros. Por outro lado considerou-se que as alterações induzidas pela digitalização exigiam que se revisitassem alguns aspectos fundamentais do sistema fiscal internacional, mais especificamente as regras relativas ao lugar de tributação – elemento de conexão, e ao rendimento a tributar – imputação dos lucros).

Em 2018, a Directiva (UE) 2018/1808 do Parlamento Europeu e do Conselho, de 14 de Novembro de 2018 veio alterar a Directiva 2010/13/UE relativa à coordenação de certas disposições legislativas, regulamentares e administrativas dos Estados-Membros respeitantes à oferta de serviços de comunicação social audiovisual (Directiva Serviços de Comunicação Social Audiovisual), para a adaptar à evolução das realidades do mercado, prevendo desde logo nos seus considerandos que face à evolução [do mercado dos serviços de comunicação audiovisual] de "*forma rápida e significativa devido à convergência actual entre a televisão e os serviços de Internet, (e considerando) os progressos técnicos possibilitaram novos tipos de serviços e experiências para os utilizadores; Os hábitos de visualização, em particular das gerações mais jovens, mudaram significativamente.*"

Na verdade, ali se admitiu que "*Embora o ecrã de televisão principal continue a ser um dispositivo importante de partilha de experiências audiovisuais, um grande número de telespectadores passou a utilizar outros dispositivos, nomeadamente portáteis, para ver conteúdos audiovisuais. Os conteúdos televisivos tradicionais representam ainda uma parte importante do tempo médio diário de visualização.*"

"*No entanto, novos tipos de conteúdos, como os videoclipes ou os conteúdos gerados pelos utilizadores, adquiriram uma importância crescente, e os novos operadores, incluindo os prestadores de serviços de vídeo a pedido e os fornecedores de plataformas de partilha de vídeos, estão agora consolidados. Esta convergência de meios pressupõe a existência de um regime jurídico actualizado a fim de reflectir a evolução do mercado e de alcançar um equilíbrio entre o acesso aos serviços de conteúdos em linha, a protecção dos consumidores e a competitividade.*"

Com a referida directiva foi inserido um novo capítulo: «CAPÍTULO IX-A – DISPOSIÇÕES APLICÁVEIS AOS SERVIÇOS DE PLATAFORMAS DE PARTILHA DE VÍDEOS» com os seus novos artigos 28º-A e 28º-B.

A referida directiva foi transposta em Novembro de 2020 (o seu artigo 2º previa que fosse transcrita até 19 de Setembro de 2020) para a Lei nº 27/2007 de 30 de Julho (Lei da Televisão e dos Serviços Audiovisuais a Pedido pela Lei nº 74/2020, de 19 de Novembro) a qual veio, entre outras inovações, a criar uma nova taxa (Taxa de Exibição) com o valor de 4% (alteração ao artº 10º da Lei nº 55/2012, de 6 de Setembro, "*A publicidade comercial exibida nas salas de cinema, a comunicação comercial audiovisual difundida ou transmitida pelos operadores de televisão ou, por qualquer meio, transmitida pelos operadores de distribuição, a comunicação comercial audiovisual incluída nos serviços audiovisuais a pedido ou nos serviços de plataforma de partilha de vídeos, bem como a publicidade incluída nos guias electrónicos de programação, qualquer que seja a plataforma de exibição, difusão ou transmissão, está sujeita a uma taxa, denominada taxa de exibição, que constitui encargo do anunciante, de 4 /prct. sobre o preço pago*".)

Será uma taxa cobrada pela publicidade passando a ser devida sobre toda a publicidade comercial transmitida quer no cinema, quer na televisão, mas também em serviços de partilhas de vídeo (nomeadamente Youtube).

Mas o novo número 5 do artigo 10º da Lei 55/2012, de 6 de Setembro, na redacção dada pela Lei 74/2020, de 19 de Novembro cria igualmente uma nova taxa para as operadoras de serviços *on demand* por subscrição (como será o caso das conhecidas Netflix, HBO ou Disney+) e de acordo com a nova norma "*Os operadores de serviços audiovisuais a pedido por subscrição encontram-se sujeitos ao pagamento de uma taxa anual correspondente a 1 /prct. do montante dos proveitos relevantes desses operadores*".

É aditado igualmente um novo artigo 16º-A (relativa a proveitos relevantes) e de acordo com a qual "1 – Caso não seja possível apurar o valor dos proveitos relevantes dos operadores de serviços audiovisuais a pedido por subscrição, para efeitos de aplicação da taxa prevista no nº 4 do artigo 10º, presume-se que o valor anual da taxa é de 1 000 000 (euro).".

1.1. Um Euro digital

O Banco Central Europeu (BCE) e os serviços da Comissão Europeia começaram já a rever a nível técnico um vasto leque de questões políticas, jurídicas e técnicas decorrentes de uma possível introdução de um euro digital, tendo em conta os respectivos mandatos e a independência prevista nos Tratados.

Neste sentido a declaração conjunta da Comissão Europeia e do BCE sobre a sua cooperação para o euro digital de 19 de Janeiro de 2021 e segundo a qual "*A Comissão Europeia e o Banco Central Europeu (BCE) estão a empreender esforços para garantir um sector financeiro digital europeu forte e vibrante e um sector de pagamentos bem integrado para responder às novas necessidades de pagamento na Europa.*

Tirando partido da digitalização, mudanças rápidas no cenário de pagamentos e o surgimento de cripto-activos, o BCE está a explorar a possibilidade de emitir um euro digital, como complemento das soluções de numerário e de pagamento disponibilizadas pelo sector privado."

No referido comunicado conjunto lê-se ainda que "*Após a conclusão da consulta pública em 12 de Janeiro de 2021 seguido por um período de trabalhos preparatórios, o BCE irá considerar a possibilidade de iniciar um projecto do euro digital em meados de 2021. Tal projecto responderia a questões-chave de design e técnicas e forneceria ao BCE as ferramentas necessárias para estar pronto para emitir um euro digital se tal decisão vier a ser tomada. O BCE e os serviços da Comissão Europeia estão a analisar do ponto de vista técnico um vasto leque de questões políticas, jurídicas e técnicas emergentes de uma possível introdução de um euro digital, tendo em conta os respectivos mandatos e a sua independência, tal como previsto nos Tratados.*"

1.2. Novo pacote de Financiamento Digital

A 24 de Setembro de 2020 a Comissão Europeia adoptou um novo Pacote de financiamento Digital, incluindo Estratégias de Financiamento Digital e Pagamentos em linha, e propostas legislativas sobre activos criptográficos e resiliência digital.

Este conjunto de medidas pretende impulsionar a competitividade e a inovação da Europa no sector financeiro, abrindo caminho para que a Europa se possa tornar um ponto de referência global. A ideia será proporcionar aos consumidores mais escolha e oportunidades em serviços financeiros e pagamentos modernos, ao mesmo tempo que garante a protecção do consumidor e a estabilidade financeira.

As medidas serão cruciais para apoiar a recuperação económica da UE, uma vez que irão desbloquear novas formas para canalizar financiamento para as empresas europeias, enquanto desempenham um papel fundamental na concretização do Acordo Verde Europeu e da Nova Estratégia Industrial para a Europa.

Ao mesmo tempo, com regras mais seguras e digitais, mais amigáveis para os consumidores, a Comissão refere pretender impulsionar a inovação responsável no sector financeiro da UE, especialmente para start-ups digitais altamente inovadoras, atenuando quaisquer riscos potenciais relacionados com a protecção dos investidores, branqueamento de capitais e cibercrime.

Nas palavras do vice-presidente Europeu Valdis Dombrovskis "*O futuro das finanças é digital. Vimos durante o bloqueio como as pessoas puderam ter acesso a serviços financeiros graças a tecnologias digitais, como banco on-line e soluções fintech. A tecnologia tem muito mais a oferecer aos consumidores e empresas e devemos abraçar a transformação digital de forma proactiva, enquanto mitigamos quaisquer riscos potenciais. É isso que o pacote de hoje pretende fazer. Um mercado único digital inovador para o financiamento beneficiará os europeus e será fundamental para a recuperação económica da Europa, oferecendo melhores produtos financeiros aos consumidores e abrindo novos canais de financiamento para as empresas.*"

O referido Pacote de Financiamento Digital consiste na implementação de uma Estratégia de Financiamento Digital, uma Estratégia de Pagamentos em linha, propostas legislativas para uma estrutura regulatória da UE sobre activos criptográficos e propostas para uma estrutura regulatória da UE sobre resiliência operacional digital.

Assim, o objectivo da Estratégia de Financiamento Digital será tornar os serviços financeiros da Europa mais amigáveis para a nova realidade digital e estimular a inovação responsável e a concorrência entre os provedores de serviços financeiros na UE.

Tal permitirá reduzir a fragmentação no mercado único digital, de modo que os consumidores possam ter acesso a produtos financeiros além-fronteiras e que as start-ups Fintech aumentem e cresçam.

Permitirá, igualmente, garantir que as regras dos serviços financeiros da UE serão adequadas à actual era digital, até para novas aplicações como inteligência artificial e blockchain. A gestão de dados está, por isso mesmo, também no centro da estratégia Europeia, passando pela promoção da partilha de dados e pelo financiamento aberto, mantendo simultaneamente os padrões da UE em matéria de privacidade e protecção de dados.

Pretende igualmente garantir condições equitativas entre os prestadores de serviços financeiros, sejam eles bancos tradicionais ou empresas de tecnologia, ou seja, uma mesma actividade, com os mesmos riscos associados e submetidos às mesmas regras.

1.3. Novas Formas de Pagamentos

O projecto europeu passará por oferecer novos serviços de pagamento seguros, rápidos e fiáveis aos cidadãos e empresas europeus, o que permitirá tornar mais fácil para os consumidores os pagamentos nas lojas e transacções de comércio electrónico com segurança e conveniência.

A ideia será criar um sistema de pagamentos de retalho totalmente integrado na UE, incluindo soluções de pagamento transfronteiras instantâneas que facilitará os pagamentos em euros entre a UE e outras jurisdições, promovendo simultaneamente o surgimento de soluções de pagamento nacionais e pan-europeias.

1.4. Propostas legislativas sobre cripto-activos – MiCA

Encontra-se em discussão um novo pacote de legislação sobre cripto-activos (uma representação digital de valores ou direitos que podem ser armazenados e comercializados electronicamente).

O '*Regulamento sobre Mercados de Activos Criptográficos*' (MiCA) – tem já uma proposta que pretende impulsionar a inovação, preservando a estabilidade financeira e protegendo os investidores de riscos.

A referida proposta do novo Regulamento (actualmente disponível em https://eur-lex.europa.eu/legal-content/EN/TXT/?uri=CELEX%3A52020PC0593) apresenta um conjunto de medidas destinadas a fomentar e apoiar ainda mais o potencial do financiamento digital em termos de inovação e concorrência, atenuando, simultaneamente, os riscos inerentes.

A ideia – que de resto consta do considerando 6 da Proposta – será a de que a legislação da União em matéria de serviços financeiros não deverá favorecer uma determinada tecnologia. Para o efeito os cripto-activos equiparáveis a «instrumentos financeiros» na acepção do artigo 4º, nº 1, ponto 15, da Directiva 2014/65/UE devem, por conseguinte, permanecer regulamentados ao abrigo da legislação geral da União em vigor, incluindo a Directiva 2014/65/UE, independentemente da tecnologia utilizada para a sua emissão ou transferência.

Da sua exposição de motivos consta que a proposta integra o pacote Financiamento Digital, "*um conjunto de medidas destinadas a fomentar e apoiar ainda mais o potencial do financiamento digital em termos de inovação e concorrência, atenuando, simultaneamente, os riscos inerentes. É consentânea com as prioridades da Comissão, no sentido de preparar a Europa para a era digital e de criar uma economia preparada para o futuro e que esteja ao serviço dos cidadãos. O pacote Financiamento Digital inclui uma nova estratégia em matéria de financiamento digital para o sector financeiro da UE, que visa assegurar que a UE acolhe a revolução digital, impulsionando-a com a liderança das empresas europeias inovadoras e disponibilizando os benefícios do financiamento digital aos consumidores e empresas europeus. Para além desta proposta, o pacote inclui também uma proposta relativa a um regime-piloto de infra-estruturas de mercado para a tecnologia de registo distribuído (DLT), uma proposta relativa à resiliência operacional digital e uma proposta para esclarecer ou alterar determinadas regras conexas no que se refere aos serviços financeiros a nível da UE."*

Na avaliação de impacto apresentada ao Comité de Controlo da Regulamentação (CCR) em 29 de Abril de 2020 e aprovada em 29 de Maio de 2020 foram analisadas duas opções políticas para desenvolver um quadro para os cripto-activos não abrangidos pela actual legislação da UE em matéria de serviços financeiros (exceptuando as «criptomoedas estáveis», para as quais foi analisado um conjunto diferente de opções). Uma primeira opção teria em consideração um regime de inclusão para os cripto-activos não regulados (em que os emitentes e os prestadores de serviços que optassem pela inclusão no regime da UE receberiam um passaporte da UE para poderem expandir as suas actividades além-fronteiras sendo que os prestadores de serviços que decidissem ficar de fora continuariam a não estar regulados ou seriam abrangidos por regimes nacionais por medida, sem receberem o passaporte da EU).

Uma segunda opção optaria pela harmonização total ao abrigo da qual, todos os emitentes (excepto os que realizassem ofertas de pequena dimensão) e prestadores de serviços ficariam abrangidos pelo direito da UE e beneficiariam de um passaporte da EU, deixando de ser aplicáveis os regimes nacionais por medida em matéria de cripto-activos.

Não obstante a primeira opção poder ser menos onerosa para os pequenos emitentes e para os pequenos prestadores de serviços, que poderiam decidir não ser abrangidos, a segunda opção assegurará um nível mais elevado de certeza jurídica, de protecção dos investidores, de integridade do mercado e de estabilidade financeira, e reduzirá a fragmentação em todo o mercado único.

Na verdade, comparativamente com o regime de inclusão voluntária, a harmonização total constituirá uma abordagem mais coerente, tendo sido considerada a hipótese preferencial.

Relativamente às opções específicas para as chamadas «criptomoedas estáveis», no âmbito das quais estas últimas seriam também consideradas cripto-activos não abrangidos pela actual legislação da UE em matéria de serviços financeiros a Comissão estudou três possibilidades de enquadramento, em que o primeiro passaria pela criação de um regime legislativo por medida destinado a atenuar os riscos colocados pelas «criptomoedas estáveis» e pelas «criptomoedas estáveis mundiais» (em que através da aplicação de uma abordagem estrita e baseada no risco e nas recomendações que estão actualmente a ser desenvolvidas pelo CEF, por exemplo, esta opção faria face às vulnerabilidades que as «criptomoedas estáveis» geram a nível da estabilidade financeira, permitindo em simultâneo o desenvolvimento de vários tipos de modelos empresariais.

Tais modelos incluiriam requisitos específicos de divulgação aplicáveis aos emitentes de «criptomoedas estáveis», bem como requisitos quanto às reservas que terão de ser constituídas em garantia de tais criptomoedas.

Um segundo regime passaria por regular as «criptomoedas estáveis» ao abrigo da Directiva Moeda Electrónica. Tal entendimento teria como ponto de partida o facto de as «criptomoedas estáveis» cujo valor seja garantido por uma única moeda com curso legal se aproximarem da definição de moeda electrónica ao abrigo da Directiva Moeda Electrónica.

Ora, considerando que o objectivo de muitas das «criptomoedas estáveis» consiste em criar uma «forma de pagamento», e quando garantidas por uma reserva de activos, algumas delas poderiam tornar-se um meio de troca credível e uma reserva de valor, seria de admitir que nesse sentido as «criptomoedas estáveis» partilhariam características com a moeda electrónica.

No entanto, tal opção exigiria que os emitentes de «criptomoedas estáveis» observassem o disposto na legislação em vigor, o que poderá não ser adequado para o efeito uma vez que embora a Directiva Moeda Electrónica e, por extensão, a Directiva Serviços de Pagamento, pudessem abranger alguns dos prestadores de serviços relacionados com as «criptomoedas estáveis», essa solução poderia não atenuar devidamente os riscos mais significativos em termos de protecção dos consumidores, nomeadamente os suscitados pelas entidades que disponibilizassem carteiras.

Por outro lado, a Directiva Moeda Electrónica não contém disposições específicas para uma entidade que se torne sistémica, o que poderia acontecer com algumas «criptomoedas estáveis mundiais».

A última opção considerada passaria por implementar medidas destinadas a limitar a utilização de «criptomoedas estáveis» na EU, restringindo a emissão de «criptomoedas estáveis» e a prestação de serviços relacionados com este tipo de cripto-activo.

A proposta de regulamento admitiria esta abordagem como justificável, dado que os riscos colocados pelas «criptomoedas estáveis», e, em especial, os inerentes àquelas que são susceptíveis de alcançar uma escala global (incluindo os riscos para a estabilidade financeira e para a política e a soberania monetárias) suplantariam os benefícios proporcionados aos consumidores da UE sob a forma de um meio de pagamento rápido, económico, eficiente e inclusivo.

Contudo, é a própria proposta que considera que a terceira opção não só criaria custos para as «criptomoedas estáveis» já em utilização, como também impediria que se retirassem quaisquer benefícios relacionados com este novo tipo de cripto-activos uma vez que não estaria em consonância com os objectivos definidos a nível da UE relativos à promoção da inovação no sector financeiro como poderia deixar por abordar alguns riscos associados à estabilidade financeira, caso os consumidores da UE utilizassem amplamente «criptomoedas estáveis» emitidas em países terceiros.

Neste sentido a Comissão considerou que a primeira solução seria a opção preferida para as «criptomoedas estáveis», em combinação com a segunda opção, de modo a evitar a arbitragem regulamentar entre as «criptomoedas estáveis» indistinguíveis de moeda electrónica e o tratamento dado à moeda electrónica emitida utilizando registos distribuídos.

Em conjunto com a segunda solução (harmonização total, conforme descrito acima) para outros tipos de cripto-activos não abrangidos pela actual legislação da UE em matéria de serviços financeiros, esta combinação criaria "*um quadro da UE em matéria de «criptomoedas estáveis» que seria abrangente, holístico e permitiria atenuar os riscos identificados pelo Conselho de Estabilidade Financeira, em especial para a estabilidade financeira. A estrutura das «criptomoedas estáveis» é complexa e engloba muitas funções e entidades jurídicas interdependentes.*"

1.5. Os cripto-activos enquanto "instrumentos financeiros"

Os cripto-activos enquanto "instrumentos financeiros" foram já abrangidos pela Directiva dos Mercados de Instrumentos Financeiros (assim as acções ou obrigações tokenizadas) e sujeitos à legislação dos mercados de valores mobiliários da UE.

Mas sendo as referidas regras anteriores ao surgimento de cripto-activos e DLT, foi proposto pela Comissão um regime-piloto para infra-estruturas de mercado que pretendam tentar negociar e liquidar transacções em instrumentos financeiros na forma de activos criptográficos. O regime piloto permitirá isenções das regras existentes bem como abrirá a porta a que reguladores e empresas testem soluções inovadoras utilizando *blockchains*.

Na nova proposta de Directiva (MiCA) prevê-se no título I o seu objecto, o âmbito de aplicação e as definições.

O artigo 1º indica que o regulamento será aplicável aos emitentes de cripto-activos e aos prestadores de serviços conexos, estabelecendo requisitos uniformes em matéria de transparência e divulgação no que se refere à emissão, ao funcionamento, à organização e à governação dos prestadores de serviços de cripto-activos, bem como regras de protecção dos consumidores e medidas para evitar abusos de mercado.

O artigo 2º da proposta limita o âmbito de aplicação do regulamento aos cripto-activos que não sejam elegíveis como instrumentos financeiros, depósitos ou depósitos estruturados ao abrigo da legislação da UE em matéria de serviços financeiros sendo que o artigo 3º estabelece os termos e definições utilizados para efeitos do presente regulamento, incluindo as noções de «cripto-activo», «emitente de cripto-activos», «criptoficha referenciada a activos» (muitas vezes referida como «criptomoeda estável»), «criptoficha de moeda electrónica» (muitas vezes também referida como «criptomoeda estável»), «prestador de serviços de cripto-activos» ou «criptoficha de consumo», entre outros.

O artigo 3º define também os diferentes serviços de cripto-activos. Um aspecto importante prende-se com o facto de a Comissão poder adoptar actos delegados para especificar determinados elementos técnicos das definições, para os ajustar à evolução tecnológica e dos mercados.

1.6. Proposta de Regulamento de Serviços Digitais (Bruxelas, 15.12.202

Conforme decorre da exposição de motivos da proposta de regulamento de serviços digitais, desde a adopção da Directiva 2000/31/CE 1 («Directiva sobre o comércio electrónico»), surgiram serviços novos e inovadores digitais da sociedade da informação que mudaram a vida quotidiana dos cidadãos da União e moldaram e transformaram a forma como estes comunicam, estabelecem contacto, consomem e exercem as suas actividades económicas.

Sendo certo que esses serviços contribuíram profundamente para as transformações sociais e económicas que ocorreram na União e em todo o mundo, ao mesmo tempo que a utilização desses serviços se tornou igualmente fonte de novos riscos e desafios, tanto para a sociedade no seu conjunto como para os cidadãos que os utilizam.

Com base nos princípios fundamentais estabelecidos na Directiva sobre o comércio electrónico, a presente proposta de regulamento de serviços digitais procura assegurar as melhores condições para a prestação de serviços digitais inovadores no mercado interno, contribuir para a segurança em linha e para a protecção dos direitos fundamentais e criar uma estrutura de governação sólida e duradoura para a supervisão eficaz dos prestadores de serviços intermediários.

A base jurídica da proposta é o artigo 114º do Tratado sobre o Funcionamento da União Europeia, que prevê a adopção de medidas para assegurar o funcionamento do mercado interno, sendo que com o objectivo primordial de assegurar o bom funcionamento do mercado interno, em particular no que diz respeito à prestação de serviços digitais transfronteiras (mais especificamente, serviços intermediários) a proposta visa assegurar condições harmonizadas para o desenvolvimento de serviços transfronteiras inovadores na União, abordando e evitando o aparecimento de obstáculos a essa actividade económica decorrentes de diferenças na evolução das leis nacionais, tendo em conta que vários Estados-Membros legislaram, ou tencionam legislar, sobre questões como a remoção de conteúdos ilegais em linha, a diligência, os procedimentos de notificação e acção e a transparência.

O regulamento estabelece regras harmonizadas sobre a prestação de serviços intermediários no mercado interno, tendo como objectivo contribuir para o bom funcionamento do mercado interno de serviços intermediários e estabelecer regras uniformes para um ambiente em linha seguro, previsível e fiável, no qual os direitos fundamentais consagrados na Carta sejam efectivamente protegidos, sendo aplicável aos serviços intermediários prestados aos destinatários do serviço cujo local de estabelecimento ou de residência se encontre na União, independentemente do local de estabelecimento dos prestadores desses serviços.

Quanto à responsabilidade dos prestadores de serviços intermediários, prevê-se que, em caso de prestação de um serviço da sociedade da informação que consista na transmissão, através de uma rede de comunicações, de informações prestadas por um destinatário do serviço ou na concessão de acesso a uma rede de comunicações, o prestador do serviço não é responsável pelas informações transmitidas, desde que não esteja na origem da transmissão, não seleccione o destinatário da transmissão; e não seleccione nem modifique as informações objecto da transmissão, sendo que as actividades de transmissão e de facultamento de acesso mencionadas abrangem a armazenagem automática, intermédia e transitória das informações transmitidas, desde que essa armazenagem sirva exclusivamente para a execução da transmissão na rede de comunicações e a sua duração não exceda o tempo considerado razoavelmente necessário para essa transmissão.

Prevê-se no Artigo 4º relativo à armazenagem temporária («Caching») que em caso de prestação de um serviço da sociedade da informação que consista na transmissão, através de uma rede de comunicações, de informações prestadas por um destinatário do serviço, o prestador do serviço não é responsável pela armazenagem automática, intermédia e temporária dessas informações, efectuada apenas com o objectivo de tornar mais eficaz a transmissão posterior das informações a outros destinatários do serviço, a pedido dos mesmos, desde que não modifique as informações, respeite as condições de acesso às informações, respeite as regras relativas à actualização das informações, indicadas de forma amplamente reconhecida e utilizada pelo sector, não interfira com a utilização legítima da tecnologia, tal como amplamente reconhecida e utilizada pelo sector, a fim de obter dados sobre a utilização das informações e actue com diligência para remover as informações que armazenou ou para impossibilitar o acesso às mesmas, logo que tome conhecimento efectivo de que as informações foram removidas da rede na fonte de transmissão inicial, de que o acesso às mesmas foi tornado impossível ou de que um tribunal ou autoridade administrativa ordenou que as informações fossem removidas ou que o acesso às mesmas fosse impossibilitado.

Sendo que em caso de prestação de um serviço da sociedade da informação que consista na armazenagem de informações prestadas por um destinatário do serviço, o prestador do serviço não é responsável pelas informações armazenadas a pedido de um destinatário do serviço, desde que não tenha conhecimento efectivo da actividade ou conteúdo ilegal e, no que se refere a uma acção de indemnização por perdas e danos, não tenha conhecimento de factos ou de circunstâncias que evidenciem a ilegalidade da actividade ou do conteúdo; ou a partir do momento em que tenha conhecimento da ilicitude, actue com diligência no sentido de remover ou impossibilitar o acesso aos conteúdos ilegais.

Os prestadores de serviços intermediários deverão, após recepção de qualquer decisão que ordene a actuação contra um elemento específico de conteúdo ilegal, emitida pelas autoridades judiciárias ou administrativas nacionais competentes, com base no direito da União ou no direito interno aplicável, informar, em conformidade com o direito da União, a autoridade que emitiu a decisão do seguimento dado, sem demora injustificada, especificando as medidas tomadas e o momento em que foram tomadas.

A referida decisão deverá incluir uma exposição dos motivos pelos quais a informação é considerada conteúdo ilegal, fazendo referência à disposição específica do direito da União ou do direito interno infringida, um ou mais localizadores uniformes de recursos exactos e, se necessário, informações adicionais que permitam a identificação do conteúdo ilegal em causa e informações sobre as vias de recurso à disposição do prestador do serviço e do destinatário do serviço que forneceu o conteúdo.

Os prestadores de serviços intermediários deverão, após recepção de uma decisão que ordene a prestação de informações específicas sobre um ou mais destinatários individuais específicos do serviço, emitida pelas autoridades judiciárias ou administrativas nacionais competentes com base no direito da União ou no direito interno aplicável, em conformidade com o direito da União, informar sem demora injustificada, a autoridade que emitiu a decisão da sua recepção e aplicação.

Relativamente às obrigações de devida diligência para um ambiente em linha transparente e seguro, prevê-se que os prestadores de serviços intermediários devam criar um ponto único de contacto que permita a comunicação directa, por via electrónica, com as autoridades dos Estados-Membros, a Comissão e o Comité a que se refere o artigo 47º tendo em vista a aplicação do presente regulamento, devendo os prestadores de serviços intermediários tornar públicas as informações necessárias para identificar e comunicar facilmente com os seus pontos únicos de contacto e especificar, nas informações a que se refere o nº 2, a ou as línguas oficiais da União que podem ser utilizadas para comunicar com os seus pontos de contacto e que devem incluir, pelo menos, uma das línguas oficiais do Estado-Membro em que o prestador de serviços intermediários tem o seu estabelecimento principal ou em que o seu representante legal reside ou se encontra estabelecido.

Prevê-se a necessidade de designação, por escrito, de uma pessoa singular ou colectiva como seu representante legal num dos Estados-Membros em que o prestador ofereça os seus serviços caso não o tenham em território da UE, sendo que os prestadores de serviços intermediários devem mandatar representantes legais a quem as autoridades dos Estados-Membros, a Comissão e o Comité se podem dirigir, para além ou em substituição do prestador, para abordar todas as questões necessárias à recepção, ao cumprimento e à execução das decisões emitidas em relação ao presente regulamento. Os prestadores de serviços intermediários devem dotar o seu representante legal dos poderes e recursos necessários para cooperar com as autoridades dos Estados-Membros, a Comissão e o Comité e dar cumprimento às referidas decisões.

Os prestadores de serviços intermediários deverão incluir nos seus termos e condições informações sobre quaisquer restrições que imponham em relação à utilização do seu serviço no que diz respeito às informações prestadas pelos destinatários do serviço, sendo que essas informações deverão incluir informações sobre quaisquer políticas, procedimentos, medidas e instrumentos utilizados para efeitos de moderação de conteúdos, incluindo a tomada de decisões algorítmicas e a análise humana, devendo ser apresentadas em linguagem clara e inequívoca e disponibilizadas ao público num formato facilmente acessível.

Estabelece-se que os prestadores de serviços intermediários deverão publicar, pelo menos uma vez por ano, relatórios claros, facilmente compreensíveis e pormenorizados sobre qualquer actividade de moderação de conteúdos em que tenham participado durante o período pertinente, sendo que tais relatórios deverão incluir, em particular, informações sobre os seguintes elementos, consoante aplicável, o número de decisões recebidas das autoridades dos Estados-Membros, categorizadas por tipo de conteúdo ilegal em causa, incluindo as decisões emitidas em conformidade com os artigos 8º e 9º, e o tempo médio necessário para tomar as medidas especificadas nas mesmas, o número de notificações apresentadas em conformidade com o artigo 14º, categorizadas por tipo de conteúdo alegadamente ilegal em causa, qualquer medida tomada na sequência das notificações, especificando se a medida foi tomada com base na legislação ou nos termos e condições do prestador, e o tempo médio necessário para a tomada da medida, a moderação de conteúdos realizada por iniciativa própria dos prestadores, incluindo o número e o tipo de medidas tomadas que afetam a disponibilidade, a visibilidade e a acessibilidade das informações fornecidas pelos destinatários do serviço, e a capacidade de os destinatários fornecerem informações, categorizada por tipo de razão e por base para a tomada dessas medidas e o número de reclamações recebidas através do sistema interno de tratamento de reclamações referido no artigo 17º, a base para essas reclamações, as decisões tomadas relativamente a essas reclamações, o tempo médio necessário para as tomar e o número de casos em que essas decisões foram invertidas.

A proposta de Regulamento prevê que os prestadores de serviços de armazenagem em servidor devam criar mecanismos que permitam a qualquer cidadão ou entidade notificá-los da presença, no seu serviço, de elementos específicos de informação que o cidadão ou a entidade considere ser conteúdo ilegal, e que tais mecanismos devam ser de fácil acesso e utilização, e permitam a apresentação de notificações exclusivamente por meios electrónicos, devendo ser criados de modo a facilitar a apresentação de notificações suficientemente precisas e adequadamente fundamentadas, com base nas quais um operador económico diligente possa identificar a ilegalidade do conteúdo em questão.

Quando um prestador de serviços de armazenagem em servidor decidir remover ou bloquear o acesso a elementos específicos de informação fornecidos pelos destinatários do serviço, independentemente dos meios utilizados para detectar, identificar, remover ou bloquear o acesso a essas informações e do motivo da sua decisão, a proposta de regulamento estabelece que deverão informar o destinatário, o mais tardar no momento da remoção ou do bloqueio do acesso, da decisão e apresentar uma exposição clara e específica dos motivos dessa decisão.

No que às plataformas em linha diz respeito, são excluídas da secção 3 da Proposta de Regulamento as micro e pequenas empresas na acepção do anexo da Recomendação 2003/361/CE.

Ali se estabelece que as plataformas em linha devem proporcionar aos destinatários do serviço, durante um período mínimo de seis meses após a decisão referida no presente número, acesso a um sistema interno eficaz de tratamento de reclamações que permita a apresentação electrónica e gratuita de reclamações contra as decisões a seguir enunciadas tomadas pela plataforma em linha com o fundamento de que as informações fornecidas pelos destinatários constituem conteúdo ilegal ou incompatível com os seus termos e condições de decisões de remoção ou bloqueio do acesso às informações, decisões de suspensão ou cessação da prestação do serviço, no todo ou em parte, aos destinatários e decisões de suspensão ou encerramento da conta dos beneficiários.

Estabelece-se que as plataformas em linha devem assegurar que os seus sistemas internos de tratamento de reclamações sejam de fácil acesso e utilização, e que permitam e facilitem a apresentação de reclamações suficientemente precisas e adequadamente fundamentadas, bem como tratar as reclamações apresentadas através do seu sistema interno de tratamento de reclamações de uma forma atempada, diligente e objectiva.

Sempre que uma reclamação contiver fundamentos suficientes para a plataforma em linha considerar que as informações a que a reclamação se refere não são ilegais nem incompatíveis com os seus termos e condições, ou contiver informações que indiquem que o comportamento do autor da reclamação não justifica a suspensão ou a cessação do serviço ou da conta, deve revogar a sua decisão referida no nº 1 sem demora injustificada.

A proposta prevê que os destinatários do serviço visados pelas decisões referidas no artigo 17º, nº 1, têm o direito de seleccionar qualquer organismo de resolução extrajudicial de litígios que tenha sido certificado nos termos do nº 2 para resolver litígios relativos a essas decisões, incluindo as reclamações que não tenham podido ser resolvidas através do sistema interno de tratamento de reclamações referido nesse artigo. As plataformas em linha devem colaborar, de boa-fé, com o organismo seleccionado com vista à resolução do litígio e ficam vinculadas pela decisão por ele tomada, sem prejuízo do direito de o destinatário em causa recorrer da decisão perante um tribunal, em conformidade com a lei aplicável.

Prevê-se a criação de sinalizadores de confiança, sendo que as plataformas em linha deverão tomar as medidas técnicas e organizativas necessárias para assegurar que as notificações apresentadas por sinalizadores de confiança através dos mecanismos referidos no artigo 14º sejam tratadas e objecto de uma decisão prioritariamente e sem demora, estabelecendo-se que o estatuto de sinalizadores de confiança nos termos do referido regulamento deverá ser concedido, a pedido de qualquer entidade, pelo coordenador dos serviços digitais do Estado-Membro em que o requerente se encontra estabelecido, sempre que o requerente tenha demonstrado possuir conhecimentos especializados e competências específicas para efeitos de detecção, identificação e notificação de conteúdos ilegais, representar interesses colectivos e ser independente de qualquer plataforma em linha e realize as suas actividades tendo em vista a apresentação de notificações de forma atempada, diligente e objectiva.

Prevê-se que sejam estabelecidas medidas e protecção contra a utilização abusiva, nomeadamente através da suspensão, durante determinado período razoável e após ter sido emitido um aviso prévio, a prestação dos serviços aos destinatários do serviço que forneçam com frequência conteúdos manifestamente ilegais. Por outro lado estabelece-se que as plataformas em linha deverão igualmente suspender, por um período razoável e após terem emitido um aviso prévio, o tratamento de notificações e reclamações apresentadas através dos mecanismos de notificação e acção e dos sistemas internos de tratamento de reclamações referidos nos artigos 14º e 17º, respectivamente, por cidadãos ou entidades ou por autores de reclamações que apresentem com frequência notificações ou reclamações manifestamente infundadas, sendo que impenderá sobre as plataformas em linha a obrigação de avaliar, numa base casuística e de forma atempada, diligente e objectiva, se um destinatário, cidadão, entidade ou autor de reclamação efectua uma utilização abusiva referida nos nºs 1 e 2, tendo em conta todos os factos e circunstâncias pertinentes decorrentes das informações de que dispõem.

Em simultâneo, estabelece-se que sempre que uma plataforma em linha tome conhecimento de qualquer informação que levante suspeitas de que ocorreu, está a ocorrer ou é susceptível de ocorrer um crime grave que envolva uma ameaça à vida ou à segurança das pessoas, deverá informar imediatamente as autoridades policiais ou judiciárias do ou dos Estados-Membros em causa da sua suspeita e fornecer todas as informações pertinentes disponíveis e, sempre que a plataforma em linha não puder identificar com razoável certeza o Estado-Membro em causa, deve informar as autoridades responsáveis pela aplicação da lei do Estado-Membro em que se encontra estabelecida ou em que se encontra o seu representante legal ou informar a Europol.

Do ponto de vista do comércio electrónico, sempre que uma plataforma em linha permita aos consumidores celebrar contratos à distância com comerciantes, deve assegurar que os comerciantes só possam utilizar os seus serviços para promover mensagens ou oferecer produtos ou serviços aos consumidores localizados na União se, antes da utilização dos seus serviços, a plataforma em linha tiver obtido o nome, endereço postal, número de telefone e endereço de correio electrónico do comerciante, uma cópia do documento de identificação do comerciante ou qualquer outra identificação electrónica, tal como definida no artigo 3º do Regulamento (UE) nº 910/2014 do Parlamento Europeu e do Conselho, os dados da conta bancária do comerciante, sempre que este seja uma pessoa singular; o nome, endereço postal, número de telefone e endereço de correio electrónico do operador económico, na acepção do artigo 3º, nº 13, e do artigo 4º, do Regulamento (UE) 2019/1020 do Parlamento Europeu e do Conselho 51 ou de qualquer acto pertinente do direito da União, se o comerciante estiver inscrito num registo comercial ou noutro registo público equivalente, o registo comercial em que se encontra inscrito e o respectivo número de registo, ou forma de identificação equivalente nesse registo e uma auto-certificação do comerciante, em que se compromete a oferecer apenas produtos ou serviços que respeitem as regras aplicáveis do direito da União, devendo a plataforma em linha armazenar as informações obtidas de forma segura durante toda a vigência da sua relação contratual com o comerciante em causa e, posteriormente, proceder à sua eliminação.

Relativamente à publicidade, as plataformas em linha que exibam publicidade nas suas interfaces em linha devem assegurar que os destinatários do serviço possam identificar, para cada anúncio publicitário específico exibido a cada destinatário individual, de forma clara, inequívoca e em tempo real, que as informações apresentadas constituem um anúncio publicitário, a pessoa singular ou colectiva em cujo nome o anúncio publicitário é exibido e informações pertinentes sobre os principais parâmetros utilizados para determinar o destinatário da exibição do anúncio publicitário.

No que às plataformas em linha de muito grande dimensão diz respeito, fixam-se obrigações adicionais no que se refere à gestão de riscos sistémicos. A aplicabilidade será aferida pelo número médio mensal de destinatários activos do serviço na União (igual ou superior a 45 milhões mas que poderá ser revisto nos termos do Regulamento).

Para as referidas plataformas, estabelece-se que deverão identificar, analisar e avaliar, a partir da data de aplicação referida no artigo 25º, nº 4, segundo parágrafo, pelo menos uma vez por ano, todos os riscos sistémicos significativos decorrentes do funcionamento e da utilização dos seus serviços na União, numa avaliação de riscos que incidirá especificamente nos seus serviços e incluirá a divulgação de conteúdos ilegais através dos seus serviços, quaisquer efeitos negativos no exercício dos direitos fundamentais ao respeito pela vida privada e familiar, à liberdade de expressão e de informação, à não discriminação e direitos da criança, tal como consagrados nos artigos 7º, 11º, 21º e 24º da Carta, respectivamente, e a manipulação intencional do seu serviço, inclusive através de uma utilização não autêntica ou da exploração automatizada do serviço, com um efeito negativo real ou previsível na protecção da saúde pública, nos menores e no discurso cívico, ou com efeitos reais ou previsíveis no que respeita aos processos eleitorais e à segurança pública.

Nestas situações, prevê-se que as plataformas em linha de muito grande dimensão deverão adoptar medidas de atenuação razoáveis, proporcionadas e eficazes, adaptadas aos riscos sistémicos específicos identificados que podem incluir, a adaptação dos sistemas de moderação de conteúdos ou de recomendação, dos seus processos de tomada de decisão, dos elementos ou do funcionamento dos seus serviços ou dos seus termos e condições, medidas específicas destinadas a limitar a exibição de anúncios publicitários em associação com o serviço que prestam, o reforço dos processos internos ou da supervisão de qualquer uma das suas actividades, em particular no que diz respeito à detecção de risco sistémico, o início ou o ajustamento da cooperação com sinalizadores de confiança, em conformidade com o artigo 19º ou o início ou o ajustamento da cooperação com outras plataformas em linha através dos códigos de conduta e dos protocolos de crise referidos nos artigos 35º e 37º, respectivamente.

Por outro lado, estabelece-se que as plataformas em linha de muito grande dimensão deverão ser objecto, a expensas próprias e pelo menos uma vez por ano, de auditorias para avaliar as obrigações estabelecidas no capítulo III do Regulamento, e quaisquer compromissos assumidos nos termos dos códigos de conduta referidos nos artigos 35º e 36º e dos protocolos de crise referidos no artigo 37º, a ser realizadas por organizações que sejam independentes da plataforma em linha de muito grande dimensão em questão, possuam experiência comprovada no domínio da gestão de riscos, competências e capacidades técnicas e tenham demonstrado objectividade e ética profissional com base, nomeadamente, na adesão a códigos de conduta ou normas adequadas.

Os Estados-Membros deverão designar uma ou várias autoridades competentes como responsáveis pela aplicação e execução do regulamento («autoridades competentes»), designando uma das autoridades competentes como seu coordenador dos serviços digitais.

O coordenador dos serviços digitais será responsável por todas as matérias relativas à aplicação e execução do presente regulamento nesse Estado-Membro, a menos que o Estado-Membro em causa tenha atribuído determinadas funções ou sectores específicos a outras autoridades competentes, sendo responsável por assegurar a coordenação dessas matérias a nível nacional e por contribuir para a aplicação e execução eficazes e coerentes do presente regulamento em toda a União.

A proposta de regulamento prevê que, no desempenho das suas funções, deverão ser atribuídos aos coordenadores dos serviços digitais, o poder de exigir a esses prestadores, bem como a quaisquer outras pessoas que actuem para fins que se incluam no âmbito da sua actividade comercial, industrial, artesanal ou profissional que possam razoavelmente ter conhecimento de informações relacionadas com uma presumível infracção ao disposto no presente regulamento, incluindo organizações que efectuem as auditorias referidas no artigo 28º e no artigo 50º, nº 3, que forneçam essas informações num prazo razoável, o poder de efectuar inspecções no local de quaisquer instalações que esses prestadores ou essas pessoas utilizem para fins que se incluam no âmbito da sua actividade comercial, industrial, artesanal ou profissional, ou de solicitar a outras autoridades públicas que o façam, a fim de examinar, apreender, fazer ou obter cópias de informações relativas a uma presumível infracção sob qualquer forma, independentemente do suporte de armazenamento bem como o poder de pedir a qualquer membro do pessoal ou representante desses prestadores ou dessas pessoas explicações sobre quaisquer informações relativas a uma presumível infracção e de registar as respostas.

Quanto aos prestadores de serviços intermediários sob a jurisdição do seu Estado-Membro, deverá o coordenador de serviços digitais ter o poder de aceitar os compromissos assumidos por esses prestadores em relação à sua conformidade com o presente regulamento e de tornar esses compromissos vinculativos, o poder de ordenar a cessação das infracções e, se for caso disso, impor medidas de correcção proporcionais à infracção e necessárias para pôr efectivamente termo a essa infracção, o poder de impor coimas, nos termos do artigo 42º, por incumprimento do presente regulamento, incluindo por incumprimento de uma das decisões emitidas nos termos do nº 1, o poder de impor uma sanção pecuniária compulsória nos termos do artigo 42º para assegurar a cessação de uma infracção em conformidade com uma decisão emitida nos termos da alínea b) do presente número ou por incumprimento de uma das decisões emitidas nos termos do nº 1 e o poder de adoptar medidas provisórias para evitar o risco de causar um prejuízo grave.

Em simultâneo, estabelece-se que os Estados-Membros deverão definir as regras relativas às sanções aplicáveis às infracções ao regulamento pelos prestadores de serviços intermediários sob a sua jurisdição e tomar todas as medidas necessárias para assegurar a sua aplicação em conformidade com o artigo 41º.

É criado o Comité Europeu dos Serviços Digitais (grupo consultivo independente de coordenadores dos serviços digitais para a supervisão dos prestadores de serviços intermediários, denominado «Comité Europeu dos Serviços Digitais» («Comité»)), o qual tem como função aconselhar os coordenadores dos serviços digitais e a Comissão, em conformidade com o presente regulamento, sendo composto pelos coordenadores dos serviços digitais, que são representados por funcionários de alto nível.

Prevê-se ainda que a Comissão possa, mediante decisão, impor à plataforma em linha de muito grande dimensão em causa ou a outra pessoa referida no artigo 52º, nº 1, conforme aplicável, sanções pecuniárias compulsórias que não excedam 5% do volume de negócios médio diário do exercício anterior por dia, calculadas a contar da data indicada na decisão, a fim de a obrigar a fornecer informações correctas e completas em resposta a uma decisão que exija a prestação de informações nos termos do artigo 52º, submeter-se a uma inspecção no local que a Comissão tenha ordenado, mediante decisão adoptada nos termos do artigo 54º, cumprir uma decisão que ordene medidas provisórias, tomada nos termos do artigo 55º, nº 1, cumprir compromissos tornados juridicamente vinculativos mediante decisão adoptada nos termos do artigo 56º, nº 1 ou cumprir uma decisão adoptada nos termos do artigo 58º, nº 1.

Se a plataforma em linha de muito grande dimensão ou outra pessoa referida no artigo 52º, nº 1, tiver cumprido a obrigação de cujo incumprimento resultara a sanção pecuniária compulsória, a Comissão pode fixar o montante definitivo da referida sanção num montante inferior ao que resultaria da decisão inicial, sendo que tais poderes conferidos à Comissão pelos artigos 59º e 60º ficam sujeitos a um prazo de prescrição de cinco anos o qual começa a ser contado a partir do dia em que é cometida a infracção, salvo no caso de infracções continuadas ou repetidas, situação em que o prazo de prescrição apenas começa a ser contado a partir do dia em que estas tenham cessado.

1.7. Proposta de Regulamento Vida Artificial (Bruxelas, 21.4.2021)

Também no ano de 2021, foi apresentada proposta de regulamento que estabelece regras harmonizadas em matéria de inteligência artificial (Regulamento Inteligência Artificial).

Considerando que a inteligência artificial (IA) é uma família de tecnologias em rápida evolução capaz de oferecer um vasto conjunto de benefícios económicos e sociais a todo o leque de indústrias e actividades sociais, sendo que ao melhorar as previsões, optimizar as operações e a afectação de recursos e personalizar o fornecimento dos serviços, a utilização da inteligência artificial poderá contribuir para resultados benéficos para a sociedade e o ambiente e conceder vantagens competitivas às empresas e à economia europeia e revela-se especialmente necessária em sectores de elevado impacto, incluindo os domínios das alterações climáticas, do ambiente e da saúde, do sector público, das finanças, da mobilidade, dos assuntos internos e da agricultura.

Assim, a proposta de regulamento pretende estabelecer regras harmonizadas para a colocação no mercado, a colocação em serviço e a utilização de sistemas de inteligência artificial («sistemas de IA») na União, proibições de certas práticas de inteligência artificial, requisitos específicos para sistemas de IA de risco elevado e obrigações para os operadores desses sistemas, regras de transparência harmonizadas para sistemas de IA concebidos para interagir com pessoas singulares, sistemas de reconhecimento de emoções e sistemas de categorização biométrica, bem como para sistemas de IA usados para gerar ou manipular conteúdos de imagem, áudio ou vídeo e regras relativas à fiscalização e vigilância do mercado.

O referido regulamento será aplicável a fornecedores que coloquem no mercado ou coloquem em serviço sistemas de IA no território da União, independentemente de estarem estabelecidos na União ou num país terceiro, utilizadores de sistemas de IA localizados na União e fornecedores e utilizadores de sistemas de IA localizados num país terceiro, se o resultado produzido pelo sistema for utilizado na União.

Para efeitos da proposta de regulamento, entende-se por «Sistema de inteligência artificial» (sistema de IA), um programa informático desenvolvido com uma ou várias das técnicas e abordagens enumeradas no anexo I, capaz de, tendo em vista um determinado conjunto de objectivos definidos por seres humanos, criar resultados, tais como conteúdos, previsões, recomendações ou decisões, que influenciam os ambientes com os quais interage.

Prevê-se no art. 5º da proposta de Regulamento a proibição de determinadas práticas de inteligência artificial, nomeadamente, a colocação no mercado, a colocação em serviço ou a utilização de um sistema de IA que empregue técnicas subliminares que contornem a consciência de uma pessoa para distorcer substancialmente o seu comportamento de uma forma que cause ou seja susceptível de causar danos físicos ou psicológicos a essa ou a outra pessoa e a colocação no mercado, a colocação em serviço ou a utilização de um sistema de IA que explore quaisquer vulnerabilidades de um grupo específico de pessoas associadas à sua idade ou deficiência física ou mental, a fim de distorcer substancialmente o comportamento de uma pessoa pertencente a esse grupo de uma forma que cause ou seja susceptível de causar danos físicos ou psicológicos a essa ou a outra pessoa.

É igualmente proibida a colocação no mercado, a colocação em serviço ou a utilização de sistemas de IA por autoridades públicas ou em seu nome para efeitos de avaliação ou classificação da credibilidade de pessoas singulares durante um certo período com base no seu comportamento social ou em características de personalidade ou pessoais, conhecidas ou previsíveis, em que a classificação social conduz a um tratamento prejudicial ou desfavorável de certas pessoas singulares ou grupos inteiros das mesmas em contextos sociais não relacionados com os contextos nos quais os dados foram originalmente gerados ou recolhidos ou a um tratamento prejudicial ou desfavorável de certas pessoas singulares ou grupos inteiros das mesmas que é injustificado e desproporcionado face ao seu comportamento social ou à gravidade do mesmo.

Por último, proíbe-se a utilização de sistemas de identificação biométrica à distância em «tempo real» em espaços acessíveis ao público para efeitos de manutenção da ordem pública, salvo se essa utilização for estritamente necessária para alcançar a investigação selectiva de potenciais vítimas específicas de crimes, nomeadamente crianças desaparecidas, a prevenção de uma ameaça específica, substancial e iminente à vida ou à segurança física de pessoas singulares ou de um ataque terrorista ou a detecção, localização, identificação ou instauração de acção penal relativamente a um infractor ou suspeito de uma infracção penal referida no artigo 2º, nº 2, da Decisão-Quadro 2002/584/JAI do Conselho 62 e punível no Estado-Membro em causa com pena ou medida de segurança privativas de liberdade de duração máxima não inferior a três anos e tal como definidas pela legislação desse Estado-Membro.

O Regulamento prevê o estabelecimento de regras para a classificação de sistemas de inteligência artificial de risco elevado, nos casos em que o sistema de IA se destina a ser utilizado como um componente de segurança de um produto ou é, ele próprio, um produto abrangido pela legislação de harmonização da União enumerada no anexo II; ou nos termos da legislação de harmonização da União enumerada no anexo II, o produto cujo componente de segurança é o sistema de IA, ou o próprio sistema de IA enquanto produto deve ser sujeito a uma avaliação da conformidade por terceiros com vista à colocação no mercado ou à colocação em serviço.

Determina-se a criação, implantação, documentação e manutenção de um sistema de gestão de riscos em relação a sistemas de IA de risco elevado, o qual deverá consistir num processo interactivo contínuo, executado ao longo de todo o ciclo de vida de um sistema de IA de risco elevado, o que requer actualizações regulares sistemáticas, devendo identificar e analisar os riscos conhecidos e previsíveis associados a cada sistema de IA de risco elevado, proceder à estimativa e avaliação de riscos que podem surgir quando o sistema de IA de risco elevado é usado em conformidade com a sua finalidade prevista e em condições de utilização indevida razoavelmente previsíveis, bem como à avaliação de outros riscos que possam surgir, baseada na análise dos dados recolhidos a partir do sistema de acompanhamento pós-comercialização a que se refere o artigo 61º e adopção de medidas de gestão de riscos adequadas em conformidade com o disposto nos números que se seguem.

No art. 10º (relativo a Dados e governação de dados) estabelece-se que os sistemas de IA de risco elevado que utilizem técnicas que envolvam o treino de modelos com dados devem ser desenvolvidos com base em conjuntos de dados de treino, validação e teste que cumpram os critérios de qualidade referidos nos nºs 2 a 5., nomeadamente, os conjuntos de dados de treino, validação e teste devem estar sujeitos a práticas adequadas de governação e gestão de dados (escolhas de concepção tomadas, recolha de dados, operações de preparação e tratamento de dados necessárias, tais como anotação, rotulagem, limpeza, enriquecimento e agregação, formulação dos pressupostos aplicáveis, nomeadamente no que diz respeito às informações que os dados devem medir e representar, avaliação prévia da disponibilidade, quantidade e adequação dos conjuntos de dados que são necessários, exame para detectar eventuais enviesamentos e identificação de eventuais lacunas ou deficiências de dados e de possíveis soluções para as mesmas).

De acordo com a proposta de regulamento, os sistemas de IA de risco elevado deverão ser concebidos e desenvolvidos com capacidades que permitam o registo automático de eventos («registos») enquanto o sistema de IA de risco elevado estiver em funcionamento, sendo que tais capacidades de registo deverão estar em conformidade com normas reconhecidas ou especificações comuns, devendo assegurar um nível de rastreabilidade do funcionamento do sistema de IA ao longo do seu ciclo de vida que seja adequado à finalidade prevista do sistema.

Estabelece-se que os sistemas de IA de risco elevado deverão ser concebidos e desenvolvidos de modo a que possam ser eficazmente supervisionados por pessoas singulares durante o período de utilização do sistema de IA (incluindo com ferramentas de interface homem-máquina apropriadas).

Os fornecedores de sistemas de IA de risco elevado ficam obrigados a assegurar que os seus sistemas de IA de risco elevado cumprem os requisitos estabelecidos no regulamento, bem como a dispor de um sistema de gestão da qualidade que cumpra o disposto no artigo 17º, a elaborar a documentação técnica do sistema de IA de risco elevado, a manter os registos gerados automaticamente pelos sistemas de IA de risco elevado que fornecem e a assegurar que o sistema de IA de risco elevado seja sujeito ao procedimento de avaliação da conformidade aplicável, antes da colocação no mercado ou da colocação em serviço.

Os fornecedores de sistemas de IA de risco elevado deverão manter os registos gerados automaticamente pelos respectivos sistemas de IA de risco elevado, desde que esses registos estejam sob o seu controlo por força de uma disposição contratual com o utilizador ou de uma disposição legal e, quando considerem ou tenham motivos para crer que um sistema de IA de risco elevado que colocaram no mercado ou colocaram em serviço não está em conformidade com o presente regulamento, deverão tomar imediatamente as medidas correctivas necessárias para repor a conformidade do sistema em questão ou proceder à retirada ou recolha do mesmo, consoante o caso, devendo igualmente informar do facto os distribuidores do sistema de IA de risco elevado em questão e, se for caso disso, o mandatário e os importadores.

O regulamento prevê que qualquer distribuidor, importador, utilizador ou outro terceiro será considerado um fornecedor para efeitos do presente regulamento e ficará sujeito às obrigações do fornecedor estabelecidas no artigo 16º se colocar no mercado ou colocar em serviço um sistema de IA de risco elevado sob o seu nome ou marca, se modificar a finalidade prevista de um sistema de IA de risco elevado já colocado no mercado ou colocado em serviço ou se introduzir uma modificação substancial no sistema de IA de risco elevado.

O Regulamento estabelece que, tendo em conta a sua finalidade prevista, se presume que os sistemas de IA de risco elevado que foram treinados e testados com recurso a dados relativos ao enquadramento geográfico, comportamental e funcional específico no qual se destinam a ser utilizados são conformes com o requisito estabelecido no artigo 10º, nº 4, sendo que quanto aos sistemas de IA de risco elevado que foram certificados ou relativamente aos quais foi emitida uma declaração de conformidade no âmbito de um sistema de certificação da ciber-segurança estabelecido nos termos do Regulamento (UE) 2019/881 do Parlamento Europeu e do Conselho 63 e cujas referências foram publicadas no Jornal Oficial da União Europeia se presume igualmente que são conformes com os requisitos de ciber-segurança estabelecidos no artigo 15º do presente regulamento, contanto que o certificado de ciber-segurança ou a declaração de conformidade ou partes dos mesmos abranjam esses requisitos.

O fornecedor deverá elaborar uma declaração de conformidade UE escrita para cada sistema de IA e mantê-la à disposição das autoridades nacionais competentes por um período de dez anos a contar da data de colocação no mercado ou colocação em serviço do sistema de IA, devendo tal declaração especificar o sistema de IA para o qual foi elaborada.

Os fornecedores deverão assegurar que os sistemas de IA destinados a interagir com pessoas singulares sejam concebidos e desenvolvidos de maneira que as pessoas singulares sejam informadas de que estão a interagir com um sistema de IA, salvo se tal se revelar óbvio dadas as circunstâncias e o contexto de utilização. Esta obrigação não se aplica a sistemas de IA legalmente autorizados para detectar, prevenir, investigar e reprimir infracções penais, salvo se esses sistemas estiverem disponíveis ao público para denunciar uma infracção penal.

Determina-se igualmente que os utilizadores de um sistema de IA que gera ou manipula conteúdos de imagem, áudio ou vídeo que sejam consideravelmente semelhantes a pessoas, objectos, locais ou outras entidades ou acontecimentos reais e que, falsamente, pareçam ser autênticos e verdadeiros a uma pessoa («falsificação profunda») deverão divulgar que o conteúdo foi gerado ou manipulado artificialmente.

A proposta de regulamento prevê ainda a criação do Comité Europeu para a Inteligência Artificial, o qual prestará aconselhamento e assistência à Comissão com vista a contribuir para a cooperação eficaz entre as autoridades nacionais de controlo e a Comissão no tocante às matérias abrangidas pelo presente regulamento, coordenar e contribuir para a elaboração de orientações e análises por parte da Comissão e das autoridades nacionais de controlo, bem como de outras autoridades competentes, sobre questões emergentes no mercado interno no tocante às matérias abrangidas pelo presente regulamento e a auxiliar as autoridades nacionais de controlo e a Comissão a garantirem a aplicação coerente do presente regulamento.

Finalmente prevê-se a criação de uma base de dados da UE relativa a sistemas de inteligência artificial de risco elevado autónomos, cujas informações que nela constam estejam acessíveis ao público.

1.8. Proposta de Regulamento Governação de Dados (Bruxelas, 25.11.2020)

Apresentada em 2020, a proposta de Regulamento de Governação de Dados, pretende estabelecer condições para a reutilização, na União, de determinadas categorias de dados na posse de organismos do sector público, assim como um quadro de notificação e de supervisão da prestação de serviços de partilha de dados e um quadro para o registo voluntário das entidades que recolhem e tratam dados disponibilizados para fins altruístas.

Para os efeitos do referido regulamento, entender-se-á por «Dados», qualquer representação digital de actos, factos ou informações e qualquer compilação desses actos, factos ou informações, nomeadamente sob a forma de gravação sonora, visual ou audiovisual; por «Reutilização», a utilização por pessoas singulares ou colectivas de dados na posse de organismos do sector público, para fins comerciais ou não comerciais que não correspondam ao objectivo inicial da missão de serviço público para o qual os dados foram produzidos, exceptuando o intercâmbio de dados entre organismos do sector público exclusivamente no desempenho das suas missões de serviço público.

Considerar-se-ão como «Dados não pessoais», os dados que não sejam dados pessoais na acepção do artigo 4º, ponto 1, do Regulamento (UE) 2016/679 e por «Metadados», os dados recolhidos sobre qualquer actividade de uma pessoa singular ou colectiva para efeitos da prestação de um serviço de partilha de dados, incluindo a data, a hora e os dados de geolocalização, a duração da actividade e as ligações a outras pessoas singulares ou colectivas estabelecidas pela pessoa que utiliza o serviço.

O conceito de «Altruísmo de dados», é entendido como o consentimento dos titulares dos dados para o tratamento dos respectivos dados pessoais, ou de outros detentores de dados para permitir a utilização dos seus dados não pessoais, sem procurarem obter uma gratificação, para objectivos de interesse geral, tais como a investigação científica ou a melhoria dos serviços públicos e considerar-se-á como «Ambiente de tratamento seguro», o ambiente físico ou virtual e os meios organizacionais para proporcionar a possibilidade de reutilização de dados de uma forma que permita ao operador do ambiente de tratamento seguro determinar e supervisionar todas as acções de tratamento de dados, incluindo a visualização, o armazenamento, o descarregamento e a exportação de dados, bem como o cálculo de dados derivados, através de algoritmos computacionais.

A proposta de Regulamento estabelece como categorias de dados, na posse de organismos do sector público que sejam protegidos por motivos de sigilo comercial, confidencialidade de dados estatísticos, protecção dos direitos de propriedade intelectual de terceiros, protecção dos dados pessoais, não sendo aplicável a dados na posse de empresas públicas, dados na posse de empresas de radiodifusão de serviço público e suas filiais e de outros organismos ou suas filiais com vista ao cumprimento das suas funções de radiodifusão de serviço público, dados na posse de instituições culturais e de estabelecimentos de ensino, dados protegidos por razões de segurança nacional, de defesa ou de segurança pública e dados cujo fornecimento seja uma actividade fora do âmbito das missões de serviço público dos organismos do sector público em causa, tal como definidas na lei ou noutras normas vinculativas do Estado-Membro em causa ou, na ausência de tais normas, tal como definidas de acordo com a prática administrativa corrente nesse Estado-Membro, desde que o âmbito das missões de serviço público seja transparente e passível de reapreciação.

Para estes específicos dados, prevê-se a proibição de acordos exclusivos, ou outras práticas relativas à reutilização de dados na posse de organismos do sector público que contenham categorias de dados referidas no artigo 3º, nº 1, que concedam direitos exclusivos ou tenham por objecto ou efeito conceder esses direitos exclusivos ou restringir a disponibilidade dos dados para reutilização por entidades que não sejam partes nesses acordos ou outras práticas.

São estabelecidas condições de reutilização, prevendo-se que os organismos do sector público competentes, nos termos do direito nacional, para conceder ou recusar o acesso à reutilização de uma ou mais categorias de dados referidas no artigo 3º, nº 1, deverão tornar públicas as condições de autorização dessa reutilização, sendo que as condições de reutilização devem ser não discriminatórias, proporcionadas e objectivamente justificadas no que respeita às categorias de dados, às finalidades de reutilização e à natureza dos dados cuja reutilização é autorizada, não podendo estas condições ser utilizadas para restringir a concorrência.

Relativamente a taxas, fixa-se que os organismos do sector público que permitam a reutilização das categorias de dados, poderão cobrar taxas pela autorização da reutilização desses dados, as quais devem ser não discriminatórias, proporcionadas e objectivamente justificadas e não poderão restringir a concorrência, determinando-se que as mesmas poderão ser pagas em linha através de serviços de pagamento transfronteiras amplamente acessíveis, sem discriminação em função do local de estabelecimento do prestador do serviço de pagamento, do local de emissão do instrumento de pagamento ou da localização da conta de pagamento na União.

É criado um ponto de informação único, cabendo aos Estados-Membros assegurar que todas as informações relativas à aplicação dos artigos 5º e 6º estejam disponíveis através de um ponto de informação único, o qual recebe os pedidos de reutilização das categorias de dados referidas no artigo 3º, nº 1, e os transmite aos organismos do sector público competentes ou, se for caso disso, aos organismos competentes referidos no artigo 7º, nº 1.

O ponto de informação único disponibilizará, por via electrónica, um registo dos recursos de dados disponíveis com informações relevantes que descrevam a natureza desses dados, devendo os pedidos de reutilização das categorias de dados referidas no artigo 3º, nº 1, ser deferidos ou recusados pelos organismos do sector público competentes ou pelos organismos competentes referidos no artigo 7º, nº 1, num prazo razoável e, em qualquer caso, no prazo de dois meses a contar da data do pedido.

Estabelece-se que qualquer pessoa singular ou colectiva afectada por uma decisão de um organismo do sector público ou de um organismo competente, consoante o caso, tem o direito de recurso judicial contra essa decisão perante os tribunais do Estado-Membro em que o organismo em questão está situado.

Quanto a requisitos aplicáveis aos serviços de partilha de dados, a proposta prevê que deverá ser sujeita a um procedimento de notificação a prestação de serviços de intermediação entre detentores de dados que são pessoas colectivas e potenciais utilizadores de dados, nomeadamente através da disponibilização de meios técnicos ou outros que permitam esses serviços; podem incluir intercâmbios bilaterais ou multilaterais de dados ou a criação de plataformas ou de bases de dados que permitam o intercâmbio ou a exploração conjunta de dados, bem como a criação de uma infra-estrutura específica para a interligação entre detentores e utilizadores de dados, serviços de intermediação entre titulares de dados que procuram disponibilizar os seus dados pessoais e potenciais utilizadores de dados, nomeadamente através da disponibilização de meios técnicos ou outros que permitam esses serviços, no exercício dos direitos previstos no Regulamento (UE) 2016/679 e serviços de cooperativas de dados, ou seja, serviços que ajudam titulares de dados ou empresas unipessoais, micro, pequenas e médias empresas (que sejam membros da cooperativa ou lhe confiram poderes para negociar os termos e condições do tratamento de dados antes de darem o seu consentimento) a fazerem escolhas informadas antes de darem o seu consentimento; proporcionam mecanismos de debate sobre as finalidades e as condições de tratamento de dados que melhor representam os interesses dos titulares de dados ou das pessoas colectivas.

Determina-se ainda que qualquer prestador de serviços de partilha de dados que tencione prestar os serviços referidos no artigo 9º, nº 1, deverá enviar uma notificação à autoridade competente referida no artigo 12º, considerando-se que um prestador de serviços de partilha de dados com estabelecimentos em mais do que um Estado-Membro se encontra sob a jurisdição do Estado-Membro em que tem o seu estabelecimento principal.

No caso do prestador de serviços de partilha de dados não estar estabelecido na União, mas que preste os serviços referidos no artigo 9º, nº 1, na União, deverá nomear um representante legal num dos Estados-Membros em que esses serviços são prestados, considerando-se nesses casos que o prestador está sob a jurisdição do Estado-Membro em que o representante está estabelecido.

Após a notificação, o prestador de serviços de partilha de dados pode iniciar a actividade sob reserva das condições estabelecidas no regulamento, sendo que a notificação confere ao prestador o direito de prestar serviços de partilha de dados em todos os Estados-Membros.

A referida notificação deverá incluir a designação do prestador de serviços de partilha de dados, o estatuto jurídico do prestador, forma legal e número de registo, caso esteja inscrito numa conservatória de registo comercial ou noutro registo público semelhante, o endereço do estabelecimento principal do prestador na União, se existir, e, se aplicável, de qualquer sucursal secundária noutro Estado-Membro ou do representante legal designado nos termos do nº 3, um sítio Web onde se encontrem informações sobre o prestador e as suas actividades, se for caso disso, as pessoas de contacto e os dados de contacto do prestador, uma descrição do serviço que tenciona prestar, a data provável do início da actividade.

Prevê-se ainda que a prestação dos serviços de partilha de dados esteja condicionada ao cumprimento de determinados requisitos, nomeadamente, que o prestador de serviços de partilha de dados não possa utilizar os dados para outros fins que não colocá-los à disposição dos utilizadores e os serviços de partilha de dados devem ser prestados por uma entidade jurídica distinta, que os meta-dados recolhidos a partir da prestação do serviço de partilha de dados só possam ser utilizados para o desenvolvimento desse serviço, que o prestador deva assegurar que o procedimento de acesso ao seu serviço é justo, transparente e não discriminatório, tanto para os detentores como para os utilizadores de dados, nomeadamente no que diz respeito aos preços.

O prestador deve dispor de procedimentos para prevenir práticas fraudulentas ou abusivas de partes que procurem ter acesso aos dados através dos seus serviços, devendo igualmente assegurar uma continuidade razoável da prestação dos seus serviços e, no caso dos serviços que asseguram o armazenamento de dados, devendo dispor de garantias suficientes que permitam aos detentores e aos utilizadores de dados aceder aos mesmos em caso de insolvência.

Em simultâneo impõe-se que o prestador deva adoptar medidas técnicas, jurídicas e organizativas adequadas para impedir a transferência ou o acesso a dados não pessoais que sejam ilegais nos termos do direito da União, bem como para garantir um elevado nível de segurança do armazenamento e da transmissão de dados não pessoais e dispor de procedimentos para assegurar o cumprimento das regras de concorrência nacionais e da União.

A proposta de Regulamento prevê que cada Estado-Membro designe no seu território uma ou mais autoridades competentes para desempenhar as funções relacionadas com o quadro de notificação e deva comunicar à Comissão a designação dessas autoridades até à data de aplicação do referido, cabendo à autoridade competente acompanhar e supervisionar o cumprimento do regulamento, tendo a mesma poderes para solicitar aos prestadores de serviços de partilha de dados todas as informações necessárias para verificar a sua conformidade com os requisitos estabelecidos nos artigos 10º e 11º.

Tais pedidos de informações deverão sempre ser proporcionais ao desempenho da função a que se destinam e devem ser fundamentados.

A proposta de regulamento prevê, ainda, um capítulo dedicado ao Altruísmo de dados, onde se regula o registo das organizações de altruísmo de dados reconhecidas, cabendo a cada autoridade competente designada nos termos do artigo 20º a manutenção de um registo das organizações de altruísmo de dados reconhecidas e à Comissão a manutenção do registo da União das organizações de altruísmo de dados reconhecidas, podendo as registadas entidades referir-se a si próprias como «Organização de altruísmo de dados reconhecida na União» nas suas comunicações orais e escritas.

Para poder ser registada, a organização de altruísmo de dados deverá ser uma entidade jurídica constituída para alcançar objectivos de interesse geral, não ter fins lucrativos e ser independente de qualquer entidade com fins lucrativos e realizar as actividades relacionadas com o altruísmo de dados por meio de uma estrutura juridicamente independente, distinta da de outras actividades que tenha realizado, devendo tal registo ocorrer no Estado-Membro em que a entidade tem o seu estabelecimento principal, mesmo que realize actividades no âmbito do altruísmo de dados em mais do que um Estado-Membro.

Prevê-se igualmente que caso a entidade que não esteja estabelecida na União, mas cumpra os requisitos previstos no artigo 16º, deva nomear um representante legal num dos Estados-Membros onde tenciona recolher dados no âmbito do altruísmo de dados, considerando-se que essa entidade se encontra sob a jurisdição do Estado-Membro em que o respectivo representante legal está situado.

Os pedidos de registo deverão conter a designação da entidade, o estatuto jurídico, forma legal e número de registo da entidade, caso esteja inscrita num registo público, os estatutos da entidade, se for caso disso, as principais fontes de receitas da entidade, o endereço do estabelecimento principal da entidade na União, se existir, e, se aplicável, de qualquer sucursal secundária noutro Estado--Membro ou do representante legal designado nos termos do nº 3, o sítio Web onde se encontrem informações sobre a entidade e as suas actividades, as pessoas de contacto e os dados de contacto da entidade, os objectivos de interesse geral que pretende promover através da recolha de dados e quaisquer outros documentos que demonstrem o cumprimento dos requisitos do artigo 16º.

Para efeitos de transparência, estabelece-se que qualquer entidade inscrita no registo nacional de organizações de altruísmo de dados reconhecidas deve manter registos completos e exactos sobre todas as pessoas singulares ou colectivas às quais tenha sido facultada a possibilidade de tratamento de dados na posse dessa entidade, a data ou a duração desse tratamento, a finalidade desse tratamento, tal como declarada pela pessoa singular ou colectiva à qual foi facultada a possibilidade de tratamento e as taxas pagas pelas pessoas singulares ou colectivas que realizam o tratamento de dados, se for caso disso.

A proposta de regulamento prevê ainda que as pessoas singulares e colectivas tenham o direito de apresentar uma reclamação à autoridade nacional competente contra um prestador de serviços de partilha de dados ou uma entidade inscrita no registo das organizações de altruísmo de dados reconhecidas, devendo a reclamação ser recebida pela autoridade e informar o seu autor do andamento e do resultado da mesma, bem como do direito de recurso judicial previsto no artigo 25º.

O referido preceito relativo ao direito de recurso judicial prevê que não obstante quaisquer recursos administrativos ou outras vias extrajudiciais, toda e qualquer pessoa singular ou colectiva afectada tem direito de recurso judicial no que respeita a qualquer omissão de dar seguimento a uma reclamação apresentada à autoridade competente referida nos artigos 12º e 20º e a decisões das autoridades competentes a que se referem os artigos 13º, 17º e 21º, tomadas no âmbito da gestão, controlo e execução do regime de notificação aplicável aos prestadores de serviços de partilha de dados e da monitorização de entidades inscritas no registo das organizações de altruísmo de dados reconhecidas, sendo competentes os tribunais de cada Estado-Membro onde está situada a autoridade contra a qual a acção judicial é intentada.

Prevê-se a criação do Conselho Europeu da Inovação de Dados sob a forma de um grupo de peritos, composto por representantes das autoridades competentes de todos os Estados-Membros, do Comité Europeu para a Protecção de Dados, da Comissão, dos espaços de dados relevantes e de outros representantes das autoridades competentes em sectores específicos.

VIII. Direito Penal Digital: Crime e Prova

1. O Direito Penal e Processo Penal

O direito penal visa a proteger os bens jurídicos fundamentais, sendo o ramo do ordenamento jurídico que trata de determinado tipo de comportamentos, os crimes, e das suas respectivas consequências jurídicas, as penas.

A lei penal necessita do processo para a sua aplicação ao caso concreto; aquela – o direito penal substantivo – define os crimes, as penas e as medidas de segurança aplicáveis aos seus agentes, este – o processo –, o modo de proceder para verificar juridicamente a ocorrência dos crimes, determinar os seus agentes e aplicar-lhes as penas e medidas de segurança, quando disso for caso. (neste sentido Germano marques da Silva, Curso de Processo Penal, I, Verbo, 2000).

O processo é uma sequência de actos juridicamente preordenados e praticados por certas pessoas legitimamente autorizadas em ordem à decisão sobre se foi praticado algum crime e, em caso afirmativo, sobre as respectivas consequências jurídicas e sua justa aplicação. (assim Jorge Figueiredo Dias, Direito Processual Penal, I, Coimbra).

O Direito processual penal é o conjunto de normas jurídicas que disciplinam a aplicação do direito penal aos casos concretos, ou, noutra fórmula não menos expressiva, o conjunto das normas jurídicas que orientam e disciplinam o processo penal (neste sentido Manuel Cavaleiro Ferreira, curso de Processo Penal, I, Lisboa, 1986).

Com a evolução digital, quer o Direito Penal quer o seu processo, tiveram que acompanhar a vida em sociedade e, consequentemente, surgiram novas normas jurídicas que vieram proteger novos bens jurídicos e disciplinar a aplicação do direito, nomeadamente fixando novos procedimentos de detecção e preservação de prova.

Ciber- prefixo inglês cyber-, redução de cybernetics, cibernética, é elemento de composição que exprime a noção de Internet ou de comunicação entre redes de computadores nomeadamente Ciberdireito ou cibercrime *("ciber", in Dicionário Priberam da Língua Portuguesa [em linha], 2008-2021, https://dicionario.priberam.org/ciber [consultado em 13-03-2021]).*

1.1. Devassa por meio de informática (Artigo 193º do Código Penal)

O crime de devassa por meio de informática encontra-se previsto no Código Penal, no art. 193º, e prevê que quem criar, mantiver ou utilizar ficheiro automatizado de dados individualmente identificáveis e referentes a convicções políticas, religiosas ou filosóficas, à filiação partidária ou sindical, à vida privada, ou a origem étnica, será punido com pena de prisão até 2 anos ou com pena de multa até 240 dia, sendo a tentativa punível.

1.2. Burla informática e nas comunicações (Artigo 221º do Código Penal)

A burla informática nas comunicações (crime que pode verificar-se, em concurso real, com o crime de falsidade informática previsto na Lei do Cibercrime) previa que quem, com intenção de obter para si ou para terceiro enriquecimento ilegítimo, causar a outra pessoa prejuízo patrimonial, interferindo no resultado de tratamento de dados ou mediante estruturação incorrecta de programa informático, utilização incorrecta ou incompleta de dados, utilização de dados sem autorização ou intervenção por qualquer outro modo não autorizada no processamento, será punido com pena de prisão até 3 anos ou com pena de multa.

Com a nova redacção resultante da Proposta de Lei nº 89/XIV/2ª, passa a constar do referido número 1 que "Quem, com intenção de obter para si ou para terceiro enriquecimento ilegítimo, causar a outra pessoa prejuízo patrimonial, mediante interferência no resultado de tratamento de dados, estruturação incorrecta de programa informático, utilização incorrecta ou incompleta de dados, utilização de dados sem autorização ou intervenção por qualquer outro modo não autorizada no processamento, é punido com pena de prisão até 3 anos ou com pena de multa."

"Integra uma das modalidades da acção típica do crime de burla informática, a apropriação de dinheiro através da introdução e utilização no sistema informático das ATM de dados sem autorização (introdução do cartão e digitação do código de acesso), com intenção de obter enriquecimento ilegítimo, causando a outra pessoa prejuízo patrimonial" (neste sentido Acórdão do Tribunal da Relação do Porto de 14-03-2012 no processo 140/10.8PJPRT.P1).

Sendo a mesma pena aplicável a quem, com intenção de obter para si ou para terceiro um benefício ilegítimo, causar a outrem prejuízo patrimonial, através programas, dispositivos electrónicos ou outros meios que, separadamente ou em conjunto, se destinem a diminuir, alterar ou impedir, total ou parcialmente, o normal funcionamento ou exploração de serviços de telecomunicações.

Em qualquer dos casos a tentativa será punível, sendo que o procedimento criminal dependerá de queixa.

Relativamente à moldura penal, a mesma subirá para pena de prisão até 5 anos ou com pena de multa até 600 dias se o prejuízo for de valor elevado, ou para pena de prisão de 2 a 8 anos se valor do prejuízo for consideravelmente elevado.

1.3. Abuso de cartão de garantia ou de cartão, dispositivo ou dados de pagamento (art. 225º do Código Penal)

A nova redacção do art. 225º do Código Penal dada pela Proposta de Lei nº 89/XIV/2ª prevê o alargamento da conduta tipificada de Abuso de cartão de garantia ou de crédito para Abuso de cartão de garantia ou de cartão, dispositivo ou dados de pagamento.

De facto, onde antes constava que "Quem, abusando da possibilidade, conferida pela posse de cartão de garantia ou de crédito, de levar o emitente a fazer um pagamento, causar prejuízo a este ou a terceiro é punido com pena de prisão até 3 anos ou com pena de multa" passa agora a constar uma extensão de meios "utilização de cartão de garantia", "utilização de cartão de pagamento", "utilização de qualquer outro dispositivo, corpóreo ou incorpóreo, que permita o acesso a sistema ou a meio de pagamento" e "utilização de dados registados, incorporados ou respeitantes a cartão de pagamento ou a qualquer outro dispositivo, corpóreo ou incorpóreo, que permita o acesso a sistema ou a meio de pagamento".

A utilização de tais meios para determinar "o depósito, a transferência, o levantamento ou, por qualquer outra forma, o pagamento de moeda, incluindo a escritural, a electrónica ou a Virtual" e causar, desse modo, prejuízo patrimonial a outra pessoa, será punida, nos termos do disposto no citado artigo 225º do Código Penal com pena de prisão até 3 anos ou com pena de multa.

A tentativa será punível mas o procedimento criminal dependerá sempre que queixa, sendo correspondentemente aplicável o disposto nos artigos 206º (restituição ou reparação – e consequente extinção da responsabilidade criminal) e 207º (necessidade de acusação particular em determinadas situações) do Código Penal.

O número 5 do referido art. 225º prevê que, em caso de prejuízo de valor elevado, o agente será punido com pena de prisão até 5 anos ou com pena de multa até 600 dias e, em caso de valor consideravelmente elevado, a moldura penal é elevada para pena de prisão de 2 a 8 anos.

1.4. Branqueamento (Artigo 368º-A do Código Penal)

Previsto no art. Artigo 368º-A do Código Penal, o crime de branqueamento considera como vantagens os bens provenientes da prática, sob qualquer forma de comparticipação, de factos ilícitos típicos puníveis com pena de prisão de duração mínima superior a seis meses ou de duração máxima superior a cinco anos ou, independentemente das penas aplicáveis, de factos ilícitos típicos de (...) b) Burla informática e nas comunicações, extorsão, abuso de cartão de garantia ou de crédito, contrafacção de moeda ou de títulos equiparados, depreciação do valor de moeda metálica ou de títulos equiparados, passagem de moeda falsa de concerto com o falsificador ou de títulos equiparados, passagem de moeda falsa ou de títulos equiparados, ou aquisição de moeda falsa para ser posta em circulação ou de títulos equiparados e c) Falsidade informática, dano relativo a programas ou outros dados informáticos, sabotagem informática, acesso ilegítimo, intercepção ilegítima ou reprodução ilegítima de programa protegido.

A alteração aprovada na Proposta de Lei nº 89/XIV/2ª (GOV) veio estender ambas as previsões, considerando como vantagens os bens provenientes da prática, sob qualquer forma de comparticipação, de factos ilícitos típicos de "b) Burla informática e nas comunicações, extorsão, abuso de cartão de garantia ou de cartão, dispositivo ou dados de pagamento, contrafacção de moeda ou de títulos equiparados, depreciação do valor de moeda metálica ou de títulos equiparados, passagem de moeda falsa de concerto com o falsificador ou de títulos equiparados, passagem de moeda falsa ou de títulos equiparados, ou aquisição de moeda falsa para ser posta em circulação ou de títulos equiparados.

Mas também a previsão da alínea c) é revista passando agora a incluir a "Falsidade informática, contrafacção de cartões ou outros dispositivos de pagamento, uso de cartões ou outros dispositivos de pagamento contrafeitos, aquisição de cartões ou outros dispositivos de pagamento contrafeitos, actos preparatórios da contrafacção, aquisição de cartões ou outros dispositivos de pagamento obtidos mediante crime informático, dano relativo a programas ou outros dados informáticos, sabotagem informática, acesso ilegítimo, intercepção ilegítima ou reprodução ilegítima de programa protegido".

O número 2 do art. 368º-A equipara igualmente a vantagens os bens obtidos através dos bens referidos, prevendo-se na citada norma que quem converter, transferir, auxiliar ou facilitar alguma operação de conversão ou transferência de vantagens, obtidas por si ou por terceiro, directa ou indirectamente, com o fim de dissimular a sua origem ilícita, ou de evitar que o autor ou participante dessas infracções seja criminalmente perseguido ou submetido a uma reacção criminal, será punido com pena de prisão até 12 anos.

Na mesma pena incorrerá, nos termos dos números 4 e 5, quem ocultar ou dissimular a verdadeira natureza, origem, localização, disposição, movimentação ou titularidade das vantagens, ou os direitos a ela relativos, bem como quem, não sendo autor do facto ilícito típico de onde provêm as vantagens, as adquirir, detiver ou utilizar, com conhecimento, no momento da aquisição ou no momento inicial da detenção ou utilização, dessa qualidade.

Impor-se-á, nesta última situação, a necessidade de prova do conhecimento, no momento da aquisição ou no eventual momento inicial da detenção ou utilização, da qualidade dos bens obtidos.

A norma prevê a possibilidade de punição, ainda que se ignore o local da prática dos factos ilícitos típicos de onde provenham as vantagens ou a identidade dos seus autores, ou ainda que tais factos tenham sido praticados fora do território nacional, salvo se se tratar de factos lícitos perante a lei do local onde foram praticados e aos quais não seja aplicável a lei portuguesa.

O crime de branqueamento verificar-se-á sempre, ainda que o procedimento criminal relativo aos factos ilícitos típicos de onde provêm as vantagens depender de queixa e esta não tenha sido apresentada, sendo a pena agravada em um terço se o agente praticar as condutas de forma habitual ou se for uma das entidades referidas no artigo 3º ou no artigo 4º (Entidades Financeiras ou Não Financeiras) da Lei nº 83/2017, de 18 de Agosto, e a infracção tiver sido cometida no exercício das suas actividades profissionais.

Será, contudo, admissível a atenuação especial da pena (art. 73º do Código Penal) caso haja, até ao início da audiência de julgamento em 1ª instância, a reparação integral (também nos termos do número 10, ainda que parcial) do dano causado ao ofendido pelo facto ilícito típico de cuja prática provêm as vantagens, sem dano ilegítimo de terceiro.

A pena poderá igualmente ser especialmente atenuada se o agente auxiliar concretamente na recolha das provas decisivas para a identificação ou a captura dos responsáveis pela prática dos factos ilícitos típicos de onde provêm as vantagens, não podendo, em qualquer dos casos, a pena aplicada ser superior ao limite máximo da pena mais elevada de entre as previstas para os factos ilícitos típicos de onde provêm as vantagens.

2. Crimes da Lei do Cibercrime

A Lei nº 109/2009 de 15 de Setembro veio aprovar a Lei do Cibercrime e transpor para a ordem jurídica portuguesa a Decisão Quadro nº 2005/222/JAI, do Conselho, de 24 de Fevereiro, relativa a ataques contra sistemas de informação, adaptando o direito interno à Convenção sobre Cibercrime do Conselho da Europa.

No seu catálogo dos crimes veio manter os tipos de crime que já constavam da Lei de 1991 (Lei nº 109/91, de 17 de Agosto), com diversas actualizações, fruto da evolução tecnológica, incluindo os crimes de *Falsidade informática* (art. 3º), *o crime de Dano relativo a programas ou outros dados informáticos* (Art. 4º), *o crime de Sabotagem informática* (Art. 5º), *o crime de acesso ilegítimo* (art. 6º), *o crime de intercepção ilegítima* (art. 7º) *o crime de reprodução ilegítima de programa protegido* (art. 8º).

Na sequência da aprovação em votação final global, a 20 de Outubro de 2021, a Proposta de Lei nº 89/XIV/2ª (GOV) que transpõe a Directiva (UE) nº 2019/1153, relativa à utilização de informações financeiras e de outro tipo para efeitos de prevenção, detecção, investigação ou repressão de infracções penais vem introduzir alterações e aditamentos à lei do Cibercrime.

Tal como consta da sua exposição de motivos, para conformar o ordenamento jurídico interno com a Directiva (UE) 2019/713, propõe-se concentrar na Lei do Cibercrime, através dos novos artigos 3º-A a 3º-D, toda a matéria relativa à contrafacção de todos os instrumentos de pagamento que não em numerário.

Também tendo em conta as imposições da Directiva (UE) 2019/713 resultantes da conjugação da alínea a) do artigo 5º, do artigo 7º e dos nºs 2 e 5 do artigo 9º justifica-se uma alteração da lei passando a distinguir-se «apropriação ilegítima» e «obtenção ilícita», sendo que a primeira encontra punição no artigo 221º do Código Penal mas que, quanto à «obtenção ilícita», será de entender que se refere à obtenção do instrumento de pagamento não corpóreo verdadeiro ou genuíno através de um acto informático que, per se, deve ser criminalizado, actos informáticos cujas práticas se encontram tipificados nos artigos 4º a 7º da Lei do Cibercrime.

Ainda assim, e tendo em conta que o nº 1 do artigo 6º da Lei do Cibercrime punia um dos referidos actos informáticos (o acesso ilegítimo) com pena de prisão até 1 ano, ficando aquém das exigências da Directiva (o limite máximo de pena de prisão não pode ser inferior a 2 anos) procede-se à alteração das molduras penais de acordo com a Directiva (UE) 2019/713.

Surgem agora os crimes de contrafacção de cartões ou outros dispositivos de pagamento (Artigo 3º-A), Uso de cartões ou outros dispositivos de pagamento contrafeitos (Artigo 3º-B), Aquisição de cartões ou outros dispositivos de pagamento contrafeitos (Artigo 3º-C), prevendo-se a criminalização de actos preparatórios da contrafacção (Artigo 3º-D), a Aquisição de cartões ou outros dispositivos de pagamento obtidos mediante crime informático (Artigo 3º-E) e a sua Agravação (Artigo 3º-F).

Com efeito, a Lei do Cibercrime, em 2009, havia já estabelecido as disposições penais materiais e processuais, assim como as disposições relativas à cooperação internacional em matéria penal, quanto ao domínio do cibercrime e da recolha de prova em suporte electrónico tendo em consideração o facto deste tipo de criminalidade estar associado a práticas transnacionais que criavam obstáculos à aquisição de prova e à celeridade necessária para a cessação de actividades criminosas, que agora são revistas e actualizadas.

A Lei do Cibercrime foi inovadora no sentido de incluir um capítulo de disposições processuais (Capítulo III) as quais serão aplicáveis a processos relativos a crimes que constem da Lei do Cibercrime, mas também a quaisquer outros crimes cometidos por meio de sistema informático e, ainda, a outros em relação aos quais haja necessidade de proceder à recolha de prova em suporte electrónico, tendo-se reafirmado no Acórdão do Tribunal Constitucional nº 687/2021 de 22 de Setembro a exclusiva competência do Juiz para o acesso às comunicações digitais – independentemente de se encontrarem abertas ou não.

Quanto à aplicação no espaço da lei penal portuguesa e à competência dos tribunais portugueses, estabelece-se que para além do disposto no Código Penal em matéria de aplicação no espaço da lei penal portuguesa, e salvo tratado ou convenção internacional em contrário, a lei penal portuguesa será sempre aplicável a factos praticados por Portugueses, (se aos mesmos não for aplicável a lei penal de nenhum outro Estado), cometidos em benefício de pessoas colectivas com sede em território português, fisicamente praticados em território português, ainda que visem sistemas informáticos localizados fora desse território ou que visem sistemas informáticos localizados em território português, independentemente do local onde esses factos forem fisicamente praticados, permitindo ampliar o escopo de aplicação e evitando, consequentemente, um *forum shopping* por parte do agente.

2.1. Falsidade Informática

Previsto no artigo 3º da Lei nº 109/2009 de 15 de Setembro, comete o crime de Falsidade informática quem, com intenção de provocar engano nas relações jurídicas, introduzir, modificar, apagar ou suprimir dados informáticos ou por qualquer outra forma interferir num tratamento informático de dados, produzindo dados ou documentos não genuínos, com a intenção de que estes sejam considerados ou utilizados para finalidades juridicamente relevantes como se o fossem.

Tal como consta do Acórdão do Tribunal da Relação de Évora de 19-05-2015 no processo 238/12.8PBPTG.E1 *"O tipo objectivo do crime de falsidade informática previsto no nº 1 do artigo 3º da Lei nº 109/2009, de 15 de Setembro, é integrado, no plano objectivo, pela introdução, modificação, apagamento ou supressão de dados informáticos ou por qualquer outra forma de interferência num tratamento informático de dados, de que resulte a produção de dados ou documentos não genuínos, consumando-se o crime apenas com a produção deste resultado.*

2. Do ponto de vista subjectivo, o tipo legal supõe o dolo, sob qualquer das formas previstas no artigo 14º do Código Penal, exigindo, enquanto elemento subjectivo especial do tipo, a intenção de provocar engano nas relações jurídicas, bem como, relativamente á produção de dados ou documentos não genuínos, a particular intenção do agente de que tais dados ou documentos sejam considerados ou utilizados para finalidades juridicamente relevantes como se fossem genuínos.

3. O crime de falsidade informática previsto no artigo 3º da Lei nº 109/2009 visa proteger a segurança das relações jurídicas enquanto interesse público essencial que ao próprio Estado de Direito compete assegurar e não a confidencialidade, integridade e disponibilidade de sistemas informáticos, de redes e de dados informáticos.

4. A utilização do nome ou de parte do nome de outrem no nome de utilizador e/ou endereço electrónico, por parte de quem criou conta de correio electrónico, traduz, no plano objectivo, a produção de dados ou documentos não genuínos, mediante a introdução de dados informáticos, e é idóneo a fazer crer que foi a pessoa a quem respeita o nome ou parte de nome quem efectivamente criou e utilizou a conta de correio electrónico em causa."

A norma prevê que tal crime seja punido com pena de prisão até 5 anos ou multa de 120 a 600 dias, sendo agravada para pena de 1 a 5 anos de prisão, caso tais acções incidam sobre os dados registados, incorporados ou respeitantes a qualquer dispositivo que permita o acesso a sistema de comunicações ou a serviço de acesso condicionado.

Caso haja intenção de causar prejuízo a outrem ou de obter um benefício ilegítimo, para o agente ou para terceiro, com recurso a documento produzido a partir de dados informáticos que foram objecto dos actos referidos no nº 1 do artigo 3º ou dispositivo no qual se encontrem registados, incorporados ou ao qual respeitem os dados objecto dos actos referidos – cartão ou outro dispositivo no qual se encontrem registados ou incorporados os dados relativos a cartão bancário ou sistema ou meio de pagamento (por exemplo aplicações de *home-banking*, sistema de *Mbway* ou *CriptoWallets*), o agente será punido com as penas previstas num e noutro número, respectivamente.

Mas prevê-se igualmente que quem produzir, adquirir, importar, distribuir, vender ou detiver qualquer dispositivo, programa ou outros dados informáticos destinados à prática das acções ali supra mencionadas, será punido com pena de prisão de 1 a 5 anos, sendo a moldura penal agravada caso tais factos sejam praticados por funcionário no exercício das suas funções, para pena de prisão de 2 a 5 anos.

Sendo certo que poderemos estar na presença de concurso real de infracções tal como já antes se verificava e que levou a que, na vigência do Código Penal de 1982, o Supremo Tribunal de Justiça através do então Assento 3/92, fixasse jurisprudência afirmando que, "*no caso de a conduta do agente preencher as previsões de falsificação, e de burla, do artigo 228º, nº 1, alínea a), e do artigo 313º, nº 1, do Código Penal, verifica-se concurso real ou efectivo de crimes*" e que hoje continua igualmente válido continuando a jurisprudência a considerar que "*Entre os crimes de burla informática (artº 221º CP) e o crime de falsidade informática (artº 3º da Lei 109/2009 de 15/9 Lei do Cibercrime) existe concurso real de infracções*" (*assim o Acórdão do Tribunal da Relação do Porto de 14-09-2016 no Processo 2177/09.0PAVNG.P1*).

2.2. Contrafacção de cartões ou outros dispositivos de pagamento

É o primeiro dos novos crimes tipificados na Lei do Cibercrime e previsto no seu art. 3º-A. Pratica o crime de contrafacção de cartões ou outros dispositivos de pagamento quem, com intenção de provocar engano nas relações jurídicas, contrafizer cartão de pagamento ou qualquer outro dispositivo.

Prevê-se que tal dispositivo poderá ser corpóreo ou incorpóreo, desde que permita o acesso a sistema ou meio de pagamento, nomeadamente introduzindo, modificando, apagando, suprimindo ou interferindo, por qualquer outro modo, num tratamento informático de dados registados, incorporados, ou respeitantes a tais cartões ou dispositivos.

Será o caso, na acepção do art. 3º-G (Moeda virtual) sistema ou meio de pagamento aquele que tenha por objecto moeda virtual como as criptowallets ou serviços de transacção de NTFs com pagamentos associados a criptomoedas.

A prática do referido crime de contrafacção de cartões ou de outros dispositivos de pagamento é punida com pena de prisão de 3 a 12 anos.

O artigo 3º-F prevê a agravação de tal moldura se os factos referidos forem praticados por funcionário no exercício das funções do agente, sendo o limite mínimo da pena de prisão aplicável de 2 anos, tratando-se dos factos previstos no nº 1 do artigo 3º-B, no nº 1 do artigo 3º-C, no artigo 3º-D e no artigo 3º-E; e agravado em um terço, nos restantes casos.

2.3. Uso de cartões ou outros dispositivos de pagamento contrafeitos

Mas também a utilização dos referidos cartões ou quaisquer outros dispositivos de pagamento contrafeitos é punida na republicada Lei do Cibercrime.

Assim, pratica o crime de uso de cartões ou outros dispositivos de pagamento contrafeitos quem, actuando com intenção de causar prejuízo a outrem ou de obter um benefício ilegítimo, para si ou para terceiro, usar cartão de pagamento contrafeito, ou qualquer outro dispositivo, corpóreo ou incorpóreo, que permita o acesso a sistema ou meio de pagamento contrafeito, sendo tal acção punida com pena de prisão de 1 a 5 anos ou, com pena de prisão de 2 a 8 anos se o prejuízo ou o benefício for de valor consideravelmente elevado.

O legislador veio igualmente prever a punibilidade da acção com pena de prisão de 3 a 12 anos se o agente as praticar de concerto com o agente dos factos descritos no artigo 3º-A (contrafacção).

De facto, estando em causa instrumentos de pagamento corpóreos que não em numerário contrafeitos e falsificados que não sejam cartões de crédito (por exemplo, cartões de débito), o antigo nº 3 do artigo 3º da Lei do Cibercrime deixava de fora parte considerável das condutas previstas nas alíneas c) e d) do artigo 4º da Directiva (UE) 2019/713, como já supra referido e motivo pelo qual se trata agora de toda a matéria relativa à contrafacção de todos os instrumentos de pagamento que não em numerário.

O artigo 3º-F prevê a agravação de tal moldura se os factos referidos forem praticados por funcionário no exercício das funções do agente, sendo o limite mínimo da pena de prisão aplicável de 2 anos, tratando-se dos factos previstos no nº 1 do artigo 3º-B, no nº 1 do artigo 3º-C, no artigo 3º-D e no artigo 3º-E; e agravado em um terço, nos restantes casos.

2.4. Aquisição de cartões ou outros dispositivos de pagamento contrafeitos

Pratica o crime previsto no art. 3º-C quem, actuando com intenção de causar prejuízo a outrem ou de obter um benefício ilegítimo, adquirir, detiver, exportar, importar, transportar, distribuir, vender ou por qualquer outra forma transmitir ou disponibilizar cartão de pagamento contrafeito ou qualquer outro dispositivo, corpóreo ou incorpóreo, que permita o acesso a sistema ou meio de pagamento contrafeito.

O crime de aquisição de cartões ou outros dispositivos de pagamento contrafeitos é punido com pena de prisão de 1 a 5 anos.

O artigo 3º-F prevê a agravação de tal moldura se os factos referidos forem praticados por funcionário no exercício das funções do agente, sendo o limite mínimo da pena de prisão aplicável de 2 anos, tratando-se dos factos previstos no nº 1 do artigo 3º-B, no nº 1 do artigo 3º-C, no artigo 3º-D e no artigo 3º-E; e agravado em um terço, nos restantes casos.

2.5. Actos preparatórios da contrafacção

De forma preventiva, prevê-se no Artigo 3º-D que a aquisição de cartão, dispositivo, programa ou outros dados informáticos que sejam destinados à contrafacção de cartões ou outros dispositivos de pagamentos, seja punido nos termos da nova Lei do Cibercrime.

Assim, a produção ou aquisição de cartões (mas também a sua importação, distribuição, venda ou mera detenção) que possam ser utilizados como cartão de crédito ou débito físico (replicando cartões originais), mas também em formato digital (através de programas destinados a emular ou replicar cartões de crédito virtuais), quer ainda programas que com recurso à tecnologia de NFC possam ser utilizados para a referida contrafacção, será punida com pena de 1 a 5 anos.

Prevê-se no artigo 3º-F a agravação de tal moldura se os factos referidos forem praticados por funcionário no exercício das funções do agente, sendo o limite mínimo da pena de prisão aplicável de 2 anos, tratando-se dos factos previstos no nº 1 do artigo 3º-B, no nº 1 do artigo 3º-C, no artigo 3º-D e no artigo 3º-E; e agravado em um terço, nos restantes casos.

Pretende-se punir, por um lado, a produção, aquisição, importação, distribuição, venda ou detenção de quaisquer elementos materiais ou imateriais como será o caso de cartões ou dispositivos, programas ou quaisquer outros dados informáticos ou outros instrumentos, informáticos ou não, destinados à prática de tais acções.

2.6. Aquisição de cartões ou outros dispositivos de pagamento obtidos mediante crime informático

Pratica o crime de aquisição de cartões ou outros dispositivos de pagamento obtidos mediante crime informático quem, actuando com intenção de causar prejuízo a outrem ou de obter um benefício ilegítimo, adquirir, detiver, exportar, importar, transportar, distribuir, vender ou por qualquer outra forma transmitir ou disponibilizar dados registados, incorporados ou respeitantes a cartão de pagamento ou a qualquer outro dispositivo, corpóreo ou incorpóreo, que permita o acesso a sistema ou meio de pagamento, que hajam sido obtidos mediante facto ilícito típico previsto nos artigos 4º, 5º, 6º e 7º da Lei do Cibercrime (Dano relativo a programas ou outros dados informáticos, Sabotagem informática, Acesso ilegítimo e Intercepção ilegítima).

Praticará igualmente o referido crime quem actuando com intenção de causar prejuízo a outrem ou de obter um benefício ilegítimo, adquirir, detiver, exportar, importar, transportar, distribuir, vender ou por qualquer outra forma transmitir ou disponibilizar cartão de pagamento ou qualquer outro dispositivo, corpóreo ou incorpóreo, que permita o acesso a sistema ou meio de pagamento, que haja sido obtido mediante facto ilícito típico previsto nos artigos nos artigos 4º, 5º, 6º e 7º da Lei do Cibercrime (Dano relativo a programas ou outros dados informáticos, Sabotagem informática, Acesso ilegítimo e Intercepção ilegítima).

Em qualquer uma das situações, tal conduta é punida com pena de prisão de 1 a 5 anos.

O artigo 3º-F prevê a agravação de tal moldura se os factos referidos forem praticados por funcionário no exercício das funções do agente, sendo o limite mínimo da pena de prisão aplicável de 2 anos, tratando-se dos factos previstos no nº 1 do artigo 3º-B, no nº 1 do artigo 3º-C, no artigo 3º-D e no artigo 3º-E; e agravado em um terço, nos restantes casos.

2.7. Dano relativo a programas ou outros dados informáticos

Comete o crime de dano relativo a programas ou outros dados informáticos quem, sem para tal ter permissão legal ou estar autorizado pelo proprietário, por outro titular do direito do sistema ou de parte dele, apagar, alterar, destruir, no todo ou em parte, danificar, suprimir ou tornar não utilizáveis ou não acessíveis programas ou outros dados informáticos alheios ou por qualquer forma lhes afectar a capacidade de uso.

Incorrerá na mesma pena quem ilegitimamente produzir, vender, distribuir ou por qualquer outra forma disseminar ou introduzir num ou mais sistemas informáticos dispositivos, programas ou outros dados informáticos destinados a produzir as acções não autorizadas descritas.

A prática de tal crime, previsto no art. 4º da Lei do Cibercrime, é punida com pena de prisão até 3 anos ou pena de multa, sendo a tentativa punível.

Prevê-se ainda que se o dano causado for de valor elevado, a pena é de prisão até 5 anos ou de multa até 600 dias subindo para pena é de prisão de 1 a 10 anos nos casos em que o dano causado for de valor consideravelmente elevado.

O procedimento penal dependerá de queixa excepto nos casos do número 3, relativos ao agente distribuidor dos referidos dispositivos, programas ou outros dados informáticos aptos a permitir apagar, alterar, destruir, no todo ou em parte, danificar, suprimir ou tornar não utilizáveis ou não acessíveis programas ou outros dados informáticos alheios.

2.8. Sabotagem informática

Cometerá o crime de sabotagem informática o agente que, sem permissão legal ou sem para tanto estar autorizado pelo proprietário, por outro titular do direito do sistema ou de parte dele, entravar, impedir, interromper ou perturbar gravemente o funcionamento de um sistema informático sendo a tentativa punível.

Para tal prevê-se a censura da referida conduta quando haja através da introdução, transmissão, deterioração, danificação, alteração, apagamento, impedimento do acesso ou supressão de programas ou outros dados informáticos ou de qualquer outra forma de interferência em sistema informático sendo tal facto punido com pena de prisão até 5 anos ou com pena de multa até 600 dias.

Mas na mesma pena incorrerá quem ilegitimamente produzir, vender, distribuir ou por qualquer outra forma disseminar ou introduzir num ou mais sistemas informáticos dispositivos, programas ou outros dados informáticos destinados a produzir as acções não autorizadas descritas no número anterior não sendo, contudo, a tentativa punível.

Mas em função do valor do dano emergente da perturbação, a pena será elevada para prisão de 1 a 5 anos (se for de valor elevado) ou para pena é de prisão de 1 a 10 anos (se o dano emergente da perturbação for de valor consideravelmente elevado e a perturbação causada atingir de forma grave ou duradoura um sistema informático que apoie uma actividade destinada a assegurar funções sociais críticas, nomeadamente as cadeias de abastecimento, a saúde, a segurança e o bem-estar económico das pessoas, ou o funcionamento regular dos serviços públicos).

2.9. Acesso ilegítimo

O bem jurídico protegido no crime de acesso ilegítimo é a segurança do sistema informático.

O crime de acesso ilegítimo, previsto no art. 6º da Lei do Cibercrime, estabelece que quem, sem permissão legal ou sem para tanto estar autorizado pelo proprietário, por outro titular do direito do sistema ou de parte dele, de qualquer modo aceder a um sistema informático, será punido com pena de prisão até 1 ano ou com pena de multa até 120 dias sendo a tentativa punível e dependendo o procedimento criminal de queixa.

Mas incorrerá na mesma pena quem ilegitimamente produzir, vender, distribuir ou por qualquer outra forma disseminar ou introduzir num ou mais sistemas informáticos dispositivos, programas, um conjunto executável de instruções, um código ou outros dados informáticos destinados aceder a um sistema informático.

Na nova redacção dada ao art. 6º da Lei do Cibercrime prevê-se que a pena seja de prisão até 2 anos ou multa até 240 dias se as acções se destinarem ao acesso para obtenção de dados registados, incorporados ou respeitantes a cartão de pagamento ou a qualquer outro dispositivo, corpóreo ou incorpóreo, que permita o acesso a sistema ou meio de pagamento.

Mas é ampliada para pena de prisão até 3 anos ou multa se o acesso for conseguido através de violação de regras de segurança; ou através do acesso, o agente obtiver dados registados, incorporados ou respeitantes a cartão de pagamento ou a qualquer outro dispositivo, corpóreo ou incorpóreo, que permita o acesso a sistema ou meio de pagamento.

O número 5 estabelece que a pena será de prisão de 1 a 5 anos quando, através do acesso, o agente tiver tomado conhecimento de segredo comercial ou industrial ou de dados confidenciais, protegidos por lei; ou o benefício ou vantagem patrimonial obtidos forem de valor consideravelmente elevado.

O referido preceito prevê a punibilidade da tentativa (exceptuando nos casos de produção, venda, distribuição ou por qualquer outra forma disseminação ou introdução num ou mais sistemas informáticos de dispositivos, programas, um conjunto executável de instruções, de um código ou outros dados informáticos destinados a produzir as acções não autorizadas ainda que se destinem ao acesso para obtenção de dados registados, incorporados ou respeitantes a cartão de pagamento ou a qualquer outro dispositivo, corpóreo ou incorpóreo, que permita o acesso a sistema ou meio de pagamento).

Nos casos de acesso a um sistema informático, sem permissão legal ou sem para tanto estar autorizado pelo proprietário, por outro titular do direito do sistema ou de parte dele, de acesso conseguido através de violação de regras de segurança; ou se através do acesso, o agente obtiver dados registados, incorporados ou respeitantes a cartão de pagamento ou a qualquer outro dispositivo, corpóreo ou incorpóreo, que permita o acesso a sistema ou meio de pagamento, bem como nos casos em que se prevê a punibilidade da tentativa, o procedimento penal dependerá sempre de queixa.

Em Fevereiro de 2016, Tribunal da Relação de Coimbra (*no seu Acórdão de 17-02-2016 no processo 2119/11.TALRA.C2*) veio considerar que "*Comete o crime de acesso ilegítimo (Artigo 6º, nºs 1 e 4, al a, da Lei nº 109/2009), o inspector tributário que, por motivos estritamente pessoais, acede ao sistema informático da Autoridade Tributária, consultando declarações de IRS de outrem. O tipo subjectivo daquele ilícito penal não exige qualquer intenção específica (como seja o prejuízo ou a obtenção de benefício ilegítimo), ficando preenchido com o dolo genérico de intenção de aceder a sistema*)."

2.10. Intercepção Ilegítima

Este tipo de crime prevê que quem, sem permissão legal ou sem para tanto estar autorizado pelo proprietário, por outro titular do direito do sistema ou de parte dele, e através de meios técnicos, interceptar transmissões de dados informáticos que se processam no interior de um sistema informático, a ele destinadas ou dele provenientes, será punido com pena de prisão até 3 anos ou com pena de multa sendo a tentativa punível.

A mesma pena será aplicável a quem ilegitimamente produza, venda, distribua ou por qualquer outra forma dissemine ou introduza num ou mais sistemas informáticos dispositivos, programas ou outros dados informáticos destinados a produzir as acções não autorizadas de intercepção de transmissões de dados informáticos.

2.11. Reprodução ilegítima de programa protegido

Previsto no artigo 8º da Lei do Cibercrime, o crime de reprodução ilegítima de programa protegido prevê a punição do agente que ilegitimamente reproduza, divulgue ou comunique ao público um programa informático protegido por lei com pena de prisão até 3 anos ou com pena de multa.

Será igualmente punido com a mesma pena quem ilegitimamente reproduza topografia de um produto semicondutor ou a explore comercialmente ou importe, para estes fins, uma topografia ou um produto semicondutor fabricado a partir dessa topografia, sendo a tentativa punível.

Tal como sumariado no Acórdão do Tribunal da Relação de Coimbra de 30-10-2013 no processo 98/08.3EACBR.C1 "*1.- O preenchimento da acção típica do crime de reprodução ilegítima de programa protegido, não exige a verificação cumulativa das três modalidades de acção previstas art. 9º, nº 1, da Lei nº 109/91, de 17 de Agosto a saber, reprodução, divulgação e comunicação ao público, de programa informático protegido;*

2.- Reprodução é a fixação da obra num meio que permita a sua comunicação e a obtenção de cópias, integrais ou não, dela, o que engloba a reprodução em CD como a reprodução na memória de computador;

3.- Tendo o arguido instalado um programa informático em computadores da sociedade que geria, sem que tivessem sido obtidas as necessárias licenças da proprietária daquele, o que quis e sabia, está preenchido o tipo do crime de reprodução ilegítima de programa protegido, ainda que a utilização do programa instalado fosse exclusivamente para uso interno da sociedade."

3. Crimes da Lei de Protecção de Dados (Lei nº 58/2019, de 08 de Agosto)

A Lei da Protecção de Dados aprovada pela Lei nº 58/2019, de 08 de Agosto prevê, na sua Secção III do Capítulo VII relativo à Tutela administrativa e jurisdicional, uma série de crimes relativos à utilização de dados e o seu acesso, viciação ou destruição.

Nos termos do artigo 53º relativo à punibilidade da tentativa, qualquer um dos crimes previstos na Lei de Protecção de Dados será punível.

Quanto à responsabilidade das pessoas colectivas, prevê-se que todas as pessoas colectivas e entidades equiparadas, com excepção do Estado, de pessoas colectivas no exercício de prerrogativas de poder público e de organizações de direito internacional público, serão responsáveis pelos crimes tipificados nos termos do artigo 11º do Código Penal.

Na secção IV (Disposições comuns) prevê-se que em caso de concurso de infracções, se o mesmo facto constituir simultaneamente crime e contra-ordenação, o agente será sempre punido a título de crime.

Ao mesmo tempo, quando se verificar um concurso de crime e contra-ordenação, ou quando, pelo mesmo facto, uma pessoa deva responder a título de crime e outra a título de contra-ordenação, o processamento da contra-ordenação caberá às autoridades competentes para o processo criminal, nos termos do regime geral do ilícito de mera ordenação social.

O artigo 56º (Sanções acessórias) prevê que conjuntamente com as sanções aplicadas pode ser ordenada, acessoriamente, a proibição temporária ou definitiva do tratamento, o bloqueio, o apagamento ou a destruição total ou parcial dos dados.

E, sempre que se trate de crimes, ou de coimas de montante superior a €100 000,00 (cem mil euros), poderá acessoriamente ser determinada a publicidade da condenação, por meio de extracto contendo a identificação do agente, os elementos da infracção e as sanções aplicadas, no Portal do Cidadão, por período não inferior a 90 dias.

3.1. Utilização de dados de forma incompatível com a finalidade da recolha

Previsto no artigo 46º da Lei nº 58/2019, de 08 de Agosto, o crime de utilização de dados de forma incompatível com a finalidade da recolha é punido com pena de prisão até um ano ou com pena de multa até 120 dias.

Este crime verificar-se-á quando o agente utilize dados pessoais de forma incompatível com a finalidade determinante da recolha, sendo a pena agravada para o dobro nos seus limites quando se tratar dos dados pessoais a que se referem os artigos 9º e 10º do RGPD.

O Regulamento (UE) nº 679/2016, de 27 de Abril (Regulamento Geral sobre a Protecção de Dados (RGPD) da União Europeia) prevê no seu artigo 9º o tratamento de categorias especiais de dados pessoais, onde se proíbe o tratamento de dados pessoais que revelem a origem racial ou étnica, as opiniões políticas, as convicções religiosas ou filosóficas, ou a filiação sindical, bem como o tratamento de dados genéticos, dados biométricos para identificar uma pessoa de forma inequívoca, dados relativos à saúde ou dados relativos à vida sexual ou orientação sexual de uma pessoa salvo se o titular dos dados tiver dado o seu consentimento explícito para o tratamento desses dados pessoais para uma ou mais finalidades específicas, excepto se o direito da União ou de um Estado-Membro previr que a proibição a que se refere o nº 1 não possa ser anulada pelo titular dos dados.

Será igualmente permitido tal tratamento de dados se este for necessário para efeitos do cumprimento de obrigações e do exercício de direitos específicos do responsável pelo tratamento ou do titular dos dados em matéria de legislação laboral, de segurança social e de protecção social, na medida em que esse tratamento seja permitido pelo direito da União ou dos Estados-Membros ou ainda por uma convenção colectiva nos termos do direito dos Estados-Membros que preveja garantias adequadas dos direitos fundamentais e dos interesses do titular dos dados ou ainda se o tratamento for necessário para proteger os interesses vitais do titular dos dados ou de outra pessoa singular, no caso de o titular dos dados estar física ou legalmente incapacitado de dar o seu consentimento, por exemplo.

O artigo 9º prevê ainda a admissibilidade desse tratamento se for efectuado, no âmbito das suas actividades legítimas e mediante garantias adequadas, por uma fundação, associação ou qualquer outro organismo sem fins lucrativos e que prossiga fins políticos, filosóficos, religiosos ou sindicais, e desde que esse tratamento se refira exclusivamente aos membros ou antigos membros desse organismo ou a pessoas que com ele tenham mantido contactos regulares relacionados com os seus objectivos, e que os dados pessoais não sejam divulgados a terceiros sem o consentimento dos seus titulares; se o tratamento se referir a dados pessoais que tenham sido manifestamente tornados públicos pelo seu titular; se o tratamento for necessário à declaração, ao exercício ou à defesa de um direito num processo judicial ou sempre que os tribunais actuem no exercício da sua função jurisdicional; se o tratamento for necessário por motivos de interesse público importante, com base no direito da União ou de um Estado-Membro, que deve ser proporcional ao objectivo visado, respeitar a essência do direito à protecção dos dados pessoais e prever medidas adequadas e específicas que salvaguardem os direitos fundamentais e os interesses do titular dos dados ou se o tratamento for necessário para efeitos de medicina preventiva ou do trabalho, para a avaliação da capacidade de trabalho do empregado, o diagnóstico médico, a prestação de cuidados ou tratamentos de saúde ou de acção social ou a gestão de sistemas e serviços de saúde ou de acção social com base no direito da União ou dos Estados-Membros ou por força de um contrato com um profissional de saúde, sob reserva das condições e garantias previstas no nº 3.

Já o artigo 10º (Tratamento de dados pessoais relacionados com condenações penais e infracções) prevê que o tratamento de dados pessoais relacionados com condenações penais e infracções ou com medidas de segurança conexas com base no artigo 6º, nº 1, só é efectuado sob o controlo de uma autoridade pública ou se o tratamento for autorizado por disposições do direito da União ou de um Estado-Membro que prevejam garantias adequadas para os direitos e liberdades dos titulares dos dados. Os registos completos das condenações penais só são conservados sob o controlo das autoridades públicas.

Ora, em ambas as situações, a moldura penal pela sua violação será de pena de prisão até um ano ou de multa, como referido, até 120 dias.

3.2. Acesso Indevido

Praticará o crime de acesso indevido quem, sem a devida autorização ou justificação, aceder, por qualquer modo, a dados pessoais.

Tal conduta será punida com pena de prisão até 1 ano ou com pena de multa até 120 dias, sendo agravada para o dobro nos seus limites quando se tratar dos dados pessoais a que se referem os artigos 9º e 10º do RGPD.

Nos termos do número 3 do art. 47º a moldura penal será igualmente agravada para o dobro nos seus limites quando o acesso for conseguido através de violação de regras técnicas de segurança ou tiver proporcionado ao agente ou a terceiros benefício ou vantagem patrimonial.

3.3. Desvio de Dados

Sempre que o agente copiar, subtrair, ceder ou transferir, a título oneroso ou gratuito, dados pessoais sem previsão legal ou consentimento, independentemente da finalidade prosseguida, será punido com pena de prisão até 1 ano ou com pena de multa até 120 dias, sendo tal pena agravada para o dobro nos seus limites quando se tratar dos dados pessoais a que se referem os artigos 9º e 10º do RGPD.

À imagem do que acontece no crime de acesso indevido, a pena é também agravada para o dobro nos seus limites quando o acesso for conseguido através de violação de regras técnicas de segurança; ou tiver proporcionado ao agente ou a terceiros benefício ou vantagem patrimonial.

3.4. Viciação ou destruição de dados

Pratica o crime de viciação ou destruição de dados quem, sem a devida autorização ou justificação, apagar, destruir, danificar, ocultar, suprimir ou modificar dados pessoais, tornando-os inutilizáveis ou afectando o seu potencial de utilização.

Caso o agente pratique tal crime, será punido com pena de prisão até 2 anos ou com pena de multa até 240 dias, sendo a pena agravada para o dobro nos seus limites se o dano produzido for particularmente grave.

O crime de viciação ou destruição de dados é igualmente punido a título de negligência, com pena até 1 ano ou multa até 120 dias, ou até 2 anos ou multa até 240 dias, no caso do dano ser particularmente grave.

3.5. Inserção de dados falsos

Previsto no artigo 50º o crime de Inserção de dados falsos consiste na inserção ou facilitação de inserção de dados pessoais falsos, com a intenção de obter vantagem indevida para o agente ou para terceiro, ou com o fim de causar prejuízo.

Tal conduta é punida com pena de prisão até 2 anos ou com pena de multa até 240 dias e agravada para o dobro nos seus limites se da inserção referida resultar um prejuízo efectivo.

3.6. Violação do dever de sigilo

O crime de violação do dever de sigilo ocorrerá sempre que alguém, obrigado a sigilo profissional nos termos da lei, sem justa causa e sem o devido consentimento, revelar ou divulgar no todo ou em parte dados pessoais.

A prática deste crime é punida com pena de prisão até 1 ano ou com pena de multa até 120 dias, sendo agravada nos termos do nº 2 do art. 51º para o dobro nos seus limites se o agente for trabalhador em funções públicas ou equiparado, nos termos da lei penal, for encarregado de protecção de dados, for determinado pela intenção de obter qualquer vantagem patrimonial ou outro benefício ilegítimo ou puser em perigo a reputação, a honra ou a intimidade da vida privada de terceiros.

A prática negligente deste crime é igualmente punível, fixando-se a sanção penal com pena de prisão até 6 meses ou com pena de multa até 60 dias.

3.7. Desobediência

O crime de desobediência (previsto no artigo 52º) estabelece que quem não cumprir as obrigações previstas no RGPD e na lei de Protecção de Dados, depois de ultrapassado o prazo que tiver sido fixado pela CNPD para o respectivo cumprimento, é punido com pena de prisão até 1 ano ou com pena de multa até 120 dias.

A referida pena é agravada para o dobro nos seus limites se, depois de notificado para o efeito, o agente não interromper, cessar ou bloquear o tratamento ilícito de dados, não proceder ao apagamento ou destruição dos dados quando legalmente exigível, ou findo o prazo de conservação fixado nos termos da presente lei; ou recusar, sem justa causa, a colaboração que lhe for exigida nos termos do artigo 8º da lei de Protecção de Dados.

4. Crimes da Lei das Comunicações Electrónicas (Lei 5/2004, de 10 de Fevereiro)

4.1. Dispositivos ilícitos

A Lei das Comunicações Electrónicas, criminaliza no seu artigo 104º (com a epigrafe de Dispositivos Ilícitos), as actividades para fins comerciais de fabrico, importação, distribuição, venda, locação ou detenção de dispositivos ilícitos (al. a) do número 1 do art. 104º) sendo crime punível com pena de prisão até 3 anos ou com pena de multa se ao caso não for aplicável pena mais grave. (nº 3 do art. 104º) sendo a tentativa punível mas dependendo o procedimento criminal de queixa.

É igualmente proibida a instalação, manutenção ou substituição, para fins comerciais, de dispositivos ilícitos *(al. b) do número 1 do art. 104º)*, a utilização de comunicações comerciais para a promoção de dispositivos ilícitos *(al. c) do número 1 do art. 104º)*, bem como aquisição, utilização, propriedade ou mera detenção, a qualquer título, de dispositivos ilícitos para fins privados do adquirente, do utilizador, do proprietário ou do detentor, bem como de terceiro *(al. d) do número 1 do art. 104º)*.

Mas, nestes últimos casos, estamos na presença de contra-ordenações graves (*conforme art. 113º nº 2 – "a prática das actividades previstas na alínea d) do nº 1 do artigo 104º"*) ou muito graves (*conforme art. 113º nº 3 – "a prática das actividades previstas nas alíneas b) e c) do nº 1 do artigo 104º*)".

Para o efeito, o próprio artigo oferece as definições de «Dispositivo ilícito» como um equipamento ou programa informático concebido ou adaptado com vista a permitir o acesso a um serviço protegido, sob forma inteligível, sem autorização do prestador do serviço (*conforme a al. a) do nº 2 do art. 104º*) «Dispositivo de acesso condicional» como um equipamento ou programa informático concebido ou adaptado com vista a permitir o acesso, sob forma inteligível, a um serviço protegido (*conforme a al. b) do nº 2 do art. 104º*) e de «Serviço protegido» como qualquer serviço de programas televisivo, de rádio ou da sociedade da informação desde que prestado mediante remuneração e com base em acesso condicional ou o fornecimento de acesso condicional aos referidos serviços considerado como um serviço em si mesmo. *(conforme a al. c) do nº 2 do art. 104º)*

5. Processo e Preservação da Prova (Lei nº 109/2009 de 15 de Setembro)

A Lei 109/2009, de 15 de Setembro veio criar um Capítulo III relativo a disposições processuais fora do Código de Processo Penal e aplicável a crimes do elenco da Lei do Cibercrime mas também a quaisquer outros desde que cometidos por meio de um sistema informático; ou em relação aos quais seja necessário proceder à recolha de prova em suporte electrónico.

Tal como sumariado no Acórdão do Tribunal da Relação de Évora de 20-01-2015 no Processo 648/14.6GCFAR-A.E1 "*1 – O regime processual das comunicações telefónicas previsto nos artigos 187º a 190º do Código de Processo Penal deixou de ser aplicável por extensão às "telecomunicações electrónicas", "crimes informáticos" e "recolha de prova electrónica (informática)" desde a entrada em vigor da Lei 109/2009, de 15-09 (Lei do Cibercrime) como regime regra. 2 – Esse mesmo regime processual das comunicações telefónicas deixara de ser aplicável à recolha de prova por "localização celular conservada" – uma forma de "recolha de prova electrónica – desde a entrada em vigor da Lei 32/2008, de 17-07. 3 – Para a prova electrónica preservada ou conservada em sistemas informáticos existe um novo sistema processual penal, o previsto nos artigos 11º a 19º da Lei 109/2009, de 15-09, Lei do Cibercrime, coadjuvado pela Lei nº 32/2008, neste caso se estivermos face à prova por "localização celular conservada"*.

A partir deste momento, rompe-se com a equiparação das mensagens SMS às cartas de correio, distinguindo entre as situações em que ainda estariam fechadas ou aquelas em que já haviam sido abertas pelo destinatário, e que agora vê tal entendimento alterado, uma vez que a leitura de mensagens guardadas num cartão de telemóvel (ou equipamento) por um agente policial sem autorização do seu dono ou do JIC passa a ser prova proibida, em nada relevando que as mesmas tivessem sido ou não abertas e lidas pelo destinatário porquanto a lei não distingue entre essas duas situações.

A proposta de alteração ao art. 17º da Lei do Cibercrime, acabou por ser retirada da Proposta de Lei nº 98/XIV/2ª (GOV) que Transpõe a Directiva (UE) 2019/713, relativa ao combate à fraude e à contrafacção de meios de pagamento que não em numerário, e que foi aprovada, em votação final global, a 20 de Outubro de 2021.

Na verdade, e tal como se referia inicialmente na exposição de motivos "*ainda que se trate de um aspecto não respeitante à transposição da Directiva (UE) 2019/713, aproveita-se o ensejo para ajustar o artigo 17º da Lei do Cibercrime, cujo teor tem gerado conflitos jurisprudenciais que prejudicam a economia processual e geram dúvidas desnecessárias (...) tem como propósito clarificar o modelo de apreensão de correio electrónico e da respectiva validação judicial.*

Visa-se, por um lado, esclarecer que a apreensão de mensagens de correio electrónico ou de natureza similar está sujeita a um regime autónomo, que vigora em paralelo com o regime da apreensão de correspondência previsto no Código de Processo Penal. Este último regime apenas se aplica à apreensão de mensagens de correio electrónico ou de natureza similar a título subsidiário, e com as necessárias adaptações.

Visa-se, por outro lado, esclarecer que a apreensão de mensagens de correio electrónico ou de natureza similar guardadas num determinado dispositivo, embora incidindo sobre dados informáticos de conteúdo especial, não é tecnicamente diferente da apreensão de outro tipo de dados informáticos.

Assim, deve o Ministério Público, após análise do respectivo conteúdo, apresentar ao juiz as mensagens de correio electrónico ou de natureza similar cuja apreensão tiver ordenado ou validado e que considere serem de grande interesse para a descoberta da verdade ou para a prova, ponderando o juiz a sua junção aos autos tendo em conta os interesses do caso concreto. (...)"

Ora, tal solução foi, no final de Agosto de 2021 reprovada pelo Tribunal Constitucional, em sede de fiscalização preventiva, precisamente por se considerar que estava em causa uma "restrição dos direitos fundamentais à inviolabilidade da correspondência" e uma "violação das garantias constitucionais de defesa em processo penal" uma vez que se estava na presença de tentativa de mudança substancial no paradigma de acesso ao conteúdo das comunicações electrónicas, admitindo-se que esse acesso caiba, em primeira linha, ao Ministério Público, que só posteriormente o apresenta ao juiz" – tal como havia já sido referido pelo Presidente da República.

A preservação expedita de dados passa a ser ordenada pela autoridade judiciária competente ou órgão de polícia criminal em caso de urgência ou perigo na demora, discriminando a natureza dos dados, origem e destino se conhecidos e período de tempo pelo qual deverão ser preservados, num máximo de três meses, deixando de se aplicar o regime processual das comunicações telefónicas previsto nos artigos 187º a 190º do Código de Processo Penal por extensão às «telecomunicações electrónicas», «crimes informáticos» e «recolha de prova electrónica (informática)»., sendo que tendo em vista assegurar a preservação dos dados de tráfego relativos a uma determinada comunicação, independentemente do número de fornecedores de serviço que nela participaram, o fornecedor de serviço a quem essa preservação tenha sido ordenada indica à autoridade judiciária ou ao órgão de polícia criminal, logo que o souber, outros fornecedores de serviço através dos quais aquela comunicação tenha sido efectuada, tendo em vista permitir identificar todos os fornecedores de serviço e a via através da qual aquela comunicação foi efectuada.

No decurso do processo, se se tornar necessário à produção de prova, tendo em vista a descoberta da verdade, obter dados informáticos específicos e determinados, armazenados num determinado sistema informático, a autoridade judiciária competente ordena a quem tenha disponibilidade ou controlo desses dados que os comunique ao processo ou que permita o acesso aos mesmos, sob pena de punição por por desobediência. Trata-se da injunção para apresentação ou concessão do acesso a dados, sendo igualmente possível a apreensão de dados informáticos (dados ou documentos informáticos necessários à produção de prova), quer do suporte onde está instalado o sistema ou apreensão do suporte onde estão armazenados os dados informáticos, bem como dos dispositivos necessários à respectiva leitura, quer através de realização de uma cópia dos dados, em suporte autónomo, que será junto ao processo, quer ainda através da preservação, por meios tecnológicos, da integridade dos dados, sem realização de cópia nem remoção dos mesmos ou ainda através de eliminação não reversível ou bloqueio do acesso aos dados.

Tal como supra referido, a apreensão de correio electrónico e registos de comunicações de natureza semelhante passa agora a ter tratamento específico, impondo-se que quando sejam encontrados, armazenados nesse sistema informático ou noutro a que seja permitido o acesso legítimo a partir do primeiro, o juiz possa autorizar ou ordenar, por despacho, a apreensão daqueles que se afigurem ser de grande interesse para a descoberta da verdade ou para a prova, aplicando-se correspondentemente o regime da apreensão de correspondência previsto no Código de Processo Penal, sendo igualmente admissível o recurso à intercepção de comunicações e o registo de transmissões de dados informáticos os quais apenas poderão ser autorizados durante o inquérito, se houver razões para crer que a diligência é indispensável para a descoberta da verdade ou que a prova seria, de outra forma, impossível ou muito difícil de obter, por despacho fundamentado do juiz de instrução e mediante requerimento do Ministério Público.

Passa a ser admissível o recurso às acções encobertas previstas na Lei nº 101/2001, de 25 de Agosto, nos termos aí previstos, no decurso de inquérito relativo aos crimes da lei do Cibercrime ou àqueles cometidos por meio de um sistema informático, quando lhes corresponda, em abstracto, pena de prisão de máximo superior a 5 anos ou, ainda que a pena seja inferior, e sendo dolosos, os crimes contra a liberdade e autodeterminação sexual nos casos em que os ofendidos sejam menores ou incapazes, a burla qualificada, a burla informática e nas comunicações, a discriminação racial, religiosa ou sexual, as infracções económico-financeiras, bem como os crimes consagrados no título IV do Código do Direito de Autor e dos Direitos Conexos.

A Cooperação internacional é igualmente uma das apostas para efeitos de investigações ou procedimentos respeitantes a crimes relacionados com sistemas ou dados informáticos, bem como para efeitos de recolha de prova, em suporte electrónico, de um crime, de acordo com as normas sobre transferência de dados pessoais previstas na Lei nº 67/98, de 26 de Outubro sendo criado um ponto de contacto permanente para a cooperação internacional, tendo em vista a prestação de assistência imediata para os efeitos referidos no artigo anterior, assegurado pela Polícia Judiciária, vinte e quatro horas por dia, sete dias por semana.

5.1. Preservação expedita de dados

Se no decurso do processo for necessário à produção de prova, tendo em vista a descoberta da verdade, obter dados informáticos específicos armazenados num sistema informático, nomeadamente dados de tráfego, em relação aos quais haja receio de que possam perder-se, alterar-se ou deixar de estar disponíveis, a autoridade judiciária competente ordena a quem tenha disponibilidade ou controlo desses dados, designadamente a fornecedor de serviço, que preserve os dados em causa.

A referida preservação pode também ser ordenada pelo órgão de polícia criminal mediante autorização da autoridade judiciária competente ou quando haja urgência ou perigo na demora, devendo aquele, neste último caso, dar notícia imediata do facto à autoridade judiciária e transmitir-lhe o relatório previsto no artigo 253º do Código de Processo Penal.

Para o efeito, a ordem de preservação discrimina, sob pena de nulidade a natureza dos dados, a sua origem e destino, se forem conhecidos e o período de tempo pelo qual deverão ser preservados, até um máximo de três meses.

Quem tenha disponibilidade ou controlo sobre esses dados, designadamente o fornecedor de serviço, em cumprimento de ordem de preservação que lhe seja dirigida, preserva de imediato os dados em causa, protegendo e conservando a sua integridade pelo tempo fixado, de modo a permitir à autoridade judiciária competente a sua obtenção, e fica obrigado a assegurar a confidencialidade da aplicação da medida processual.

Poderá a autoridade judiciária competente ordenar a renovação da medida por períodos sujeitos ao limite previsto na alínea c) do nº 3 do art. 12º (três meses), desde que se verifiquem os respectivos requisitos de admissibilidade, até ao limite máximo de um ano.

Conforme referido no citado Acórdão do Tribunal da Relação de Évora de 20-01-2015 no Processo 648/14.6GCFAR-A.E1 *"Para a prova electrónica preservada ou conservada em sistemas informáticos passa agora a haver um novo sistema processual penal, o previsto nos artigos 11º a 19º da Lei 109/2009, de 15 de Setembro, coadjuvado pela Lei nº 32/2008, neste caso se estivermos face à prova por «localização celular conservada»*.

4. Nessa Lei do Cibercrime coexistem dois regimes processuais: o regime dos artigos 11º a 17º e o regime dos artigos 18º e 19º do mesmo diploma. Sendo que o regime processual dos artigos 11º a 17º surge como o regime processual «geral» do cibercrime e da prova electrónica. Isto porquanto existe um segundo catálogo na Lei n. 109/2009, o do artigo 18º, n. 1 do mesmo diploma a que corresponde um segundo regime processual de autorização e regulação probatória. Só a este segundo regime – o dos artigos 18º e 19º – são aplicáveis por remissão expressa os artigos 187º, 188º e 190º do C.P.P. e sob condição de não contrariarem e Lei 109/2009.

5. As normas contidas nos artigos 12º a 17º da supramencionada Lei contêm um completo regime processual penal para os crimes que, nos termos das alíneas do n. 1 do artigo 11º, estão (a) previstos na lei nº 109/2009, (b) são ou foram cometidos por meio de um sistema informático ou (c) em relação aos quais seja necessário proceder á recolha de prova em suporte electrónico.

6. A diferenciação de regimes assenta na circunstância de os dados preservados nos termos dos artigos 12º a 17º se referirem á pesquisa e recolha, para prova, de dados já produzidos mas preservados, armazenados, enquanto o artigo 18º do diploma se refere á intercepção de comunicações electrónicas, em tempo real, de dados de tráfego e de conteúdo associados a comunicações específicas transmitidas através de um sistema informático.

7. Assim, o Capítulo III da Lei 109/2009, relativo ás disposições processuais, deve ser encarado como um «escondido Capítulo V («Da prova electrónica»), do Título III («Meios de obtenção de prova») do Livro III («Da prova») do Código de Processo Penal» (Dá Mesquita).

8. Tratando-se de obter prova por «localização celular conservada», isto é, a obtenção dos dados previstos no artigo 4º, n. 1 da Lei 32/2008, de 17-07, o regime processual aplicável assume especialidade nos artigos 3º e 9º desta lei."

5.2. Revelação expedita de dados de tráfego

Para assegurar a preservação dos dados de tráfego relativos a uma determinada comunicação, independentemente do número de fornecedores de serviço que nela participaram, o fornecedor de serviço a quem essa preservação tenha sido ordenada nos termos do artigo anterior deverá indicar à autoridade judiciária ou ao órgão de polícia criminal, logo que o souber, a identificação do outros fornecedores de serviço através dos quais aquela comunicação haja sido efectuada, tendo em vista permitir identificar todos os fornecedores de serviço e a via através da qual aquela comunicação foi efectuada.

5.3. Injunção para apresentação ou concessão do acesso a dados

Prevista no art. 14º da Lei do cibercrime, se no decurso do processo se tornar necessário à produção de prova, tendo em vista a descoberta da verdade, obter dados informáticos específicos e determinados, armazenados num determinado sistema informático, a autoridade judiciária competente ordena a quem tenha disponibilidade ou controlo desses dados que os comunique ao processo ou que permita o acesso aos mesmos, sob pena de punição por desobediência.

A referida ordem deve identificar os dados pretendidos, sendo que em cumprimento desta, quem tenha disponibilidade ou controlo desses dados comunica esses dados à autoridade judiciária competente ou permite, sob pena de punição por desobediência, o acesso ao sistema informático onde os mesmos estão armazenados.

Esta injunção para apresentação ou concessão do acesso a dados é aplicável a fornecedores de serviço, a quem pode igualmente ser ordenado que comuniquem ao processo dados relativos aos seus clientes ou assinantes, neles se incluindo qualquer informação diferente dos dados relativos ao tráfego ou ao conteúdo, contida sob a forma de dados informáticos ou sob qualquer outra forma, detida pelo fornecedor de serviços, e que permita determinar, nomeadamente, o tipo de serviço de comunicação utilizado, as medidas técnicas tomadas a esse respeito e o período de serviço, a identidade, a morada postal ou geográfica e o número de telefone do assinante, e qualquer outro número de acesso, os dados respeitantes à facturação e ao pagamento, disponíveis com base num contrato ou acordo de serviços ou qualquer outra informação sobre a localização do equipamento de comunicação, disponível com base num contrato ou acordo de serviços.

Esta injunção não pode ser dirigida a suspeito ou arguido nesse processo nem pode igualmente fazer-se uso da injunção quanto a sistemas informáticos utilizados para o exercício da advocacia, das actividades médica e bancária e da profissão de jornalista, sendo o regime de segredo profissional ou de funcionário e de segredo de Estado previsto no artigo 182º do Código de Processo Penal aplicável com as necessárias adaptações.

5.4. Pesquisa de dados informáticos

Prevê-se na Lei do Cibercrime que quando no decurso do processo se tornar necessário à produção de prova, tendo em vista a descoberta da verdade, obter dados informáticos específicos e determinados, armazenados num determinado sistema informático, a autoridade judiciária competente autoriza ou ordena por despacho que se proceda a uma pesquisa nesse sistema informático, devendo, sempre que possível, presidir à diligência.

O referido despacho terá um prazo de validade máximo de 30 dias, sob pena de nulidade.

Quanto ao órgão de polícia criminal, apenas poderá proceder à pesquisa, sem prévia autorização da autoridade judiciária, quando a mesma for voluntariamente consentida por quem tiver a disponibilidade ou controlo desses dados, desde que o consentimento prestado fique, por qualquer forma, documentado ou, em alternativa, em casos de terrorismo, criminalidade violenta ou altamente organizada, quando haja fundados indícios da prática iminente de crime que ponha em grave risco a vida ou a integridade de qualquer pessoa.

Nestas últimas condições, a realização da diligência é, sob pena de nulidade, imediatamente comunicada à autoridade judiciária competente e por esta apreciada em ordem à sua validação e em qualquer caso, é elaborado e remetido à autoridade judiciária competente o relatório previsto no artigo 253º do Código de Processo Penal.

Sempre que no decurso de pesquisa, surgirem razões para crer que os dados procurados se encontram noutro sistema informático, ou numa parte diferente do sistema pesquisado, mas que tais dados são legitimamente acessíveis a partir do sistema inicial, a pesquisa pode ser estendida mediante autorização ou ordem da autoridade competente, sendo aplicáveis, com as necessárias adaptações, as regras de execução das buscas previstas no Código de Processo Penal e no Estatuto do Jornalista.

5.5. Apreensão de dados informáticos

Prevista no artigo 16º, a apreensão de dados informáticos poderá ocorrer sempre que, no decurso de uma pesquisa informática ou de outro acesso legítimo a um sistema informático, forem encontrados dados ou documentos informáticos necessários à produção de prova, tendo em vista a descoberta da verdade, e a autoridade judiciária competente autorize ou ordene por despacho a respectiva apreensão.

Poderá, igualmente, o órgão de polícia criminal efectuar apreensões, sem prévia autorização da autoridade judiciária, no decurso de pesquisa informática legitimamente ordenada e executada nos termos do artigo anterior, bem como quando haja urgência ou perigo na demora.

Sempre que sejam apreendidos dados ou documentos informáticos cujo conteúdo seja susceptível de revelar dados pessoais ou íntimos, que possam pôr em causa a privacidade do respectivo titular ou de terceiro, sob pena de nulidade esses dados ou documentos são apresentados ao juiz, que ponderará a sua junção aos autos tendo em conta os interesses do caso concreto, sendo que as apreensões efectuadas por órgão de polícia criminal são sempre sujeitas a validação pela autoridade judiciária, no prazo máximo de 72 horas.

Em caso de apreensões relativas a sistemas informáticos utilizados para o exercício da advocacia e das actividades médica e bancária, estas estarão sujeitas, com as necessárias adaptações, às regras e formalidades previstas no Código de Processo Penal assim como as apreensões relativas a sistemas informáticos utilizados para o exercício da profissão de jornalista seguirão, com as necessárias adaptações, as regras e formalidades previstas no Estatuto do Jornalista.

Também neste caso, o regime de segredo profissional ou de funcionário e de segredo de Estado previsto no artigo 182º do Código de Processo Penal será aplicável com as necessárias adaptações.

A este propósito, o Acórdão do Tribunal Constitucional nº 687/2021, de 22 de Setembro que se pronunciou, com referência ao Decreto nº 167/XIV, da Assembleia da República, publicado no Diário da Assembleia da República, série II-A, nº 177, de 29 de Julho de 2021, e enviado ao Presidente da República para promulgação como lei, pela inconstitucionalidade das normas constantes do seu artigo 5º, na parte em que altera o artigo 17º da Lei nº 109/2009, de 15 de Setembro (Lei do Cibercrime), e onde se esclarece que "(...) o artigo 15º da Lei do Cibercrime regula a pesquisa de sistemas informáticos, com vista a obter dados informáticos específicos e determinados nele armazenados; ou seja, as normas contidas em tal artigo estabelecem as regras do que pode designar-se por "busca informática". Por regra, é a autoridade judiciária competente – o juiz ou o Ministério Público, consoante a fase processual em questão – que autoriza ou ordena a realização da pesquisa, devendo, sempre que possível, presidir à diligência (artigo 15º, nº 1).

No âmbito de tais pesquisas, é possível, nos termos do artigo 16º da Lei 109/2009, a apreensão de dados, ordenada por despacho da mesma autoridade judiciária, sempre que tal seja necessário à produção de prova. Contudo, a lei individualiza duas situações específicas, cuja sensibilidade e relevância jurídico-constitucional justifica a previsão de um regime normativo particular – por um lado, as apreensões de um conjunto de dados sensíveis; por outro, as apreensões de mensagens de correio electrónico ou semelhantes.

A apreensão de dados de especial sensibilidade encontra-se regulada no nº 3 do artigo 16º da Lei do Cibercrime, que prevê que, nas situações em que sejam apreendidos dados ou documentos informáticos cujo conteúdo seja susceptível de revelar dados pessoais ou íntimos, que possam pôr em causa a privacidade do respectivo titular ou de terceiro, os mesmos devem ser, sob pena de nulidade, apresentados ao juiz, que ponderará a sua junção aos autos, tendo em conta os interesses do caso concreto. Além disto, a lei estabelece ainda a aplicabilidade, com as adaptações necessárias, das regras específicas previstas no Código de Processo Penal e demais legislação para as apreensões de dados em sistemas informáticos utilizados para o exercício da advocacia e das actividades médica, bancária e de jornalismo, bem como do regime de segredo profissional ou de funcionário e de segredo de Estado. (...)"

Em qualquer das situações, a apreensão de dados informáticos, consoante seja mais adequado e proporcional, tendo em conta os interesses do caso concreto, pode, nomeadamente, consistir na apreensão do suporte onde está instalado o sistema ou apreensão do suporte onde estão armazenados os dados informáticos, bem como dos dispositivos necessários à respectiva leitura, na realização de uma cópia dos dados, em suporte autónomo, que será junto ao processo, na preservação, por meios tecnológicos, da integridade dos dados, sem realização de cópia nem remoção dos mesmos ou na eliminação não reversível ou bloqueio do acesso aos dados.

Se se optar pela apreensão do suporte onde estão armazenados os dados informáticos, bem como dos dispositivos necessários à respectiva leitura, a cópia é efectuada em duplicado, sendo uma das cópias selada e confiada ao secretário judicial dos serviços onde o processo correr os seus termos e, se tal for tecnicamente possível, os dados apreendidos são certificados por meio de assinatura digital.

5.6. Apreensão de correio electrónico e registos de comunicações de natureza semelhante

Encontramos no artigo 17º da Lei do Cibercrime o regime de apreensão de correio electrónico e registos de comunicações de natureza semelhante. Nos termos deste preceito, se no decurso de uma pesquisa informática ou outro acesso legítimo a um sistema informático, forem encontrados, armazenados nesse sistema informático ou noutro a que seja permitido o acesso legítimo a partir do primeiro, mensagens de correio electrónico ou registos de comunicações de natureza semelhante, o juiz pode autorizar ou ordenar, por despacho, a apreensão daqueles que se afigurem ser de grande interesse para a descoberta da verdade ou para a prova, aplicando-se correspondentemente o regime da apreensão de correspondência previsto no Código de Processo Penal.

Ora, não obstante a Proposta de Lei 98/XIV/2 que visava transpor a Directiva (UE) 2019/713, relativa ao combate à fraude e à contrafacção de meios de pagamento que não em numerário ter tentado "Noutro plano, e ainda que se trate de um aspecto não respeitante à transposição da Directiva (UE) 2019/713, aproveita-se o ensejo para ajustar o artigo 17º da Lei do Cibercrime, cujo teor tem gerado conflitos jurisprudenciais que prejudicam a economia processual e geram dúvidas desnecessárias (...) ajustamento (...) com propósito clarificar o modelo de apreensão de correio electrónico e da respectiva validação judicial." transferindo para o Ministério Público a possibilidade de proceder à abertura de correspondência electrónica – "o Ministério Público, após análise do respectivo conteúdo, apresentar ao juiz as mensagens de correio electrónico ou de natureza similar cuja apreensão tiver ordenado ou validado e que considere serem de grande interesse para a descoberta da verdade ou para a prova, ponderando o juiz a sua junção aos autos tendo em conta os interesses do caso concreto."

Com o pretendido "ajustamento" com o propósito de "clarificar" o regime de apreensão de mensagens de correio electrónico ou de natureza semelhante previsto no Artigo 17º, abrir-se-ia a possibilidade de, no decurso de uma pesquisa informática ou de outro acesso legítimo a um sistema informático, e sempre que forem encontradas, armazenadas em determinado sistema informático ou noutro a que fosse permitido o acesso legítimo a partir do primeiro, mensagens de correio electrónico ou de natureza semelhante que fossem eventualmente necessárias à produção de prova, tendo em vista a descoberta da verdade, a autoridade judiciária competente autorizaria ou ordenaria por despacho a sua apreensão.

Tal norma abriria a porta a que o próprio órgão de polícia criminal pudesse efectuar as apreensões referidas no número anterior, sem prévia autorização da autoridade judiciária, no decurso de pesquisa informática legitimamente ordenada e executada nos termos do artigo 15º, bem como quando haja urgência ou perigo na demora, devendo tal apreensão ser validada pela autoridade judiciária no prazo máximo de 72 horas, sendo que se veria aplicado à apreensão de mensagens de correio electrónico e de natureza semelhante o regime previsto para a apreensão de simples dados informáticos.

Com a pretendida reformulação do regime de apreensão de correio electrónico e comunicações de natureza semelhante (onde se incluem comunicações de whatsapp, Messenger, webchats, etc), e após acesso e abertura das comunicações, deveria o Ministério Público apresentar ao juiz, sob pena de nulidade, as mensagens de correio electrónico ou de natureza semelhante cuja apreensão tiver ordenado ou validado e que considere serem de grande interesse para a descoberta da verdade ou para a prova, ponderando o juiz a sua junção aos autos tendo em conta os interesses do caso concreto.

Como supra referido, o Acórdão do Tribunal Constitucional nº 687/2021, de 22 de Setembro veio pronunciar-se, com referência ao Decreto nº 167/XIV, da Assembleia da República, publicado no Diário da Assembleia da República, série II-A, nº 177, de 29 de Julho de 2021, e enviado ao Presidente da República para promulgação como lei, pela inconstitucionalidade das normas constantes do seu artigo 5º, na parte em que altera o artigo 17º da Lei nº 109/2009, de 15 de Setembro (Lei do Cibercrime).

Efectivamente, e tal como referido nos fundamentos apresentados no pedido para sustentar a inconstitucionalidade do citado preceito, o regime ali aprovado parecia divergir, (...), do disposto no artigo 179º do Código do Processo Penal, no qual a intervenção do juiz *ab initio* é indispensável.

Ao contrário da nova redacção pretendida, o artigo 179º do Código do Processo Penal, relativo à apreensão de correspondência prevê que "*1 – Sob pena de nulidade, o juiz pode autorizar ou ordenar, por despacho, a apreensão, mesmo nas estações de correios e de telecomunicações, de cartas, encomendas, valores, telegramas ou qualquer outra correspondência, quando tiver fundadas razões para crer que a) A correspondência foi expedida pelo suspeito ou lhe é dirigida, mesmo que sob nome diverso ou através de pessoa diversa; b) Está em causa crime punível com pena de prisão superior, no seu máximo, a 3 anos; e c) A diligência se revelará de grande interesse para a descoberta da verdade ou para a prova."*

Sendo proibida, sob pena de nulidade, a apreensão e qualquer outra forma de controlo da correspondência entre o arguido e o seu defensor, salvo se o juiz tiver fundadas razões para crer que aquela constitui objecto ou elemento de um crime.

Mas ao contrário do que pretendia a referida alteração ao art. 17º, impõe-se no art. 179º CPP que caiba ao juiz que tiver autorizado ou ordenado a diligência, ser a primeira pessoa a tomar conhecimento do conteúdo da correspondência apreendida.

Apenas se a considerar relevante para a prova, a fará juntar ao processo, devendo caso contrário, restituí-la a quem de direito, não podendo ela ser utilizada como meio de prova, e fica ligado por dever de segredo relativamente àquilo de que tiver tomado conhecimento e não tiver interesse para a prova.

Avançando-se na fundamentação do pedido de fiscalização, referia-se que "Não por acaso, o legislador tratou em artigos diversos da apreensão de dados informáticos e da apreensão de correio electrónico e registos de comunicações de natureza semelhante, justamente por esta última dever justificar um regime mais rigoroso de acesso."

A presente questão é de particular importância, tal como refere o citado Acórdão, tendo em consideração "(...) *os processos de digitalização e desmaterialização que dominam a sociedade contemporânea (...)*" pelo que "(...) *o âmbito de aplicação efectivo das normas adjectivas da Lei 109/2009 revela-se substancialmente mais amplo do que poderia parecer numa primeira análise, como adiante se explicitará. De facto, a prova em suporte electrónico tenderá a ser uma realidade material omnipresente na vida comunitária, mais ainda do que já sucedia aquando da aprovação da versão inicial das normas questionadas; notem-se, entre muitos outros factores de incremento da vida digital, o aumento das interacções entre Estado e cidadãos com recurso à Internet, bem como o crescimento do teletrabalho, em particular no cenário pandémico – e estes exemplos constituem apenas duas das mais recentes manifestações da extensão a novos domínios da vida em sociedade das referidas digitalização e desmaterialização. Na presente análise, dever-se-á, pois, ter em atenção que os preceitos questionados são passíveis de aplicação à investigação de qualquer crime, e não apenas aos crimes directamente relacionados com a utilização da informática."*

Efectivamente, se por um lado o artigo 15º da Lei do Cibercrime regula a pesquisa de sistemas informáticos, com vista a obter dados informáticos específicos e determinados nele armazenados – "busca informática", cabendo à autoridade judiciária competente a autorização ou emissão de ordem para a realização da pesquisa à qual deverá presidir (artigo 15º, nº 1), por outro, no âmbito de tais pesquisas, será possível, nos termos do artigo 16º da Lei do Cibercrime, proceder-se à apreensão de dados.

Mas o regime previsto na Lei 109/2009, estabelece duas situações específicas, tendo em conta a sensibilidade e relevância jurídico-constitucional – refere o Acórdão, o que justificaria a previsão de regime normativo particular e cuja nova redacção do art. 17º viria pôr em causa.

"(...) A apreensão de dados de especial sensibilidade encontra-se regulada no nº 3 do artigo 16º da Lei do Cibercrime, que prevê que, nas situações em que sejam apreendidos dados ou documentos informáticos cujo conteúdo seja susceptível de revelar dados pessoais ou íntimos, que possam pôr em causa a privacidade do respectivo titular ou de terceiro, os mesmos devem ser, sob pena de nulidade, apresentados ao juiz, que ponderará a sua junção aos autos, tendo em conta os interesses do caso concreto. Além disto, a lei estabelece ainda a aplicabilidade, com as adaptações necessárias, das regras específicas previstas no Código de Processo Penal e demais legislação para as apreensões de dados em sistemas informáticos utilizados para o exercício da advocacia e das actividades médica, bancária e de jornalismo, bem como do regime de segredo profissional ou de funcionário e de segredo de Estado.

Quanto ao regime especial consagrado para a apreensão de correio electrónico ou similar, constante da versão em vigor do artigo 17º da Lei do Cibercrime, e que constitui o objecto do presente processo, será analisado infra. Adiante-se, desde já, que se exige a intervenção obrigatória do juiz que, nos termos da norma referida, pode autorizar ou ordenar, por despacho, a apreensão quando tal se afigure ser de grande interesse para a descoberta da verdade ou para a prova, aplicando-se o regime da apreensão de correspondência previsto no Código de Processo Penal."

Ainda a propósito da questão da apreensão da correspondência digital, o Tribunal Constitucional admite a discussão sobre o paralelismo legalmente estabelecido com o regime processual penal que regula a apreensão de correspondência e se se deve aplicar a todo o correio electrónico, ou apenas às situações em que este não foi ainda lido pelo destinatário, aplicando-se ao correio lido o regime da simples apreensão de documentos.

De relevância para a presente questão, aponta o referido Acórdão que *"(...) A Lei do Cibercrime veio clarificar a existência de tal paralelismo, sem que, porém, se afastassem todas as dúvidas respeitantes à intersecção entre os regimes processuais respeitantes à interceptação de telecomunicações, à apreensão de correspondência e à apreensão de documentos. Assim, questiona-se, nomeadamente, se, a partir do momento da leitura, a mensagem de correio electrónico, ou similar, não passa a ser um documento electrónico como qualquer outro, estabelecendo-se como objecto idóneo de busca, em sentido tradicional, e sujeitando-se ao regime correspondente àquele a que ficam sujeitos os documentos que o visado cria e arquiva no seu computador. Vários autores, especialmente em escritos mais antigos, inclinam-se no sentido desta última solução.*

(...)

Nestes termos, no sentido da equiparação entre correio electrónico lido pelo destinatário e simples documentos, afirma-se que "depois de recebido, lido e guardado no computador do destinatário, um e-mail deixa de pertencer à área de tutela das telecomunicações, passando a valer como um normal escrito. E, como tal, sujeito ao mesmo regime em que se encontra um qualquer ficheiro produzido pelo utilizador do computador e nele arquivado. Podendo, como tal, figurar como objecto idóneo da busca, em sentido tradicional" (M. Costa Andrade, "Comentário ao artigo 194º do Código Penal", in Comentário Conimbricense do Código Penal, Tomo I, 2ª Edição, Coimbra Editora, Maio de 2012, ponto 27). Posição idêntica explica que "no art. 17º, apesar da redacção pouco clara, a remissão para as regras do processo penal sobre apreensão de correspondência parece implicar que a mesma reconduz o intérprete à teleologia do regime processual sobre a apreensão de correspondência, pelo que não são objecto da sua tutela especial, nomeadamente, mensagens de correio electrónico já acedidas pelo destinatário" (P. Dá Mesquita, "Prolegómeno sobre prova electrónica e intercepção de telecomunicações no direito processual penal português – o Código e a Lei do Cibercrime», in Processo Penal, Prova e Sistema Judiciário, Wolters Kluwer Portugal/ Coimbra Editora, 1ª edição, 2010, p. 118).

Todavia, esta posição não é consensual; há quem defenda uma maior garantia mesmo do correio electrónico já lido, entendendo que "a Lei do Cibercrime consagra uma distinção de regime para o e-mail armazenado, que nem equipara à protecção da intercepção do e-mail enquanto comunicação, nem à (falta de) protecção dos normais escritos. De facto, reconhece esta lei um plus de protecção a arquivos que já foram comunicação, em nome da salvaguarda da privacidade da autodeterminação informacional, remetendo para o regime de correspondência. (...) O que a Lei 109/2009 faz é reconhecer ao correio electrónico apenas dois momentos, com separação entre um e outro desde a leitura do e-mail pelo destinatário, mas conferindo, ao mesmo tempo, protecção acrescida ao segundo momento, de armazenamento, fazendo coincidir os requisitos previstos para o regime da correspondência» (Ana Rita Castanheira Neves, As ingerências nas comunicações electrónicas em protecção penal: natureza e respectivo regime jurídico do correio electrónico enquanto meio de obtenção de prova, Coimbra Editora, 2011, pp. 276-277).

Nesta linha, alguma doutrina tem evoluído para uma posição que desconsidera a distinção entre correio electrónico lido e não lido pelo destinatário, com suporte na letra do artigo 17º da Lei do Cibercrime, que não contém qualquer divisão conceptual ou de âmbito de aplicação; justifica-se esta orientação, desde logo, com as dificuldades técnicas e a possibilidade de equívocos que tal diferenciação comporta. A consagração de um regime jurídico único, especificamente desenhado para a figura do correio electrónico, permite, aliás, ultrapassar incongruências e antinomias que resultariam de um tratamento jurídico diferenciado entre as mensagens guardadas no sistema informático do visado e as mensa-

gens armazenadas em nuvem, ou no sistema informático do prestador do serviço. Assim, tem-se caminhado em direcção a uma disciplina tendencialmente unitária da apreensão de correio electrónico em processo penal, permitindo enfrentar as questões levantadas por tal realidade, levando em consideração os bens jurídico-constitucionalmente tutelados que a propósito dela devem ser convocados (como a privacidade, o sigilo da correspondência, a autodeterminação informativa, a protecção conferida aos dados pessoais e aos dados informáticos), e contribuindo para ultrapassar os desencontros provocados pelo «enquadramento categorial e normativo dos e-mails nas fases e ao tempo em que se encontram guardados no e-mail account do provider: tanto na fase intermédia, em que a mensagem não foi ainda chamada nem aberta ou lida pelo destinatário; como na fase final, nas constelações em que, depois de aberto e lido, o e-mail é depositado no server do provider, a que só é possível aceder através da internet, isto é, através de um ato de telecomunicação» (M. Costa Andrade, «Comentário ao artigo 194º do Código Penal», in Comentário Conimbricense do Código Penal, Tomo I, 2ª Edição, Coimbra Editora, Maio de 2012, ponto 28). Efectivamente, a verdade é que é, hoje, possível "com um simples clique, marcar como lida uma mensagem de correio electrónico não lida e vice-versa. O sujeito pode aceder ao correio electrónico através de vários dispositivos e em uns deles a mensagem surgir como lida e noutros como não lida, dependendo do tipo de sincronização existente entre os diversos dispositivos. A fronteira entre correio electrónico lido e não lido é, assim, difícil de estabelecer. O legislador, reconhecendo o anacronismo e a inadequação daquela distinção de regimes, optou por atribuir uma tutela acrescida à mensagem em formato digital, submetendo-a ao regime do artigo 17º, independentemente de ter ou não sido lida pelo seu destinatário (Sónia Fidalgo, "A apreensão de correio electrónico e a utilização noutro processo das mensagens apreendidas", in Revista Portuguesa de Ciência Criminal, Ano 29, nº 1, Janeiro-Abril de 2019, Gestlegal, p. 69). (...)"

E, partindo de tal opção do legislador, que no texto da Lei submeteu "a comunicação digital" ao referido regime do art. 17º, independentemente de a mesma ter sido lida, ou apenas recepcionada, ou simplesmente enviada sem que tivesse ainda sido recepcionada pelo seu ou seus destinatários.

Pelo mesmo motivo, considerou o Tribunal Constitucional no seu Acórdão dever, "*(...) atendendo igualmente aos bens jurídico-constitucionais e aos direitos fundamentais em causa, bem como à necessidade de uma compreensão actualista da tutela jusconstitucional conferida pela CRP nesta matéria, atender-se ao regime jurídico de apreensão de correio electrónico sem proceder a este tipo de distinções."*.

Mas no que às pretendidas alterações diz respeito, aponta-se ao facto de se pretender proceder à alteração do órgão competente e às formalidades exigíveis para apreensão de correio electrónico ou semelhante, uma vez que constando da versão originária da lei uma competência exclusiva do juiz, a nova redacção viria a atribuir tais competências "à autoridade judiciária competente". O que mais não seria do que "uma (nova) repartição da competência em causa entre o

Juiz, o Ministério Público, em fase de inquérito, nos termos do nº 1 do artigo 17º, e os Órgãos de Polícia Criminal, sem prévia autorização judicial, nas situações previstas no nº 2 do artigo 17º, de natureza cautelar".

Ora, a admitir-se tal acesso a comunicações por OPC ou Ministério Público em sede de inquérito em violação da actual redacção do art. 17º, estar-se-ia a por em causa a Lei Fundamental, a qual impõe "a intervenção do Juiz de Instrução Criminal, enquanto titular de órgão de soberania independente, imparcial, e especialmente vocacionado para a protecção dos direitos fundamentais, sempre que se revele necessário garantir que os direitos e liberdades dos cidadãos não sofrem compressões desadequadas, desnecessárias ou desproporcionais, e para prevenir que intervenções restritivas abusivas atinjam a sua esfera jusfundamental."

Por esse mesmo motivo, no Acórdão nº 687/2021, de 22 de Setembro se concluiu que "a solução sob escrutínio, não satisfaz, de modo algum, as exigências constitucionais de necessidade e proporcionalidade em sentido estrito das intervenções restritivas em matéria de direitos fundamentais, decorrente do artigo 18º, nº 2, da CRP, nem a específica imposição de intervenção de um Juiz de Instrução Criminal nos actos de inquérito que directamente contendam com direitos fundamentais, consagrada no artigo 32º, nº 4, da CRP." e, consequentemente, foi declarado que *"(...) a norma que constitui o objecto do presente recurso é inconstitucional por violação dos direitos fundamentais à inviolabilidade da correspondência e das comunicações (consagrado no artigo 34º, nº 1, da CRP), à protecção dos dados pessoais no âmbito da utilização da informática (nos termos do artigo 35º, nºs 1 e 4, da CRP), enquanto refracções específicas do direito à reserva de intimidade da vida privada, (consagrado no artigo 26º, nº 1, da Constituição), em conjugação com o princípio da proporcionalidade (nos termos do artigo 18º, nº 2, da CRP) e com as garantias constitucionais de defesa em processo penal (previstas no artigo 32º, nº 4, da Lei Fundamental)."*

5.7. Intercepção de comunicações

Para a Lei do Cibercrime será admissível o recurso à intercepção de comunicações em processos relativos a crimes ali previstos ou cometidos por meio de um sistema informático ou em relação aos quais seja necessário proceder à recolha de prova em suporte electrónico, quando tais crimes se encontrem previstos no artigo 187º do Código de Processo Penal.

A referida intercepção e o registo de transmissões de dados informáticos só poderá ser autorizados durante o inquérito, se houver razões para crer que a diligência é indispensável para a descoberta da verdade ou que a prova seria, de outra forma, impossível ou muito difícil de obter, por despacho fundamentado do juiz de instrução e mediante requerimento do Ministério Público.

Sendo certo que a intercepção poderá destinar-se ao registo de dados relativos ao conteúdo das comunicações ou, por exemplo, visar apenas a recolha e registo de dados de tráfego, devendo por esse motivo o despacho referido no número anterior especificar o respectivo âmbito, de acordo com as necessidades concretas da investigação.

Mas o artigo 18º nº 4 da Lei do Cibercrime prevê que à intercepção e registo de transmissões de dados informáticos seja aplicável o regime da intercepção e gravação de conversações ou comunicações telefónicas constante dos artigos 187º, 188º e 190º do Código de Processo Penal.

Como infra se verá, o art. 187º do Código de Processo Penal passa a ter uma nova redacção da alínea e) dada pela Proposta de Lei nº 89/XIV/2ª (GOV) para contemplar "*Falsificação de moeda ou títulos equiparados a moeda prevista nos artigos 262º, 264º, na parte em que remete para o artigo 262º, e 267º, na parte em que remete para os artigos 262º e 264º do Código Penal, bem como contrafacção de cartões ou outros dispositivos de pagamento e uso de cartões ou outros dispositivos de pagamento contrafeitos, previstos no artigo 3º-A e no nº 3 do artigo 3º-B da Lei nº 109/2009, de 15 de Setembro;*" mas mesmo antes de tal alteração o artº 18º nº 4 permitia já a extensão do referido regime para a totalidade dos crimes previstos na Lei do Cibercrime, e cuja admissibilidade continuará a ser de aceitar face à manutenção da sua redacção.

Assim, sob pena de nulidade (art. 190º CPP), o órgão de polícia criminal que efectuar a intercepção e a gravação deve lavrar o correspondente auto e elaborar relatório no qual indicará as passagens relevantes para a prova, descrevendo de modo sucinto o respectivo conteúdo e explicando o seu alcance para a descoberta da verdade, levando ao conhecimento do Ministério Público, de 15 em 15 dias a partir do início da primeira intercepção efectuada no processo, os correspondentes suportes técnicos, bem como os respectivos autos e relatórios.

Acto continuo, o Ministério Público deve, no prazo máximo de quarenta e oito horas, levar ao conhecimento do juiz os elementos referidos, podendo ser coadjuvado, quando entender conveniente, por órgão de polícia criminal e intérprete, determinando a destruição imediata dos suportes técnicos e relatórios manifestamente estranhos ao processo e que digam respeito a conversações em que não intervenham pessoas visadas, que abranjam matérias cobertas pelo segredo profissional, de funcionário ou de Estado, ou cuja divulgação possa afectar gravemente direitos, liberdades e garantias, ficando todos os intervenientes vinculados ao dever de segredo relativamente às conversações de que tenham tomado conhecimento.

Se durante o inquérito, o juiz pode determinar, a requerimento do Ministério Público, a transcrição e junção aos autos das conversações e comunicações indispensáveis para fundamentar a aplicação de medidas de coacção ou de garantia patrimonial, a partir do seu encerramento, o assistente e o arguido poderão examinar os suportes técnicos das conversações ou comunicações e obter, à sua custa, cópia das partes que pretendam transcrever para juntar ao processo, bem como dos relatórios previstos no nº 1 do art. 188º, até ao termo dos prazos previstos para requerer a abertura da instrução ou apresentar a contestação, respectivamente.

Só poderão valer como prova as conversações ou comunicações que hajam sido transcritas a pedido do Ministério Público ou que este mande transcrever ao órgão de polícia criminal que tiver efectuado a intercepção e a gravação e indicar como meio de prova na acusação, ou aquelas que o arguido ou assistente transcrever a partir das cópias das conversações, sendo os suportes técnicos referentes a conversações ou comunicações que não forem transcritas para servirem como meio de prova guardados em envelope lacrado, à ordem do tribunal, e destruídos após o trânsito em julgado da decisão que puser termo ao processo.

Nota para a extensão do referido regime de escutas operado pelo artigo 189º, prevendo-se a sua aplicabilidade às conversações ou comunicações transmitidas por qualquer meio técnico diferente do telefone, designadamente correio electrónico ou outras formas de transmissão de dados por via telemática, mesmo que se encontrem guardadas em suporte digital, e à intercepção das comunicações entre presentes.

Neste ponto, tal extensão chocará, em parte, com o disposto na Lei nº 109/2009 (Lei do Cibercrime) no seu artigo 17º que impõe a abertura de quaisquer correspondências pelo juiz, bem como com a recente posição do Tribunal Constitucional expressa no Acórdão nº 687/2021, de 22 de Setembro e motivo pelo qual somos de entendimento que tal extensão não poderá – em caso algum – ser alargada a correio electrónico e outras formas de transmissão de dados por via telemática.

Já o número 2 do art. 189º prevê que a obtenção e junção aos autos de dados sobre a localização celular ou de registos da realização de conversações ou comunicações terão que ser ordenadas ou autorizadas, em qualquer fase do processo, por despacho do juiz, mas apenas quanto a crimes previstos no nº 1 do artigo 187º e em relação às pessoas referidas no nº 4 do mesmo artigo, sob pena de nulidade (art. 190º CPP).

5.8. Acções encobertas

Prevê-se a admissibilidade do recurso a acções encobertas previstas na Lei nº 101/2001, de 25 de Agosto, nos termos aí previstos, no decurso de inquérito relativo aos crimes previstos na Lei do Cibercrime, ou àqueles que sejam cometidos por meio de um sistema informático, quando lhes corresponda, em abstracto, pena de prisão de máximo superior a 5 anos ou, ainda que a pena seja inferior, e sendo dolosos, os crimes contra a liberdade e autodeterminação sexual nos casos em que os ofendidos sejam menores ou incapazes, a burla qualificada, a burla informática e nas comunicações, o abuso de cartão de garantia ou de cartão, dispositivo ou dados de pagamento, a discriminação racial, religiosa ou sexual, as infracções económico-financeiras, bem como os crimes consagrados no título IV do Código do Direito de Autor e dos Direitos Conexos (usurpação, previsto no artigo 195º, contrafacção, previsto no artigo 196º, violação do direito moral, previsto no artigo 198º e o crime de aproveitamento de obra contrafeita ou usurpada previsto no artigo 199º).

Nestes casos, e sendo necessário o recurso a meios e dispositivos informáticos observam-se, naquilo que for aplicável, as regras previstas para a intercepção de comunicações.

A Lei nº 101/2001, de 25 de Agosto que estabelece o regime jurídico das acções encobertas, considera acções encobertas aquelas que sejam desenvolvidas por funcionários de investigação criminal ou por terceiro actuando sob o controlo da Polícia Judiciária para prevenção ou repressão dos crimes ali indicados, com ocultação da sua qualidade e identidade.

Tal como decorre do ser artigo 2º, será de admitir a aplicação de acções encobertas no âmbito da prevenção e repressão de crimes económicos (como branqueamento de capitais, outros bens ou produtos, corrupção, peculato e participação económica em negócio e tráfico de influências, fraude na obtenção ou desvio de subsídio ou subvenção, infracções económico-financeiras cometidas de forma organizada ou com recurso à tecnologia informática, infracções económico-financeiras de dimensão internacional ou transnacional, contrafacção de moeda, títulos de créditos, valores selados, selos e outros valores equiparados ou a respectiva passagem e relativos ao mercado de valores mobiliários) mas também quando estejam em causa organizações terroristas, terrorismo, terrorismo internacional e financiamento do terrorismo e associações criminosas.

Assim, o artigo 19º da lei 109/2009, opera uma extensão dos crimes elencados no art. 2º da Lei 101/2001, de 25 de Agosto, quanto a todos os crimes da Lei do Cibercrime que não encontrassem previsão no âmbito de aplicação do regime jurídico das acções encobertas, bem como quanto a todos aqueles que hajam sido cometidos por meio de um sistema informático.

Será de admitir, no âmbito da cooperação judiciária internacional, a possibilidade de funcionários de investigação criminal de outros Estados poderem desenvolver acções encobertas em Portugal, com estatuto idêntico ao dos funcionários de investigação criminal portugueses e nos demais termos da legislação aplicável, mediante pedido baseado em acordo, tratado ou convenção internacional e da observância do princípio da reciprocidade, sendo competente para a autorização o juiz do Tribunal Central de Instrução Criminal, sob proposta do magistrado do Ministério Público junto do Departamento Central de Investigação e Acção Penal (neste sentido o art. 160-B da Lei nº 144/99, de 31 de Agosto).

As acções encobertas deverão ser adequadas aos fins de prevenção e repressão criminais identificados em concreto, nomeadamente a descoberta de material probatório, e proporcionais quer àquelas finalidades quer à gravidade do crime em investigação, dependendo a realização de uma acção encoberta no âmbito do inquérito de prévia autorização do competente magistrado do Ministério Público, e sendo obrigatoriamente comunicada ao juiz de instrução, apenas se considerando a mesma validada se não for proferido despacho de recusa nas setenta e duas horas seguintes, devendo a Polícia Judiciária fazer o relato da intervenção do agente encoberto à autoridade judiciária competente no prazo máximo de quarenta e oito horas após o termo da sua realização.

Para efeitos de protecção de funcionário e terceiro, a autoridade judiciária só deverá ordenar a junção ao processo do relato a que se refere o nº 5 do artigo 3º da referida Lei 101/2001, se a reputar absolutamente indispensável em termos probatórios, sendo que a apreciação da indispensabilidade poderá ser remetida para o termo do inquérito ou da instrução.

Admite-se que, oficiosamente ou a requerimento da Polícia Judiciária, a autoridade judiciária competente possa, mediante decisão fundamentada, autorizar que o agente encoberto que tenha actuado com identidade fictícia ao abrigo do artigo 5º da referida lei preste depoimento sob esta identidade em processo relativo aos factos objecto da sua actuação, sendo que caso o juiz determine, por indispensabilidade da prova, a comparência em audiência de julgamento do agente encoberto, se observará o disposto na segunda parte do nº 1 do artigo 87º do Código de Processo Penal.

Os agentes da polícia criminal poderão actuar sob identidade fictícia, atribuída por despacho do Ministro da Justiça, mediante proposta do director nacional da Polícia Judiciária, sendo a mesma válida por um período de seis meses prorrogáveis por períodos de igual duração, ficando o funcionário de investigação criminal a quem a mesma for atribuída autorizado a, durante aquele período, actuar sob a identidade fictícia, quer no exercício da concreta investigação quer genericamente em todas as circunstâncias do tráfico jurídico e social.

No âmbito das referidas acções, prevê-se a isenção de responsabilidade dos agentes encobertos, não sendo puníveis as suas condutas no âmbito de uma acção encoberta, mesmo que estas consubstanciem a prática de actos preparatórios ou de execução de uma infracção em qualquer forma de comparticipação diversa da instigação e da autoria mediata, sempre que guarde a devida proporcionalidade com a finalidade da mesma.

5.9. Cooperação internacional

Do ponto de vista da cooperação internacional, a Lei do Cibercrime estabelece que as autoridades nacionais competentes cooperam com as autoridades estrangeiras competentes para efeitos de investigações ou procedimentos respeitantes a crimes relacionados com sistemas ou dados informáticos, bem como para efeitos de recolha de prova, em suporte electrónico, de um crime, de acordo com as normas sobre transferência de dados pessoais previstas na Lei nº 59/2019, de 8 de Agosto.

Para o efeito, é criado um ponto de contacto permanente para a cooperação internacional, tendo em vista a prestação de assistência imediata, sendo que para o efeito a Polícia Judiciária assegura a manutenção de uma estrutura que garante um ponto de contacto disponível em permanência, vinte e quatro horas por dia, sete dias por semana.

Este ponto de contacto pode ser contactado por outros pontos de contacto, nos termos de acordos, tratados ou convenções a que Portugal se encontre vinculado, ou em cumprimento de protocolos de cooperação internacional com organismos judiciários ou policiais e a sua assistência inclui a prestação de aconselhamento técnico a outros pontos de contacto, a preservação expedita de dados nos casos de urgência ou perigo na demora, em conformidade com o disposto no artigo seguinte, a recolha de prova para a qual seja competente nos casos de urgência ou perigo na demora, a localização de suspeitos e a prestação de informações de carácter jurídico, nos casos de urgência ou perigo na demora, a transmissão imediata ao Ministério Público de pedidos relativos às medidas referidas fora dos casos aí previstos, tendo em vista a sua rápida execução.

Para o efeito, o Ministério Público deve, de modo a responder prontamente a pedidos de assistência imediata, assegurar a disponibilidade de magistrados e meios técnicos para levar a cabo quaisquer intervenções processuais urgentes da sua competência.

Sempre que requerida, poderá ocorrer a preservação e revelação expeditas de dados informáticos em cooperação internacional, relativos a crimes previstos no artigo 11º, com vista à apresentação de um pedido de auxílio judiciário para fins de pesquisa, apreensão e divulgação dos mesmos devendo, para o efeito, a solicitação especificar a autoridade que pede a preservação, a infracção que é objecto de investigação ou procedimento criminal, bem como uma breve exposição dos factos relacionados, os dados informáticos a conservar e a sua relação com a infracção, todas as informações disponíveis que permitam identificar o responsável pelos dados informáticos ou a localização do sistema informático, a necessidade da medida de preservação e a intenção de apresentação de um pedido de auxílio judiciário para fins de pesquisa, apreensão e divulgação dos dados.

Na execução de qualquer solicitação de autoridade estrangeira competente, a autoridade judiciária competente ordena a quem tenha disponibilidade ou controlo desses dados, designadamente a fornecedor de serviço, que os preserve, preservação essa que também pode ser ordenada pela Polícia Judiciária mediante autorização da autoridade judiciária competente ou quando haja urgência ou perigo na demora, sendo aplicável, neste último caso, o disposto no nº 4 do artigo 21, devendo a ordem de preservação especificar, sob pena de nulidade, a natureza dos dados, se forem conhecidos, a origem e o destino dos mesmos; e o período de tempo pelo qual os dados devem ser preservados, até um máximo de três meses.

Quem tenha disponibilidade ou controlo desses dados, designadamente o fornecedor de serviço, e em cumprimento de ordem de preservação que lhe seja dirigida, preserva de imediato os dados em causa pelo período de tempo especificado, protegendo e conservando a sua integridade até ao prazo máximo de um ano.

A solicitação de preservação ou revelação expeditas de dados informáticos apenas poderá ser recusada quando os dados informáticos em causa respeitarem a infracção de natureza política ou infracção conexa segundo as concepções do direito português, atentar contra a soberania, segurança, ordem pública ou outros interesses da República Portuguesa, constitucionalmente definidos ou o Estado terceiro requisitante não ofereça garantias adequadas de protecção dos dados pessoais.

A referida solicitação de preservação expedita de dados informáticos poderá ainda ser recusada quando houver fundadas razões para crer que a execução de pedido de auxílio judiciário subsequente para fins de pesquisa, apreensão e divulgação de tais dados será recusado por ausência de verificação do requisito da dupla incriminação.

Na execução de pedido de autoridade estrangeira competente, a autoridade judiciária competente pode proceder à pesquisa, apreensão e divulgação de dados informáticos armazenados em sistema informático localizado em Portugal, relativos a crimes previstos no artigo 11º, quando se trata de situação em que a pesquisa e apreensão são admissíveis em caso nacional semelhante.

Nessas situações, cabe à autoridade judiciária competente proceder com a maior rapidez possível quando existam razões para crer que os dados informáticos em causa são especialmente vulneráveis à perda ou modificação ou quando a cooperação rápida se encontre prevista em instrumento internacional aplicável.

As autoridades estrangeiras competentes, sem necessidade de pedido prévio às autoridades portuguesas, de acordo com as normas sobre transferência de dados pessoais previstas na Lei nº 59/2019, de 8 de Agosto, podem ainda aceder a dados informáticos armazenados em sistema informático localizado em Portugal, quando publicamente disponíveis e receber ou aceder, através de sistema informático localizado no seu território, a dados informáticos armazenados em Portugal, mediante consentimento legal e voluntário de pessoa legalmente autorizada a divulgá-los.

Será igualmente possível, em execução de pedido da autoridade estrangeira competente, ser autorizada pelo juiz a intercepção de transmissões de dados informáticos realizadas por via de um sistema informático localizado em Portugal, desde que tal esteja previsto em acordo, tratado ou convenção internacional e se trate de situação em que tal intercepção seja admissível, nos termos do artigo 18º, em caso nacional semelhante.

Nesses casos será competente para a recepção dos pedidos de intercepção a Polícia Judiciária, que os apresentará ao Ministério Público, para que os apresente ao juiz de instrução criminal da comarca de Lisboa para autorização, sendo que o despacho de autorização referido permite também a transmissão imediata da comunicação para o Estado requerente, se tal procedimento estiver previsto no acordo, tratado ou convenção internacional com base no qual é feito o pedido.

Qualquer um destes procedimentos será igualmente aplicável a pedidos formulados pelas autoridades judiciárias portuguesas.

5.10. Admissibilidade de Escutas Telefónicas (art. 187º do Código de Processo Penal)

A Proposta de Lei nº 89/XIV/2ª (GOV) aprovada no passado dia 20 de Outubro de 2021, veio igualmente introduzir alterações ao art. 187º do Código de Processo Penal, prevendo-se a admissibilidade de autorização de intercepção e a gravação de conversações ou comunicações telefónicas durante o inquérito, caso haja razões para crer que a diligência é indispensável para a descoberta da verdade ou que a prova seria, de outra forma, impossível ou muito difícil de obter, por despacho fundamentado do juiz de instrução e mediante requerimento do Ministério Público, quanto a crimes (...)" e) Falsificação de moeda ou títulos equiparados a moeda prevista nos artigos 262º, 264º, na parte em que remete para o artigo 262º, e 267º, na parte em que remete para os artigos 262º e 264º do Código Penal, bem como contrafacção de cartões ou outros dispositivos de pagamento e uso de cartões ou outros dispositivos de pagamento contrafeitos, previstos no artigo 3º-A e no nº 3 do artigo 3º-B da Lei nº 109/2009, de 15 de Setembro."

O legislador remove assim a anterior alínea e) que se referia a crimes "De injúria, de ameaça, de coacção, de devassa da vida privada e perturbação da paz e do sossego, quando cometidos através de telefone;" para ampliar o leque de possibilidades aos novos crimes da Lei 109/2009, de 15 de Setembro, bem como à falsificação de moeda ou títulos equiparados a moeda, contrafacção de cartões ou outros dispositivos de pagamento e uso de cartões ou outros dispositivos de pagamento contrafeitos.

A referida autorização pode ser solicitada ao juiz dos lugares onde eventualmente se puder efectivar a conversação ou comunicação telefónica ou da sede da entidade competente para a investigação criminal, tratando-se dos crimes de "e) Falsificação de moeda ou títulos equiparados a moeda prevista nos artigos 262º, 264º, na parte em que remete para o artigo 262º, e 267º, na parte em que remete para os artigos 262º e 264º, do Código Penal;", sendo nesses casos a autorização levada no prazo máximo de setenta e duas horas, ao conhecimento do juiz do processo, a quem cabe praticar os actos jurisdicionais subsequentes.

Em qualquer situação, a intercepção e a gravação previstas só podem ser autorizadas, independentemente da titularidade do meio de comunicação utilizado, contra a) Suspeito ou arguido; b) Pessoa que sirva de intermediário, relativamente à qual haja fundadas razões para crer que recebe ou transmite mensagens destinadas ou provenientes de suspeito ou arguido; ou c) Vítima de crime, mediante o respectivo consentimento, efectivo ou presumido, sendo proibida a intercepção e a gravação de conversações ou comunicações entre o arguido e o seu defensor, salvo se o juiz tiver fundadas razões para crer que elas constituem objecto ou elemento de crime.

Nos termos do nº 6 do art. 187º do Código de Processo Penal a intercepção e a gravação de conversações ou comunicações são autorizadas pelo prazo máximo de três meses, prazo esse renovável por idênticos períodos, desde que se mantenham os respectivos requisitos de admissibilidade.

5.11. Prisão Preventiva (Artigo 202º e 215º do Código de Processo Penal)

Uma das alterações ao Código de Processo Penal operada pela Proposta de Lei nº 89/XIV/2ª (GOV) aprovada no passado dia 20 de Outubro de 2021 é relativa à possibilidade dada pelo legislador ao juiz para, se considerar inadequadas ou insuficientes, no caso, as medidas de coacção e de garantia patrimonial que não a prisão preventiva, impor ao arguido a prisão preventiva quando "Houver fortes indícios de prática de crime doloso de ofensa à integridade física qualificada, furto qualificado, dano qualificado, burla informática e nas comunicações, abuso de cartão de garantia ou de cartão, dispositivo ou dados de pagamento, receptação, falsificação ou contrafacção de documento, atentado à segurança de transporte rodoviário, puníveis com pena de prisão de máximo superior a 3 anos."

Assim, é substituída a anterior alínea d) que já elencava algumas situações relacionadas com burla informática e nas comunicações, e ampliada para incluir igualmente "abuso de cartão de garantia ou de cartão, dispositivo ou dados de pagamento".

Relativamente aos Prazos de duração máxima da prisão preventiva (previstos no Artigo 215º), sendo a regra que a prisão preventiva se extingue quando, desde o seu início, tenham decorrido a) Quatro meses sem que tenha sido deduzida acusação; b) Oito meses sem que, havendo lugar a instrução, tenha sido proferida decisão instrutória; c) Um ano e dois meses sem que tenha havido condenação em 1ª instância; d) Um ano e seis meses sem que tenha havido condenação com trânsito em julgado, são, em casos "c) De falsificação de moeda, títulos de crédito, valores selados, selos e equipamentos ou da respectiva passagem, e de contrafacção de cartões ou outros dispositivos de pagamento e uso de cartões ou outros dispositivos de pagamento contrafeitos, previstos nos artigos 3º-A e 3º-B da Lei nº 109/2009, de 15 de Setembro", elevados, respectivamente, para seis meses, dez meses, um ano e seis meses e dois anos e, acrescentados de seis meses se tiver havido recurso para o Tribunal Constitucional ou se o processo penal tiver sido suspenso para julgamento em outro tribunal de questão prejudicial.

6. Base de dados de ADN

A Lei nº 5/2008, de 12 de Fevereiro veio aprovar a criação de uma base de dados de perfis de ADN para fins de identificação civil e criminal, estabelecendo os princípios de criação e manutenção de uma base de dados de perfis de ADN, para fins de identificação civil e de investigação criminal, regulando, para o efeito, a recolha, tratamento e conservação de amostras de células humanas, a respectiva análise e obtenção de perfis de ADN e a metodologia de comparação de perfis de ADN extraídos das amostras, bem como o tratamento e conservação da respectiva informação em ficheiro informático.

A base de dados de perfis de ADN contém o perfil de cidadãos nacionais, estrangeiros ou apátridas que se encontrem ou residam em Portugal, sendo preenchida faseada e gradualmente, visando as análises de ADN exclusivamente finalidades de identificação civil e de investigação criminal.

As finalidades de identificação civil serão prosseguidas através da comparação de perfis de ADN relativos a amostras de material biológico colhido em pessoa, em cadáver, em parte de cadáver ou em local onde se proceda a recolhas com aquelas finalidades, bem como a comparação daqueles perfis com os existentes na base de dados de perfis de ADN, com as limitações previstas nos artigos 19º e 19º-A sendo que as finalidades de investigação criminal são prosseguidas através da comparação de perfis de ADN relativas a amostras de material biológico colhidas em locais de crimes e em pessoas que, directa ou indirectamente, a eles possam estar associadas, com os perfis de ADN existentes na base de dados de perfis de ADN, com vista à identificação dos respectivos agentes, sem prejuízo das limitações previstas nos artigos 19º e 19º-A.

É admitida a recolha de amostras em voluntários, para a base de dados de perfis de ADN prevista no nº 1 do artigo 3º, para o que devem prestar o seu consentimento livre, informado e escrito devendo o interessado endereçar, por escrito, o seu pedido de recolha de amostras às entidades competentes para a análise laboratorial, as quais, após a obtenção do perfil de ADN, o devem remeter ao INMLCF, I. P., para que seja inserido no ficheiro previsto na alínea a) do nº 1 do artigo 15º.

Será admitida a recolha de amostra em menor ou incapaz para fins de identificação civil, mediante pedido do seu representante legal previamente autorizado pelo Ministério Público nos termos da alínea b) do nº 1 do artigo 2º do Decreto-Lei nº 272/2001, de 13 de Outubro, alterado pelo Decreto-Lei nº 324/2007, de 28 de Setembro, pela Lei nº 61/2008, de 31 de Outubro, e pelo Decreto-Lei nº 122/2013, de 26 de Agosto e estando os voluntários isentos do pagamento de custos com a obtenção de perfil de ADN referida no nº 2, excepto se, aquando da recolha da amostra respectiva, declararem não autorizar o cruzamento do seu perfil para efeitos de investigação criminal.

A recolha de amostras com finalidades de identificação civil é admitida nomeadamente em pessoa não identificada, em cadáver, em parte de cadáver, em animal, em coisa ou em local onde se proceda a recolhas, com finalidades de identificação civil, pelas autoridades competentes nos termos da legislação aplicável.

A recolha de amostras em pessoas para fins de identificação civil, designadamente em parentes de pessoas desaparecidas, carece de consentimento livre, informado e escrito.

Com finalidades de investigação criminal, a recolha de amostra (em arguido em processo criminal pendente por exemplo), com vista à interconexão é realizada a pedido ou com consentimento do arguido ou ordenada, oficiosamente ou a requerimento escrito, por despacho do juiz, que pondera a necessidade da sua realização, tendo em conta o direito à integridade pessoal e à reserva da intimidade do visado.

A recolha de amostra em arguido condenado por crime doloso com pena concreta de prisão igual ou superior a 3 anos, ainda que esta tenha sido substituída, com a consequente inserção do respectivo perfil de ADN na base de dados, é sempre ordenada na sentença.

Os perfis de ADN resultantes da análise das amostras, bem como os correspondentes dados pessoais, são introduzidos e conservados em ficheiros de dados de perfis de ADN e ficheiros de dados pessoais, sendo para o efeito, criada uma base de dados de perfis de ADN, para fins de identificação, constituída por um ficheiro contendo a informação relativa a amostras de voluntários, um ficheiro contendo a informação relativa a «amostras problema», um ficheiro contendo a informação relativa a «amostras referência» de pessoas desaparecidas ou amostras dos seus parentes, um ficheiro contendo a informação relativa a «amostras problema» para investigação criminal, um ficheiro contendo a informação relativa a amostras de pessoas condenadas em processo criminal, um ficheiro contendo a informação relativa a amostras dos profissionais que procedem à recolha e análise das amostras e um ficheiro destinado a guardar provisoriamente a informação relativa a perfis de arguidos em processo criminal, em que seja aplicável pena igual ou superior a 3 anos de prisão, os quais não podem ser considerados para efeitos de interconexão fora dos casos previstos no artigo 19º-A.

Estabelece-se que o sistema deve garantir que os perfis de ADN e os dados pessoais correspondentes sejam armazenados em ficheiros separados lógica e fisicamente, manipulados por utilizadores distintos, mediante acessos restritos, codificados e identificativos dos utilizadores sendo vedada a inclusão de qualquer elemento identificativo do titular dos dados no ficheiro de perfis de ADN, bem como qualquer tipo de pesquisa nominal.

A entidade responsável pela base de dados bem como pelas operações que lhe sejam aplicáveis, é o INMLCF, I. P., tendo a base de dados de perfis de ADN tem sede nas suas instalações de Coimbra.

7. Convenção sobre o Cibercrime, adoptada em Budapeste em 23 de Novembro de 2001

Aprovada pela resolução da Assembleia da República nº 88/2009, de 15 de Setembro, a Convenção sobre o Cibercrime, adoptada em Budapeste em 23 de Novembro de 2001 foi ratificada por Portugal com a formulação de reserva quanto ao nº 5 do art. 24º relativo à extradição.

No texto que consta do art. 2º da resolução, consta que «Portugal não concederá a extradição de pessoas que devam ser julgadas por um tribunal de excepção ou cumprir uma pena decretada por um tribunal dessa natureza (nos termos da al. a)), quando se prove que são sujeitas a processo que não oferece garantias jurídicas de um procedimento penal que respeite as condições internacionalmente reconhecidas como indispensáveis à salvaguarda dos direitos do homem, ou que cumprirem a pena em condições desumanas (conforme al. b)) nem quando reclamadas por infracção a que corresponda pena ou medida de segurança com carácter perpétuo. (assim al. c)).

Mais consta que Portugal só admitirá a extradição por crime punível com pena privativa da liberdade superior a um ano, sem que conceda a extradição de cidadãos portugueses nem aceitando que haja extradição em Portugal por crimes a que corresponda pena de morte segundo a lei do Estado requerente, fixando-se que só autorizará o trânsito em território nacional de pessoa que se encontre nas condições em que a sua extradição possa ser concedida.

A Convenção sobre o Cibercrime surge da necessidade de prosseguir, com carácter prioritário, uma política criminal comum, com o objectivo de proteger a sociedade do cibercrime, nomeadamente através da adopção de legislação adequada e do fomento da cooperação internacional tendo em conta as profundas mudanças provocadas pela digitalização, pela convergência e pela globalização permanente das redes informáticas e o facto de as redes informáticas e da informação electrónica também poderem ser utilizadas para cometer infracções penais e das provas dessas infracções poderem ser armazenadas e transmitidas através dessas redes.

A nível nacional, do ponto de vista do Direito Penal, decidiu-se que cada Parte contratante deveria adoptar medidas legislativas para classificar como infracção penal determinadas acções.

Assim, relativamente à confidencialidade, integridade e disponibilidade de dados e sistemas informáticos, previu-se no artº 2º da Convenção, o crime de Acesso ilícito, a Intercepção ilícita (art. 3º), o Dano Provocado nos Dados (art. 4º), Sabotagem informática (art. 5º) ou a Utilização indevida de dispositivos (art. 6º).

Mas a Convenção previu igualmente no seu Título 2, que as partes legislassem sobre Infracções relacionadas com computadores, nomeadamente sobre Falsificação informática (art. 7º) e Burla informática (art. 8º).

Foi igualmente decidida a adopção de medidas legislativas relativamente a Infracções relacionadas com o conteúdo (Título 3), nomeadamente quanto a Infracções relativas à pornografia infantil (art. 9º), segundo o qual cada Parte deveria adoptar as medidas legislativas e outras que se revelassem necessárias para classificar como infracções penais nos termos do seu direito interno, quando praticadas de forma intencional e ilegítima, a produção de pornografia infantil com o propósito de a divulgar através um sistema informático, oferta ou disponibilização de pornografia infantil através de um sistema informático, difusão ou transmissão de pornografia infantil através de um sistema informático, obtenção para si ou para outra pessoa de pornografia infantil através de um sistema informático ou posse de pornografia infantil num sistema informático ou num dispositivo de armazenamento de dados informáticos.

No Título 4, foram abordadas as infracções respeitantes a violações do direito de autor e direitos conexos, prevendo-se a adopção de medidas para classificar como infracções penais respeitantes a violações do direito de autor e dos direitos conexos (art. 10º da Convenção), as violações do direito de autor, tal como estas se encontram definidas na lei com base nas obrigações que cada País assumiu ao abrigo da Convenção de Berna para a Protecção das Obras Literárias e Artísticas, revista pelo Acto de Paris de 24 de Julho de 1971, do Acordo sobre os Aspectos dos Direitos de Propriedade Intelectual Relacionados com o Comércio e do Tratado da OMPI sobre o Direito de Autor, com excepção de quaisquer direitos morais reconhecidos por essas Convenções, quando tais actos são praticados de forma intencional, para fins comerciais e por meio de um sistema informático, assim como as violações dos direitos conexos.

Quanto a outras formas de responsabilidade e sanções, prevê-se a necessidade de adopção de medidas quanto à tentativa, auxílio ou instigação bem como quanto à responsabilidade das pessoas colectivas, nomeadamente, prevendo que estas possam ser consideradas responsáveis pelas infracções penais previstas na Convenção, cometidas em seu benefício por qualquer pessoa singular, agindo individualmente ou enquanto membro de um órgão da pessoa colectiva, que nelas ocupem uma posição de liderança, com base nos poderes de representação conferidos pela pessoa colectiva, na autoridade para tomar decisões em nome da pessoa colectiva ou na autoridade para exercer o controlo no seio da pessoa colectiva.

Do ponto de vista processual, encontramos na Secção 2 da Convenção um conjunto de medidas propostas para instituir os poderes e os procedimentos para efeitos de investigação ou de procedimento criminal específicos determinando-se que tais poderes e os procedimentos serão de aplicar, quer às infracções penais previstas nos artigos 2º a 11º da Convenção, quer a outras infracções penais cometidas por meio de um sistema informático; e bem assim à obtenção de prova electrónica da prática de qualquer infracção penal.

Surge assim na Convenção a primeira menção à conservação expedita de dados informáticos armazenados (art. 16º) e conservação expedita e divulgação parcial de dados de tráfego (art. 17º), nomeadamente para assegurar a conservação expedita dos dados de tráfego quer tenha sido um, quer tenham sido vários os prestadores de serviço envolvidos na transmissão dessa comunicação bem como para assegurar que um volume suficiente de dados de tráfego seja de imediato transmitido à autoridade competente da Parte ou a qualquer pessoa designada por essa autoridade, para permitir que a Parte identifique os prestadores de serviços e o trajecto da comunicação.

Surge definido no Título 3 a Injunção de comunicar (art. 18º), que consiste no poder às autoridades competentes de determinado País para ordenarem a uma pessoa que se encontre no seu território que disponibilize os dados informáticos específicos que estejam na sua posse ou sob o seu controlo e que estão armazenados num sistema informático ou num dispositivo de armazenamento de dados informáticos; e a um prestador de serviços que preste os seus serviços no território da Parte que disponibilize os dados dos assinantes relacionados com esses serviços que estejam na sua posse ou sob o seu controlo.

Quanto a Busca e apreensão de dados informáticos armazenados (art. 19º), estipula-se na Convenção de Budapeste que cada Parte deverá adoptar as medidas legislativas e outras que se revelem necessárias para habilitar as suas autoridades competentes a efectuar buscas ou de outro modo aceder a um sistema informático, ou a parte do mesmo, bem como aos dados informáticos nele armazenados; e a um suporte informático de dados que permita armazenar dados informáticos no seu território.

Nesse sentido, deverão ser adoptadas as medidas legislativas e outras que se revelem necessárias para assegurar que, sempre que as suas autoridades efectuem buscas ou de outro modo acedam a um determinado sistema informático ou a parte dele e caso existam motivos para crer que os dados procurados estejam armazenados noutro sistema informático ou em parte dele, situado no seu território, e que seja possível aceder legalmente a esses dados ou que eles estejam disponíveis através do primeiro sistema, as autoridades sejam capazes de rapidamente alargar a busca ou o acesso equivalente ao outro sistema, assegurando o poder de apreender ou de outro modo reter um sistema informático ou parte do mesmo, ou um suporte informático de dados, efectuar e reter uma cópia desses dados informáticos, preservar a integridade dos dados informáticos pertinentes armazenados ou tornar esses dados informáticos inacessíveis ou retirá-los do sistema informático acedido.

Passa igualmente a prever-se a possibilidade de recolha, em tempo real, de dados de tráfego, prevendo-se que deverão ser adoptadas as medidas legislativas e outras que se revelem necessárias para habilitar as suas autoridades competentes a recolher ou registar, através da aplicação dos meios técnicos existentes no seu território e obrigar um prestador de serviços, no âmbito da sua capacidade técnica, a recolher ou registar, através da aplicação dos meios técnicos existentes no seu território ou cooperar com as autoridades competentes e a dar-lhes assistência na recolha ou no registo em tempo real, dos dados de tráfego associados a comunicações específicas transmitidas no seu território através de um sistema informático.

A intercepção de dados de conteúdo (art. 21º) é igualmente prevista no sentido de que cada País deverá adoptar as medidas legislativas e outras que se revelem necessárias para habilitar as suas autoridades competentes, relativamente a um conjunto de infracções graves a definir no âmbito do seu direito interno, a recolher ou registar, através da aplicação dos meios técnicos existentes no seu território, obrigar um prestador de serviços, no âmbito da sua capacidade técnica, a recolher ou registar, através da aplicação dos meios técnicos existentes no seu território ou a cooperar com as autoridades competentes e a dar-lhes assistência na recolha ou no registo em tempo real, dos dados de conteúdo de comunicações específicas feitas no seu território, transmitidas através de um sistema informático.

A jurisdição, tratada na Secção 3 (art. 22º), prevê que deverão ser adoptadas as medidas legislativas e outras que se revelem necessárias para estabelecer a sua competência relativamente à prática de qualquer infracção penal prevista nos artigos 2º a 11º da presente Convenção, sempre que a infracção seja cometida no seu território, a bordo de um navio arvorando o pavilhão dessa Parte, a bordo de uma aeronave registada nos termos das leis dessa Parte ou por um dos seus nacionais, se a infracção for punível nos termos do direito penal vigente no local onde foi praticada, ou se for cometida em local que não se encontra sob a jurisdição territorial de qualquer Estado.

Do ponto de vista da cooperação internacional, determina-se que as Partes contratantes deverão cooperar o mais possível entre si para efeitos de investigação ou de procedimento relativos a infracções penais relacionadas com sistemas e dados informáticos, ou para recolha de provas sob a forma electrónica de uma infracção penal, em conformidade com o disposto no presente capítulo, em aplicação dos instrumentos internacionais pertinentes sobre cooperação internacional em matéria penal, de acordos celebrados com base em legislação uniforme ou recíproca e dos respectivos Direitos internos, prevendo-se igualmente princípios gerais relativos ao auxílio judiciário mútuo, nomeadamente para efeitos de investigação ou de procedimento relativos a infracções penais relacionadas com sistemas e dados informáticos, ou para efeitos de recolha de provas sob a forma electrónica de uma infracção penal.

É igualmente previsto o auxílio mútuo em matéria de medidas cautelares, nomeadamente para efeitos de conservação expedita de dados informáticos armazenados (art. 29º) passando a ser possível a determinado País contratante solicitar a outra Parte que ordene ou, de outro modo, imponha a conservação expedita de dados armazenados através de um sistema informático situado no território dessa outra Parte, e relativamente aos quais a Parte requerente pretende efectuar um pedido de auxílio mútuo tendo em vista a busca ou outro acesso semelhante, a apreensão ou outro tipo de retenção semelhante, ou a divulgação dos dados.

Surge igualmente prevista a criação de uma Rede 24/7, através da designação de um ponto de contacto que deverá estar disponível vinte e quatro horas por dia, sete dias por semana, a fim de assegurar de imediato a prestação de auxílio nas investigações e nos procedimentos relativos a infracções penais relacionadas com sistemas informáticos, ou na recolha de provas sob a forma electrónica, da prática de infracções penais. Esse auxílio deverá compreender a facilitação ou, se o direito e a prática internos o permitirem, a execução directa de medidas de aconselhamento técnico, conservação de dados em conformidade com os artigos 29º e 30º da Convenção, recolha de provas e prestação de informações de natureza jurídica e localização de suspeitos.

7.1. Protocolo adicional à Convenção sobre o Cibercrime (actos de natureza racista e xenófoba praticados através de sistemas informáticos)

A Resolução nº 91/2009, de 15 de Setembro veio aprovar o Protocolo Adicional à Convenção sobre o Cibercrime Relativo à Incriminação de Actos de Natureza Racista e Xenófoba Praticados através de Sistemas Informáticos, adoptado em Estrasburgo em 28 de Janeiro de 2003.

Na génese do referido protocolo adicional foi tido em consideração que os actos de natureza racista e xenófoba constituem uma violação dos direitos humanos e uma ameaça ao Estado de Direito e à estabilidade democrática sendo imprescindível que ordenamentos jurídicos nacionais e o direito internacional dispusessem de respostas jurídicas adequadas à propaganda de natureza racista e xenófoba através de sistemas informáticos, pelo que tendo em consideração que na Convenção sobre o Cibercrime, se previam já meios modernos e flexíveis de cooperação internacional e impunha-se a harmonização das disposições do direito substantivo relativas à luta contra a propaganda de natureza racista e xenófoba, tendo em conta a oferta de meios sem precedentes de liberdade de expressão e comunicação a nível planetário dos sistemas informáticos e o risco de uso indevido ou de abuso de tais sistemas informáticos para efeitos de difusão de propaganda de natureza racista e xenófoba.

Assim, o referido Protocolo apresentou como objectivo a complementaridade das disposições constantes da Convenção sobre o Cibercrime, aberta à assinatura em Budapeste, a 23 de Novembro de 2001, relativamente à incriminação de actos de natureza racista e xenófoba praticados através de sistemas informáticos.

Para efeitos do Protocolo Adicional, definiu-se "material racista e xenófobo" como "*qualquer material escrito, imagem ou outra representação de ideias e teorias que preconize ou encoraje o ódio, a discriminação ou a violência contra qualquer pessoa ou grupo de pessoas, em função da sua raça, cor, ascendência ou origem nacional ou étnica, ou ainda da sua religião na medida em que esta sirva de pretexto a qualquer um dos outros elementos ou incite à prática de tais actos.*"

Estabeleceu-se no art. 3º (Difusão de material racista e xenófobo através de sistemas informáticos) do Protocolo Adicional que cada País deveria adoptar as medidas legislativas e outras que se revelassem necessárias para tipificar, no seu direito interno, como infracções penais, quando cometidas de forma intencional, as condutas de difusão ou outras formas de colocação à disposição do público, através de um sistema informático, de material racista e xenófobo.

Por outro lado, sinaliza-se a necessidade de combater a ameaça com motivação racista e xenófoba, prevendo-se a adopção de medidas legislativas e outras que se revelem necessárias para tipificar, no seu direito interno, como infracção penal, quando praticada intencional e ilegitimamente, a ameaça, através de um sistema informático, de cometer um crime grave conforme definido pelo ordenamento jurídico interno contra (i) uma pessoa por pertencer a um grupo que se caracterize pela sua raça, cor, ascendência ou origem nacional ou étnica, ou, ainda, pela sua religião, na medida em que esta sirva de pretexto a qualquer um dos outros elementos; (ii) um grupo de pessoas que se distinga por qualquer uma das referidas características.

Também o insulto com motivação racista e xenófoba deve ser combatido, pelo que se define no art. 5º do protocolo adicional que devem ser adoptadas medidas legislativas e outras que se revelem necessárias para tipificar, no seu direito interno, como infracção penal, quando praticada intencional e ilegitimamente, o insulto público, através de um sistema informático, (i) dirigido a uma pessoa por pertencer a um grupo que se caracterize pela sua raça, cor, ascendência ou origem nacional ou étnica, ou, ainda pela sua religião, na medida em que esta sirva de pretexto a qualquer um dos outros elementos; (ii) dirigido a um grupo de pessoas que se distinga por qualquer uma das referidas características.

A negação, minimização grosseira, aprovação ou justificação do genocídio ou dos crimes contra a humanidade são igualmente incluídas no catálogo de infracções penais, quando praticadas intencional e ilegitimamente, prevendo-se a tipificação de tais crimes em caso de difusão ou de outras formas de colocação à disposição do público, através de um sistema informático, de material que negue, minimize de forma grosseira, aprove ou justifique actos constitutivos de genocídio ou de crimes contra a humanidade, conforme definidos pelo direito internacional e reconhecidos como tal por uma decisão definitiva emanada do Tribunal Militar Internacional estabelecido pelo Acordo de Londres, de 8 de Agosto de 1945, ou de qualquer outro tribunal internacional estabelecido por instrumentos internacionais pertinentes e cuja competência tenha sido reconhecida pela Parte interessada.

O artigo 7º do Protocolo Adicional (relativo ao auxílio e cumplicidade) prevê que deverão ser adoptadas as medidas necessárias para tipificar como infracção penal, quando praticado intencional e ilegitimamente, o acto de auxiliar na prática de um crime conforme definido no presente Protocolo, ou de agir como cúmplice em tal prática, visando a prática efectiva de tal infracção.

7.2. Segundo Protocolo Adicional à Convenção do Conselho da Europa sobre o Cibercrime (Negociações)

A 5 de Fevereiro de 2019, a Comissão Europeia publicou a recomendação de decisão do Conselho que autorizou a participação nas negociações respeitantes ao Segundo Protocolo Adicional à Convenção do Conselho da Europa sobre o Cibercrime (STCE-185)

Tal como referido na exposição de motivos, "*embora a evolução das tecnologias da informação e da comunicação abra oportunidades sem precedentes à humanidade, também coloca desafios, nomeadamente a nível da justiça penal e, consequentemente, do Estado de direito no ciberespaço. Enquanto a cibercriminalidade e outros crimes que originam provas electrónicas nos sistemas informáticos prosperam, e enquanto as provas relacionadas com estes crimes são cada vez mais armazenadas em servidores situados em jurisdições estrangeiras, múltiplas, móveis ou desconhecidas, ou seja, na nuvem, as competências das autoridades de aplicação da lei continuam a estar limitadas por fronteiras territoriais.*"

A Convenção do Conselho da Europa sobre o Cibercrime (STCE-185) visou facilitar a luta contra as infracções penais em que são utilizadas redes informáticas sendo que o seu artigo 46º, nº 1, alínea c), da Convenção estabelece que as Partes devem, se for caso disso, consultar-se periodicamente a fim de facilitar a avaliação da possibilidade de completar ou alterar a Convenção.

Ora os vários Países contratantes têm vindo a examinar desde há já algum tempo os desafios e obstáculos ao acesso, por parte das autoridades judiciárias e policiais nacionais, às provas electrónicas de crimes objecto de uma investigação penal sob a forma de dados informáticos, mais precisamente de 2012 a 2014, através de um grupo de trabalho sobre o acesso transfronteiriço aos dados, e de 2015 a 2017, através do Grupo «Provas na Nuvem».

E, precisamente na sequência das propostas apresentadas pelo Grupo «Provas na Nuvem», o Comité da Convenção sobre o Cibercrime (T-CY) adoptou várias recomendações, nomeadamente sobre a negociação de um Segundo Protocolo Adicional à Convenção sobre o Cibercrime relativo ao reforço da cooperação internacional (a seguir designado «Segundo Protocolo Adicional») e, em Junho de 2017, o Comité da Convenção sobre o Cibercrime aprovou o mandato para a elaboração do Segundo Protocolo Adicional durante o período compreendido entre Setembro de 2017 e Dezembro de 2019.

O Segundo Protocolo Adicional poderá incluir disposições para tornar o auxílio judiciário mútuo mais eficaz, em especial um regime simplificado para os pedidos de auxílio judiciário mútuo destinados a obter informações relativas a assinantes, ordens internacionais de entrega de provas, cooperação directa entre as autoridades judiciárias no âmbito dos pedidos de auxílio judiciário mútuo, investigações conjuntas e equipas de investigação conjuntas, pedidos apresentados em inglês, audição de testemunhas, vítimas e peritos através de áudio/vídeo, procedimentos de emergência no âmbito do auxílio judiciário mútuo, disposições que permitam a cooperação directa com os prestadores de serviços noutras jurisdições no que diz respeito aos pedidos de informações relativos a assinantes, aos pedidos de conservação de dados e aos pedidos de emergência, um quadro mais claro e garantias mais sólidas para as práticas existentes em matéria de acesso transfronteiras aos dados, garantias, incluindo requisitos em matéria de protecção de dados.

De acordo com os considerandos da recomendação, as negociações das várias disposições do Segundo Protocolo Adicional estão a avançar a ritmos diferentes, sendo que a situação actual nos grupos de trabalho sobre as quatro principais vertentes dos trabalhos definidos no mandato trata das disposições sobre as «Línguas dos pedidos» e a «Assistência mútua de emergência» foram objecto de adopção preliminar pelo Grupo de Redacção do Protocolo em sessão plenária, em Julho de 2018 e das disposições sobre as «Videoconferências» foram objecto de adopção preliminar pelo Grupo de Redacção do Protocolo em sessão plenária, em Novembro de 2018.

Assim, a recomendação de decisão do Conselho, pretendeu obter autorização para participar, em nome da União Europeia e dos seus Estados-Membros, nas negociações do Segundo Protocolo Adicional, para adoptar directrizes de negociação e designar a Comissão como negociador, em conformidade com o projecto de directrizes de negociação que figura em anexo, nos termos do artigo 218º do TFUE.

O âmbito de aplicação das propostas inclui tipos específicos de prestadores de serviços que fornecem serviços na União Europeia, considerando-se na proposta que "*um prestador de serviços presta serviços na União Europeia quando permite aos utilizadores de um ou mais Estados-Membros recorrerem aos seus serviços e quando tem uma ligação substancial à União, por exemplo quando dispõe de um estabelecimento num Estado-Membro ou presta serviços a um grande número de utilizadores nesse Estado-Membro. Os prestadores de serviços que não têm um estabelecimento na União Europeia são obrigados a designar um representante legal junto do qual podem ser executadas ordens de entrega de provas.*"

Pretende-se que o Segundo Protocolo Adicional possa "(...)*incluir as garantias necessárias em relação aos direitos e liberdades fundamentais consagrados na Carta dos Direitos Fundamentais da União Europeia, em especial o direito ao respeito pela vida privada e familiar, pelo domicílio e pelas comunicações, reconhecido no artigo 7º da Carta, o direito à protecção de dados pessoais, reconhecido no artigo 8º da Carta, o direito à acção e a um tribunal imparcial, reconhecido no artigo 47º da Carta, a presunção de inocência e os direitos de defesa, reconhecidos no artigo 48º da Carta, e os princípios da legalidade e da proporcionalidade dos delitos e das penas, reconhecidos no artigo 49º da Carta. O Segundo Protocolo Adicional deve ser aplicado em conformidade com estes direitos e princípios* (...)"

A protecção de dados e de privacidade para a recolha, transferência e posterior utilização dos dados pessoais e dos dados das comunicações electrónicas é igualmente uma preocupação patente na proposta de decisão relativamente ao Segundo Protocolo adicional, de modo a assegurar o pleno cumprimento, pelos prestadores de serviços da UE, das obrigações que lhes incumbem ao abrigo da legislação da UE em matéria de protecção de dados e de privacidade, na medida em que um acordo internacional deste tipo poderá proporcionar uma base jurídica para as transferências de dados em resposta às ordens de entrega de provas ou aos pedidos emitidos por uma autoridade de um país terceiro Parte no Protocolo Adicional que exija que um responsável pelo tratamento de dados ou um subcontratante divulgue dados pessoais e dados de comunicações electrónicas.

Neste sentido foi adoptada a decisão de permitir que a Comissão possa negociar, em nome da União, o Segundo Protocolo Adicional à Convenção do Conselho da Europa sobre o Cibercrime (STCE-185), devendo as negociações ser conduzidas em consulta com um comité especial a designar pelo Conselho.

IX. Cripto-activos e Moedas Electrónicas

1. Cripto-activos e Criptomoedas

Os Cripto-activos correspondem a representações digitais de activos baseadas em tecnologia blockchain, não emitidas por um banco central, instituição de crédito ou instituição de moeda electrónica, e que podem ser utilizadas como forma de pagamento em comunidades que os aceitem ou ter outras quaisquer finalidades como a atribuição de direitos à utilização de determinados bens e serviços ou, então, por exemplo, a um determinado retorno financeiro.

Assim, serão cripto-activos, tokens, coins, criptomoedas ou moedas virtuais, baseando-se o seu funcionamento numa tecnologia de registo descentralizado, numa espécie de contabilidade ou livro-razão distribuído por rede de computadores ponto a ponto espalhados pelo mundo, sendo a totalidade da transacção divulgada para a rede só sendo aceite após um complexo sistema de validação – tratando-se pois de operações praticamente irreversíveis (*Comissão de Valores Mobiliários – Brasil in Cripto-activos – Série Alertas – Maio de 2018*).

Tal como supra referido, para a CMVM os riscos associados aos cripto-activos serão, entre outros, o Risco de Liquidez, o Risco de perda parcial ou da totalidade dos montantes investidos, risco de a informação disponibilizada (habitualmente nos *whitepappers*) ser insuficiente, risco de fraude, inexistência de regulamentação específica para a protecção dos investidores dos cripto-activos que não sejam valores mobiliários, risco na formação do preço dos cripto-activos, risco de branqueamento de capitais, risco de experimentação ou de inovação, risco de perda do código de acessos aos cripto-activos, bem como o facto de a maioria dos agentes que comercializam cripto-activos não se encontrarem sedeados em Portugal, existindo igualmente uma elevada volatilidade dos cripto-activos.

A propriedade dos referidos activos virtuais é feita através de uma palavra-passe que permite que as transacções sejam realizadas de forma quase anónima e sem que as partes tenham que revelar quaisquer informações pessoais que não desejem.

Neste contexto, encontramos as criptomoeda (ou cibermoeda), um novo meio de troca, centralizado ou não e que se baseia na tecnologia blockchain bem como a criptografia para garantir a validade das transacções e a criação de novas unidades da moeda.

Habitualmente existem ofertas de captação iniciais, as chamadas ICO, uma oferta de distribuição inicial de cripto-activos, sendo uma forma de captação de fundos do público através de cripto-activos recorrendo à tecnologia de blockchain. São operações onde o emitente (pessoa singular ou colectiva) emite cripto-activos que são pagas com moedas com curso legal ou outros cripto-activos.

No caso português e, na circunstância de uma ICO ser dirigida a investidores residentes em Portugal e de os cripto-activos emitidos na ICO serem valores mobiliários na acepção do Código dos Valores Mobiliários, esclarece a CMVM (*https://www.cmvm.pt/pt/AreadoInvestidor/Faq/Pages/FAQs-Cripto-activos_industria.aspx*) que será de aplicar a legislação nacional e comunitária referente às ofertas públicas de valores mobiliários.

A criptomoeda descentralizada é produzida por todo o sistema de criptomoeda colectivamente, a uma taxa que é definida quando o sistema é criado e que é conhecida publicamente – disponível nos chamados whitepapers (Livros Brancos).

2. A Moeda Electrónica no Decreto-Lei nº 91/2018, de 12 de Novembro

O decreto-Lei nº 91/2018, de 12 de Novembro veio aprovar o novo Regime Jurídico dos Serviços de Pagamento e da Moeda Electrónica.

Tal como referido no seu preâmbulo, nos últimos anos o mercado de pagamentos tem assistido a mudanças significativas, designadamente no que toca ao aumento da complexidade técnica e volume dos pagamentos electrónicos, bem como ao aparecimento de novos tipos de serviços de pagamento, trazendo consigo crescentes preocupações com os riscos associados à utilização de meios digitais.

Tendo em consideração a necessidade de transposição para a ordem jurídica interna da Directiva (UE) 2015/2366 do Parlamento Europeu e do Conselho, de 25 de Novembro de 2015, relativa aos serviços de pagamento no mercado interno (a segunda Directiva de Serviços de Pagamento), que procedeu a uma revisão do enquadramento jurídico europeu em matéria de serviços de pagamento e as alterações que a mesma introduziu e que procuraram responder aos desafios do ponto de vista regulamentar colocados pela realidade dinâmica associada aos serviços de pagamento, tendo em vista a implantação generalizada dos novos meios de pagamento no mercado, que asseguram o funcionamento de actividades económicas e sociais da maior importância impôs-se a criação deste novo regime.

Mas também preocupações relacionadas com a protecção e segurança dos consumidores na utilização desses serviços de pagamento se apresentaram como objectivos fundamentais, preservando a escolha do consumidor em melhores condições de segurança, eficácia e eficiência de custos foram tidas em consideração, até porque a segurança dos pagamentos electrónicos afigurou-se como um aspecto fundamental para assegurar a protecção dos utilizadores e a promoção adequada do desenvolvimento do comércio electrónico em condições concorrenciais.

Com o objectivo de reforçar a transparência do funcionamento das instituições de pagamento e das instituições de moeda electrónica autorizadas ou registadas pelo Banco de Portugal, incluindo os seus agentes, bem como com o objectivo de contribuir para um elevado nível de protecção dos consumidores, o referido decreto-lei veio prever a disponibilização de um registo público pelo Banco de Portugal que permite um acesso fácil pelo público à lista das entidades que prestam serviços de pagamento e emitem moeda electrónica.

Por outro lado, cria-se igualmente um ponto de contacto central às instituições de pagamento e às instituições de moeda electrónica com sede noutro Estado membro, que operem em território nacional através de agentes, por forma a garantir uma comunicação e informação adequadas sobre o cumprimento das disposições do presente diploma.

É no título IV do referido Decreto-Lei 91/2018, de 12 de Novembro que encontramos os procedimentos específicos relativos à emissão, à distribuição e ao reembolso de moeda electrónica, em linha com o regime em vigor desde 2012 sendo estas matérias objecto de um limitado mas importante conjunto de regras comportamentais, com reflexo na relação contratual entre os emitentes e os portadores de moeda electrónica.

O Regime Jurídico dos Serviços de Pagamento e da Moeda Electrónica, transpõe para a ordem jurídica interna a Directiva (UE) 2015/2366 do Parlamento Europeu e do Conselho, de 25 de Novembro de 2015, relativa aos serviços de pagamento no mercado interno, que altera as Directivas 2002/65/CE, 2009/110/CE e 2013/36/UE e o Regulamento (UE) nº 1093/2010, e que revoga a Directiva 2007/64/CE.

Sob a epigrafe de *"Emissão e carácter reembolsável da moeda electrónica"* encontramos no Título IV do Decreto-Lei 91/2018, de 12 de Novembro as disposições no ordenamento jurídico nacional quanto às moedas electrónicas.

A política de remuneração aos emitentes de moeda electrónica (artigo 137º) segue o regime geral previsto para a prestação e utilização de serviços de pagamento (previstas no art. 75º e seguintes), prevendo-se a possibilidade dos prestadores de serviços de pagamento definirem uma política de remuneração e de avaliação específica para as pessoas singulares que contactam directamente com os utilizadores de serviços de pagamento no âmbito da comercialização de serviços de pagamento ou para as pessoas singulares directa ou indirectamente envolvidas na gestão ou supervisão das pessoas ali indicadas.

Tal política de remuneração e de avaliação não deve prejudicar a sua capacidade para actuar no interesse dos utilizadores de serviços de pagamento, assegurando, em especial, que as medidas relativas a remuneração, objectivos de vendas ou de outro tipo não são susceptíveis de incentivar as pessoas em causa a privilegiar os seus próprios interesses ou os interesses dos prestadores de serviços de pagamento em detrimento dos interesses dos utilizadores de serviços de pagamento.

Quanto à Emissão de moeda electrónica prevê-se no artigo 138º do Decreto-Lei 91/2018, de 12 de Novembro que deve ser emitida pelo valor nominal aquando da recepção dos fundos, tendo um carácter reembolsável (artigo 139º). Ou seja, a pedido do portador, o emitente de moeda electrónica deve reembolsar, em qualquer momento e pelo valor nominal, o valor monetário da moeda electrónica detida sendo que o contrato entre o emitente de moeda electrónica e o respectivo portador deve indicar de forma clara e destacada as condições de reembolso, incluindo quaisquer comissões relacionadas com o mesmo, devendo o portador ser informado dessas condições antes de se vincular a qualquer contrato ou oferta.

Tal reembolso apenas pode ser sujeito a uma comissão se tal for declarado no contrato e apenas se tal reembolso for pedido antes do termo fixado para o contrato, ou se contrato fixar um termo e o portador denunciar o contrato antes dessa data ou, ainda, se reembolso for pedido mais de um ano após o termo fixado para o contrato.

Ainda assim, num desses casos a comissão referida deverá ser sempre proporcional e baseada nos custos efectivamente suportados pelo emitente de moeda electrónica, sendo que caso solicite o reembolso antes do termo fixado para o contrato, o portador de moeda electrónica pode pedir que lhe seja reembolsada uma parte ou a totalidade do valor monetário correspondente à moeda electrónica detida.

Por outro lado, prevê-se que caso o reembolso seja pedido pelo portador de moeda electrónica na data do termo do contrato ou no prazo de um ano após essa data, deverá ser reembolsada a totalidade do valor monetário da moeda electrónica detida ou se a instituição de moeda electrónica exercer uma ou mais das actividades referidas na alínea e) do nº 2 do artigo 14º (Actividades profissionais diversas da emissão de moeda electrónica, em conformidade com as disposições legais aplicáveis a essas actividades) e não for conhecida com antecedência a parte dos fundos a utilizar como moeda electrónica, deve ser reembolsada a totalidade dos fundos pedidos pelo portador, sendo que o direito ao reembolso por parte das pessoas que, não sendo consumidores, aceitem moeda electrónica em pagamentos fica sujeito à disciplina do contrato celebrado entre os emitentes de moeda electrónica e as pessoas em causa.

No novo regime prevê-se a proibição de juros (Artigo 140º) no sentido em que passa a ser proibido o pagamento de juros ou a atribuição de qualquer outro benefício relacionado com o período de tempo durante o qual o portador detém moeda electrónica e prevê-se igualmente a possibilidade de alteração das condições e denúncia do contrato entre o emitente e o portador de moeda electrónica (Artigo 141º), prevendo-se a aplicação do disposto nos artigos 93º e 94º, com as necessárias adaptações, ao contrato entre o emitente de moeda electrónica e o respectivo portador, sem prejuízo das disposições respeitantes às condições de reembolso e a instrumentos de pagamento e moeda electrónica de baixo valor.

Tal regime de Alterações das condições previsto no artigo 93º estabelece que a alteração do contrato-quadro ou das informações e condições especificadas no artigo 91º deve ser proposta pelo prestador de serviços de pagamento nos termos previstos no artigo 78º e no nº 2 do artigo 90º, e o mais tardar dois meses antes da data proposta para a sua aplicação, sendo que o utilizador de serviços de pagamento pode aceitar ou rejeitar a alteração antes da data proposta para a sua entrada em vigor.

Impõe-se igualmente a obrigação do prestador de serviços de pagamento dever informar o utilizador de serviços de pagamento de que, caso rejeite a alteração, tem o direito de, imediatamente e sem encargos, resolver o contrato-quadro antes da data proposta para a aplicação das alterações.

A possibilidade de denúncia e resolução prevista no referido artigo 94º permitirá ao utilizador de serviços de pagamento denunciar o contrato-quadro em qualquer momento, salvo se as partes tiverem acordado num período de pré-aviso, o qual não pode ser superior a um mês, sendo que quando o utilizador de serviços de pagamento seja um consumidor ou uma microempresa, a denúncia do contrato-quadro é sempre isenta de encargos para o utilizador.

Fora desses casos, a denúncia de contratos-quadro será isenta de encargos para o utilizador de serviços de pagamento, excepto se o contrato tiver vigorado por um período inferior a seis meses, devendo, neste caso, os encargos da denúncia ser adequados e corresponder aos custos suportados.

De qualquer forma, prevê-se que os encargos regularmente facturados pela prestação de serviços de pagamento sejam apenas devidos pelo utilizador do serviço de pagamento na parte proporcional ao período decorrido até à data de cessação do contrato, sendo que, se tais encargos forem pagos antecipadamente, devem ser restituídos na parte proporcional ao período ainda não decorrido.

3. Nova legislação Europeia – Proposta de Regulamento MiCA

A nova proposta de regulamento europeu (MiCA) integra o pacote Financiamento Digital, no fundo um conjunto de medidas destinadas a fomentar e apoiar ainda mais o potencial do financiamento digital em termos de inovação e concorrência, atenuando, simultaneamente, os riscos inerentes.

É uma das prioridades da Comissão a preparação da Europa para a era digital e de criar uma economia preparada para o futuro e que esteja ao serviço dos cidadãos. Nesse sentido a nova proposta de regulamento baseia-se no artigo 114º do TFUE, que confere às instituições europeias competências para adoptar disposições adequadas com vista à aproximação dos instrumentos legislativos dos Estados-Membros e que tenham por objecto o estabelecimento e o funcionamento do mercado interno.

Com a proposta MiCA pretende-se eliminar obstáculos ao estabelecimento do mercado interno, melhorando o seu funcionamento no que se refere aos serviços financeiros ao garantir que as regras aplicáveis sejam totalmente harmonizadas.

As divergências existentes na União em termos dos quadros, regras e interpretações dos cripto-activos e dos serviços conexos minam a capacidade dos prestadores de serviços para expandirem a sua actividade a nível da UE.

Assim, recorrendo à introdução de um quadro comum da UE, será possível delinear condições uniformes de exercício da actividade para as empresas situadas na UE, superando as diferenças entre os quadros nacionais, que estão a provocar a fragmentação do mercado, e reduzindo a complexidade e os custos para as empresas activas neste domínio e abrindo as portas para o mercado europeu como um todo.

3.1. O início da Regulação de Cripto-activos

A nova Proposta de Regulamento do Parlamento Europeu e do Conselho relativo aos mercados de cripto-activos e que altera a Directiva (UE) 2019/1937 prevê a regulação dos vários tipos de cripto-activos.

O seu título II trata dos cripto-activos que não sejam criptofichas referenciadas a activos ou criptofichas de moeda electrónica prevendo-se no artigo 4º (relativo a ofertas públicas de cripto-activos que não sejam criptofichas referenciadas a activos ou criptofichas de moeda electrónica e admissão de tais cripto-activos à negociação numa plataforma de negociação de cripto-activos) que nenhum emitente de cripto-activos que não sejam criptofichas referenciadas a activos ou criptofichas de moeda electrónica pode oferecer na União tais cripto-activos ao público ou solicitar a admissão de tais cripto-activos à negociação numa plataforma de negociação de cripto-activos, salvo se o emitente for uma pessoa jurídica, tiver elaborado um livro branco sobre cripto-activos relativamente a esses cripto-activos, nos termos do artigo 5º, tiver notificado esse livro branco sobre cripto-activos nos termos do artigo 7º, tiver publicado o livro branco sobre cripto-activos nos termos do artigo 8º e cumprir os requisitos estabelecidos no artigo 13º.

Relativamente ao conteúdo e forma do livro branco (*White papers*) sobre cripto-activos prevê-se que deva incluir uma descrição detalhada do emitente e uma apresentação dos principais participantes envolvidos na concepção e no desenvolvimento do projecto, uma descrição circunstanciada do projecto do emitente, do tipo de cripto-activo a oferecer ao público ou cuja admissão à negociação é solicitada e das razões subjacentes à oferta dos cripto-activos ao público ou ao pedido de admissão à negociação e da utilização prevista da moeda fiduciária ou outros cripto-activos obtidos por meio da oferta pública.

Mas deve igualmente apresentar uma descrição circunstanciada das características da oferta pública, nomeadamente o número de cripto-activos a emitir ou para os quais se pretende a admissão à negociação, o preço de emissão dos cripto-activos e os termos e condições de subscrição.

Prevê-se a obrigatoriedade de apresentação de uma descrição circunstanciada dos direitos e obrigações inerentes aos cripto-activos e dos procedimentos e condições de exercício desses direitos, informações sobre a tecnologia subjacente e as normas aplicadas pelo emitente de criptofichas de moeda electrónica que permitem a detenção, o armazenamento e a transferência desses cripto-activos, uma descrição circunstanciada dos riscos relativos ao emitente dos cripto-activos, aos cripto-activos, à oferta pública dos cripto-activos e à implementação do projecto e dos elementos de divulgação especificados no anexo I da Proposta.

A publicação do livro branco sobre cripto-activos e, se for caso disso, das comunicações Comerciais, previsto no artigo 8º da Proposta de Regulamento, prevê que os emitentes de cripto-activos que não sejam criptofichas referenciadas a activos ou criptofichas de moeda electrónica devam publicar o seu livro branco sobre cripto-activos e, quando aplicável, as suas comunicações comerciais no seu sítio Web, o qual deve estar acessível ao público, o mais tardar na data de início da oferta pública desses cripto-activos ou da admissão desses cripto-activos à negociação numa plataforma de negociação de cripto-activos. O livro branco sobre cripto-activos e, se for caso disso, as comunicações comerciais devem permanecer disponíveis no sítio Web do emitente enquanto os cripto-activos forem detidos por membros do público.

Relativamente à autorização de ofertas públicas de cripto-activos que não sejam criptofichas referenciadas a activos ou criptofichas de moeda electrónica ou da admissão de tais cripto-activos à negociação numa plataforma de negociação de cripto-activos prevê-se que após a publicação do livro branco sobre cripto-

-activos os emitentes de cripto-activos possam oferecer os seus cripto-activos que não sejam criptofichas referenciadas a activos ou criptofichas de moeda electrónica em toda a União e solicitar a sua admissão à negociação numa plataforma de negociação de cripto-activos.

3.2. Direito de Retractação a Consumidores

Previsto no artigo 12º do projecto de Regulamento MiCA, o direito de retractação prevê que os emitentes de cripto-activos que não sejam criptofichas referenciadas a activos e criptofichas de moeda electrónica devam conceder o direito de retractação a qualquer consumidor que compre esses cripto-activos directamente ao emitente ou a um prestador de serviços de cripto-activos que proceda à colocação de cripto-activos em nome desse emitente.

Nesses casos, os consumidores disporão de um prazo de 14 dias de calendário para exercer o direito de retractação do acordo de compra desses cripto-activos sem incorrer em qualquer custo e sem precisar de indicar os motivos.

Tal período de retractação terá início no dia em que o consumidor deu o seu acordo para a compra desses cripto-activos sendo que todos os pagamentos recebidos de um consumidor, incluindo quaisquer encargos devem ser reembolsados sem atrasos indevidos e, em qualquer caso, o mais tardar 14 dias a partir do dia em que o emitente dos cripto-activos ou um prestador de serviços de cripto-activos que proceda à colocação desses cripto-activos em nome desse emitente sejam informados da decisão de retractação do consumidor.

Tal reembolso deverá ser efectuado com recurso ao mesmo meio de pagamento utilizado pelo consumidor na transacção inicial, salvo acordo expresso em contrário do consumidor e na condição de este não incorrer em quaisquer custos em consequência desse reembolso.

Em todo o caso, os emitentes de cripto-activos devem fornecer informações sobre o direito de retractação referido no respectivo livro branco sobre cripto-activos.

3.3. Livro Branco sobre cripto-activos (*White Papers*)

Tal como referido no artigo 14º da Proposta, relativamente à responsabilidade dos emitentes de cripto-activos que não sejam criptofichas referenciadas a activos ou criptofichas de moeda electrónica pelas informações fornecidas num livro branco sobre cripto-activos, caso um emitente de cripto-activos que não sejam criptofichas referenciadas a activos ou criptofichas de moeda electrónica, ou o seu órgão de administração, infrinjam o artigo 5º através da inclusão de informações que não são completas, correctas ou claras ou da inclusão de informações susceptíveis de induzir em erro no seu livro branco sobre cripto-activos ou num livro branco sobre cripto-activos alterado, o detentor dos cripto-activos pode exigir uma indemnização a esse emitente de cripto-activos que não sejam criptofichas referenciadas a activos ou criptofichas de moeda electrónica, ou ao seu órgão de administração, pelos danos causados por essa infracção.

As exclusões da responsabilidade civil serão, para todos os efeitos, juridicamente ineficazes, sendo que cabe aos detentores de cripto-activos apresentar provas que indiquem que o emitente de cripto-activos que não sejam criptofichas referenciadas a activos ou criptofichas de moeda electrónica infringiu o artigo 5º e que essa infracção teve um impacto na sua decisão de compra, venda ou troca dos referidos cripto-activos.

3.4. Criptofichas referenciadas a activos – plataforma de negociação de cripto-activos

Previsto no Título III do projecto de Regulamento relativo a criptofichas referenciadas a activos, autorização para oferecer ao público criptofichas referenciadas a activos e para solicitar a sua admissão à negociação numa plataforma de negociação de cripto-activos estará dependente de autorização de cada Estado-Membro.

Tal como decorre do disposto no artigo 15º da Proposta, nenhum emitente de criptofichas referenciadas a activos poderá, na União, oferecer essas criptofichas ao público ou solicitar a admissão de tais activos à negociação numa plataforma de negociação de cripto-activos, a menos que os emitentes em causa tenham sido autorizados a fazê-lo em conformidade com o artigo 19º pela autoridade competente do seu Estado-Membro de origem, sendo que tais autorizações referidas só poderão ser concedidas a entidades jurídicas estabelecidas na União.

O pedido de autorização, por parte dos emitentes de criptofichas referenciadas a activos, deverá ser apresentado à autoridade competente do seu Estado-Membro de origem.

Nesse sentido prevê-se que o livro branco sobre cripto-activos a que se refere o artigo 16º, nº 2, alínea i), deverá cumprir todos os requisitos estabelecidos no artigo 4º, sendo que para além de tais informações, o livro branco sobre cripto-activos deverá incluir uma descrição pormenorizada dos mecanismos de governação do emitente, incluindo uma descrição do papel, das responsabilidades e da prestação de contas pelas entidades terceiras a que se refere o artigo 30º, nº 5, alínea h), uma descrição pormenorizada da reserva de activos a que se refere o artigo 32º, uma descrição pormenorizada dos acordos de custódia para os activos de reserva, incluindo a segregação dos activos, conforme referido no artigo 33º e no caso de um investimento dos activos de reserva a que se refere o artigo 34º, uma descrição pormenorizada da política de investimento desses activos de reserva.

Deverá ainda incluir informações pormenorizadas sobre a natureza e a aplicabilidade dos direitos, incluindo qualquer direito de resgate directo ou quaisquer créditos, que os detentores de criptofichas referenciadas a activos e qualquer pessoa singular ou colectiva a que se refere o artigo 35º, nº 3, possam ter sobre os activos de reserva ou contra o emitente, incluindo a forma como esses direitos poderão ser tratados nos processos de insolvência e se o emitente não oferecer um direito directo sobre os activos de reserva, informações pormenorizadas sobre os mecanismos referidos no artigo 35º, nº 4, para assegurar a liquidez das criptofichas referenciadas a activos, bem como uma descrição pormenorizada do procedimento de tratamento das queixas a que se refere o artigo 27º e os elementos de divulgação especificados nos anexos I e II.

O livro branco sobre cripto-activos deverá sempre incluir um resumo que, de forma sucinta e em linguagem não técnica, forneça informações fundamentais sobre a oferta de criptofichas referenciadas a activos ao público ou sobre a pretendida admissão de criptofichas referenciadas a activos à negociação numa plataforma de negociação de cripto-activos e, em especial, sobre os elementos essenciais das criptofichas referenciadas a activos em causa. O formato e o conteúdo do resumo do livro branco sobre cripto-activos devem prestar, conjuntamente com o livro branco sobre cripto-activos, informação apropriada sobre os elementos essenciais das criptofichas referenciadas a activos em questão, para permitir que os potenciais compradores das criptofichas referenciadas a activos possam tomar uma decisão informada.

Tal resumo deverá também conter uma advertência no sentido de que deverá ser entendido como uma introdução ao livro branco sobre cripto-activos, que o potencial comprador deverá basear qualquer decisão de compra de uma criptoficha referenciada a activos no conteúdo da totalidade do livro branco sobre cripto-activos, quer a oferta pública de criptofichas referenciadas a activos não constitui uma oferta ou solicitação de venda de instrumentos financeiros e qualquer oferta ou solicitação de venda de instrumentos financeiros só pode ser feita através de um prospecto ou de outros documentos de oferta nos termos do direito nacional e que o livro branco sobre cripto-activos não constitui um prospecto na acepção do Regulamento (UE) 2017/1129 ou outro documento de oferta nos termos da legislação da União ou do direito nacional devendo sempre ser datado o referido livro branco.

Para a apreciação do pedido de autorização prevê-se que as autoridades competentes que recebam um pedido de autorização a que se refere o artigo 16º devam, no prazo de 20 dias úteis a contar da recepção desse pedido, avaliar se o pedido, incluindo o livro branco sobre cripto-activos a que se refere o artigo 16º, nº 2, alínea i), está completo. Devem notificar imediatamente ao emitente requerente de que o pedido, incluindo o livro branco sobre cripto-activos, está completo.

Se o pedido, incluindo o livro branco sobre cripto-activos, não estiver completo, deverão fixar um prazo para que o emitente requerente forneça as informações em falta sendo que as autoridades competentes devem avaliar, no prazo de três meses a contar da recepção de um pedido completo, se o emitente requerente cumpre os requisitos e adoptar um projecto de decisão devidamente fundamentado no sentido de conceder ou recusar a autorização.

No prazo desses três meses, as autoridades competentes poderão solicitar ao emitente requerente quaisquer informações relativas ao pedido e nomeadamente ao livro branco sobre cripto-activos a que se refere o artigo 16º, nº 2, alínea i) sendo que após os três meses referidos, as autoridades competentes devem transmitir o seu projecto de decisão ao emitente requerente e o mesmo projecto de decisão, acompanhado do processo de pedido, à EBA, à ESMA e ao BCE.

Nesses casos, se o emitente requerente tiver a sua sede num Estado-Membro cuja moeda não seja o euro ou se os activos de reserva incluírem uma moeda diferente do euro, as autoridades competentes devem consultar o banco central desse Estado-Membro. Os emitentes requerentes têm o direito de apresentar à sua autoridade competente observações e comentários sobre os seus projectos de decisão.

Previsto no artigo 19º do Projecto de Regulamento, as autoridades competentes devem, no prazo de um mês após terem recebido o parecer não vinculativo adoptar uma decisão devidamente fundamentada de concessão ou recusa da autorização ao emitente requerente e, no prazo de cinco dias úteis, notificar essa decisão aos emitentes requerentes.

Se o emitente requerente for autorizado, considera-se que o seu livro branco sobre cripto-activos foi aprovado.

De qualquer forma, assegura-se no referido Projecto que as autoridades competentes poderão revogar a autorização dos emitentes de criptofichas referenciadas a activos se o emitente não utilizar a sua autorização no prazo de seis meses após a concessão da mesma, ou naqueles casos em que o emitente não utilize a sua autorização durante seis meses consecutivos, ou tenha obtido a sua autorização por meios irregulares, incluindo declarações falsas no pedido de autorização a que se refere o artigo 16º ou em qualquer livro branco sobre cripto-activos alterado nos termos do artigo 21º ou tenha deixado de cumprir as condições ao abrigo das quais a autorização foi concedida.

Prevê-se igualmente a possibilidade de revogação caso o emitente tenha infringido de forma grave o disposto no projecto de regulamento ou haja sido objecto de um plano de liquidação ordenada, em conformidade com a legislação nacional aplicável em matéria de insolvência ou ainda tenha renunciado expressamente à sua autorização ou decidiu pôr termo às suas operações.

Fica igualmente estabelecida a obrigação de notificar as autoridades competentes dos seus Estados-Membros de origem sobre qualquer alteração prevista do seu modelo de negócios, susceptível de ter uma influência significativa na decisão de compra de qualquer detentor real ou potencial de criptofichas referenciadas a activos, que ocorra após a autorização mencionada no artigo 19º.

O projecto de regulamento prevê como "quaisquer modificações materiais" alterações aos mecanismos de governação, aos activos de reserva e a custódia dos activos de reserva, aos direitos concedidos aos detentores de criptofichas referenciadas a activos, ao mecanismo através do qual as criptofichas referenciadas a activos são emitidas, criadas e destruídas, aos protocolos de validação das transacções de criptofichas referenciadas a activos ou ao funcionamento da DLT proprietária do emitente, caso as criptofichas referenciadas a activos sejam emitidas, transferidas e armazenadas através dessa tecnologia.

Mas será igualmente tido como modificações materiais alterações aos mecanismos destinados a assegurar o resgate das criptofichas referenciadas a activos ou a assegurar a sua liquidez, aos acordos com terceiros, nomeadamente para a gestão dos activos de reserva e do investimento da reserva, a custódia dos activos de reserva e, se for caso disso, a distribuição ao público das criptofichas referenciadas a activos, à política de gestão da liquidez para os emitentes de criptofichas referenciadas a activos significativas ou ao procedimento de tratamento das queixas.

Prevê-se no artigo 22º a responsabilidade dos emitentes de criptofichas referenciadas a activos pelas informações incluídas num livro branco sobre cripto-activos, nomeadamente nos casos em que um emitente de criptofichas referenciadas a activos ou o respectivo órgão de administração infrinjam o disposto no artigo 17º da Proposta, através da inclusão de informações que não são completas, correctas ou claras ou da inclusão de informações que sejam susceptíveis de induzir em erro no seu livro branco sobre cripto-activos ou num livro branco sobre cripto-activos alterado.

Nessas situações, o detentor dessas criptofichas referenciadas a activos poderá exigir uma indemnização ao emitente das mesmas ou ao respectivo órgão de administração pelos danos que essa infracção lhe causou, sendo também aqui as exclusões da responsabilidade civil juridicamente ineficazes.

3.5. Obrigações de todos os emitentes de criptofichas referenciadas a activos

A proposta de regulamento prevê igualmente a imposição de obrigações para todos os emitentes de criptofichas, nomeadamente, o dever de actuar com honestidade, equidade e profissionalismo no melhor interesse dos detentores de criptofichas referenciadas a activos, comunicando com os detentores de criptofichas referenciadas a activos de forma equitativa, clara e não enganosa, actuando no melhor interesse dos detentores dessas criptofichas e tratá-los de forma equitativa, excepto se qualquer tratamento preferencial for divulgado no livro branco sobre cripto-activos e, se for caso disso, nas comunicações comerciais.

Relativamente à publicação do livro branco sobre cripto-activos e, se for caso disso, das comunicações comerciais prevê-se que os emitentes de criptofichas referenciadas a activos devam publicar no seu sítio Web o livro branco sobre cripto-activos aprovado a que se refere o artigo 19º, nº 1, e, se for caso disso, o livro branco sobre cripto-activos alterado a que se refere o artigo 21º e as suas comunicações comerciais referidas no artigo 25º.

Prevê-se que os livros brancos sobre cripto-activos aprovados devam estar acessíveis ao público o mais tardar até à data de início da oferta pública das criptofichas referenciadas a activos ou da admissão dessas criptofichas à negociação numa plataforma de negociação de cripto-activo sendo que o livro branco sobre cripto-activos aprovado e, se for caso disso, o livro branco sobre cripto-activos alterado e as comunicações comerciais deverão permanecer disponíveis no sítio Web do emitente enquanto as criptofichas referenciadas a activos estiverem na posse do público.

3.6. Procedimento de tratamento das queixas e Mecanismos de governação

Na proposta de regulamento prevê-se que os emitentes de criptofichas referenciadas a activos devam estabelecer e manter procedimentos eficazes e transparentes com vista ao tratamento expedito, equitativo e coerente das queixas recebidas de detentores de criptofichas referenciadas a activos. Nos casos em que as criptofichas referenciadas a activos sejam distribuídas, total ou parcialmente, por entidades terceiras, nos termos do artigo 30º, nº 5, alínea h), os emitentes de criptofichas referenciadas a activos deverão estabelecer procedimentos para facilitar o tratamento dessas queixas entre os detentores de criptofichas referenciadas a activos e as entidades terceiras.

Fica prevista a possibilidade de quaisquer detentores de criptofichas referenciadas a activos poderem apresentar queixas aos emitentes das criptofichas em causa de forma gratuita, sendo que os emitentes de criptofichas referenciadas a activos deverão elaborar e disponibilizar aos clientes um modelo para a apresentação de queixas e manter um registo de todas as queixas recebidas e de quaisquer as medidas adoptadas para dar resposta às mesmas.

Estabelece-se a obrigação dos emitentes de criptofichas referenciadas a activos de investigar todas as queixas de forma atempada e equitativa, e comunicar as conclusões dessas investigações aos detentores das suas criptofichas referenciadas a activos dentro de um prazo razoável, cabendo à EBA, em estreita cooperação com a ESMA, elaborar projectos de normas técnicas de regulamentação a fim de especificar os requisitos, os modelos e os procedimentos para o tratamento das queixas.

Quanto aos mecanismos de governação prevê-se que os emitentes de criptofichas referenciadas a activos deverão ter sistemas de governação sólidos, incluindo uma estrutura organizativa clara, com linhas de responsabilidade bem definidas, transparentes e coerentes, processos eficazes de identificação, gestão, controlo e comunicação dos riscos a que estejam ou possam vir a estar expostos e mecanismos adequados de controlo interno, nomeadamente procedimentos administrativos e contabilísticos sólidos.

Para esse efeito, os membros do órgão de administração dos emitentes de criptofichas referenciadas a activos deverão possuir a idoneidade e a competência necessárias, em termos de qualificações, experiência e competências, para desempenharem as suas funções e assegurarem uma gestão sã e prudente desses emitentes, bem como demonstrar que são capazes de dedicar tempo suficiente à realização eficaz das suas funções.

De acordo com a Proposta de Regulamento, as pessoas singulares que detêm, directa ou indirectamente, mais de 20% do capital social ou dos direitos de voto dos emitentes de criptofichas referenciadas a activos ou que exercem, por qualquer outro meio, um poder de controlo sobre esses emitentes devem possuir a idoneidade e a competência necessárias, não podendo em qualquer caso ter sido condenadas por infracções relacionadas com o branqueamento de capitais, o financiamento do terrorismo ou outros crimes financeiros.

O artigo 31º da Proposta de Regulamento trata dos requisitos de fundos próprios, sendo que se prevê que os emitentes de criptofichas referenciadas a activos devam, a todo o momento, dispor de fundos próprios equivalentes a um montante pelo menos igual ao maior de um dos valores ali previstos (350 000 EUR ou 2% do montante médio dos activos de reserva referidos no artigo 32º), entendendo-se por «montante médio dos activos de reserva».

3.7. Reserva de Activos

No Capítulo 3, relativo à Reserva de Activos, prevê-se a obrigação de possuir activos de reserva e composição e gestão dessa reserva de activos, devendo, nomeadamente, os emitentes de criptofichas referenciadas a activos constituir e manter a todo o momento uma reserva de activos, sendo que os emitentes que ofereçam ao público duas ou mais categorias de criptofichas referenciadas a activos deverão operar e manter reservas de activos separadas para cada categoria de criptofichas referenciadas a activos, que devem ser geridas separadamente.

A proposta de regulamento pretende que os emitentes de criptofichas referenciadas a activos que ofereçam ao público as mesmas criptofichas referenciadas a activos devam explorar e manter apenas uma reserva de activos para essa categoria de criptofichas referenciadas a activos, devendo os órgãos de administração dos emitentes de criptofichas referenciadas a activos assegurar uma gestão eficaz e prudente dos activos de reserva.

Ainda assim, os emitentes deverão assegurar que a criação e a destruição de criptofichas referenciadas a activos sejam sempre compensadas por um aumento ou por uma diminuição correspondente da reserva de activos e que esse aumento ou diminuição sejam geridos de forma adequada para evitar quaisquer impactos adversos no mercado dos activos de reserva.

3.8. Criptofichas de moeda electrónica

Relativamente aos requisitos a preencher por todos os emitentes de criptofichas de moeda electrónica, a Proposta de Regulamento prevê que nenhuma criptoficha de moeda electrónica deva ser oferecida ao público na União ou admitida à negociação numa plataforma de negociação de cripto-activos, salvo se o emitente dessas criptofichas de moeda electrónica seja autorizado enquanto instituição de crédito ou «instituição de moeda electrónica», na acepção do artigo 2º, nº 1, da Directiva 2009/110/CE, preencha os requisitos aplicáveis a instituições de moeda electrónica enunciados nos títulos II e III da Directiva 2009/110/CE, salvo indicação em contrário no presente título e publicar um livro branco sobre cripto-activos notificado à autoridade competente, em conformidade com o artigo 46º da Proposta.

A Proposta prevê que uma criptoficha de moeda electrónica que faça referência a uma moeda da União será, para todos os efeitos, considerada uma oferta ao público na União.

Relativamente à emissão e carácter reembolsável das criptofichas de moeda electrónica, e em derrogação do disposto no artigo 11º da Directiva 2009/110/CE, prevê-se a possibilidade de apenas requisitos relativos à emissão e ao carácter reembolsável das criptofichas de moeda electrónica sejam aplicáveis aos emitentes de criptofichas de moeda electrónica.

Para todos os feitos, os detentores de criptofichas de moeda electrónica deverão receber um crédito sobre o emitente dessas criptofichas, mas sendo proibidas todas as criptofichas de moeda electrónica que não forneçam um crédito a todos os detentores, devendo os emitentes dessas criptofichas de moeda electrónica emitir criptofichas de moeda electrónica pelo valor nominal aquando da recepção dos fundos, na acepção do artigo 4º, nº 25, da Directiva (UE) 2015/2366.

É igualmente prevista, em derrogação do disposto no artigo 12º da Directiva 2009/110/CE, que nenhum emitente de criptofichas de moeda electrónica ou prestador de serviços de cripto-activos deva pagar juros ou qualquer outro benefício relacionado com o período durante o qual o detentor de criptofichas de moeda electrónica detém essas mesmas criptofichas.

Relativamente ao conteúdo e forma do livro branco sobre cripto-activos para criptofichas de moeda electrónica, e antes de oferecer criptofichas de moeda electrónica ao público na UE ou de solicitar a admissão dessas criptofichas de moeda electrónica à negociação numa plataforma de negociação, o emitente de criptofichas de moeda electrónica deverá publicar um livro branco sobre cripto-activos no seu sítio Web, o qual deverá incluir todas as informações pertinentes, nomeadamente, uma descrição do emitente de criptofichas de moeda electrónica, uma descrição detalhada do projecto do emitente e uma apresentação dos principais participantes envolvidos na concepção e no desenvolvimento do projecto, uma indicação sobre se o livro branco sobre cripto-activos diz respeito a uma oferta de criptofichas de moeda electrónica ao público e/ou a uma admissão à negociação dessas criptofichas de moeda electrónica numa plataforma de negociação de cripto-activos e uma descrição detalhada dos direitos e das obrigações associadas às criptofichas de moeda electrónica, incluindo o direito de reembolso pelo valor nominal, conforme referido no artigo 44º, e dos procedimentos e condições para o exercício desses direitos.

Mas do Livro Branco deverão igualmente constar as informações sobre a tecnologia subjacente e as normas cumpridas pelo emitente de criptofichas de moeda electrónica que permitem a detenção, o armazenamento e a transferência dessas criptofichas de moeda electrónica, os riscos inerentes ao emitente de criptofichas de moeda electrónica, às criptofichas de moeda electrónica e à implementação do projecto, incluindo a tecnologia e, ainda, os elementos de divulgação especificados no anexo III.

Também neste caso se prevê (no artigo 47º) a responsabilidade dos emitentes de criptofichas de moeda electrónica pelas informações incluídas num livro branco sobre cripto-activos, sendo que caso um emitente de criptofichas de moeda electrónica ou o respectivo órgão de administração infrinja o artigo 46º, através da inclusão de informações que não são completas, correctas ou claras ou da inclusão de informações que são susceptíveis de induzir em erro no seu livro branco sobre cripto-activos ou num livro branco sobre cripto-activos alterado, um detentor dessas criptofichas de moeda electrónica pode exigir uma indemnização a esse emitente de criptofichas de moeda electrónica ou ao respectivo órgão de administração pelos danos que lhe tenham sido causados por essa infracção, sendo também aqui as exclusões da responsabilidade civil são juridicamente ineficazes.

3.9. Autorização e condições de funcionamento para prestadores de serviços de cripto-activos

Quanto à autorização dos prestadores de serviços de cripto-activos, estabelece-se no artigo 53º (Autorização) que os serviços de cripto-activos apenas podem ser prestados por pessoas colectivas que tenham uma sede oficial num Estado-Membro da União e que tenham sido autorizadas como prestadores de serviços de cripto-activos em conformidade com o artigo 55º, sendo que os prestadores de serviços de cripto-activos deverão cumprir a todo o momento as condições necessárias para a respectiva autorização.

O referido preceito proposto prevê que qualquer pessoa que não seja um prestador de serviços de cripto-activos deva ser proibida de utilizar um nome, um nome empresarial ou de emitir comunicações empresariais ou de utilizar qualquer outro processo que sugira que está autorizada para esse efeito ou que possa criar confusão nesse aspecto.

Prevê-se a obrigação para as autoridades competentes que venham a conceder uma autorização ao abrigo do artigo 55º de assegurar que essa autorização especifica os serviços de cripto-activos que os prestadores de serviços de cripto-activos estão autorizados a prestar, pois a partir desse momento, uma autorização como prestador de serviços de cripto-activos será válida em toda a União e permite aos prestadores de serviços de cripto-activos prestarem os serviços para que foram autorizados, em toda a União, quer através do direito de estabelecimento, incluindo através de uma sucursal, quer através da liberdade de prestação de serviços.

Quanto à presença física, a Proposta de Regulamento estabelece que os prestadores de serviços de cripto-activos que prestem serviços de cripto-activos a nível transfronteiriço não sejam obrigados a ter presença física no território de um Estado-Membro de acolhimento.

O pedido de autorização como prestador de serviços de cripto-activos deverá ser pedido pelas pessoas colectivas à autoridade competente do Estado-Membro onde têm a sua sede oficial, devendo tal pedido conter o nome, incluindo a denominação jurídica e qualquer outra denominação comercial a utilizar, o identificador de entidade jurídica do prestador de serviços de cripto-activos requerente, o endereço do sítio Web operado por esse prestador e o seu endereço físico, o estatuto jurídico do prestador de serviços de cripto-activos requerente, os estatutos do prestador de serviços de cripto-activos requerente, um programa de actividades que indique os tipos de serviços de cripto-activos que o prestador de serviços de cripto-activos requerente pretende prestar, incluindo onde e como esses serviços serão comercializados, uma descrição dos mecanismos de governação do prestador de serviços de cripto-activos requerente e, para todas as pessoas singulares que participam no órgão de administração do prestador de serviços de cripto-activos requerente e para todas as pessoas singulares que, directa ou indirectamente, detenham 20% ou mais do capital social ou dos direitos de voto, prova da ausência de cadastro no que diz respeito a infracções das regras nacionais nos domínios da legislação comercial, da legislação relativa à insolvência, da legislação relativa aos serviços financeiros, da legislação relativa à luta contra o branqueamento de capitais, da legislação relativa ao combate ao terrorismo e das obrigações em matéria de responsabilidade profissional, bem como prova de que as pessoas singulares que participam no órgão de administração do prestador de serviços de cripto-activos requerente, no seu conjunto, possuam conhecimentos, competências e experiência suficientes para assumir a direcção desse prestador e que se exige a essas pessoas que consagrem tempo suficiente ao desempenho das suas funções.

Deverá ainda ser apresentada uma descrição do mecanismo de controlo interno, do procedimento para a avaliação dos riscos e do plano de continuidade das actividades do prestador de serviços de cripto-activos requerente, descrições em termos técnicos e não técnicos dos sistemas informáticos e dos sistemas de segurança do prestador de serviços de cripto-activos requerente, prova de que o prestador de serviços de cripto-activos requerente cumpre as garantias prudenciais, de acordo com o artigo 60º, uma descrição dos procedimentos do prestador de serviços de cripto-activos requerente para o tratamento das queixas recebidas dos clientes, uma descrição do procedimento de segregação dos cripto-activos e fundos dos clientes, uma descrição do procedimento e do sistema para a detecção de abusos de mercado.

Ainda, e caso o prestador de serviços de cripto-activos requerente pretenda assegurar a custódia e a administração dos cripto-activos em nome de terceiros, deverá ser apresentada uma descrição da política de custódia e, caso o prestador de serviços de cripto-activos requerente pretenda operar uma plataforma de negociação de cripto-activos, uma descrição das regras de operação dessa mesma plataforma.

Na hipótese de o prestador de serviços de cripto-activos requerente pretender trocar cripto-activos por moeda fiduciária ou cripto-activos por outros cripto-activos, uma descrição da política comercial não discriminatória, sendo que caso o prestador de serviços de cripto-activos requerente pretenda executar ordens sobre cripto-activos em nome de terceiros, deverá ser apresentada uma descrição da política de execução e, finalmente, caso o requerente pretenda receber e transmitir ordens sobre cripto-activos em nome de terceiros, prova de que as pessoas singulares que prestam aconselhamento em nome do prestador de serviços de cripto-activos requerente têm os conhecimentos e as competências necessários para o cumprimento das suas obrigações.

Apresentado o pedido, as autoridades competentes avaliam, no prazo de 25 dias úteis a contar da sua recepção se o mesmo está completo, verificando se as informações enumeradas no artigo 54º, nº 2, foram apresentadas.

Caso se verifique que o pedido não esteja completo, as autoridades fixam um prazo para os prestadores de serviços de cripto-activos requerentes apresentarem as informações em falta, podendo recusar a análise dos pedidos, caso estes continuem incompletos após o novo prazo concedido.

Prevê-se na Proposta de Regulamento que as autoridades competentes notificam de imediato o prestador de serviços de cripto-activos requerente caso o pedido esteja completo e, antes da concessão ou rejeição de uma autorização a um prestador de serviços de cripto-activos, as autoridades competentes consultam as autoridades competentes de outro Estado-Membro caso o prestador de serviços de cripto-activos requerente seja uma filial de um prestador de serviços de cripto-activos autorizado nesse outro Estado-Membro, ou filial da empresa-mãe de um prestador de serviços de cripto-activos autorizado nesse outro Estado-Membro, ou ainda, controlado pelas mesmas pessoas singulares ou colectivas que controlam um prestador de serviços de cripto-activos autorizado nesse outro Estado-Membro.

Em qualquer caso, as autoridades competentes deverão avaliar, no prazo de três meses a contar da data de recepção de um pedido completo, se o prestador de serviços de cripto-activos requerente cumpre os requisitos ali previstos e adoptam uma decisão devidamente fundamentada no sentido de conceder ou recusar uma autorização como prestador de serviços de cripto-activos.

Tal avaliação terá em conta a natureza, a escala e a complexidade dos serviços de cripto-activos que o prestador de serviços de cripto-activos requerente pretende prestar, podendo a referida autorização ser recusada se existirem motivos objectivos e comprováveis para acreditar que o órgão de administração do prestador de serviços de cripto-activos requerente constitui uma ameaça para sua gestão eficaz, sólida e prudente e para a continuidade das actividades, bem como para a consideração adequada dos interesses dos seus clientes e a integridade do mercado ou que o requerente não preenche ou poderá não preencher quaisquer requisitos estipulados.

Uma autorização poderá igualmente ser revogada pelas autoridades competentes caso o prestador de serviços de cripto-activos não tenha utilizado a sua autorização no prazo de 18 meses a contar da data de concessão da mesma, tenha renunciado expressamente à sua autorização, não tenha prestado serviços de cripto-activos durante nove meses consecutivos, tenha obtido a sua autorização recorrendo a meios irregulares, nomeadamente fazendo declarações falsas no seu pedido de autorização, tenha deixado de preencher as condições com base nas quais a autorização foi concedida e não tenha adoptado as medidas correctivas solicitadas pela autoridade competente dentro do prazo fixado ou tenha infringido gravemente o presente regulamento.

Poderão ainda as autoridades competentes revogar as autorizações se o prestador de serviços de cripto-activos ou os membros do seu órgão de administração infringirem o direito nacional de transposição da Directiva (UE) 2015/84962 relativa ao branqueamento de capitais ou ao financiamento do terrorismo ou se o prestador de serviços de cripto-activos perder a sua autorização como instituição de pagamento, de acordo com o artigo 13º da Directiva (UE) 2015/2366, ou a sua autorização como instituição de moeda electrónica concedida nos termos do título II da Directiva 2009/110/CE e não conseguiu corrigir a situação no prazo de 40 dias.

O artigo 57º da Proposta de Regulamento prevê a criação de um registo dos prestadores de serviços de cripto-activos, pela ESMA, o qual deverá ser acessível ao público no sítio Web da ESMA, e ser actualizado regularmente, devendo conter o nome, a forma jurídica e o identificador de entidade jurídica e as sucursais do prestador de serviços de cripto-activos, a denominação comercial, o endereço físico e o sítio Web do prestador de serviços de cripto-activos ou a plataforma de negociação de cripto-activos operada pelo prestador de serviços de cripto-activos, o nome e o endereço da autoridade competente que concedeu a autorização e os seus dados de contacto, a lista de serviços de cripto-activos para os quais o prestador de serviços de cripto-activos está autorizado, a lista dos Estados-Membros nos quais o prestador de serviços de cripto-activos notificou a sua intenção de prestar serviços de cripto-activos de acordo com o artigo 58º e, ainda, quaisquer outros serviços prestados pelo prestador de serviços de cripto-activos não abrangidos pelo presente regulamento com uma referência ao direito da União ou nacional relevante.

Quanto aos prestadores de serviços de cripto-activos que pretendam prestar serviços de cripto-activos em mais do que um Estado-Membro, deverão apresentar à autoridade competente designada como ponto único de contacto uma lista dos Estados-Membros nos quais o prestador de serviços de cripto-activos pretende prestar serviços de cripto-activos, a data inicial da prestação pretendida de serviços de cripto-activos e uma lista de todas as outras actividades prestadas pelo prestador de serviços de cripto-activos não abrangidas pelo presente regulamento.

O referido ponto único de contacto do Estado-Membro onde a autorização será concedida, comunicará, no prazo de 10 dias úteis, as referidas informações às autoridades competentes do Estado-Membro de acolhimento, à ESMA e à EBA, devendo a primeira introduzir essas informações no registo a que se refere o artigo 57º.

3.10. Plataformas de negociação de cripto-activos

Nos termos do previsto na Proposta de artigo 68º do Regulamento MiCA, relativamente a operações das plataformas de negociação de cripto-activos, os prestadores de serviços de cripto-activos autorizados para a operação de plataformas de negociação de cripto-activos deverão estabelecer as regras de operação dessa plataforma de negociação, as quais deverão fixar os requisitos e os processos de devida diligência e de aprovação que serão aplicados antes da admissão dos cripto-activos na plataforma de negociação, definir as categorias de exclusão, se for caso disso, designadamente os tipos de cripto-activos que não serão admitidos à negociação na plataforma de negociação, se for o caso, fixar as políticas, os procedimentos e o nível de comissões, se for caso disso, para a admissão à negociação dos cripto-activos na plataforma de negociação mas também, fixar critérios objectivos e proporcionados para a participação nas actividades de negociação, promovendo o acesso equitativo e aberto à plataforma de negociação para os clientes dispostos a negociar e fixar requisitos para assegurar uma negociação equitativa e ordenada.

Os prestadores deverão ainda fixar condições para os cripto-activos continuarem acessíveis para negociação, incluindo limiares de liquidez e requisitos de divulgação periódica, as condições que possibilitam a suspensão da negociação dos cripto-activos e os procedimentos para assegurar a liquidação eficaz das transacções tanto de cripto-activos como de moeda fiduciária.

Prevê-se que antes de admitir à negociação um cripto-activo, os prestadores de serviços de cripto-activos autorizados para a operação de uma plataforma de negociação de cripto-activos devem assegurar que o cripto-activo cumpre as regras de utilização da plataforma de negociação e avaliar a qualidade do cripto-activo em questão.

Para avaliar a qualidade de um cripto-activo, a plataforma de negociação deverá ter em conta a experiência, o histórico e a reputação do emitente e da sua equipa de desenvolvimento.

Pretender-se-á que a plataforma de negociação consiga ainda avaliar a qualidade dos cripto-activos que beneficiam da isenção estabelecida no artigo 4º, nº 2, sendo que as regras de utilização da plataforma de negociação de cripto-activos deverão impedir a admissão à negociação de cripto-activos que incluam uma função de anonimização integrada, a não ser que os detentores de cripto-activos e o seu histórico de transacções possam ser identificados pelos prestadores de serviços de cripto-activos autorizados para a operação de uma plataforma de negociação de cripto-activos ou pelas autoridades competentes, sendo que as regras de utilização deverão ser elaboradas numa das línguas oficiais dos Estados-Membros de origem ou numa outra língua habitual na esfera das finanças, devendo estas regras de utilização devem ser disponibilizadas ao público no sítio Web do prestador de serviços de cripto-activos em questão.

Determina-se na Proposta de Regulamento que os prestadores de serviços de cripto-activos autorizados para a operação de uma plataforma de negociação de cripto-activos devam disponibilizar ao público todos os preços de compra e de venda e o alcance dos interesses de negociação a esses preços que são publicitados para cripto-activos através dos sistemas da plataforma de negociação de cripto-activos e que devam disponibilizar essas informações ao público durante o horário da plataforma de negociação de forma contínua.

Relativamente à troca de cripto-activos por moeda fiduciária ou por outros cripto-activos, a proposta de Regulamento prevê que os prestadores de serviços de cripto-activos autorizados a trocar cripto-activos por moeda fiduciária ou por outros cripto-activos devam criar uma política comercial não discriminatória que indique, em especial, o tipo de clientes que aceitam para operações e as condições que esses clientes devem preencher.

Nessa medida, os prestadores de serviços de cripto-activos autorizados a trocar cripto-activos por moeda fiduciária ou por outros cripto-activos deverão publicar um preço fixo para os cripto-activos ou um método para a determinação do preço dos cripto-activos por si propostos para a troca por moeda fiduciária ou por outros cripto-activos, sendo que deverão executar as ordens de clientes aos preços apresentados no momento da sua recepção.

Quanto à execução das ordens sobre cripto-activos em nome de terceiros, estabelece-se que os prestadores de serviços de cripto-activos autorizados a executar ordens sobre cripto-activos em nome de terceiros deverão tomar todas as medidas necessárias para obter, aquando da execução das ordens, o melhor resultado possível para os seus clientes em termos de preço, custos, rapidez, probabilidade de execução e liquidação, volume, natureza ou qualquer outra consideração relevante para a execução da ordem, salvo se o prestador de serviços de cripto-activos em questão executar as ordens sobre cripto-activos na sequência de instruções específicas dadas pelos seus clientes, devendo para o efeito criar e implementar mecanismos de execução eficazes.

Para tal prevê-se criação e implementação de uma política de execução de ordens que permita a obtenção do melhor resultado possível para as ordens dos seus clientes, devendo esta política permitir a execução célere, equitativa e expedita das ordens de clientes e evitar a utilização ilícita de informações relativas às ordens dos clientes por parte dos funcionários dos prestadores de serviços de cripto-activos.

3.11. Aquisição de prestadores de serviços de cripto-activos

De acordo com o artigo 74º da Proposta, relativo à avaliação das aquisições pretendidas de prestadores de serviços de cripto-activos, as pessoas singulares ou colectivas (os «adquirentes potenciais») que, individualmente ou em concertação, pretendam adquirir ou aumentar, directa ou indirectamente, uma participação qualificada num prestador de serviços de cripto-activos de modo que a sua percentagem de direitos de voto ou de participação no capital atinja ou ultrapasse os limiares de 10%, 20%, 30% ou 50% ou que o prestador de serviços de cripto-activos se transforme em sua filial («projecto de aquisição») devem notificar desse facto, por escrito, a autoridade competente do prestador de serviços de cripto-activos, indicando a dimensão da participação pretendida e as informações solicitadas pelas normas técnicas de regulamentação adoptadas pela Comissão nos termos do artigo 75º, nº 4.

No mesmo sentido prevê-se que as pessoas singulares ou colectivas que pretendam alienar, directa ou indirectamente, uma participação qualificada num prestador de serviços de cripto-activos (os «cedentes potenciais») devem notificar desse facto previamente, por escrito, a autoridade competente, indicando a dimensão da participação em causa. As referidas pessoas devem igualmente notificar a autoridade competente se decidirem diminuir a sua participação qualificada de modo a que a sua percentagem de direitos de voto ou de participação no capital passe a ser inferior aos limiares de 10%, 20%, 30% ou 50% ou que o prestador de serviços de cripto-activos deixe de ser sua filial.

Em qualquer um dos casos, as autoridades competentes deverão, com a maior brevidade possível e impreterivelmente no prazo de dois dias úteis a contar da data de recepção, informar por escrito o adquirente potencial da recepção da notificação.

3.12. Prevenção dos abusos de mercado ligados a cripto-activos

Em matéria de abuso de mercado, prevê-se na proposta de artigo 76º do Regulamento que as proibições e os requisitos estipulados sejam aplicáveis aos actos realizados por qualquer pessoa e que digam respeito a cripto-activos admitidos à negociação numa plataforma de negociação de cripto-activos operada por um prestador de serviços de cripto-activos autorizado, ou para os quais foi efectuado determinado pedido de admissão à negociação numa plataforma de negociação.

Assim estabelece-se que os emitentes de cripto-activos devam informar o público, o mais rapidamente possível, da informação privilegiada que lhes diga respeito, de uma forma que permita ao público aceder e avaliar essa informação de uma forma simples, completa, correcta e atempada, sendo que os emitentes de cripto-activos podem, sob sua responsabilidade, diferir a divulgação pública de informação privilegiada, desde que a divulgação imediata seja susceptível de prejudicar os interesses legítimos dos emitentes, o diferimento da divulgação não seja susceptível de induzir o público em erro ou os emitentes estejam em condições de assegurar a confidencialidade dessa informação.

Estabelece-se no artigo 78º da Proposta a proibição do abuso de informação privilegiada, no sentido em que se determina a proibição da utilização de informação privilegiada relativa a cripto-activos para a aquisição ou a alienação desses cripto-activos, quer directa quer indirectamente e por conta própria ou por conta de terceiros, determinando-se que nenhuma pessoa que possua informação privilegiada sobre cripto-activos deva recomendar ou induzir, com base nessa informação privilegiada, outra pessoa a adquirir ou alienar cripto-activos a que essa informação diz respeito ou recomendar ou induzir, com base nessa informação privilegiada, outra pessoa a cancelar ou alterar uma ordem relativa a esses cripto-activos.

A proposta de regulamento prevê igualmente a proibição da transmissão ilícita de informação privilegiada determinando-se que nenhuma pessoa que possua informação privilegiada pode transmitir essa informação a terceiros, excepto quando tal transmissão seja efectuada durante o exercício normal de uma actividade laboral, de uma profissão ou de funções.

O artigo 80º propõe a proibição de manipulação de mercado, excepto se a pessoa que realizou as transacções, tenha colocado as ordens ou praticado outra conduta faça prova de que essa transacção, ordem ou conduta tenham tido lugar por razões legítimas, tenha realizado uma transacção, colocado uma ordem de negociação ou praticado qualquer outra conduta que originasse ou fosse susceptível de originar indicações falsas ou enganosas no que respeita à oferta, à procura ou ao preço de um cripto-activo ou fixasse ou fosse susceptíveis de fixar o preço de um ou mais cripto-activos a um nível anormal ou artificial.

Excepciona-se igualmente aquelas situações em que se trate de realizar transacções, colocar uma ordem de negociação ou praticar qualquer outra actividade ou conduta que afecte, ou seja susceptível de afectar, o preço de um ou mais cripto-activos, recorrendo a procedimentos fictícios ou quaisquer outras formas de engano ou artifício, bem como aquelas hipóteses em que se trate de divulgar informações através dos meios de comunicação social, incluindo a Internet, ou através de outros meios, que dêem ou sejam susceptíveis de dar indicações falsas ou enganosas quanto à oferta, à procura ou ao preço de um cripto-activo ou sejam susceptíveis de fixar o preço de um ou mais cripto-activos a um nível anormal ou artificial, incluindo a divulgação de rumores, quando a pessoa que procedeu à divulgação sabia ou devia saber que essas informações eram falsas ou enganosas.

Para todos os efeitos, considerar-se-á como manipulação de mercado, a conduta de assegurar uma posição dominante sobre a oferta ou a procura de um cripto-activo, que tenha ou possa ter por efeito a fixação, de forma directa ou indirecta, de preços de compra ou de venda ou que crie, ou seja susceptível de criar, outras condições de negociação não equitativas, ou a de colocar ordens numa plataforma de negociação de cripto-activos, incluindo o seu cancelamento ou alteração, por meio de qualquer mecanismo de negociação, tendo como efeito perturbar ou diferir o funcionamento da plataforma de negociação de cripto-activos ou participar em actividades susceptíveis de ter esse efeito ou de dificultar a identificação por outras pessoas de ordens verdadeiras na plataforma de negociação de cripto-activos ou participar em actividades susceptíveis de ter esse efeito, nomeadamente através da introdução de ordens que resultem na desestabilização do funcionamento normal da plataforma de negociação de cripto-activos ou ainda de gerar uma indicação falsa ou enganosa sobre a oferta, a procura ou o preço de um cripto-activo, nomeadamente através da introdução de ordens para iniciar ou exacerbar uma tendência ou a participação em actividades susceptíveis de ter esse efeito.

Será ainda tido como manipulação de mercado o facto de se tirar proveito do acesso pontual ou regular aos meios de comunicação social (tradicionais ou electrónicos) emitindo opiniões sobre um cripto-activo, tendo previamente assumido posições nesse cripto-activo e tirando seguidamente proveito do impacto dessas opiniões no preço desse cripto-activo, sem simultaneamente ter revelado ao público, de forma adequada e eficaz, esse conflito de interesses.

3.13. Autoridades Competentes

No título VII da Proposta de Regulamento determina-se que serão autoridades competentes a EBA (Autoridade Bancária Europeia) e ESMA (Autoridade Europeia dos Valores Mobiliários e dos Mercados), sendo que de acordo com o art. 81º os Estados-Membros designam as autoridades competentes responsáveis pelo exercício das funções e deveres previstos na proposta de regulamento e informam desse facto a EBA e a ESMA, sendo que nos casos em que os Estados-Membros designem mais do que uma autoridade competente nos termos do nº 1, determinam as respectivas atribuições e designam uma delas como ponto de contacto único para efeitos de cooperação administrativa transfronteiriça entre autoridades competentes, bem como com a EBA e a ESMA, devendo esta última publicar no seu sítio Web a lista das autoridades competentes designadas por cada Estado.

Na proposta de Regulamento prevê-se que para o desempenho das suas funções previstas nos títulos II, III, IV e V do regulamento, as autoridades competentes disporão, pelo menos, nos termos do direito nacional, dos poderes de supervisão e investigação para exigir aos prestadores de serviços de cripto-activos, bem como às pessoas singulares ou colectivas que os controlem ou que sejam por estes controladas, que forneçam informações e documentos, para exigir aos membros do órgão de administração dos prestadores de serviços de cripto-activos que forneçam informações, para suspender, ou exigir que um prestador de serviços de cripto-activos suspenda, a prestação do serviço de cripto-activos por um período máximo de 10 dias úteis consecutivos de cada vez, caso existam motivos razoáveis para crer que o presente regulamento foi infringido, para proibir a prestação de serviços de cripto-activos nos casos em que constatem que o presente regulamento foi infringido, para divulgar, ou exigir que um prestador de serviços de cripto-activos divulgue, todas as informações relevantes susceptíveis de influenciar a prestação dos serviços de cripto-activos, no intuito de assegurar a protecção dos consumidores ou o regular funcionamento do mercado e para tornar público o facto de que um prestador de serviços de cripto-activos está em situação de incumprimento das suas obrigações.

Deverão ainda ser dotadas dos poderes necessários para suspender, ou exigir que um prestador de serviços de cripto-activos suspenda, a prestação de serviços de cripto-activos nos casos em que as autoridades competentes considerem que a situação desse prestador é tal que a prestação do referido serviço prejudicaria os interesses dos consumidores, para transferir os contratos em vigor para outro prestador de serviços de cripto-activos nos casos em que a autorização de um prestador de serviços de cripto-activos seja revogada nos termos do artigo 56º, sob reserva do acordo dos clientes e do prestador de serviços de cripto-activos para o qual os contratos são transferidos.

Sempre que existam motivos para presumir que uma pessoa presta um serviço de cripto-activos sem autorização, deverão poder exigir a essa pessoa que forneça informações e documentos e sempre que existam motivos para presumir que uma pessoa emite criptofichas referenciadas a activos ou criptofichas de moeda electrónica sem autorização, deverão poder exigir a essa pessoa que forneça informações e documentos, sendo que em casos urgentes, sempre que existam motivos para presumir que uma pessoa presta serviços de cripto-activos sem autorização, ordenar a cessação imediata da actividade, sem aviso prévio ou imposição de um prazo para o efeito.

Prevê-se igualmente a possibilidade de serem realizadas inspecções ou investigações em locais que não sejam as residências privadas de pessoas singulares e, para esse efeito, a possibilidade de entrar em instalações a fim de ter acesso a documentos e outros dados, independentemente da sua forma, caso haja uma suspeita razoável de que esses documentos e outros dados relacionados com o objecto da inspecção ou investigação possam ser relevantes para provar uma infracção ao presente regulamento, sendo que os poderes de supervisão e investigação exercidos em relação a emitentes de criptofichas de moeda electrónica não prejudicam os poderes concedidos às autoridades competentes relevantes nos termos das leis nacionais que transpõem a Directiva 2009/110/CE.

Determina-se na proposta que para o desempenho das suas funções as autoridades competentes possam dispor pelo menos, nos termos do direito nacional, dos poderes de supervisão e investigação necessários para ter acesso a quaisquer documentos e dados, independentemente da sua forma, e receber ou fazer uma cópia dos mesmos e para solicitar ou exigir informações a qualquer pessoa, incluindo as pessoas que sucessivamente intervenham na transmissão de ordens ou na realização das operações em causa, bem como os seus comitentes, e, se necessário, intimar uma pessoa e colher o seu depoimento com vista a obter informações.

3.14. Jurisdição e Taxas

Previsto no artigo 118º da Proposta de Regulamento, o controlo da legalidade será efectuado pelo Tribunal de Justiça da União Europeia, sendo a sua competência ilimitada para controlar a legalidade das decisões através das quais a EBA tenha aplicado uma coima ou uma sanção pecuniária compulsória ou qualquer outra sanção ou medida administrativa nos termos da proposta de regulamento.

Assim, concede-se ao Tribunal de Justiça o poder de anular, reduzir ou aumentar a coima ou a sanção pecuniária compulsória que venha a ser aplicada nos termos da Proposta de Regulamento.

Mas, para além das coimas, prevê-se igualmente a possibilidade de cobrança de taxas de supervisão (assim o artigo 119º), permitindo-se à EBA que cobre taxas aos emitentes de criptofichas referenciadas a activos e de criptofichas de moeda electrónica significativas em conformidade com o regulamente e com os actos delegados adoptados nos termos do nº 3.

Tais taxas cobrirão as despesas suportadas pela EBA com a supervisão de emitentes de criptofichas referenciadas a activos e de criptofichas de moeda electrónica significativas em conformidade com o artigo 98º, e com o reembolso dos custos em que as autoridades competentes possam incorrer no exercício de actividades prosseguidas nos termos do presente regulamento, nomeadamente em resultado de uma delegação de atribuições em conformidade com o artigo 120º.

Define-se que o montante da taxa cobrada a um emitente de criptofichas referenciadas a activos significativas deva ser proporcionado ao volume dos seus activos de reserva e cobrir todos os custos suportados pela EBA na prossecução das suas atribuições de supervisão em conformidade com o presente regulamento.

Assim, o montante da taxa cobrada a um emitente de criptofichas de moeda electrónica significativas deve ser proporcionado à dimensão da moeda electrónica emitida em troca de fundos e cobrir todos os custos suportados pela EBA na prossecução das suas atribuições de supervisão em conformidade com o regulamento devendo a Comissão adoptar um acto delegado para especificar o tipo de taxas, os actos sujeitos às taxas, o montante das taxas e a forma como estas devam ser pagas, bem como a metodologia para o cálculo do montante máximo por entidade que a EBA poderá.

4. Negócios com Cripto-activos

Como já referido são já vários os negócios relativos a venda de NFT's (*Non-fungible token*) como quadros, calçado virtual ou mesmo casas.

Tal como noticiado pelo jornal The Guardian (disponível em https://www.theguardian.com/fashion/2021/mar/19/a-virtual-steal-the-gucci-sneakers-for-sale-at-1799) os ténis digitais da marca de luxo *Gucci* estão à venda por $17.99, e são os primeiros ténis da marca que podem ser utilizados exclusivamente em mundos virtuais ou de realidade aumentada, mas na verdade acredita-se que se esteja apenas no inicio de um novo mercado.

O timing deste novo produto será, para o diário, deliberado, uma vez que o aumento de gastos com bens que apenas existem na realidade digital tem ocupado os últimos cabeçalhos com os novos mercados especulativos dos tokens não-fungíveis (NFT's) a aquecer, nomeadamente com venda de obras de arte.

Foi igualmente notícia a 24 de Março de 2021, (disponível em https://edition.cnn.com/style/article/digital-nft-mars-house-scli-intl/index.html) a venda da primeira casa digital NFT do mundo, por $500,000,00 (€422,850,85 que correspondem na verdade a 288 Ether, a criptomoeda utilizada na compra), num projecto idealizado pela artista Krista Kim.

Com o nome Mars House, a primeira casa digital do mundo NFT foi notícia mundial, abrindo caminho à arte digital e outros bens para serem vendidos na rede.

O NFT é um token único digital que verifica efectivamente a autenticidade e propriedade do bem. É encriptado com a assinatura do artista na sua blockchain, da mesma forma que é utilizado para marcar as criptomoedas como a bitcoin.

A questão que se coloca será, pois, qual o tipo de contrato a celebrar quando estiverem em causa a compra e venda de bens não fungíveis, ou a sua venda em conjunto com outros objectos ou bens sujeitos a registo.

Por exemplo, a aquisição com recurso a cripto-moedas de um carro.

Ou, por exemplo, a aquisição de um imóvel. E se essa venda de imóvel for igualmente acompanhada de uma casa digital? *Quid iuris*?

Para o Artigo 1302º (Objecto do direito de propriedade) apenas poderão ser objecto do direito de direito de propriedade regulado no Código Civil, as coisas corpóreas, móveis ou imóveis, gozando o proprietário de modo pleno e exclusivo dos direitos de uso, fruição e disposição das coisas que lhe pertencem, dentro dos limites da lei e com observância das restrições por ela impostas.

Mas é no artigo 1303º relativo à propriedade intelectual que encontraremos a nossa resposta – ali se prevê que os direitos de autor e a propriedade industrial se regularão por legislação especial (Decreto-Lei nº 63/85, de 14 de Março por exemplo), sendo, todavia, subsidiariamente aplicáveis aos direitos de autor e à propriedade industrial as disposições da Lei Civil, quando se harmonizem com a natureza daqueles direitos e não contrariem o regime para eles especialmente estabelecido.

Ora, precisamente no Decreto-Lei nº 63/85, de 14 de Março que veio aprovar o Código do Direito de Autor e dos Direitos Conexos, na actual redacção dada pela Lei nº 92/2019, de 4 de Setembro, encontramos a definição de Obras originais (art. 2º) como as criações intelectuais do domínio literário, científico e artístico, quaisquer que sejam o género, a forma de expressão, o mérito, o modo de comunicação e o objectivo, compreendem nomeadamente obras de desenho, tapeçaria, pintura, escultura, cerâmica, azulejo, gravura, litografia e arquitectura, obras fotográficas ou produzidas por quaisquer processos análogos aos da fotografia, obras de artes aplicadas, desenhos ou modelos industriais e obras de design que constituam criação artística, independentemente da protecção relativa à propriedade industrial, ilustrações e cartas geográficas bem como projectos, esboços e obras plásticas respeitantes à arquitectura, ao urbanismo, à geografia ou às outras ciências (alíneas g), h), i), j), l) do art. 2º).

De acordo com o referido código, a exploração e, em geral, a utilização da obra podem fazer-se, segundo a sua espécie e natureza, por qualquer dos modos actualmente conhecidos ou que de futuro o venham a ser, prevendo-se que assiste ao autor, entre outros, o direito exclusivo de fazer ou autorizar, qualquer forma de distribuição do original ou de cópias da obra, tal como venda, aluguer ou comodato.

Prevê-se ainda o direito de colocação à disposição do público, por fio ou sem fio (numa clara tradução de online ou offline), da obra por forma a torná-la acessível a qualquer pessoa a partir do local e no momento por ela escolhido.

Tal como previsto no Código do Direito de Autor e dos Direitos Conexos, os actos de disposição lícitos, mediante a primeira venda ou por outro meio de transferência de propriedade, esgotam o direito de distribuição do original ou de cópias, enquanto exemplares tangíveis, de uma obra na União Europeia.

Encontramos igualmente no referido Código, no seu artigo 47º sob a epigrafe de penhora e arresto menção à possibilidade dos direitos patrimoniais do autor sobre todas ou algumas das suas obras poderem ser objecto de penhora ou arresto, observando-se relativamente à arrematação em execução o disposto no artigo 46º quanto à venda do penhor.

Estando igualmente previsto o Direito de sequência, que consistirá na possibilidade conferida ao autor de uma obra de arte original que não seja de arquitectura nem de arte aplicada a uma participação sobre o preço obtido, livre de impostos, pela venda dessa obra, realizada mediante a intervenção de qualquer agente que actue profissional e estavelmente no mercado de arte, após a sua alienação inicial por aquele, entendendo-se por 'obra de arte original' qualquer obra de arte gráfica ou plástica, tal como quadros, colagens, pinturas, desenhos, serigrafias, gravuras, estampas, litografias, esculturas, tapeçarias, cerâmicas, vidros e fotografias, na medida em que seja executada pelo autor ou se trate de cópias consideradas como obras de arte originais, devendo estas ser numeradas, assinadas ou por qualquer modo por ele autorizadas.

4.1. Compra e venda ou permuta

Tal como referido pelo Professor Inocêncio Galvão Telles, "*Em sentido muito amplo, desprovido de rigor técnico-jurídico, obrigação designa o lado passivo de qualquer relação jurídica, ou seja, de qualquer relação da vida social regulada e tutelada pelo Direito*" sendo em "*sentido restrito e próprio uma categoria específica, bem individualizada, que se contrapõe a outras categorias: a sujeição e o ónus*" (Direito das Obrigações, Inocêncio Galvão Telles, Coimbra Editora, 1997).

Assim, refere que "*Nos contratos, pelo menos nos bilaterais ou sinalagmáticos, a posição das partes apresenta-se com uma complexidade particular, constituída como é não só por deveres principais e acessórios, mas também por créditos igualmente principais e acessórios, por direitos potestativos, estados de sujeição, ónus, expectativas jurídicas, excepções (meios de defesa). Cada uma das partes é titular da sua posição contratual, misto de elementos activos e passivos, e as duas posições, que se interpenetram e são incindíveis, formam uma relação contratual.*" (assim Direito das Obrigações, Inocêncio Galvão Telles, Coimbra Editora, 1997).

Mas importa ter em consideração que, tratando-se da venda de imóveis, entraremos no campo dos Direitos Reais.

Tal como ensina o Professor José de Oliveira Ascensão no seu livro de Direito Civil – Reais (Coimbra Editora, 5ª Edição, 2000), "A palavra reais deriva de res, rei, que significa coisa. Há assim entre as expressões «Direito das Coisas» e «Direitos Reais» manifestas afinidades".

Tal como ensina, "*O sistema do Código Civil assenta na classificação germânica e, por isso, o Livro III é dedicado ao «Direito das Coisas». Temos pois na lei um importante ponto de partida para a determinação da matéria que nos ocupa – ainda que esse ponto de partida deva mais tarde vir a ser superado, mediante uma delimitação mais rigorosa da nossa disciplina.*"

E, nessa sequência são apresentados os seis títulos do Livro III do Código Civil (I – Da Posse, II – Do Direito de Propriedade, III – Do usufruto, uso e habitação, IV – Da enfiteuse (já revogado, seria o arrendamento vitalício ou de longa duração, V – Do direito de superfície e VI – Das Servidões de Passagem).

Mas, tal como referido na citada obra, a propósito da posse, "*Apresenta-se por vezes uma noção muito ampla de posse, de molde a abarcar o exercício de todo e qualquer direito. (...) Ao Direito das Coisas só interessa a posse que corresponda a direitos relativos a coisas. (...)*".

A questão que se impõe colocar prende-se com a necessidade de registo uma vez que a lei estabelece a obrigatoriedade de registo, para efeitos de publicidade à situação jurídica dos prédios, tendo em vista a segurança do comércio jurídico.

Ora, se é certo que o sistema jurídico português não prevê o registo de bens não fungíveis, o certo é que na celebração de contratos de compra e venda (ou de permuta) o legislador previu já o depósito de documentos (no sítio da internet www.predialonline.pt).

Nos termos do disposto no art. 22º do Decreto-Lei nº 116/2008, de 04.07 na redacção dada pelo Decreto-Lei nº 99/2010, de 2 de Setembro, que veio adoptar medidas de simplificação, desmaterialização e eliminação de actos e procedimentos no âmbito do registo predial e actos conexos, alterando diversos diplomas, os actos que importem reconhecimento, constituição, aquisição, modificação, divisão ou extinção dos direitos de propriedade, usufruto, uso e habitação, superfície ou servidão sobre coisas imóveis, os actos de constituição, alteração e distrate de consignação de rendimentos e de fixação ou alteração de prestações mensais de alimentos, quando onerem coisas imóveis, os actos de alienação, repúdio e renúncia de herança ou legado, de que façam parte coisas imóveis, os actos de constituição e liquidação de sociedades civis, se esta for a forma exigida para a transmissão dos bens com que os sócios entram para a sociedade, os actos de constituição e de modificação de hipotecas, a cessão destas ou do grau de prioridade do seu registo e a cessão ou penhor de créditos hipotecários, as divisões de coisa comum e as partilhas de patrimónios hereditários, societários ou outros patrimónios comuns de que façam parte coisas imóveis e todos os demais actos que importem reconhecimento, constituição, aquisição, modificação, divisão ou extinção dos direitos de propriedade, usufruto, uso e habitação, superfície ou servidão sobre imóveis, para os quais a lei não preveja forma especial, só serão considerados válidos se forem celebrados por escritura pública ou documento particular autenticado.

Após a sua celebração, impor-se-á, sobre aqueles negócios, o seu registo, tendo em conta a necessidade de publicidade registral (das situações jurídicas) e o competente acto de registo dos factos (quer seja a inscrição, ou o averbamento).

Tal como previsto no artigo 24º (Documento particular autenticado) do referido diploma, os documentos particulares que titulem actos sujeitos a registo predial deverão conter os requisitos legais a que estão sujeitos os negócios jurídicos sobre imóveis, aplicando-se subsidiariamente o Código aprovado pelo Decreto-Lei nº 207/95, de 14 de Agosto, dependendo a validade da autenticação dos documentos particulares, de depósito electrónico desses documentos, bem como de todos os documentos que os instruam.

O efeito imediato do registo será a fé pública dada ao negócio celebrado, e que no caso de contratos sobre NFT não pode ainda ser dada resposta no nosso sistema interno, sem prejuízo da evolução tecnológica que já o faz através do registo em Blockchains.

Ainda assim, será possível admitir a celebração de contratos de compra e venda sobre NTFs – ou, no limite, de contratos de permuta – em que haja o pagamento com recurso a cripto-moedas (consoante se admita e reconheça a criptomoeda como moeda em si, ou como um bem ou activo, respectivamente).

Assim, as partes convencionarão um valor que atribuem ao bem (físico ou não fungível), que pode ser expresso em moeda com curso legal em Portugal com correspondência a uma cripto-moeda como a Bitcoin ou Stellar Lumen.

Tal como decidido no Acórdão do Tribunal da Relação do Porto 23-07-1976 no Processo 0012899, "*I – Nas obrigações de valor, revestindo embora a natureza de obrigações pecuniárias, uma vez que a sua liquidação tem de ser efectuada em dinheiro, não estão sujeitas ao princípio nominalista.*".

Ora, precisamente quanto às modalidades das obrigações (pecuniárias) estabelece-se no nosso Código Civil a possibilidade de celebração de negócios relativos a moeda com curso legal apenas no estrangeiro prevendo-se que a estipulação do cumprimento em moeda com curso legal apenas no estrangeiro (admitindo nós a admissibilidade de extensão às criptomoedas) não impede o devedor de pagar em moeda com curso legal no País, segundo o câmbio do dia do cumprimento e do lugar para este estabelecido, salvo se essa faculdade houver sido afastada pelos interessados.

Neste sentido, o Acórdão do Tribunal da Relação de Lisboa de 25-05-2010 no processo 144/06.5TBVLS.L1-1 e no âmbito do qual se decidiu que "*IV – O art. 558º do Código Civil manda atender ao câmbio do dia do cumprimento e não do vencimento da obrigação, diferentemente do que se prevê no art. 41º da Lei Uniforme Sobre Letras e Livranças.*

V – O cumprimento das obrigações pecuniárias deve fazer-se, salvo estipulação em contrário, atendendo ao valor nominal da moeda à data em que for efectuado, independentemente de eventuais desvalorizações ou revalorizações monetárias que tenham ocorrido."

Recentemente, El Salvador tornou-se o primeiro País do Mundo a aceitar a Bitcoin como moeda com curso legal com a aprovação pelo Congresso, a 8 de Junho de 2021 e entrada em vigor a 7 de Setembro de 2021, a Lei da Bitcoin prescreve que "*todo agente económico deberá aceptar bitcoin como forma de pago cuando así le sea ofrecido por quien adquiere un bien o servicio*".

Aprovada pelo Decreto Legislativo Nº 57, de 8 de Junho de 2021, a Ley Bitcoin prevê no seu art. 1º que tem como objecto a regulação da bitcoin como moeda de curso legal, irrestrito com poder liberatório, ilimitado em qualquer transacção e a qualquer titulo que as pessoas singulares ou colectivas publicas ou privadas pretendam realizar, prevendo igualmente que o câmbio entre bitcoin e o dólar norte-americano seja livremente estabelecido pelo mercado.

Assim, a partir da entrada em vigor da referida lei, todos os preços poderão ser expressos em bitcoin, admitindo-se o pagamento de tributos fiscais na moeda digital (art. 4º) prevendo-se igualmente a isenção de impostos devidos pelos câmbios, decorrendo do art. 7º da referida lei que todos os agentes económicos deverão aceitar bitcoins como forma de pagamento sempre que lhes seja solicitado a quando da aquisição de bens ou serviços.

Consequentemente, passou a estar aberta, em Portugal, a possibilidade de celebração de negócios jurídicos nos termos da lei Civil, com bitcoins, uma vez que passou a ser moeda com curso legal no estrangeiro, estando consequentemente abrangida pelo disposto no art. Artigo 558º e que prevê a possibilidade de estipulação do cumprimento de obrigação em moeda com curso legal apenas no estrangeiro, sem prejuízo da possibilidade dada ao devedor de pagar em moeda com curso legal no País, segundo o câmbio do dia do cumprimento e do lugar para este estabelecido, possibilidade essa que poderá, nos termos do referido preceito ser afastada pelas partes.

4.2. Contratos híbridos ou mistos

Tal como distinguido pelo Professor Inocêncio Galvão Telles, "*Os direitos reais são direitos sobre coisas; os direitos de crédito são direitos contra pessoas. Os Direitos reais traduzem-se num poder directo e imediato sobre determinados bens; os direitos de crédito num poder dirigido contra determinada pessoa, tendente a obter a sua colaboração ou cooperação. Mesmo quando a obrigação respeite a um objecto material, entre o credor e este interpõe-se o devedor.*

Os direitos reais, porque inerentes a bens, gozam dos atributos da sequela e da preferência, que não assistem aos direitos de crédito. Assim, os titulares dos primeiros podem reivindicar a coisa sobre que recaem, qualquer que seja a pessoa que a detenha." (Direito das Obrigações, Inocêncio Galvão Telles, Coimbra Editora, 1997).

Mas, a propósito dos contratos mistos, refere-se na citada obra que "*resultam da fusão de dois ou mais contratos ou de partes de contratos distintos, ou da inclusão num contrato de aspectos próprios de outro ou outros. Em qualquer dos casos há fusão e não simples cúmulo. O contrato misto é um contrato só, não se identificando com a união de contratos (...)*" devendo aos referidos contratos ver aplicada a teoria da absorção ou da combinação, dependendo se o contrato se reconduz a determinado tipo legal (dando o exemplo da venda por preço de favor), ou se o contrato resulta de concurso de diferentes espécies contratuais que concorrem para a sua formação, respectivamente.

Imagine-se a compra e venda de um edifício na Baixa Pombalina sendo pressuposto do negócio a venda do mesmo prédio NTF (nomeadamente com entrega do suporte digital com plantas).

Ora será precisamente aqui que poderá residir a nossa solução, a criação de um contrato misto que inclua, na verdade, aspectos jurídicos próprios quer de um contrato de compra e venda de prédio sujeito a registo, quer de contrato de venda de um bem não fungível.

Neste caso em concreto, e pressupondo a identidade do bem físico com o bem NFT, o registo do primeiro (sobre o prédio) permitirá fazer referência ao facto de que é igualmente transmitido o token correspondente ao prédio físico cujo negócio é sujeito a registo.

X. Comércio Electrónico no Mercado Interno, Sítios em linha e Lojas Virtuais

1. Contratação Electrónica

O Decreto-Lei nº 7/2004, de 07 de Janeiro trata do Comércio Electrónico no Mercado Interno e Tratamento de Dados (actualmente em vigor na redacção dada pela Lei nº 40/2020, de 18 de Agosto).

O referido diploma transpõe para a ordem jurídica interna a Directiva nº 2000/31/CE, do Parlamento Europeu e do Conselho, de 8 de Junho de 2000, relativa a certos aspectos legais dos serviços da sociedade de informação, em especial do comércio electrónico, no mercado interno (Directiva sobre Comércio Electrónico).

No Capítulo V do referido diploma cuja epigrafe é Contratação electrónica, consta que as disposições ali constantes serão aplicáveis a todo o tipo de contratos celebrados por via electrónica ou informática, sejam ou não qualificáveis como comerciais.

Para o efeito, prevê-se que é livre a celebração de contratos por via electrónica, sem que a validade ou eficácia destes seja prejudicada pela utilização deste meio, ficando ainda assim excluídos do referido princípio da admissibilidade aqueles negócios jurídicos familiares e sucessórios, ou que exijam a intervenção de tribunais, entes públicos ou outros entes que exerçam poderes públicos, nomeadamente quando aquela intervenção condicione a produção de efeitos em relação a terceiros e ainda os negócios legalmente sujeitos a reconhecimento ou autenticação notariais.

Ficam igualmente excluídos os negócios reais imobiliários, com excepção do arrendamento, o que demonstra uma abertura do Legislador para uma nova realidade.

Ficarão, ainda por ora excluídos, os negócios de caução e de garantia, mas ainda assim, apenas caso não se integrem na actividade profissional de quem as presta, estabelecendo-se a obrigatoriedade de aceitação da via electrónica para a celebração de um contrato quem se tiver vinculado a proceder dessa forma (por exemplo, por contrato promessa ou outro tipo de contrato), prevendo ainda assim o legislador a proibição de cláusulas contratuais gerais que imponham a celebração por via electrónica dos contratos com consumidores.

Relativamente à forma, prevê-se que as declarações emitidas por via electrónica satisfarão a exigência legal de forma escrita quando contidas em suporte que ofereça as mesmas garantias de fidedignidade, inteligibilidade e conservação, valendo o documento electrónico como documento assinado quando satisfizer os requisitos da legislação sobre assinatura electrónica e certificação.

Neste sentido, o Decreto-Lei nº 12/2021, de 9 de Fevereiro, o qual assegura a execução na ordem jurídica interna do Regulamento (UE) 910/2014 do Parlamento Europeu e do Conselho, de 23 de Julho de 2014, relativo à identificação electrónica e aos serviços de confiança para as transacções electrónicas no mercado (Regulamento) e regula a validade, eficácia e valor probatório dos documentos electrónicos, o reconhecimento e aceitação, na ordem jurídica portuguesa, dos meios de identificação electrónica de pessoas singulares e colectivas e prevê as normas aplicáveis ao Sistema de Certificação Electrónica do Estado – Infra-estrutura de Chaves Públicas (SCEE).

Aplicando-se o referido decreto-lei quer aos documentos electrónicos elaborados por particulares quer àqueles elaborados pela Administração Pública.

Resulta do artigo 3º que o documento electrónico satisfará o requisito legal de forma escrita quando o seu conteúdo seja susceptível de representação como declaração escrita sendo que a aposição de uma assinatura electrónica qualificada a um documento electrónico equivale à assinatura autógrafa dos documentos com forma escrita sobre suporte de papel e cria a presunção de que a pessoa que apôs a assinatura electrónica qualificada é o titular desta ou é representante, com poderes bastantes, da pessoa colectiva em causa, que a assinatura electrónica qualificada foi aposta com a intenção de assinar o documento electrónico e que o documento electrónico não sofreu alteração desde que lhe foi aposta a assinatura electrónica qualificada.

Mas no que à celebração de contratos diz respeito, prevê-se no artigo 27º (Dispositivos de identificação e correcção de erros) do Decreto-Lei nº 7/2004, de 07 de Janeiro, o prestador de serviços em rede que celebre contratos por via electrónica deverá disponibilizar aos destinatários dos serviços, salvo acordo em contrário das partes que não sejam consumidores, meios técnicos eficazes que lhes permitam identificar e corrigir erros de introdução, antes de formular uma ordem de encomenda.

Prevê-se que o prestador de serviços em rede que celebre contratos em linha deva facultar aos destinatários, antes de ser dada a ordem de encomenda, informação mínima inequívoca que inclua o processo de celebração do contrato, o arquivamento ou não do contrato pelo prestador de serviço e a acessibilidade àquele pelo destinatário, a língua ou línguas em que o contrato pode ser celebrado, os meios técnicos que o prestador disponibiliza para poderem ser identificados e corrigidos erros de introdução que possam estar contidos na ordem de encomenda, os termos contratuais e as cláusulas gerais do contrato a celebrar e os códigos de conduta de que seja subscritor e a forma de os consultar electronicamente.

Mas no que ao sistema de encomendas diz respeito, logo que receba uma ordem de encomenda por via exclusivamente electrónica, o prestador de serviços deve acusar a recepção igualmente por meios electrónicos, salvo acordo em contrário com a parte que não seja consumidora, sendo tal aviso de recepção da encomenda dispensado apenas nos casos em que haja a imediata prestação em linha do produto ou serviço.

O referido diploma prevê que o aviso de recepção deva conter a identificação fundamental do contrato a que se refere, devendo o prestador enviar a comunicação para o endereço electrónico que foi indicado ou utilizado pelo destinatário do serviço e tornando-se a encomenda definitiva com a confirmação do destinatário, dada na sequência do aviso de recepção, reiterando a ordem emitida.

Quanto aos contratos celebrados exclusivamente por correio electrónico ou outro meio de comunicação individual equivalente, não será exigível a existência de dispositivos de identificação e correcção de erros (Artigo 27º), Informações prévias (Artigo 28º) ou Ordem de encomenda e aviso de recepção (Artigo 29º).

Prevê-se que os termos contratuais e as cláusulas gerais, bem como o aviso de recepção, devam ser sempre comunicados de maneira que permita ao destinatário armazená-los e reproduzi-los, sendo que a ordem de encomenda, o aviso de recepção e a confirmação da encomenda consideram-se recebidos logo que os destinatários têm a possibilidade de aceder a eles.

O referido diploma estabelece ainda que a oferta de produtos ou serviços em linha representa uma proposta contratual quando contiver todos os elementos necessários para que o contrato fique concluído com a simples aceitação do destinatário, representando, caso contrário, um convite a contratar, determinando que o mero aviso de recepção da ordem de encomenda não tem significado para a determinação do momento da conclusão do contrato.

Por outro lado, consagra-se a equiparação da contratação sem intervenção humana, isto é, a contratação celebrada exclusivamente por meio de computadores, sem intervenção humana, ao regime comum, salvo quando este pressupuser uma actuação.

No caso do contratante digital (o programa informático ou equipamento), este verá igualmente aplicáveis as disposições sobre erro, nomeadamente na formação da vontade, se houver erro de programação, na declaração, se houver defeito de funcionamento da máquina e na transmissão, se a mensagem chegar deformada ao seu destino.

Sendo que, nestes casos, a outra parte não pode opor-se à impugnação por erro sempre que lhe fosse exigível que dele se apercebesse, nomeadamente pelo uso de dispositivos de detecção de erros de introdução.

Surge previsto no artigo 34º do Decreto-Lei nº 7/2004, de 07 de Janeiro a possibilidade de solução de litígios por via electrónica, sendo permitido o funcionamento em rede de formas de solução extrajudicial de litígios entre prestadores e destinatários de serviços da sociedade da informação, com observância das disposições concernentes à validade e eficácia dos documentos electrónicos.

2. Prestadores de Serviços

Mas o Decreto-Lei nº 7/2004, de 07 de Janeiro exclui do seu âmbito de aplicação (art. 2º) a matéria fiscal, a disciplina da concorrência, o regime do tratamento de dados pessoais e da protecção da privacidade, os jogos de fortuna, incluindo lotarias e apostas, em que é feita uma aposta em dinheiro e, no que ao Direito diz respeito, exclui igualmente o patrocínio judiciário e a actividade notarial ou equiparadas, enquanto caracterizadas pela fé pública ou por outras manifestações de poderes públicos.

Relativamente aos novos prestadores de serviços da sociedade da informação, estabelece-se o Princípio da liberdade de exercício, entendendo-se por «serviço da sociedade da informação» qualquer serviço prestado a distância por via electrónica, mediante remuneração ou pelo menos no âmbito de uma actividade económica na sequência de pedido individual do destinatário e consagrando-se que a actividade de prestador de serviços da sociedade da informação não depende de autorização prévia, não ficando, ainda assim, excluída a aplicação da legislação vigente que com seja compatível com o referido Decreto-Lei, nomeadamente no que respeita ao regime dos contratos celebrados a distância e à protecção dos consumidores, incluindo investidores, resultante da restante legislação nacional.

Assim, os prestadores de serviços da sociedade da informação estabelecidos em Portugal passam a ficar integralmente sujeitos à lei portuguesa relativa à actividade que exerçam, mesmo no que concerne a serviços da sociedade da informação prestados noutro país comunitário, determinando-se que um prestador de serviços que exerça uma actividade económica no país mediante um estabelecimento efectivo considera-se estabelecido em Portugal seja qual for a localização da sua sede, não configurando a mera disponibilidade de meios técnicos adequados à prestação do serviço, só por si, um estabelecimento efectivo.

Mas, no caso do prestador estabelecido em vários locais, a norma determina que se considera estabelecido no local em que tenha o centro das suas actividades relacionadas com o serviço da sociedade da informação.

Também nos casos dos prestadores intermediários de serviços em rede que pretendam exercer estavelmente a actividade em Portugal, estabelece-se que os mesmos deverão previamente proceder à inscrição junto da entidade de supervisão central, sendo «Prestadores intermediários de serviços em rede» todos aqueles que prestem serviços técnicos para o acesso, disponibilização e utilização de informações ou serviços em linha independentes da geração da própria informação ou serviço.

Os prestadores de serviços abrangidos pelo referido diploma deverão disponibilizar permanentemente em linha, em condições que permitam um acesso fácil e directo, elementos completos de identificação que incluam, o seu nome ou denominação social, o seu endereço geográfico em que se encontrem estabelecidos e endereço electrónico, em termos de permitir uma comunicação directa, eventuais inscrições do prestador em registos públicos e respectivos números de registo e, sempre, o número de identificação fiscal.

Relativamente a responsabilidade dos prestadores de serviços em rede, consagra-se a equiparação (Princípio da equiparação) ao regime comum, nomeadamente em caso de associação de conteúdos.

Mas não estarão sujeitos a uma obrigação geral de vigilância sobre as informações que transmitem ou armazenam ou de investigação de eventuais ilícitos praticados no seu âmbito.

Caberá aos prestadores intermediários de serviços a obrigação para com as entidades competentes de informar de imediato quando tiverem conhecimento de actividades ilícitas que se desenvolvam por via dos serviços que prestam, de satisfazer os pedidos de identificar os destinatários dos serviços com quem tenham acordos de armazenagem, de cumprir prontamente as determinações destinadas a prevenir ou pôr termo a uma infracção, nomeadamente no sentido de remover ou impossibilitar o acesso a uma informação e de fornecer listas de titulares de sítios que alberguem, quando lhes for pedido.

Estabelece-se igualmente deveres de bloqueio, devendo os prestadores intermediários de serviços em rede assegurar, num prazo de 48 horas, o bloqueio dos sítios identificados como contendo pornografia de menores ou material conexo, através de procedimento transparente e com garantias adequadas, nomeadamente assegurando que a restrição se limita ao que é necessário e proporcionado, e que os utilizadores são informados do motivo das restrições.

3. Protecção de Dados

Da Carta dos Direitos Fundamentais da União Europeia consta que "*Todas as pessoas têm direito ao respeito pela sua vida privada e familiar, pelo seu domicílio e pelas suas comunicações*". (Artigo 7º – Respeito pela vida privada e familiar) e que "*Todas as pessoas têm direito à protecção dos dados de carácter pessoal que lhes digam respeito*" sendo que "*Esses dados devem ser objecto de um tratamento leal, para fins específicos e com o consentimento da pessoa interessada ou com outro fundamento legítimo previsto por lei. Todas as pessoas têm o direito de aceder aos dados coligidos que lhes digam respeito e de obter a respectiva rectificação.*" (Artigo 8º – Protecção de dados pessoais)

É precisamente neste contexto que encontramos o Regulamento (UE) 2016/679 do Parlamento Europeu e do Conselho, de 27 de Abril de 2016, relativo à protecção das pessoas singulares no que diz respeito ao tratamento de dados pessoais e à livre circulação desses dados e que revogou a Directiva 95/46/CE (Regulamento Geral sobre a Protecção de Dados) o qual entrou em vigor a 25 de Maio de 2018.

A politica de *Cookies* deverá ser abordada no âmbito da politica de protecção de dados, com informação detalhada dirigida para o utilizador sobre o que é um *Cookie*, o motivo da sua utilização e uma descrição dos eventuais *Cookies* utilizados e respectivas funcionalidades (com menção do nome, Entidade responsável, validade, necessidade e finalidade).

Os sítios que funcionem com *Cookies* deverão apresentar a referida informação ao utilizador assim que acede ao respectivo endereço, com opção para confirmar se autoriza ou não a sua utilização e com possibilidade de configurar as suas escolhas e autorizações.

Relativamente a eventuais dados pessoais do utilizador ou cliente que já não forem necessários para a prestação do serviço ou cumprimento de contrato, o titular dos dados ou pessoa por si designada, poderá solicitar que estes dados sejam apagados no âmbito do «direito a ser esquecido» (Artigo 17º da Directiva).

As referidas regras aplicar-se-ão igualmente a motores de pesquisa, como o Google, uma vez que são também considerados responsáveis pelo tratamento de dados.

Poderá ser solicitado que as ligações para páginas Web que incluam o nome do utilizador / Cliente sejam eliminadas dos resultados do motor de pesquisa, se as informações forem incorrectas, inadequadas, irrelevantes ou excessivas tendo em conta o contexto em que foram recolhidas, sendo que se for solicitado a determinada empresa que tenha disponibilizado os referidos dados pessoais em linha para os apagar, a empresa terá igualmente de informar quaisquer outros sítios Web em que esses dados tenham sido partilhados de que foi solicitado para apagar os referidos dados e ligações.

4. Termos e Condições

Os sítios da internet acessíveis aos utilizadores deverão dispor de uma secção com o nome de "Termos e Condições" onde constem as condições de disponibilização de conteúdos e as respectivas regras de utilização do sítio em linha, com expressa indicação do seu endereço, configurando um verdadeiro contrato de utilização por adesão.

Dever-se-á prever uma secção relativa a Condições gerais, de onde conste a identificação das partes (se possível através da identificação do endereço IP4 ou IP6 do utilizador e da identificação do titular dos conteúdos.

A menção de que a utilização do sítio por parte do utilizador pressupõe e implica o conhecimento e aceitação, pelo Cliente e Utilizador, dos referidos termos e Condições revelar-se-á igualmente importante, sendo sempre que possível, aconselhável que tal informação possa constar de sistema *pop up* a quando do acesso ao sítio (à imagem do que acontece actualmente com os *cookies*).

Deverá verificar-se a capacidade jurídica necessária que permita ao utilizador aceitar os referidos termos e condições, podendo o titular do sítio reservar-se ao direito de proceder à alteração dos presentes Termos e Condições, livremente e em qualquer momento.

A menção de liberdade de Utilização deverá igualmente ser feita nos sítios onde se preveja que, com respeito pela legislação aplicável, nomeadamente quanto à protecção dos direitos de autor e da propriedade industrial e as leis penais, haja liberdade de utilização do respectivo sítio podendo prever-se que o utilizador seja exclusivamente responsável pela utilização que fizer de todos os conteúdos disponíveis no sítio da internet ao qual aceder.

A fixação de actividades interditas poderá fazer parte do elenco de limitações, como por exemplo, aquelas que atentem contra os direitos da titular do sítio ou dos seus utilizadores ou dos restantes utilizadores da Internet, ou através da utilização de outra identidade, falsificando ou ocultando de qualquer forma a identidade em mensagens de correio electrónico, artigos de newsgroups, canais IRC ou em qualquer outro serviço Internet, produzindo ou reproduzindo conteúdos com características ofensivas, difamatórias ou susceptíveis de violar a privacidade ou outros direitos de terceiros, produzindo ou reproduzindo textos, dados, imagens ou programas com conteúdo ilícito, delituoso, racista, profano, pornográfico, obsceno, ou que, de qualquer forma, possam violar direitos humanos ou infringir a legislação em vigor, transmitindo, reproduzindo, publicitando a venda, oferta, troca ou procura de qualquer cópia ou forma de obtenção de cópia ou forma de utilização de cópia de programa de computador, obra musical, videograma, publicação escrita ou qualquer outra obra protegida pela legislação sobre direitos de autor ou sobre propriedade industrial, ou de qualquer outro material ou informação que possa estar legalmente protegido ou viole direitos de terceiros, independentemente do suporte utilizado, sem deter os respectivos direitos de transmissão, reprodução, publicitação, utilização ou autorização legalmente exigida ou introduzindo, transmitindo ou tornando acessível por qualquer forma material que contenha vírus, programas, sistemas ou ficheiros que destruam ou limitem a funcionalidade e/ou capacidade de qualquer computador, incluindo software e hardware ou equipamento de comunicações electrónicas, por exemplo.

Poderá prever-se que a violação dos referidos Termos e Condições possa dar lugar à tomada de providências para a salvaguarda de direitos no caso violação ou de tentativa da violação dos propostos termos, podendo o prestador de serviços optar, por exemplo, por suspender ou bloquear o acesso e a utilização do sítio ao utilizador, sem que para o mesmo advenha qualquer direito a compensação ou indemnização em virtude de tal facto.

A previsão de uma exclusão de responsabilidade relativamente a informação prestada por terceiros, poderá igualmente ser considerada na elaboração dos referidos termos.

Relativamente aos dados pessoais, deverá prever-se que o utilizador consente na recolha e tratamento informático dos seus dados, quando aplicável, autorizando que o titular do sítio insira os referidos dados numa base apropriada, devendo ser feita menção ao responsável pelo tratamento dos dados e devendo ser assegurado que o utilizador declara que os dados fornecidos se encontram actualizados e garantindo que os mesmos são verdadeiros.

Resulta, de resto da Lei mas deverá, ainda assim, ser divulgada a Lei e Foro Aplicável sendo, no caso dos prestadores de serviço Portugueses, de aplicar a Lei Portuguesa e devendo ser feita referência de que, em caso de litígio quanto à validade, eficácia, interpretação, integração, aplicação ou cumprimento dos referidos termos e condições, o titular do sítio e o utilizador aceitam que o referido litigio possa ser submetido a determinada jurisdição.

5. Comunicações Publicitárias em rede e marketing directo

Relativamente a comunicações publicitárias, estabelece-se que não constituem comunicação publicitária em rede as mensagens que se limitem a identificar ou permitir o acesso a um operador económico ou identifiquem objectivamente bens, serviços ou a imagem de um operador, em colectâneas ou listas, particularmente quando não tiverem implicações financeiras, embora se integrem em serviços da sociedade da informação, bem como as mensagens destinadas a promover ideias, princípios, iniciativas ou instituições.

A este respeito o Decreto-Lei nº 7/2004 prevê que a comunicação publicitária pode ter somente por fim promover a imagem de um operador comercial, industrial, artesanal ou integrante de uma profissão regulamentada.

Neste sentido, determina-se que nas comunicações publicitárias prestadas à distância, por via electrónica, devam ser claramente identificados de modo a serem apreendidos com facilidade por um destinatário comum, a natureza publicitária, logo que a mensagem seja apresentada no terminal e de forma ostensiva, o anunciante e eventuais ofertas promocionais, como descontos, prémios ou brindes, e os concursos ou jogos promocionais, bem como os condicionalismos a que ficam submetidos.

Quanto às comunicações não solicitadas (anteriormente previstas no art. 11º), viram o seu corpo revogado pela Lei nº 46/2012, de 29 de Agosto.

Anteriormente estabelecia-se que o envio de mensagens para fins de marketing directo, cuja recepção independente de intervenção do destinatário, nomeadamente por via de aparelhos de chamada automática, aparelhos de telecópia ou por correio electrónico, carecia de consentimento prévio do destinatário, sendo ainda assim permitido ao fornecedor de um produto ou serviço, no que respeita aos mesmos ou a produtos ou serviços análogos, enviar publicidade não solicitada aos clientes com quem houvesse celebrado anteriormente transacções, se ao cliente tivesse sido explicitamente oferecida a possibilidade de o recusar por ocasião da transacção realizada e se não implicasse para o destinatário dispêndio adicional ao custo do serviço de telecomunicações.

Previa-se já a proibição de envio de correio electrónico para fins de marketing directo, ocultando ou dissimulando a identidade da pessoa em nome de quem fosse efectuada a comunicação, estabelecendo-se que cada comunicação não solicitada deveria indicar um endereço e um meio técnico electrónico, de fácil identificação e utilização, que permita ao destinatário do serviço recusar futuras comunicações.

Mas a Lei nº 46/2012, de 29 de Agosto (que veio transpor a Directiva nº 2009/136/CE, na parte que altera a Directiva nº 2002/58/CE, do Parlamento Europeu e do Conselho, de 12 de Julho, relativa ao tratamento de dados pessoais e à protecção da privacidade no sector das comunicações electrónicas, procedendo à primeira alteração à Lei nº 41/2004, de 18 de Agosto, e à segunda alteração ao Decreto-Lei nº 7/2004, de 7 de Janeiro), veio proceder à revogação do referido artigo e ampliar a regulação do referido tema.

Assim, o legislador incluiu na Lei nº 41/2004, de 18 de Agosto (relativa à protecção de dados pessoais e privacidade nas telecomunicações) os novos artigos 13º-A e 13º-B, tratando o primeiro das comunicações não solicitadas e prevendo a sujeição a consentimento prévio expresso do assinante que seja pessoa singular, ou do utilizador, o envio de comunicações não solicitadas para fins de marketing directo, designadamente através da utilização de sistemas automatizados de chamada e comunicação que não dependam da intervenção humana (aparelhos de chamada automática), de aparelhos de telecópia ou de correio electrónico, incluindo SMS (serviços de mensagens curtas), EMS (serviços de mensagens melhoradas) MMS (serviços de mensagem multimédia) e outros tipos de aplicações similares.

Tal facto não impede que o fornecedor de determinado produto ou serviço que tenha obtido dos seus clientes, nos termos da Lei de Protecção de Dados Pessoais, no contexto da venda de um produto ou serviço, as respectivas coordenadas electrónicas de contacto, possa utilizá-las para fins de marketing directo dos seus próprios produtos ou serviços análogos aos transaccionados, desde que garanta aos clientes em causa, clara e explicitamente, a possibilidade de recusarem, de forma gratuita e fácil, a utilização de tais coordenadas, quer no momento da respectiva recolha, quer também por ocasião de cada mensagem, quando o cliente não tenha recusado inicialmente essa utilização.

Fica, ainda assim, prevista a proibição do envio de correio electrónico para fins de marketing directo, ocultando ou dissimulando a identidade da pessoa em nome de quem é efectuada a comunicação, em violação do artigo 21º do Decreto-Lei nº 7/2004, de 7 de Janeiro, sem a indicação de um meio de contacto válido para o qual o destinatário possa enviar um pedido para pôr termo a essas comunicações, ou que incentive os destinatários a visitar sítios na Internet que violem o disposto no referido artigo, sendo que para tutela dos interesses dos seus clientes, como parte dos respectivos interesses comerciais, os prestadores de serviços de comunicações electrónicas acessíveis ao público têm legitimidade para propor acções judiciais contra o autor do incumprimento de qualquer das disposições constantes do referido artigo, bem como do artigo 13º-B.

As listas para efeitos de comunicações não solicitadas encontram-se previstas no artigo 13º-B.

Nos termos do número um do referido preceito, caberá às entidades que promovam o envio de comunicações para fins de marketing directo, nomeadamente através da utilização de sistemas automatizados de chamada e comunicação que não dependam da intervenção humana (aparelhos de chamada automática), de aparelhos de telecópia ou de correio electrónico, incluindo SMS (serviços de mensagens curtas), EMS (serviços de mensagens melhoradas) MMS (serviços de mensagem multimédia) e outros tipos de aplicações similares, manter, por si ou por organismos que as representem, uma lista actualizada de pessoas que manifestaram expressamente e de forma gratuita o consentimento para a recepção deste tipo de comunicações, bem como dos clientes que não se opuseram à sua recepção ao abrigo do nº 3 do artigo 13º-A.

Determina-se que competirá à Direcção-Geral do Consumidor (DGC) manter actualizada uma lista de âmbito nacional de pessoas colectivas que manifestem expressamente opor-se à recepção de comunicações não solicitadas para fins de marketing directo (depende do preenchimento de formulário electrónico disponibilizado através da página electrónica da DGC.), não podendo, pela inclusão nas referidas listas ser cobrada qualquer quantia.

Quaisquer entidades que promovam o envio de comunicações para fins de marketing directo passam a ter a obrigação de consulta da lista de pessoas colectivas cuja oposição à recepção de comunicações não solicitadas, a qual é actualizada mensalmente pela DGC, e que a disponibiliza a seu pedido.

No Decreto-Lei nº 7/2004, de 7 de Janeiro, no que às Profissões regulamentadas diz respeito, prevê-se que as comunicações publicitárias à distância por via electrónica em profissões regulamentadas serão permitidas na medida em que cumpram as regras deontológicas de cada profissão, relativas à independência, sigilo profissional e lealdade para com o público e membros da profissão entre si.

6. Comércio Electrónico

O regime jurídico aplicável ao comércio electrónico (nas chamadas lojas virtuais) concorre com as regras em vigor para as lojas físicas, nomeadamente a obrigação de apresentação das percentagens de desconto ou os preços anteriormente praticados junto dos produtos em promoção, sendo proibida a utilização das expressões "*oportunidades*", "*mega preço*" ou "*outlet*" para designar saldos ou promoções.

O Decreto-Lei nº 24/2014, de 14 de Fevereiro, na redacção dada pelo Decreto-Lei nº 78/2018, de 15 de Outubro regula os Contratos celebrados à distância e fora do estabelecimento comercial.

Para o referido diploma, será «Consumidor», a pessoa singular que actue com fins que não se integrem no âmbito da sua actividade comercial, industrial, artesanal ou profissional.

Consideram-se «Conteúdo digital», os dados produzidos e fornecidos em formato digital, designadamente programas e aplicações de computador, jogos, músicas, vídeos ou textos independentemente de o acesso aos mesmos ser feito por descarregamento ou streaming, a partir de um suporte material ou de qualquer outro meio.

O artigo 7º do referido Decreto-Lei prevê que quaisquer restrições nos sítios na internet, dedicados ao comércio electrónico deverão ser sinalizados, sendo obrigatória a indicação, de forma clara e legível, o mais tardar no início do processo de encomenda, da eventual existência de restrições geográficas ou outras à entrega e aos meios de pagamento aceites.

Assistirá ao Consumidor o exercício e efeitos do direito de livre resolução, sendo que o mesmo poderá exercer o seu direito de livre resolução através do envio do modelo de «Livre resolução» constante da parte B do anexo ao referido Decreto-Lei, ou através de qualquer outra declaração inequívoca de resolução do contrato (declaração em que o consumidor comunica, por palavras suas, a decisão de resolver o contrato designadamente por carta, por contacto telefónico, pela devolução do bem ou por outro meio susceptível de prova, nos termos gerais).

Nos termos do diploma, considera-se exercido o direito de livre resolução pelo consumidor dentro do prazo quando a declaração de resolução é enviada antes do termo dos prazos referidos sendo que, quando no sítio na Internet do fornecedor de bens ou prestador de serviços seja possibilitada a livre resolução por via electrónica e o consumidor utilize essa via, o fornecedor de bens ou prestador de serviços, deverá acusar, no prazo de 24 horas, ao consumidor a recepção da declaração de resolução em suporte duradouro.

7. Livro de Reclamações Electrónico

O Decreto-Lei nº 74/2017, de 21 de Junho, que alterou o Decreto-Lei nº 156/2005, de 15 de Setembro, veio criar o Livro de Reclamações Electrónico.

Actualmente, do Decreto-Lei nº 156/2005, de 15 de Setembro na redacção dada pelo Decreto-Lei nº 9/2020, de 10 de Março, consta que serão abrangidos pela obrigação de disponibilização do formato electrónico do livro de reclamações todos os fornecedores de bens e prestadores de serviços, quer desenvolvam a actividade em estabelecimento que cumpra os requisitos previstos no número anterior ou através de meios digitais.

Pelo que nos termos do referido Diploma, passou a impor-se a disponibilização de ligação (link) em todos os sítios em linha de todos os fornecedores de bens e serviços, para o endereço do Livro de Reclamações Electrónico, em https://www.livroreclamacoes.pt/inicio

Dependendo da respectiva linguagem de programação a referida ligação variará sendo necessário que para além do endereço conste igualmente a imagem do livro de reclamações e a sua colocação em local visível no próprio sitio.

```
<a title="Livro de Reclamações Electrónico" href="https://www.livroreclamacoes.pt/inicio">
<img src="/images/i006574.png" alt="" /></a>
```

Prevê-se a obrigação do fornecedor de bens ou serviços possuir o formato electrónico do livro de reclamações, nos termos previstos nos nºs 2 e 3 do artigo 9º do citado diploma, sendo que devem divulgar nos respectivos sítios na Internet, em local visível e de forma destacada, o acesso à Plataforma Digital.

Caso os fornecedores de bens e prestadores de serviços que não disponham de sítios na Internet deverão ser titulares de endereço de correio electrónico para efeitos de recepção das reclamações submetidas através da Plataforma Digital, impondo-se a obrigação ao fornecedor de bens ou prestador de serviços de responder ao consumidor ou utente no prazo máximo de 15 dias úteis a contar da data da reclamação, salvo se for estabelecido prazo inferior em lei especial, para o endereço de correio electrónico indicado no formulário, informando-o, quando aplicável, sobre as medidas adoptadas na sequência da mesma.

Sendo certo que a existência e disponibilização do formato electrónico do livro de reclamações não afasta a obrigatoriedade de disponibilização, em simultâneo, do formato físico do livro de reclamações, nos estabelecimentos a que se refere o nº 1 do artigo 2º.

Quanto à plataforma Digital, a mesma pretende possibilitar a apresentação de reclamações em formato electrónico, bem como a submissão de pedidos de informação relacionados com a defesa do consumidor ou utente, sendo o seu funcionamento da Plataforma Digital aprovado por portaria dos membros do Governo responsáveis pelas áreas da modernização administrativa e da defesa do consumidor.

XI. Direito Fiscal

1. Tributação de Cripto-Activos

Relativamente ao enquadramento fiscal das Criptomoedas, não obstante não existir ainda uma legislação específica sobre o enquadramento fiscal das mesmas (encontra-se actualmente em preparação um Regulamento Europeu relativo aos Mercados de Cripto-activos – MiCA), a Autoridade Tributária e Aduaneira já teve oportunidade de se pronunciar sobre a questão.

Actualmente existe já uma informação vinculativa da Autoridade Tributária e Aduaneira dada no processo 5717/2015, por Despacho de 27-12-2016, da Subdirectora Geral do IR no qual se abordou a temática das criptomoedas relativamente à sua tributação.

No referido pedido, o particular solicitou a emissão de uma informação vinculativa na qual questionou a Administração quanto ao enquadramento fiscal dos rendimentos que obteria com a compra e venda de criptomoeda e, consequentemente, as implicações quanto aos artº 3º, 5º eº 9º do CIRS.

Ora, tal como referido no despacho mencionado, as criptomoedas ou "moedas virtuais" não são, tecnicamente, consideradas "moeda" por não disporem de curso legal ou de poder liberatório em Portugal, no entanto, as mesmas podem ser trocadas, com proveito, por moeda real (sejam euros, dólares, ou outra), junto de empresas especializadas para o efeito, sendo o valor, face à moeda real, o determinado pela procura online das Criptomoeda.

Por esse motivo, na prática as criptomoedas poderão gerar diferentes tipos de rendimentos tributáveis, nomeadamente por ganhos obtidos com compra e venda de unidades monetárias virtuais ou através da sua troca ao câmbio do momento de criptomoeda por moeda real (qualquer que ela seja), mas será igualmente geradora de rendimentos por obtenção de comissões pela prestação de serviços relacionados com a obtenção ou curso normal da criptomoeda ou, ainda, por ganhos derivados de vendas de produtos ou serviços em criptomoeda.

Na sequência do pedido de informação formulado é apreciada a primeira das actividades geradoras de rendimentos (por ganhos obtidos com compra e venda de unidades monetárias virtuais), podendo os rendimentos gerados por tal actividades ser integrados em três categorias de rendimentos diferentes:

Acréscimos patrimoniais – categoria G (mais valias);
Rendimentos de capitais – categoria E;
Rendimentos empresariais ou profissionais – categoria B;

1.1. Rendimentos da categoria G

Ora, decorre do disposto no artº 10º do Código do IRS que são tributáveis, como mais-valias, as seguintes realidades:

a) Alienação onerosa de partes sociais e de outros valores mobiliários;

b) Operações relativas a instrumentos financeiros derivados, com excepção dos ganhos previstos na alínea q) do nº 2 do artigo 5º;

c) Operações relativas a certificados que atribuam ao titular o direito a receber um valor de determinado activo subjacente, com excepção das remunerações previstas na alínea r) do nº 2 do artigo 5º;

d) Cessão onerosa de créditos, prestações acessórias e prestações suplementares.

Quando o legislador criou este preceito de incidência recorreu a "*uma tipificação fechada, i.e. a tributação só incide sobre os ganhos derivados dos factos ali descritos.*

No caso das criptomoeda não estamos perante partes sociais, nem as mesmas constituem um qualquer direito que permita receber qualquer quantia. Por outro lado a valorização das criptomoeda não assenta em qualquer activo subjacente, uma vez que o seu valor é meramente determinado pela oferta e procura das mesmas (e pela criação de criptomoeda em função da sua utilização), pelo que também não poderá ser tida como um produto financeiro derivado, e por fim, atenta a definição de valor mobiliário constante do artº 1º do Código dos Valores Mobiliários não estamos perante uma realidade que possa, no presente momento, ser subsumida na definição de valores mobiliários. Pelo que se conclui não ser esta realidade tributável em sede de categoria G." pode ler-se no referido despacho.

Pelo que, encontrando-se actualmente excluído do leque normativo, não será de tributar, em sede de Mais-valias os acréscimos patrimoniais resultantes do investimento em criptomoedas e cujos resultados são habitualmente elevados.

1.2. Rendimentos da categoria E

Quanto aos rendimentos de capital, (prevista a sua tributação no artº 5º do CIRS), considerar-se-ão rendimentos de capitais os frutos e demais vantagens económicas, qualquer que seja a sua natureza ou denominação, sejam pecuniários ou em espécie, procedentes, directa ou indirectamente, de elementos patrimoniais, bens, direitos ou situações jurídicas, de natureza mobiliária, bem como da respectiva modificação, transmissão ou cessação, com excepção dos ganhos e outros rendimentos tributados noutras categorias.

O legislador definiu que os frutos e vantagens económicas referidos compreendem, designadamente os juros e outras formas de remuneração decorrentes de contratos de mútuo, abertura de crédito, reporte e outros que proporcionem, a título oneroso, a disponibilidade temporária de dinheiro ou outras coisas fungíveis ou derivadas de depósitos à ordem ou a prazo em instituições financeiras, bem como de certificados de depósitos e de contas de títulos com garantia de preço ou de outras operações similares ou afins, quaisquer outros rendimentos derivados da simples aplicação de capitais, entre outras.

Como bem refere a AT, "*norma de incidência está construída de uma forma aberta, indicando uma regra geral e exemplificando diversas realidades sujeita a tributação (mas não as únicas)*".

Mas, na verdade são, nesta categoria, "*tributados os rendimentos que são gerados pela mera aplicação de capital, ou seja, são tributados os frutos jurídicos i.e. os direitos produzidos prejuízo da substância do produtor*".

Já na questão colocada, relativamente à aquisição de criptomoedas, o rendimento em causa resultará da compra de direitos (a criptomoedas) e consequente venda (do direito), saindo consequentemente do escopo de aplicação da previsão do art. 5º e não sendo por esse motivo tributado a nível de IRS enquanto rendimentos enquadráveis na categoria E.

1.3. Rendimentos da categoria B

Mas, no caso dos rendimentos empresariais ou profissionais – Categoria B do IRS, poder-se-á dizer que o negócio com as criptomoedas terá enquadramento fiscal no caso de se tratar de uma actividade habitual.

Considerando que os rendimentos na categoria B são tributados em função do exercício de uma determinada actividade, caso o sujeito passivo não se dedique em exclusivo, ou ainda que não de forma exclusiva, não exerça actividade profissional com a compra e venda de criptomoedas, então tais rendimentos não terão igualmente enquadramento fiscal nesta sede.

Trata-se de uma categoria que tributa a actividade e não a origem de um rendimento (venda de criptomoedas).

Para o efeito, refere-se na informação vinculativa sobre as criptomoedas que "*a categoria B, se aplicável em concorrência com qualquer uma das categorias anteriores, prevalece sobre estas. Na categoria B são tributados os rendimentos auferidos em função do exercício de uma actividade e não em função da origem do rendimento. Assim, nesta categoria podem ser tributados rendimentos quer os mesmos provenham de vendas, quer sejam frutos, ou revistam qualquer outra natureza, nos termos do nº 1 do artº 3 do Código do IRS. Ora o exercício da actividade apura-se pela sua habitualidade e pela orientação da actividade à obtenção de lucros.*"

Ou seja, se se verificar o exercício de uma actividade empresarial ou profissional então o sujeito passivo ficará obrigado a cumprir as obrigações declarativas constantes do nº 6 do artº 3º do Código do IRS, (nomeadamente através da emissão de factura-recibo) sempre que realize uma venda ou prestar um serviço.

Mas, caso não aja a título de actividade profissional, então o sujeito passivo não será tributado pelos ganhos decorrentes do investimento em cripto-activos.

Nesse sentido a conclusão da informação onde se lê que "*Conclui-se assim que a venda de criptomoeda não é tributável face ao ordenamento fiscal português, a não ser que pela sua habitualidade constitua uma actividade profissional ou empresarial do contribuinte, caso em que será tributado na categoria B.*"

1.4. Enquadramento em sede de IRC

A Autoridade Tributária e Aduaneira não se pronunciou ainda quanto ao tratamento fiscal das criptomoedas em sede de IRC, sendo certo que a actual legislação poderá já ter uma resposta para tal questão: o artigo 17º do CIRC.

O citado preceito, relativo à determinação do lucro tributável prevê no seu número 1 que "o lucro tributável das pessoas colectivas e outras entidades mencionadas na alínea a) do nº 1 do artigo 3º é constituído pela soma algébrica do resultado líquido do exercício e das variações patrimoniais positivas e negativas verificadas no mesmo período e não reflectidas naquele resultado, determinados com base na contabilidade e eventualmente corrigidos nos termos deste Código."

O que significará que quaisquer rendimentos deverão ser registados contabilisticamente, nomeadamente os rendimentos decorrentes de investimentos em cripto-activos, quaisquer que sejam, como a compra e venda de criptomoedas e, consequentemente, sujeitos a pagamento de tributo em sede de IRC.

1.5. Enquadramento em sede de IVA

Para efeitos do Código do Imposto sobre o Valor Acrescentado, não obstante existir uma incidência objectiva tendo em conta a prestação de serviços (art. 1º nº 1 do CIVA – a) As transmissões de bens e as prestações de serviços efectuadas no território nacional, a título oneroso, por um sujeito passivo agindo como tal; b) estão actualmente isentas do tributo as operações internas "*incluindo a negociação, que tenham por objecto divisas, notas bancárias e moedas, que sejam meios legais de pagamento, com excepção das moedas e notas que não sejam normalmente utilizadas como tal, ou que tenham interesse numismático*" (art. 9º nº 27 al. d) CIVA)

2. Tributos Digitais

2.1. Taxa digital (Cópia Privada)

A Lei número 62/98, de 1 de Setembro, relativa à Compensação pela Reprodução ou gravação de Obras, mas também chamada por Lei da Cópia Privada veio taxar todos os equipamentos que disponham de capacidade de gravação e/ou memória interna, com o objectivo de estabelecer uma compensação equitativa, referente aos direitos de autor.

Esta taxa passou a ser aplicada sobre diversos produtos electrónicos tendo em conta a sua capacidade de armazenamento do dispositivo.

Neste sentido, surge agora um anexo na Lei com o valor da taxa a aplicar, nomeadamente a aparelhos, equipamentos e instrumentos técnicos de reprodução (valores entre 5 a 20 euros) suportes e dispositivos de armazenamento (Discos compactos (CD) não regraváveis, Discos compactos regraváveis (CD-RW) Memórias USB, Suportes ou dispositivos de armazenamento, como discos externos denominados «multimédia» ou outros que disponham de uma ou mais saídas ou entradas de áudio e vídeo e que permitam o registo de sons e ou imagens animadas, Discos rígidos internos ou externos que dependam de um computador ou de outros equipamentos ou aparelhos para desempenhar a função de reprodução e que permitam o armazenamento de imagens animadas e sons, por exemplo).

Prevê-se na lei que ao mesmo aparelho, dispositivo ou suporte apenas possa ser aplicada uma compensação equitativa, mas sempre aquela cuja aplicação resulte o valor mais elevado.

Actualmente, o Anexo a que se refere o nº 4 do artigo 3º da Lei nº 62/98 de 1 de Setembro contém a seguinte tabela de compensação equitativa:

1 – Aparelhos, equipamentos e instrumentos técnicos de reprodução:

a) Equipamentos multifunções ou fotocopiadoras jacto de tinta – € 5/unidade;

b) Equipamentos multifunções ou fotocopiadoras laser:

Até 40 páginas por minuto – € 10/unidade;

Mais de 40 páginas por minuto – € 20/unidade;

c) Scanners e outros equipamentos destinados apenas à digitalização – € 2/unidade;

d) Impressoras jacto de tinta – € 2,5/unidade;

e) Impressoras laser – € 7,5/unidade.

2 – Aparelhos, dispositivos e suportes:

2.1 – Equipamentos e aparelhos analógicos:

a) Gravadores áudio – € 0,20/ unidade;

b) Gravadores vídeo – € 0,20/ unidade.

2.2 – Equipamentos e aparelhos digitais que compreendam as seguintes funções e não tenham incluídas memórias ou discos rígidos:

a) Gravadores de discos compactos específicos (CD) – € 1/unidade;

b) Gravadores de discos versáteis – € 2/unidade;

c) Gravadores mistos de discos compactos (CD e DVD) – € 3/unidade;

d) Gravadores de discos Blu-ray – € 3/unidade.

2.3 – Suportes e dispositivos de armazenamento:

a) Suportes materiais analógicos, como cassetes áudio ou similares – € 0,10/unidade;

b) Suportes materiais analógicos, como cassetes vídeo ou similares – € 0,10/unidade;

c) Discos compactos (CD) não regraváveis – € 0,05/unidade;

d) Discos compactos de 8 centímetros – € 0,05/unidade;

e) Discos de formato «Minidisc» – € 0,05/unidade;

f) Discos compactos regraváveis (CD-RW) – € 0,10/unidade;

g) Discos versáteis não regraváveis (DVD-R) – € 0,10/unidade;

h) Discos versáteis regraváveis (DVD-RW) – € 0,20/unidade;

i) Discos versáteis RAM (DVD-RAM) – € 0,20/unidade;

j) Discos Blu-ray – € 0,20/unidade;

k) Memórias USB – € 0,016 por cada GB de capacidade de armazenamento ou fracção, com o limite de € 7,5;

l) Cartões de memória – € 0,016 por cada GB de capacidade de armazenamento ou fracção, com o limite de € 7,5;

m) Memórias e discos rígidos integrados em aparelhos com funções de cópia de fonogramas e/ou videogramas – € 0,016 por cada GB de capacidade ou fracção, com o limite de € 15;

n) Suportes ou dispositivos de armazenamento, como discos externos denominados «multimédia» ou outros que disponham de uma ou mais saídas ou entradas de áudio e vídeo e que permitam o registo de sons e ou imagens animadas – € 0,016 por cada GB de capacidade de armazenamento ou fracção, com o limite de € 15;

o) Memórias e discos rígidos integrados em aparelhos com função de televisor e em aparelhos que assegurem o interface entre o sinal de televisão e o televisor, incluindo os descodificadores ou aparelhos de acesso a serviços de televisão por subscrição, que permitam armazenar sons e imagens animadas – € 0,016 por cada GB de capacidade ou fracção, com o limite de € 15;

p) Memórias ou discos rígidos integrados em computadores que não se incluam na alínea anterior – € 0,004 por cada GB de capacidade ou fracção, com o limite de € 7,5;

q) Discos rígidos internos ou externos que dependam de um computador ou de outros equipamentos ou aparelhos para desempenhar a função de reprodução e que permitam o armazenamento de imagens animadas e sons – € 0,004 por cada GB de capacidade ou fracção, com o limite de € 7,5;

r) Memórias e discos rígidos integrados em aparelhos dedicados à reprodução, leitura e armazenamento de fonogramas, quaisquer obras musicais e outros conteúdos sonoros em formato comprimido – € 0,20 por cada GB de capacidade de armazenamento ou fracção, com o limite de € 15;

s) Memórias e discos rígidos integrados em telefones móveis que permitam armazenar, ouvir obras musicais e ver obras audiovisuais – € 0,12 por cada GB de capacidade de armazenamento ou fracção, com o limite de € 15;

t) Memórias ou discos rígidos integrados em aparelhos tabletes multimédia que disponham de ecrãs tácteis e permitam armazenar obras musicais e audiovisuais – € 0,12 por cada GB de capacidade de armazenamento ou fracção, com o limite de € 15.

3 – Ao mesmo aparelho, dispositivo ou suporte apenas pode ser aplicada uma compensação equitativa ao abrigo de uma das alíneas referidas nos números anteriores, de cuja aplicação resulte o valor mais elevado.

2.2. Taxa de Exibição

A Directiva (UE) 2018/1808 do Parlamento Europeu e do Conselho, de 14 de Novembro de 2018 foi transposta em Novembro de 2020 (o seu artigo 2º previa que fosse transcrita até 19 de Setembro de 2020) para a Lei nº 27/2007 de 30 de Julho (Lei da Televisão e dos Serviços Audiovisuais a Pedido pela Lei nº 74/2020, de 19 de Novembro) a qual veio, entre outras inovações, criar uma nova taxa (Taxa de Exibição) com o valor de 4% (alteração ao artº 10º da Lei nº 55/2012, de 6 de Setembro, "*A publicidade comercial exibida nas salas de cinema, a comunicação comercial audiovisual difundida ou transmitida pelos operadores de televisão ou, por qualquer meio, transmitida pelos operadores de distribuição, a comunicação comercial audiovisual incluída nos serviços audiovisuais a pedido ou nos serviços de plataforma de partilha de vídeos, bem como a publicidade incluída nos guias electrónicos de programação, qualquer que seja a plataforma de exibição, difusão ou transmissão, está sujeita a uma taxa, denominada taxa de exibição, que constitui encargo do anunciante, de 4 /prct. sobre o preço pago*".)

Será uma taxa cobrada pela publicidade passando a ser devida sobre toda a publicidade comercial transmitida quer no cinema, quer a televisão, mas também em serviços de partilhas de vídeo (nomeadamente Youtube).

Mas o novo número 5 do artigo 10º da Lei 55/2012, de 6 de Setembro, na redacção dada pela Lei 74/2020, de 19 de Novembro cria igualmente uma nova taxa para as operadoras de serviços on demand por subscrição (como será o caso das conhecidas *Netflix, HBO ou Disney+*) e de acordo com a nova norma "*Os operadores de serviços audiovisuais a pedido por subscrição encontram-se sujeitos ao pagamento de uma taxa anual correspondente a 1 /prct. do montante dos proveitos relevantes desses operadores*".

2.3. Taxa de Vídeo on Demand (Operadores por Subscrição)

A Lei nº 27/2007, de 30 de Julho (Lei da Televisão e dos Serviços Audiovisuais a Pedido) regula o acesso e o exercício de actividades de comunicação social audiovisual, nomeadamente de televisão e de serviços audiovisuais a pedido, bem como certos aspectos relativos à oferta ao público de serviços de plataformas de partilha de vídeo e dos respectivos conteúdos, transpondo para a ordem jurídica interna a Directiva (UE) 2018/1808 do Parlamento Europeu e do Conselho, de 14 de Novembro de 2018, que alterou a Directiva 2010/13/UE relativa à coordenação de certas disposições legislativas, regulamentares e administrativas dos Estados-Membros respeitantes à oferta de serviços de comunicação social audiovisual (Directiva Serviços de Comunicação Social Audiovisual), para a adaptar à evolução das realidades do mercado, mas é na Lei nº 55/2012, de 6 de Setembro (relativa a princípios de Acção do Estado na protecção da Arte do Cinema e Audiovisual), na redacção dada pela Lei nº 74/2020, de 19 de Novembro, que encontramos no seu artigo 10º as Taxas devidas.

O referido preceito, relativo a taxas, previa já que a publicidade comercial exibida nas salas de cinema, a comunicação comercial audiovisual difundida ou transmitida pelos operadores de televisão ou, por qualquer meio, transmitida pelos operadores de distribuição, a comunicação comercial audiovisual incluída nos serviços audiovisuais a pedido ou nos serviços de plataforma de partilha de vídeos, bem como a publicidade incluída nos guias electrónicos de programação, qualquer que seja a plataforma de exibição, difusão ou transmissão, está sujeita a uma taxa, denominada taxa de exibição, que constitui encargo do anunciante, de 4 /prct. sobre o preço pago, o qual é igualmente aplicável por força do número 6 às comunicações comerciais audiovisuais difundidas ou apresentadas em serviços de televisão, em serviços audiovisuais a pedido, em serviços de plataforma de partilha de vídeos e nos programas por estes difundidos ou disponibilizados, ainda que esses serviços se encontrem sob jurisdição de outro Estado-Membro, relativamente aos proveitos realizados no mercado nacional.

Nestes casos, encontrando-se fora de Território nacional é aplicável o regime especial de balcão único (pelo que nos termos do disposto na al. b) do nº 4 do art. 23 do CIRC a facturação das referidas entidades ao utilizador nacional não está sujeita à indicação de NIF) estando os referidos serviços sujeitos a IVA do respectivo Estado-Membro da sede da empresa mas devendo constar da factura o Estado-Membro do consumidor, para posterior distribuição do IVA a nível comunitário.

Mas surge igualmente no número 5 do art. 10º uma nova taxa para os operadores de serviços audiovisuais a pedido por subscrição, que passam a estar sujeitos ao pagamento de uma taxa anual correspondente a 1 /prct. do montante dos proveitos relevantes desses operadores, dispondo o 16º-A (relativo a proveitos relevantes) que caso não seja possível apurar o valor dos proveitos relevantes dos operadores de serviços audiovisuais a pedido por subscrição, para efeitos de aplicação da taxa prevista no nº 4 do artigo 10º, se presumirá que o valor anual da taxa é de 1 000 000 €. Não obstante o referido artigo apontar para disposição revogada, o certo é que no seu corpo se refere em concreto aos proveitos dos operadores de serviços audiovisuais a pedido por subscrição, que consta do número 5 do art. 10º.

XII. Colectânea de Legislação

A presente Colectânea de legislação foi preparada no ano de 2021 mas não dispensa a consulta dos diplomas originais junto da fonte oficial.

1. Carta Portuguesa de Direitos Humanos na Era Digital

Ver alterações / Constitucional

II – Lei nº 27/2021, de 17 de Maio

Carta Portuguesa de Direitos Humanos na Era Digital

A Assembleia da República decreta, nos termos da alínea c) do artigo 161º da Constituição, o seguinte:

Artigo 1º – Objecto

A presente lei aprova a Carta Portuguesa de Direitos Humanos na Era Digital.

Artigo 2º – Direitos em ambiente digital

1 – A República Portuguesa participa no processo mundial de transformação da Internet num instrumento de conquista de liberdade, igualdade e justiça social e num espaço de promoção, protecção e livre exercício dos direitos humanos, com vista a uma inclusão social em ambiente digital.

2 – As normas que na ordem jurídica portuguesa consagram e tutelam direitos, liberdades e garantias são plenamente aplicáveis no ciberespaço.

Artigo 3º – Direito de acesso ao ambiente digital

1 – Todos, independentemente da ascendência, género, raça, língua, território de origem, religião, convicções políticas ou ideológicas, instrução, situação económica, condição social ou orientação sexual, têm o direito de livre acesso à Internet.

2 – Com vista a assegurar um ambiente digital que fomente e defenda os direitos humanos, compete ao Estado promover:

a) O uso autónomo e responsável da Internet e o livre acesso às tecnologias de informação e comunicação;

b) A definição e execução de programas de promoção da igualdade de género e das competências digitais nas diversas faixas etárias;

c) A eliminação de barreiras no acesso à Internet por pessoas portadoras de necessidades especiais a nível físico, sensorial ou cognitivo, designadamente através da definição e execução de programas com esse fim;

d) A redução e eliminação das assimetrias regionais e locais em matéria de conectividade, assegurando a sua existência nos territórios de baixa densidade e garantindo em todo o território nacional conectividade de qualidade, em banda larga e a preço acessível;

e) A existência de pontos de acesso gratuitos em espaços públicos, como bibliotecas, juntas de freguesia, centros comunitários, jardins públicos, hospitais, centros de saúde, escolas e outros serviços públicos;

f) A criação de uma tarifa social de acesso a serviços de Internet aplicável a clientes finais economicamente vulneráveis;

g) A execução de programas que garantam o acesso a instrumentos e meios tecnológicos e digitais por parte da população, para potenciar as competências digitais e o acesso a plataformas electrónicas, em particular dos cidadãos mais vulneráveis;

h) A adopção de medidas e acções que assegurem uma melhor acessibilidade e uma utilização mais avisada, que contrarie os comportamentos aditivos e proteja os consumidores digitalmente vulneráveis;

i) A continuidade do domínio de Internet de Portugal «.PT», bem como das condições que o tornam acessível tecnológica e financeiramente a todas as pessoas singulares e colectivas para registo de domínios em condições de transparência e igualdade;

j) A definição e execução de medidas de combate à disponibilização ilícita e à divulgação de conteúdos ilegais em rede e de defesa dos direitos de propriedade intelectual e das vítimas de crimes praticados no ciberespaço.

Artigo 4º – Liberdade de expressão e criação em ambiente digital

1 – Todos têm o direito de exprimir e divulgar o seu pensamento, bem como de criar, procurar, obter e partilhar ou difundir informações e opiniões em ambiente digital, de forma livre, sem qualquer tipo ou forma de censura, sem prejuízo do disposto na lei relativamente a condutas ilícitas.

2 – A República Portuguesa participa nos esforços internacionais para que o ciberespaço permaneça aberto à livre circulação das ideias e da infor-

mação e assegure a mais ampla liberdade de expressão, assim como a liberdade de imprensa.

3 – Todos têm o direito de beneficiar de medidas públicas de promoção da utilização responsável do ciberespaço e de protecção contra todas as formas de discriminação e crime, nomeadamente contra a apologia do terrorismo, o incitamento ao ódio e à violência contra pessoa ou grupo de pessoas por causa da sua raça, cor, origem étnica ou nacional, ascendência, religião, sexo, orientação sexual, identidade de género ou deficiência física ou psíquica, o assédio ou exploração sexual de crianças, a mutilação genital feminina e a perseguição.

4 – A criação de obras literárias, científicas ou artísticas originais, bem como as equiparadas a originais e as prestações dos artistas intérpretes ou executantes, dos produtores de fonogramas e de videogramas e dos organismos de radiodifusão gozam de especial protecção contra a violação do disposto no Código do Direito de Autor e dos Direitos Conexos, aprovado pelo Decreto-Lei nº 63/85, de 14 de Março, em ambiente digital.

Artigo 5º – Garantia do acesso e uso

É proibida a interrupção intencional de acesso à Internet, seja parcial ou total, ou a limitação da disseminação de informação ou de outros conteúdos, salvo nos casos previstos na lei.

Artigo 6º – Direito à protecção contra a desinformação

1 – O Estado assegura o cumprimento em Portugal do Plano Europeu de Acção contra a Desinformação, por forma a proteger a sociedade contra pessoas singulares ou colectivas, de jure ou de facto, que produzam, reproduzam ou difundam narrativa considerada desinformação, nos termos do número seguinte.

2 – Considera-se desinformação toda a narrativa comprovadamente falsa ou enganadora criada, apresentada e divulgada para obter vantagens económicas ou para enganar deliberadamente o público, e que seja susceptível de causar um prejuízo público, nomeadamente ameaça aos processos políticos democráticos, aos processos de elaboração de políticas públicas e a bens públicos.

3 – Para efeitos do número anterior, considera-se, designadamente, informação comprovadamente falsa ou enganadora a utilização de textos ou vídeos manipulados ou fabricados, bem como as práticas para inundar as caixas de correio electrónico e o uso de redes de seguidores fictícios.

4 – Não estão abrangidos pelo disposto no presente artigo os meros erros na comunicação de informações, bem como as sátiras ou paródias.

5 – Todos têm o direito de apresentar e ver apreciadas pela Entidade Reguladora para a Comunicação Social queixas contra as entidades que pratiquem os actos previstos no presente artigo, sendo aplicáveis os meios de acção referidos

no artigo 21º e o disposto na Lei nº 53/2005, de 8 de Novembro, relativamente aos procedimentos de queixa e deliberação e ao regime sancionatório.

6 – O Estado apoia a criação de estruturas de verificação de factos por órgãos de comunicação social devidamente registados e incentiva a atribuição de selos de qualidade por entidades fidedignas dotadas do estatuto de utilidade pública.

Artigo 7º – Direitos de reunião, manifestação, associação e participação em ambiente digital

1 – A todos é assegurado o direito de reunião, manifestação, associação e participação de modo pacífico em ambiente digital e através dele, designadamente para fins políticos, sociais e culturais, bem como de usar meios de comunicação digitais para a organização e divulgação de acções cívicas ou a sua realização no ciberespaço.

2 – Os órgãos de soberania e de poder regional e local asseguram a possibilidade de exercício dos direitos de participação legalmente previstos através de plataformas digitais ou outros meios digitais.

Artigo 8º – Direito à privacidade em ambiente digital

1 – Todos têm direito a comunicar electronicamente usando a criptografia e outras formas de protecção da identidade ou que evitem a recolha de dados pessoais, designadamente para exercer liberdades civis e políticas sem censura ou discriminação.

2 – O direito à protecção de dados pessoais, incluindo o controlo sobre a sua recolha, o registo, a organização, a estruturação, a conservação, a adaptação ou alteração, a recuperação, a consulta, a utilização, a divulgação por transmissão, difusão ou qualquer outra forma de disponibilização, a comparação ou interconexão, a limitação, o apagamento ou a destruição, é assegurado nos termos legais.

Artigo 9º – Uso da inteligência artificial e de robôs

1 – A utilização da inteligência artificial deve ser orientada pelo respeito dos direitos fundamentais, garantindo um justo equilíbrio entre os princípios da explicabilidade, da segurança, da transparência e da responsabilidade, que atenda às circunstâncias de cada caso concreto e estabeleça processos destinados a evitar quaisquer preconceitos e formas de discriminação.

2 – As decisões com impacto significativo na esfera dos destinatários que sejam tomadas mediante o uso de algoritmos devem ser comunicadas aos interessados, sendo susceptíveis de recurso e auditáveis, nos termos previstos na lei.

3 – São aplicáveis à criação e ao uso de robôs os princípios da beneficência, da não-maleficência, do respeito pela autonomia humana e pela justiça, bem como

os princípios e valores consagrados no artigo 2º do Tratado da União Europeia, designadamente a não discriminação e a tolerância.

Artigo 10º – Direito à neutralidade da Internet

Todos têm direito a que os conteúdos transmitidos e recebidos em ambiente digital não sejam sujeitos a discriminação, restrição ou interferência em relação ao remetente, ao destinatário, ao tipo ou conteúdo da informação, ao dispositivo ou aplicações utilizados, ou, em geral, a escolhas legítimas das pessoas.

Artigo 11º – Direito ao desenvolvimento de competências digitais

1 – Todos têm direito à educação para a aquisição e o desenvolvimento de competências digitais.

2 – O Estado promove e executa programas que incentivem e facilitem o acesso, por parte das várias faixas etárias da população, a meios e instrumentos digitais e tecnológicos, por forma a assegurar, designadamente, a educação através da Internet e a utilização crescente de serviços públicos digitais.

3 – O serviço público de comunicação social audiovisual contribui para a educação digital dos utilizadores das várias faixas etárias e promove a divulgação da presente lei e demais legislação aplicável.

Artigo 12º – Direito à identidade e outros direitos pessoais

1 – Todos têm direito à identidade pessoal, ao bom nome e à reputação, à imagem e à palavra, bem como à sua integridade moral em ambiente digital.

2 – Incumbe ao Estado:

a) Combater a usurpação de identidade e incentivar a criação de plataformas que permitam o uso pelo cidadão de meios seguros de autenticação electrónica;

b) Promover mecanismos que visem o aumento da segurança e da confiança nas transacções comerciais, em especial na óptica da defesa do consumidor.

3 – Fora dos casos previstos na lei, é proibida qualquer forma de utilização de código bidimensional ou de dimensão superior para tratar e difundir informação sobre o estado de saúde ou qualquer outro aspecto relacionado com a origem racial ou étnica, as opiniões políticas, as convicções religiosas ou filosóficas, ou a filiação sindical, bem como dados genéticos, dados biométricos ou dados relativos à vida sexual ou orientação sexual de uma pessoa.

Artigo 13º – Direito ao esquecimento

1 – Todos têm o direito de obter do Estado apoio no exercício do direito ao apagamento de dados pessoais que lhes digam respeito, nos termos e nas condições estabelecidas na legislação europeia e nacional aplicáveis.

2 – O direito ao esquecimento pode ser exercido a título póstumo por qualquer herdeiro do titular do direito, salvo quando este tenha feito determinação em sentido contrário.

Artigo 14º – Direitos em plataformas digitais

1 – Na utilização de plataformas digitais, todos têm o direito de:

a) Receber informação clara e simples sobre as condições de prestação de serviços quando utilizem plataformas que viabilizam fluxos de informação e comunicação;

b) Exercer nessas plataformas os direitos garantidos pela presente Carta e na demais legislação aplicável;

c) Ver garantida a protecção do seu perfil, incluindo a sua recuperação se necessário, bem como de obter cópia dos dados pessoais que lhes digam respeito nos termos previstos na lei;

d) Apresentar reclamações e recorrer a meios alternativos de resolução de conflitos nos termos previstos na lei.

2 – O Estado promove a utilização pelas plataformas digitais de sinaléticas gráficas que transmitam de forma clara e simples a política de privacidade que asseguram aos seus utilizadores.

Artigo 15º – Direito à ciber-segurança

1 – Todos têm direito à segurança no ciberespaço, incumbindo ao Estado definir políticas públicas que garantam a protecção dos cidadãos e das redes e sistemas de informação, e que criem mecanismos que aumentem a segurança no uso da Internet, em especial por parte de crianças e jovens.

2 – O Centro Nacional de Ciber-segurança promove, em articulação com as demais entidades públicas competentes e parceiros privados, a formação dos cidadãos e empresas para adquirirem capacitação prática e beneficiarem de serviços online de prevenção e neutralização de ameaças à segurança no ciberespaço, sendo para esse efeito dotado de autonomia administrativa e financeira.

Artigo 16º – Direito à liberdade de criação e à protecção dos conteúdos

1 – Todos têm direito à livre criação intelectual, artística, científica e técnica, bem como a beneficiarem, no ambiente digital, da protecção legalmente conferida às obras, prestações, produções e outros conteúdos protegidos por direitos de propriedade intelectual.

2 – As medidas proporcionais, adequadas e eficazes com vista a impedir o acesso ou a remover conteúdos disponibilizados em manifesta violação do direito de autor e direitos conexos são objecto de lei especial.

Artigo 17º – Direito à protecção contra a geolocalização abusiva

1 – Todos têm direito à protecção contra a recolha e o tratamento ilegais de informação sobre a sua localização quando efectuem uma chamada obtida a partir de qualquer equipamento.

2 – A utilização dos dados da posição geográfica do equipamento de um utilizador só pode ser feita com o seu consentimento ou autorização legal.

Artigo 18º – Direito ao testamento digital

1 – Todas as pessoas podem manifestar antecipadamente a sua vontade no que concerne à disposição dos seus conteúdos e dados pessoais, designadamente os constantes dos seus perfis e contas pessoais em plataformas digitais, nos termos das condições contratuais de prestação do serviço e da legislação aplicável, inclusive quanto à capacidade testamentária.

2 – A supressão póstuma de perfis pessoais em redes sociais ou similares por herdeiros não pode ter lugar se o titular do direito tiver deixado indicação em contrário junto dos responsáveis do serviço.

Artigo 19º – Direitos digitais face à Administração Pública

Perante a Administração Pública, a todos é reconhecido o direito:

a) A beneficiar da transição para procedimentos administrativos digitais;

b) A obter informação digital relativamente a procedimentos e actos administrativos e a comunicar com os decisores;

c) À assistência pessoal no caso de procedimentos exclusivamente digitais;

d) A que dados prestados a um serviço sejam partilhados com outro, nos casos legalmente previstos;

e) A beneficiar de regimes de «dados abertos» que facultem o acesso a dados constantes das aplicações informáticas de serviços públicos e permitam a sua reutilização, nos termos previstos na lei;

f) De livre utilização de uma plataforma digital europeia única para a prestação de acesso a informações, nos termos do Regulamento (UE) 2018/1724 do Parlamento Europeu e do Conselho, de 2 de Outubro de 2018.

Artigo 20º – Direito das crianças

1 – As crianças têm direito a protecção especial e aos cuidados necessários ao seu bem-estar e segurança no ciberespaço.

2 – As crianças podem exprimir livremente a sua opinião e têm a liberdade de receber e transmitir informações ou ideias, em função da sua idade e maturidade.

Artigo 21º – Acção popular digital e outras garantias

1 – Para defesa do disposto na presente lei, a todos são reconhecidos os direitos previstos na legislação referente à acção popular, devidamente adaptada à realidade do ambiente digital.

2 – O Estado apoia o exercício pelos cidadãos dos direitos de reclamação, de recurso e de acesso a formas alternativas de resolução de litígios emergentes de relações jurídicas estabelecidas no ciberespaço.

3 – As pessoas colectivas sem fins lucrativos que se dediquem à promoção e defesa do disposto na presente Carta têm o direito a obter o estatuto de utilidade pública, nos termos da legislação aplicável às entidades de carácter cultural.

4 – Os direitos assegurados em processo administrativo em suporte electrónico, nos termos do disposto no nº 3 do artigo 64º do Código do Procedimento Administrativo, são objecto de legislação própria, a aprovar no prazo de 180 dias após a entrada em vigor da presente lei.

Artigo 22º – Direito transitório

Até à entrada em vigor da lei prevista no nº 2 do artigo 16º são aplicáveis as normas vigentes que regulam o impedimento do acesso ou remoção de conteúdos disponibilizados em violação do direito de autor e direitos conexos.

Artigo 23º – Entrada em vigor

A presente lei entra em vigor 60 dias após a sua publicação.

Aprovada em 8 de Abril de 2021.
O Presidente da Assembleia da República, *Eduardo Ferro Rodrigues.*

Promulgada em 8 de Maio de 2021.
Publique-se.
O Presidente da República, Marcelo Rebelo de Sousa.

Referendada em 11 de Maio de 2021.
O Primeiro-Ministro, *António Luís Santos da Costa.*

2. Lei nº 109/2009, de 15 de Setembro – Lei do Cibercrime

É transcrito o texto final da republicação nos termos do art. 20º da proposta de Lei nº 98/XIV/2ª a qual foi aprovada a 20 de Outubro de 2021 e cuja entrada em vigor ocorrerá nos termos do art. 21º 30 dias após a sua publicação.

Republicação da Lei nº 109/2009, de 15 de Setembro

CAPÍTULO I – Objecto e definições

Artigo 1º – Objecto

A presente lei estabelece as disposições penais materiais e processuais, bem como as disposições relativas à cooperação internacional em matéria penal, relativas ao domínio do cibercrime e da recolha de prova em suporte electrónico, transpondo para a ordem jurídica interna a Decisão Quadro nº 2005/222/JAI, do Conselho, de 24 de Fevereiro, relativa a ataques contra sistemas de informação, e adaptando o direito interno à Convenção sobre Cibercrime do Conselho da Europa.

Artigo 2º – Definições

Para efeitos da presente lei, considera-se:

a) «Sistema informático», qualquer dispositivo ou conjunto de dispositivos interligados ou associados, em que um ou mais de entre eles desenvolve, em execução de um programa, o tratamento automatizado de dados informáticos, bem como a rede que suporta a comunicação entre eles e o conjunto de dados informáticos armazenados, tratados, recuperados ou transmitidos por aquele ou aqueles dispositivos, tendo em vista o seu funcionamento, utilização, protecção e manutenção;

b) «Dados informáticos», qualquer representação de factos, informações ou conceitos sob uma forma susceptível de processamento num sistema informático, incluindo os programas aptos a fazerem um sistema informático executar uma função;

c) «Dados de tráfego», os dados informáticos relacionados com uma comunicação efectuada por meio de um sistema informático, gerados por este sistema como elemento de uma cadeia de comunicação, indicando a origem da comunicação, o destino, o trajecto, a hora, a data, o tamanho, a duração ou o tipo do serviço subjacente;

d) «Fornecedor de serviço», qualquer entidade, pública ou privada, que faculte aos utilizadores dos seus serviços a possibilidade de comunicar por meio de um sistema informático, bem como qualquer outra entidade que trate ou armazene dados informáticos em nome e por conta daquela entidade fornecedora de serviço ou dos respectivos utilizadores;

e) «Intercepção», o acto destinado a captar informações contidas num sistema informático, através de dispositivos electromagnéticos, acústicos, mecânicos ou outros;

f) «Topografia», uma série de imagens ligadas entre si, independentemente do modo como são fixadas ou codificadas, que representam a configuração tridimensional das camadas que compõem um produto semicondutor e na qual cada imagem reproduz o desenho, ou parte dele, de uma superfície do produto semicondutor, independentemente da fase do respectivo fabrico;

g) «Produto semicondutor», a forma final ou intermédia de qualquer produto, composto por um substrato que inclua uma camada de material semicondutor e constituído por uma ou várias camadas de matérias condutoras, isolantes ou semicondutoras, segundo uma disposição conforme a uma configuração tridimensional e destinada a cumprir, exclusivamente ou não, uma função electrónica.

CAPÍTULO II – Disposições penais materiais

Artigo 3º – Falsidade informática

1 – Quem, com intenção de provocar engano nas relações jurídicas, introduzir, modificar, apagar ou suprimir dados informáticos ou por qualquer outra forma interferir num tratamento informático de dados, produzindo dados ou documentos não genuínos, com a intenção de que estes sejam considerados ou utilizados para finalidades juridicamente relevantes como se o fossem, é punido com pena de prisão até 5 anos ou multa de 120 a 600 dias.

2 – Quando as acções descritas no número anterior incidirem sobre os dados registados, incorporados ou respeitantes a qualquer dispositivo que permita o acesso a sistema de comunicações ou a serviço de acesso condicionado, a pena é de 1 a 5 anos de prisão.

3 – Quem, actuando com intenção de causar prejuízo a outrem ou de obter um benefício ilegítimo, para si ou para terceiro, usar documento produzido a

partir de dados informáticos que foram objecto dos actos referidos no nº 1 ou dispositivo no qual se encontrem registados, incorporados ou ao qual respeitem os dados objecto dos actos referidos no número anterior, é punido com as penas previstas num e noutro número, respectivamente.

4 – Quem produzir, adquirir, importar, distribuir, vender ou detiver qualquer dispositivo, programa ou outros dados informáticos destinados à prática das acções previstas no nº 2, é punido com pena de prisão de 1 a 5 anos.

5 – Se os factos referidos nos números anteriores forem praticados por funcionário no exercício das suas funções, a pena é de prisão de 2 a 5 anos.

Artigo 3º-A – Contrafacção de cartões ou outros dispositivos de pagamento

Quem, com intenção de provocar engano nas relações jurídicas, contrafizer cartão de pagamento ou qualquer outro dispositivo, corpóreo ou incorpóreo, que permita o acesso a sistema ou meio de pagamento, nomeadamente introduzindo, modificando, apagando, suprimindo ou interferindo, por qualquer outro modo, num tratamento informático de dados registados, incorporados, ou respeitantes a estes cartões ou dispositivos, é punido com pena de prisão de 3 a 12 anos.

Artigo 3º-B – Uso de cartões ou outros dispositivos de pagamento contrafeitos

1 – Quem, actuando com intenção de causar prejuízo a outrem ou de obter um benefício ilegítimo, para si ou para terceiro, usar cartão de pagamento contrafeito, ou qualquer outro dispositivo, corpóreo ou incorpóreo, que permita o acesso a sistema ou meio de pagamento contrafeito, é punido com pena de prisão de 1 a 5 anos.

2 – As acções descritas no número anterior são punidas com pena de prisão de 2 a 8 anos se o prejuízo ou o benefício for de valor consideravelmente elevado.

3 – As acções descritas no nº 1 são punidas com pena de prisão de 3 a 12 anos se o agente as praticar de concerto com o agente dos factos descritos no artigo 3º-A.

Artigo 3º-C – Aquisição de cartões ou outros dispositivos de pagamento contrafeitos

Quem, actuando com intenção de causar prejuízo a outrem ou de obter um benefício ilegítimo, adquirir, detiver, exportar, importar, transportar, distribuir, vender ou por qualquer outra forma transmitir ou disponibilizar cartão de pagamento contrafeito ou qualquer outro dispositivo, corpóreo ou incorpóreo, que permita o acesso a sistema ou meio de pagamento contrafeito, é punido com pena de prisão de 1 a 5 anos.

Artigo 3º-D – Actos preparatórios da contrafacção

Quem produzir, adquirir, importar, distribuir, vender ou detiver qualquer cartão, dispositivo, programa ou outros dados informáticos, ou quaisquer outros instrumentos, informáticos ou não, destinados à prática das acções descritas no artigo 3º–A, é punido com pena de prisão de 1 a 5 anos.

Artigo 3º-E – Aquisição de cartões ou outros dispositivos de pagamento obtidos mediante crime informático

Quem, actuando com intenção de causar prejuízo a outrem ou de obter um benefício ilegítimo, adquirir, detiver, exportar, importar, transportar, distribuir, vender ou por qualquer outra forma transmitir ou disponibilizar:

a) Dados registados, incorporados ou respeitantes a cartão de pagamento ou a qualquer outro dispositivo, corpóreo ou incorpóreo, que permita o acesso a sistema ou meio de pagamento, que hajam sido obtidos mediante facto ilícito típico previsto nos artigos 4º, 5º, 6º e 7º;

b) Cartão de pagamento ou qualquer outro dispositivo, corpóreo ou incorpóreo, que permita o acesso a sistema ou meio de pagamento, que haja sido obtido mediante facto ilícito típico previsto nos artigos 4º, 5º, 6º e 7º;

é punido com pena de prisão de 1 a 5 anos.

Artigo 3º-F – Agravação

Se os factos referidos nos artigos 3º-A a 3º-E forem praticados por funcionário no exercício das suas funções, o limite mínimo da pena de prisão aplicável é:

a) De 2 anos, tratando-se dos factos previstos no nº 1 do artigo 3º-B, no nº 1 do artigo 3º-C, no artigo 3º-D e no artigo 3º-E;

b) Agravado em um terço, nos restantes casos.

Artigo 3º-G – Moeda virtual

Para efeitos da presente lei, considera–se também sistema ou meio de pagamento aquele que tenha por objecto moeda virtual.

Artigo 4º – Dano relativo a programas ou outros dados informáticos

1 – Quem, sem permissão legal ou sem para tanto estar autorizado pelo proprietário, por outro titular do direito do sistema ou de parte dele, apagar, alterar, destruir, no todo ou em parte, danificar, suprimir ou tornar não utilizáveis ou não acessíveis programas ou outros dados informáticos alheios ou por qualquer

forma lhes afectar a capacidade de uso, é punido com pena de prisão até 3 anos ou pena de multa.

2 – A tentativa é punível.

3 – Incorre na mesma pena do nº 1 quem ilegitimamente produzir, vender, distribuir ou por qualquer outra forma disseminar ou introduzir num ou mais sistemas informáticos dispositivos, programas ou outros dados informáticos destinados a produzir as acções não autorizadas descritas nesse número.

4 – Se o dano causado for de valor elevado, a pena é de prisão até 5 anos ou de multa até 600 dias.

5 – Se o dano causado for de valor consideravelmente elevado, a pena é de prisão de 1 a 10 anos.

6 – Nos casos previstos nos nºs 1, 2 e 4 o procedimento penal depende de queixa.

Artigo 5º – Sabotagem informática

1 – Quem, sem permissão legal ou sem para tanto estar autorizado pelo proprietário, por outro titular do direito do sistema ou de parte dele, entravar, impedir, interromper ou perturbar gravemente o funcionamento de um sistema informático, através da introdução, transmissão, deterioração, danificação, alteração, apagamento, impedimento do acesso ou supressão de programas ou outros dados informáticos ou de qualquer outra forma de interferência em sistema informático, é punido com pena de prisão até 5 anos ou com pena de multa até 600 dias.

2 – Na mesma pena incorre quem ilegitimamente produzir, vender, distribuir ou por qualquer outra forma disseminar ou introduzir num ou mais sistemas informáticos dispositivos, programas ou outros dados informáticos destinados a produzir as acções não autorizadas descritas no número anterior.

3 – Nos casos previstos no número anterior, a tentativa não é punível.

4 – A pena é de prisão de 1 a 5 anos se o dano emergente da perturbação for de valor elevado.

5 – A pena é de prisão de 1 a 10 anos se:

a) O dano emergente da perturbação for de valor consideravelmente elevado;

b) A perturbação causada atingir de forma grave ou duradoura um sistema informático que apoie uma actividade destinada a assegurar funções sociais críticas, nomeadamente as cadeias de abastecimento, a saúde, a segurança e o bem-estar económico das pessoas, ou o funcionamento regular dos serviços públicos.

Artigo 6º – Acesso ilegítimo

1 – Quem, sem permissão legal ou sem para tanto estar autorizado pelo proprietário, por outro titular do direito do sistema ou de parte dele, de qualquer

modo aceder a um sistema informático, é punido com pena de prisão até 1 ano ou com pena de multa até 120 dias.

2 – Na mesma pena incorre quem ilegitimamente produzir, vender, distribuir ou por qualquer outra forma disseminar ou introduzir num ou mais sistemas informáticos dispositivos, programas, um conjunto executável de instruções, um código ou outros dados informáticos destinados a produzir as acções não autorizadas descritas no número anterior.

3 – A pena é de prisão até 2 anos ou multa até 240 dias se as acções descritas no número anterior se destinarem ao acesso para obtenção de dados registados, incorporados ou respeitantes a cartão de pagamento ou a qualquer outro dispositivo, corpóreo ou incorpóreo, que permita o acesso a sistema ou meio de pagamento.

4 – A pena é de prisão até 3 anos ou multa se:

a) O acesso for conseguido através de violação de regras de segurança; ou

b) Através do acesso, o agente obtiver dados registados, incorporados ou respeitantes a cartão de pagamento ou a qualquer outro dispositivo, corpóreo ou incorpóreo, que permita o acesso a sistema ou meio de pagamento.

5 – A pena é de prisão de 1 a 5 anos quando:

a) Através do acesso, o agente tiver tomado conhecimento de segredo comercial ou industrial ou de dados confidenciais, protegidos por lei; ou

b) O benefício ou vantagem patrimonial obtidos forem de valor consideravelmente elevado.

6 – A tentativa é punível, salvo nos casos previstos nos nºs 2 e 3.

7 – Nos casos previstos nos nºs 1, 4 e 6 o procedimento penal depende de queixa.

Artigo 7º – Intercepção ilegítima

1 – Quem, sem permissão legal ou sem para tanto estar autorizado pelo proprietário, por outro titular do direito do sistema ou de parte dele, e através de meios técnicos, interceptar transmissões de dados informáticos que se processam no interior de um sistema informático, a ele destinadas ou dele provenientes, é punido com pena de prisão até 3 anos ou com pena de multa.

2 – A tentativa é punível.

3 – Incorre na mesma pena prevista no nº 1 quem ilegitimamente produzir, vender, distribuir ou por qualquer outra forma disseminar ou introduzir num ou mais sistemas informáticos dispositivos, programas ou outros dados informáticos destinados a produzir as acções não autorizadas descritas no mesmo número.

Artigo 8º – Reprodução ilegítima de programa protegido

1 – Quem ilegitimamente reproduzir, divulgar ou comunicar ao público um programa informático protegido por lei é punido com pena de prisão até 3 anos ou com pena de multa.

2 – Na mesma pena incorre quem ilegitimamente reproduzir topografia de um produto semicondutor ou a explorar comercialmente ou importar, para estes fins, uma topografia ou um produto semicondutor fabricado a partir dessa topografia.

3 – A tentativa é punível.

Artigo 9º – Responsabilidade penal das pessoas colectivas e entidades equiparadas

As pessoas colectivas e entidades equiparadas são penalmente responsáveis pelos crimes previstos na presente lei nos termos e limites do regime de responsabilização previsto no Código Penal.

Artigo 10º – Perda de bens

1 – O tribunal pode decretar a perda a favor do Estado dos objectos, materiais, equipamentos ou dispositivos que tiverem servido para a prática dos crimes previstos na presente lei e pertencerem a pessoa que tenha sido condenada pela sua prática.

2 – À avaliação, utilização, alienação e indemnização de bens apreendidos pelos órgãos de polícia criminal que sejam susceptíveis de vir a ser declarados perdidos a favor do Estado é aplicável o disposto no Decreto–Lei nº 11/2007, de 19 de Janeiro.

CAPÍTULO III – Disposições processuais

Artigo 11º – Âmbito de aplicação das disposições processuais

1 – Com excepção do disposto nos artigos 18º e 19º, as disposições processuais previstas no presente capítulo aplicam-se a processos relativos a crimes:

a) Previstos na presente lei;

b) Cometidos por meio de um sistema informático; ou

c) Em relação aos quais seja necessário proceder à recolha de prova em suporte electrónico.

2 – As disposições processuais previstas no presente capítulo não prejudicam o regime da Lei nº 32/2008, de 17 de Julho.

Artigo 12º – Preservação expedita de dados

1 – Se no decurso do processo for necessário à produção de prova, tendo em vista a descoberta da verdade, obter dados informáticos específicos armazena-

dos num sistema informático, incluindo dados de tráfego, em relação aos quais haja receio de que possam perder-se, alterar-se ou deixar de estar disponíveis, a autoridade judiciária competente ordena a quem tenha disponibilidade ou controlo desses dados, designadamente a fornecedor de serviço, que preserve os dados em causa.

2 – A preservação pode também ser ordenada pelo órgão de polícia criminal mediante autorização da autoridade judiciária competente ou quando haja urgência ou perigo na demora, devendo aquele, neste último caso, dar notícia imediata do facto à autoridade judiciária e transmitir-lhe o relatório previsto no artigo 253º do Código de Processo Penal.

3 – A ordem de preservação discrimina, sob pena de nulidade:

a) A natureza dos dados;

b) A sua origem e destino, se forem conhecidos; e

c) O período de tempo pelo qual deverão ser preservados, até um máximo de três meses.

4 – Em cumprimento de ordem de preservação que lhe seja dirigida, quem tenha disponibilidade ou controlo sobre esses dados, designadamente o fornecedor de serviço, preserva de imediato os dados em causa, protegendo e conservando a sua integridade pelo tempo fixado, de modo a permitir à autoridade judiciária competente a sua obtenção, e fica obrigado a assegurar a confidencialidade da aplicação da medida processual.

5 – A autoridade judiciária competente pode ordenar a renovação da medida por períodos sujeitos ao limite previsto na alínea c) do nº 3, desde que se verifiquem os respectivos requisitos de admissibilidade, até ao limite máximo de um ano.

Artigo 13º – Revelação expedita de dados de tráfego

Tendo em vista assegurar a preservação dos dados de tráfego relativos a uma determinada comunicação, independentemente do número de fornecedores de serviço que nela participaram, o fornecedor de serviço a quem essa preservação tenha sido ordenada nos termos do artigo anterior indica à autoridade judiciária ou ao órgão de polícia criminal, logo que o souber, outros fornecedores de serviço através dos quais aquela comunicação tenha sido efectuada, tendo em vista permitir identificar todos os fornecedores de serviço e a via através da qual aquela comunicação foi efectuada.

Artigo 14º – Injunção para apresentação ou concessão do acesso a dados

1 – Se no decurso do processo se tornar necessário à produção de prova, tendo em vista a descoberta da verdade, obter dados informáticos específicos e determinados, armazenados num determinado sistema informático, a autoridade

judiciária competente ordena a quem tenha disponibilidade ou controlo desses dados que os comunique ao processo ou que permita o acesso aos mesmos, sob pena de punição por desobediência.

2 – A ordem referida no número anterior identifica os dados em causa.

3 – Em cumprimento da ordem descrita nos nºs 1 e 2, quem tenha disponibilidade ou controlo desses dados comunica esses dados à autoridade judiciária competente ou permite, sob pena de punição por desobediência, o acesso ao sistema informático onde os mesmos estão armazenados.

4 – O disposto no presente artigo é aplicável a fornecedores de serviço, a quem pode ser ordenado que comuniquem ao processo dados relativos aos seus clientes ou assinantes, neles se incluindo qualquer informação diferente dos dados relativos ao tráfego ou ao conteúdo, contida sob a forma de dados informáticos ou sob qualquer outra forma, detida pelo fornecedor de serviços, e que permita determinar:

a) O tipo de serviço de comunicação utilizado, as medidas técnicas tomadas a esse respeito e o período de serviço;

b) A identidade, a morada postal ou geográfica e o número de telefone do assinante, e qualquer outro número de acesso, os dados respeitantes à facturação e ao pagamento, disponíveis com base num contrato ou acordo de serviços; ou

c) Qualquer outra informação sobre a localização do equipamento de comunicação, disponível com base num contrato ou acordo de serviços.

5 – A injunção prevista no presente artigo não pode ser dirigida a suspeito ou arguido nesse processo.

6 – Não pode igualmente fazer-se uso da injunção prevista neste artigo quanto a sistemas informáticos utilizados para o exercício da advocacia, das actividades médica e bancária e da profissão de jornalista.

7 – O regime de segredo profissional ou de funcionário e de segredo de Estado previsto no artigo 182º do Código de Processo Penal é aplicável com as necessárias adaptações.

Artigo 15º – Pesquisa de dados informáticos

1 – Quando no decurso do processo se tornar necessário à produção de prova, tendo em vista a descoberta da verdade, obter dados informáticos específicos e determinados, armazenados num determinado sistema informático, a autoridade judiciária competente autoriza ou ordena por despacho que se proceda a uma pesquisa nesse sistema informático, devendo, sempre que possível, presidir à diligência.

2 – O despacho previsto no número anterior tem um prazo de validade máximo de 30 dias, sob pena de nulidade.

3 – O órgão de polícia criminal pode proceder à pesquisa, sem prévia autorização da autoridade judiciária, quando:

a) A mesma for voluntariamente consentida por quem tiver a disponibilidade ou controlo desses dados, desde que o consentimento prestado fique, por qualquer forma, documentado;

b) Nos casos de terrorismo, criminalidade violenta ou altamente organizada, quando haja fundados indícios da prática iminente de crime que ponha em grave risco a vida ou a integridade de qualquer pessoa.

4 – Quando o órgão de polícia criminal proceder à pesquisa nos termos do número anterior:

a) No caso previsto na alínea b), a realização da diligência é, sob pena de nulidade, imediatamente comunicada à autoridade judiciária competente e por esta apreciada em ordem à sua validação;

b) Em qualquer caso, é elaborado e remetido à autoridade judiciária competente o relatório previsto no artigo 253º do Código de Processo Penal.

5 – Quando, no decurso de pesquisa, surgirem razões para crer que os dados procurados se encontram noutro sistema informático, ou numa parte diferente do sistema pesquisado, mas que tais dados são legitimamente acessíveis a partir do sistema inicial, a pesquisa pode ser estendida mediante autorização ou ordem da autoridade competente, nos termos dos nºs 1 e 2.

6 – À pesquisa a que se refere este artigo são aplicáveis, com as necessárias adaptações, as regras de execução das buscas previstas no Código de Processo Penal e no Estatuto do Jornalista.

Artigo 16º – Apreensão de dados informáticos

1 – Quando, no decurso de uma pesquisa informática ou de outro acesso legítimo a um sistema informático, forem encontrados dados ou documentos informáticos necessários à produção de prova, tendo em vista a descoberta da verdade, a autoridade judiciária competente autoriza ou ordena por despacho a apreensão dos mesmos.

2 – O órgão de polícia criminal pode efectuar apreensões, sem prévia autorização da autoridade judiciária, no decurso de pesquisa informática legitimamente ordenada e executada nos termos do artigo anterior, bem como quando haja urgência ou perigo na demora.

3 – Caso sejam apreendidos dados ou documentos informáticos cujo conteúdo seja susceptível de revelar dados pessoais ou íntimos, que possam pôr em causa a privacidade do respectivo titular ou de terceiro, sob pena de nulidade esses dados ou documentos são apresentados ao juiz, que ponderará a sua junção aos autos tendo em conta os interesses do caso concreto.

4 – As apreensões efectuadas por órgão de polícia criminal são sempre sujeitas a validação pela autoridade judiciária, no prazo máximo de 72 horas.

5 – As apreensões relativas a sistemas informáticos utilizados para o exercício da advocacia e das actividades médica e bancária estão sujeitas, com as necessárias adaptações, às regras e formalidades previstas no Código de Processo Penal e as relativas a sistemas informáticos utilizados para o exercício da profissão de jornalista estão sujeitas, com as necessárias adaptações, às regras e formalidades previstas no Estatuto do Jornalista.

6 – O regime de segredo profissional ou de funcionário e de segredo de Estado previsto no artigo 182º do Código de Processo Penal é aplicável com as necessárias adaptações.

7 – A apreensão de dados informáticos, consoante seja mais adequado e proporcional, tendo em conta os interesses do caso concreto, pode, nomeadamente, revestir as formas seguintes:

a) Apreensão do suporte onde está instalado o sistema ou apreensão do suporte onde estão armazenados os dados informáticos, bem como dos dispositivos necessários à respectiva leitura;

b) Realização de uma cópia dos dados, em suporte autónomo, que será junto ao processo;

c) Preservação, por meios tecnológicos, da integridade dos dados, sem realização de cópia nem remoção dos mesmos; ou

d) Eliminação não reversível ou bloqueio do acesso aos dados.

8 – No caso da apreensão efectuada nos termos da alínea b) do número anterior, a cópia é efectuada em duplicado, sendo uma das cópias selada e confiada ao secretário judicial dos serviços onde o processo correr os seus termos e, se tal for tecnicamente possível, os dados apreendidos são certificados por meio de assinatura digital.

Artigo 17º – Apreensão de correio electrónico e registos de comunicações de natureza semelhante

Quando, no decurso de uma pesquisa informática ou outro acesso legítimo a um sistema informático, forem encontrados, armazenados nesse sistema informático ou noutro a que seja permitido o acesso legítimo a partir do primeiro, mensagens de correio electrónico ou registos de comunicações de natureza semelhante, o juiz pode autorizar ou ordenar, por despacho, a apreensão daqueles que se afigurem ser de grande interesse para a descoberta da verdade ou para a prova, aplicando-se correspondentemente o regime da apreensão de correspondência previsto no Código de Processo Penal.

Artigo 18º – Intercepção de comunicações

1 – É admissível o recurso à intercepção de comunicações em processos relativos a crimes:

a) Previstos na presente lei; ou

b) Cometidos por meio de um sistema informático ou em relação aos quais seja necessário proceder à recolha de prova em suporte electrónico, quando tais crimes se encontrem previstos no artigo 187º do Código de Processo Penal.

2 – A intercepção e o registo de transmissões de dados informáticos só podem ser autorizados durante o inquérito, se houver razões para crer que a diligência é indispensável para a descoberta da verdade ou que a prova seria, de outra forma, impossível ou muito difícil de obter, por despacho fundamentado do juiz de instrução e mediante requerimento do Ministério Público.

3 – A intercepção pode destinar-se ao registo de dados relativos ao conteúdo das comunicações ou visar apenas a recolha e registo de dados de tráfego, devendo o despacho referido no número anterior especificar o respectivo âmbito, de acordo com as necessidades concretas da investigação.

4 – Em tudo o que não for contrariado pelo presente artigo, à intercepção e registo de transmissões de dados informáticos é aplicável o regime da intercepção e gravação de conversações ou comunicações telefónicas constante dos artigos 187º, 188º e 190º do Código de Processo Penal.

Artigo 19º – Acções encobertas

1 – É admissível o recurso às acções encobertas previstas na Lei nº 101/2001, de 25 de Agosto, nos termos aí previstos, no decurso de inquérito relativo aos seguintes crimes:

a) Os previstos na presente lei;

b) Os cometidos por meio de um sistema informático, quando lhes corresponda, em abstracto, pena de prisão de máximo superior a 5 anos ou, ainda que a pena seja inferior, e sendo dolosos, os crimes contra a liberdade e autodeterminação sexual nos casos em que os ofendidos sejam menores ou incapazes, a burla qualificada, a burla informática e nas comunicações, o abuso de cartão de garantia ou de cartão, dispositivo ou dados de pagamento, a discriminação racial, religiosa ou sexual, as infracções económico-financeiras, bem como os crimes consagrados no título IV do Código do Direito de Autor e dos Direitos Conexos.

2 – Sendo necessário o recurso a meios e dispositivos informáticos observam-se, naquilo que for aplicável, as regras previstas para a intercepção de comunicações.

CAPÍTULO IV – Cooperação Internacional

Artigo 20º – Âmbito da cooperação internacional

As autoridades nacionais competentes cooperam com as autoridades estrangeiras competentes para efeitos de investigações ou procedimentos respeitantes a crimes relacionados com sistemas ou dados informáticos, bem como para efeitos de recolha de prova, em suporte electrónico, de um crime, de acordo com as normas sobre transferência de dados pessoais previstas na Lei nº 59/2019, de 8 de Agosto.

Artigo 21º – Ponto de contacto permanente para a cooperação internacional

1 – Para fins de cooperação internacional, tendo em vista a prestação de assistência imediata para os efeitos referidos no artigo anterior, a Polícia Judiciária assegura a manutenção de uma estrutura que garante um ponto de contacto disponível em permanência, vinte e quatro horas por dia, sete dias por semana.

2 – Este ponto de contacto pode ser contactado por outros pontos de contacto, nos termos de acordos, tratados ou convenções a que Portugal se encontre vinculado, ou em cumprimento de protocolos de cooperação internacional com organismos judiciários ou policiais.

3 – A assistência imediata prestada por este ponto de contacto permanente inclui:

a) A prestação de aconselhamento técnico a outros pontos de contacto;

b) A preservação expedita de dados nos casos de urgência ou perigo na demora, em conformidade com o disposto no artigo seguinte;

c) A recolha de prova para a qual seja competente nos casos de urgência ou perigo na demora;

d) A localização de suspeitos e a prestação de informações de carácter jurídico, nos casos de urgência ou perigo na demora;

e) A transmissão imediata ao Ministério Público de pedidos relativos às medidas referidas nas alíneas b) a d), fora dos casos aí previstos, tendo em vista a sua rápida execução.

4 – Sempre que actue ao abrigo das alíneas b) a d) do número anterior, a Polícia Judiciária dá notícia imediata do facto ao Ministério Público e remete-lhe o relatório previsto no artigo 253º do Código de Processo Penal.

5 – O Ministério Público deve, de modo a responder prontamente a pedidos de assistência imediata, assegurar a disponibilidade de magistrados e meios técnicos para levar a cabo quaisquer intervenções processuais urgentes da sua competência.

Artigo 22º – Preservação e revelação expeditas de dados informáticos em cooperação internacional

1 – Pode ser solicitada a Portugal a preservação expedita de dados informáticos armazenados em sistema informático aqui localizado, relativos a crimes previstos no artigo 11º, com vista à apresentação de um pedido de auxílio judiciário para fins de pesquisa, apreensão e divulgação dos mesmos.

2 – A solicitação especifica:

a) A autoridade que pede a preservação;

b) A infracção que é objecto de investigação ou procedimento criminal, bem como uma breve exposição dos factos relacionados;

c) Os dados informáticos a conservar e a sua relação com a infracção;

d) Todas as informações disponíveis que permitam identificar o responsável pelos dados informáticos ou a localização do sistema informático;

e) A necessidade da medida de preservação; e

f) A intenção de apresentação de um pedido de auxílio judiciário para fins de pesquisa, apreensão e divulgação dos dados.

3 – Em execução de solicitação de autoridade estrangeira competente nos termos dos números anteriores, a autoridade judiciária competente ordena a quem tenha disponibilidade ou controlo desses dados, designadamente a fornecedor de serviço, que os preserve.

4 – A preservação pode também ser ordenada pela Polícia Judiciária mediante autorização da autoridade judiciária competente ou quando haja urgência ou perigo na demora, sendo aplicável, neste último caso, o disposto no nº 4 do artigo anterior.

5 – A ordem de preservação especifica, sob pena de nulidade:

a) A natureza dos dados;

b) Se forem conhecidos, a origem e o destino dos mesmos; e

c) O período de tempo pelo qual os dados devem ser preservados, até um máximo de três meses.

6 – Em cumprimento de ordem de preservação que lhe seja dirigida, quem tem disponibilidade ou controlo desses dados, designadamente o fornecedor de serviço, preserva de imediato os dados em causa pelo período de tempo especificado, protegendo e conservando a sua integridade.

7 – A autoridade judiciária competente, ou a Polícia Judiciária mediante autorização daquela autoridade, podem ordenar a renovação da medida por períodos sujeitos ao limite previsto na alínea c) do nº 5, desde que se verifiquem os respectivos requisitos de admissibilidade, até ao limite máximo de um ano.

8 – Quando seja apresentado o pedido de auxílio referido no nº 1, a autoridade judiciária competente para dele decidir determina a preservação dos dados até à adopção de uma decisão final sobre o pedido.

9 – Os dados preservados ao abrigo do presente artigo apenas podem ser fornecidos:

a) À autoridade judiciária competente, em execução do pedido de auxílio referido no nº 1, nos mesmos termos em que poderiam sê-lo, em caso nacional semelhante, ao abrigo dos artigos 13º a 17º;

b) À autoridade nacional que emitiu a ordem de preservação, nos mesmos termos em que poderiam sê-lo, em caso nacional semelhante, ao abrigo do artigo 13º.

10 – A autoridade nacional à qual, nos termos do número anterior, sejam comunicados dados de tráfego identificadores de fornecedor de serviço e da via através dos quais a comunicação foi efectuada, comunica-os rapidamente à autoridade requerente, por forma a permitir a essa autoridade a apresentação de nova solicitação de preservação expedita de dados informáticos.

11 – O disposto nos nºs 1 e 2 aplica-se, com as devidas adaptações, aos pedidos formulados pelas autoridades portuguesas.

Artigo 23º – Motivos de recusa

1 – A solicitação de preservação ou revelação expeditas de dados informáticos é recusada quando:

a) Os dados informáticos em causa respeitarem a infracção de natureza política ou infracção conexa segundo as concepções do direito português;

b) Atentar contra a soberania, segurança, ordem pública ou outros interesses da República Portuguesa, constitucionalmente definidos;

c) O Estado terceiro requisitante não oferecer garantias adequadas de protecção dos dados pessoais.

2 – A solicitação de preservação expedita de dados informáticos pode ainda ser recusada quando houver fundadas razões para crer que a execução de pedido de auxílio judiciário subsequente para fins de pesquisa, apreensão e divulgação de tais dados será recusado por ausência de verificação do requisito da dupla incriminação.

Artigo 24º – Acesso a dados informáticos em cooperação internacional

1 – Em execução de pedido de autoridade estrangeira competente, a autoridade judiciária competente pode proceder à pesquisa, apreensão e divulgação de dados informáticos armazenados em sistema informático localizado em Portugal, relativos a crimes previstos no artigo 11º, quando se trata de situação em que a pesquisa e apreensão são admissíveis em caso nacional semelhante.

2 – A autoridade judiciária competente procede com a maior rapidez possível quando existam razões para crer que os dados informáticos em causa são especialmente vulneráveis à perda ou modificação ou quando a cooperação rápida se encontre prevista em instrumento internacional aplicável.

3 – O disposto no nº 1 aplica-se, com as devidas adaptações, aos pedidos formulados pelas autoridades judiciárias portuguesas.

Artigo 25º – Acesso transfronteiriço a dados informáticos armazenados quando publicamente disponíveis ou com consentimento

As autoridades estrangeiras competentes, sem necessidade de pedido prévio às autoridades portuguesas, de acordo com as normas sobre transferência de dados pessoais previstas na Lei nº 59/2019, de 8 de Agosto, podem:

a) Aceder a dados informáticos armazenados em sistema informático localizado em Portugal, quando publicamente disponíveis;

b) Receber ou aceder, através de sistema informático localizado no seu território, a dados informáticos armazenados em Portugal, mediante consentimento legal e voluntário de pessoa legalmente autorizada a divulgá-los.

Artigo 26º – Intercepção de comunicações em cooperação internacional

1 – Em execução de pedido da autoridade estrangeira competente, pode ser autorizada pelo juiz a intercepção de transmissões de dados informáticos realizadas por via de um sistema informático localizado em Portugal, desde que tal esteja previsto em acordo, tratado ou convenção internacional e se trate de situação em que tal intercepção seja admissível, nos termos do artigo 18º, em caso nacional semelhante.

2 – É competente para a recepção dos pedidos de intercepção a Polícia Judiciária, que os apresentará ao Ministério Público, para que os apresente ao juiz de instrução criminal da comarca de Lisboa para autorização.

3 – O despacho de autorização referido no artigo anterior permite também a transmissão imediata da comunicação para o Estado requerente, se tal procedimento estiver previsto no acordo, tratado ou convenção internacional com base no qual é feito o pedido.

4 – O disposto no nº 1 aplica-se, com as devidas adaptações, aos pedidos formulados pelas autoridades judiciárias portuguesas.

CAPÍTULO V – Disposições finais e transitórias

Artigo 27º – Aplicação no espaço da lei penal portuguesa e competência dos tribunais portugueses

1 – Para além do disposto no Código Penal em matéria de aplicação no espaço da lei penal portuguesa, e salvo tratado ou convenção internacional em contrário, para efeitos da presente lei, a lei penal portuguesa é ainda aplicável a factos:

a) Praticados por Portugueses, se aos mesmos não for aplicável a lei penal de nenhum outro Estado;

b) Cometidos em benefício de pessoas colectivas com sede em território português;

c) Fisicamente praticados em território português, ainda que visem sistemas informáticos localizados fora desse território; ou

d) Que visem sistemas informáticos localizados em território português, independentemente do local onde esses factos forem fisicamente praticados.

2 – Se, em função da aplicabilidade da lei penal portuguesa, forem simultaneamente competentes para conhecer de um dos crimes previstos na presente lei os tribunais portugueses e os tribunais de outro Estado membro da União Europeia, podendo em qualquer um deles ser validamente instaurado ou prosseguido o procedimento penal com base nos mesmos factos, a autoridade judiciária competente recorre aos órgãos e mecanismos instituídos no seio da União Europeia para facilitar a cooperação entre as autoridades judiciárias dos Estados membros e a coordenação das respectivas acções, por forma a decidir qual dos dois Estados instaura ou prossegue o procedimento contra os agentes da infracção, tendo em vista centralizá-lo num só deles.

3 – A decisão de aceitação ou transmissão do procedimento é tomada pela autoridade judiciária competente, tendo em conta, sucessivamente, os seguintes elementos:

a) O local onde foi praticada a infracção;

b) A nacionalidade do autor dos factos; e

c) O local onde o autor dos factos foi encontrado.

4 – São aplicáveis aos crimes previstos na presente lei as regras gerais de competência dos tribunais previstas no Código de Processo Penal.

5 – Em caso de dúvida quanto ao tribunal territorialmente competente, designadamente por não coincidirem o local onde fisicamente o agente actuou e o local onde está fisicamente instalado o sistema informático visado com a sua actuação, a competência cabe ao tribunal onde primeiro tiver havido notícia dos factos.

Artigo 28º – Regime geral aplicável

Em tudo o que não contrarie o disposto na presente lei, aplicam-se aos crimes, às medidas processuais e à cooperação internacional em matéria penal nela previstos, respectivamente, as disposições do Código Penal, do Código de Processo Penal e da Lei nº 144/99, de 31 de Agosto.

Artigo 29º – Competência da Polícia Judiciária para a cooperação internacional

A competência atribuída pela presente lei à Polícia Judiciária para efeitos de cooperação internacional é desempenhada pela unidade orgânica a quem se encontra cometida a investigação dos crimes previstos na presente lei.

Artigo 30º – Protecção de dados pessoais

O tratamento de dados pessoais ao abrigo da presente lei efectua-se nos termos da Lei nº 59/2019, de 8 de Agosto, sendo aplicável, em caso de violação, o disposto nos respectivos capítulos VII e VIII.

Artigo 31º – Norma revogatória

É revogada a Lei nº 109/91, de 17 de Agosto.

Artigo 32º – Entrada em vigor

A presente lei entra em vigor 30 dias após a sua publicação.

3. Resolução da Assembleia da República nº 88/2009 – Aprova a Convenção sobre o Cibercrime, adoptada em Budapeste em 23 de Novembro de 2001

Resolução da Assembleia da República nº 88/2009 – Aprova a Convenção sobre o Cibercrime, adoptada em Budapeste em 23 de Novembro de 2001

A Assembleia da República resolve, nos termos da alínea i) do artigo 161º e do nº 5 do artigo 166º da Constituição, o seguinte:

Artigo 1º – Aprovação

Aprova a Convenção sobre o Cibercrime, adoptada em Budapeste em 23 de Novembro de 2001, cujo texto, na versão autenticada na língua inglesa, assim como a respectiva tradução para a língua portuguesa, se publica em anexo.

Artigo 2º – Reserva

No momento da ratificação da Convenção sobre o Cibercrime, adoptada em Budapeste em 23 de Novembro de 2001, a República Portuguesa formula a seguinte reserva ao artigo 24º, nº 5:

«Portugal não concederá a extradição de pessoas:

a) Que devam ser julgadas por um tribunal de excepção ou cumprir uma pena decretada por um tribunal dessa natureza;

b) Quando se prove que são sujeitas a processo que não oferece garantias jurídicas de um procedimento penal que respeite as condições internacionalmente reconhecidas como indispensáveis à salvaguarda dos direitos do homem, ou que cumprirem a pena em condições desumanas;

c) Quando reclamadas por infracção a que corresponda pena ou medida de segurança com carácter perpétuo.

Portugal só admite a extradição por crime punível com pena privativa da liberdade superior a um ano.

Portugal não concederá a extradição de cidadãos portugueses.

Não há extradição em Portugal por crimes a que corresponda pena de morte segundo a lei do Estado requerente.

Portugal só autoriza o trânsito em território nacional de pessoa que se encontre nas condições em que a sua extradição possa ser concedida.»

Aprovada em 10 de Julho de 2009.

O Presidente da Assembleia da República, *Jaime Gama*.

CONVENÇÃO SOBRE O CIBERCRIME

Preâmbulo

Os Estados membros do Conselho da Europa e os outros Estados signatários:

Considerando que o objectivo do Conselho da Europa é o de criar uma união mais estreita entre os seus membros;

Reconhecendo a importância de intensificar a cooperação com os outros Estados Partes na presente Convenção;

Convictos da necessidade de prosseguir, com carácter prioritário, uma política criminal comum, com o objectivo de proteger a sociedade do cibercrime, nomeadamente através da adopção de legislação adequada e do fomento da cooperação internacional;

Conscientes das profundas mudanças provocadas pela digitalização, pela convergência e pela globalização permanente das redes informáticas;

Preocupados com o risco das redes informáticas e da informação electrónica também poderem ser utilizadas para cometer infracções penais e das provas dessas infracções poderem ser armazenadas e transmitidas através dessas redes;

Reconhecendo a necessidade de haver cooperação entre os Estados e a indústria privada no combate ao cibercrime, bem como a de proteger os interesses legítimos ligados ao uso e desenvolvimento das tecnologias de informação;

Acreditando que uma luta efectiva contra o cibercrime requer uma cooperação internacional em matéria penal mais intensa, rápida e eficaz;

Convictos de que a presente Convenção é necessária para impedir os actos praticados contra a confidencialidade, integridade e disponibilidade de sistemas informáticos, de redes e de dados informáticos, bem como a utilização fraudulenta desses sistemas, redes e dados, prevendo a criminalização desses comportamentos, tal como se encontram descritos na presente Convenção, e a criação de competências suficientes para combater eficazmente essas infracções, facilitando a detecção, a investigação e a acção penal relativamente às referidas infracções, tanto ao nível nacional como ao nível internacional, e adoptando medidas que visem uma cooperação internacional rápida e fiável;

Tendo presente a necessidade de garantir um equilíbrio adequado entre os interesses da aplicação da lei e o respeito pelos direitos fundamentais do homem consagrados na Convenção para a Protecção dos Direitos do Homem e das Liberdades Fundamentais do Conselho da Europa (1950), no Pacto Internacional sobre os Direitos Civis e Políticos das Nações Unidas (1966) e noutros tratados internacionais em matéria de direitos humanos, que reafirmam o direito à liberdade de opinião sem interferência, bem como o direito à liberdade de expressão, incluindo a liberdade de procurar, receber e transmitir, sem consideração de fronteiras, informações e ideias de todo o género e, ainda, o direito ao respeito da vida privada;

Tendo igualmente presente o direito à protecção de dados pessoais, tal como definido na Convenção do Conselho da Europa para a Protecção das Pessoas relativamente ao Tratamento Automatizado de Dados de Carácter Pessoal de 1981;

Considerando a Convenção das Nações Unidas sobre os Direitos da Criança de 1989, e a Convenção da Organização Internacional do Trabalho sobre as Piores Formas de Trabalho Infantil de 1999;

Tendo em conta as Convenções do Conselho da Europa sobre cooperação em matéria penal, bem como outros tratados semelhantes entre os Estados membros do Conselho da Europa e outros Estados, e sublinhando que a presente Convenção tem por finalidade complementar as referidas Convenções de modo a tornar mais eficazes as investigações e as acções penais relativas a infracções relacionadas com sistemas e dados informáticos, bem como permitir a recolha de provas electrónicas de uma infracção penal;

Saudando as iniciativas recentes para melhorar o entendimento e a cooperação internacionais no combate ao cibercrime, nomeadamente as acções empreendidas pelas Nações Unidas, pela OCDE, pela União Europeia e pelo G8;

Recordando as Recomendações do Comité de Ministros nº R (85) 10 relativa à aplicação prática da Convenção Europeia de Auxílio Judiciário Mútuo em matéria penal no tocante às cartas rogatórias para intercepção de telecomunicações, nº R (88) 2 sobre as medidas destinadas a combater a pirataria no domínio dos direitos de autor e direitos conexos, nº R (87) 15 que regulamenta a utilização de dados pessoais no sector da polícia, nº R (95) 4 sobre a protecção de dados de carácter pessoal no sector das telecomunicações, designadamente os serviços telefónicos, e nº R (89) 9 sobre a criminalidade informática que estabelece directrizes para os legisladores nacionais respeitantes à definição de certos crimes informáticos, e ainda a nº R (95) 13 relativa a problemas da lei processual penal ligados às tecnologias da informação;

Tendo em conta a Resolução nº 1 adoptada pelos Ministros europeus da Justiça na sua 21ª Conferência (Praga, 10 e 11 de Junho de 1997), que recomenda ao Comité de Ministros o apoio ao trabalho desenvolvido pelo Comité Europeu para os Problemas Criminais (CDPC) no domínio do cibercrime, a fim de aproximar as legislações penais nacionais e de permitir a utilização de meios eficazes para investigar esses crimes, bem como a Resolução nº 3 adoptada na 23ª Conferência dos Ministros europeus da Justiça (Londres, 8 e 9 de Junho de 2000), que encoraja as partes intervenientes nas negociações a prosseguirem os seus esforços para encontrar soluções adequadas que permitam ao maior número possível de Estados tornarem-se partes da Convenção, e reconhece a necessidade de haver um sistema de cooperação internacional rápido e eficaz que tenha devidamente em conta as exigências específicas da luta contra o cibercrime;

Tendo, igualmente, em consideração o Plano de Acção que foi adoptado pelos Chefes de Estado e de Governo do Conselho da Europa na sua Segunda Cimeira (Estrasburgo, 10 e 11 de Outubro de 1997) para, com base nas normas e nos valores do Conselho da Europa, encontrar respostas comuns face ao desenvolvimento das novas tecnologias de informação;

acordam no seguinte:

CAPÍTULO I – Terminologia

Artigo 1º – Definições

Para efeitos da presente Convenção, entende-se por:

a) «Sistema informático» um equipamento ou conjunto de equipamentos interligados ou relacionados entre si que asseguram, isoladamente ou em conjunto, pela execução de um programa, o tratamento automatizado de dados;

b) «Dados informáticos» qualquer representação de factos, informações ou conceitos numa forma adequada para o processamento informático, incluindo um programa que permita a um sistema informático executar uma função;

c) «Prestador de serviços»:

i) Qualquer entidade pública ou privada que faculte aos utilizadores dos seus serviços a possibilidade de comunicarem por meio de um sistema informático;

ii) Qualquer outra entidade que processe ou armazene dados informáticos em nome desse serviço de comunicações ou dos seus utilizadores;

d) «Dados de tráfego», quaisquer dados informáticos relativos a uma comunicação efectuada por meio de um sistema informático, que foram gerados por um sistema informático enquanto elemento da cadeia de comunicação, e indicam a origem, o destino, o trajecto, a hora, a data, o tamanho e a duração da comunicação, ou o tipo de serviço subjacente.

CAPÍTULO II - Medidas a adoptar a nível nacional

SECÇÃO 1 - Direito penal material

TÍTULO 1 - Infracções contra a confidencialidade, integridade e disponibilidade de dados e sistemas informáticos

Artigo 2º - Acesso ilícito

Cada Parte deverá adoptar as medidas legislativas e outras que se revelem necessárias para classificar como infracção penal nos termos do seu direito interno, quando praticado intencionalmente, o acesso ilícito a um sistema informático no seu todo ou a parte dele. Para que se verifique a infracção penal, qualquer uma das Partes pode exigir que ela seja cometida por meio da violação das medidas de segurança com intenção de obter dados informáticos ou com qualquer outra intenção, ou ainda que esteja relacionada com um sistema informático conectado a outro sistema informático.

Artigo 3º - Intercepção ilícita

Cada Parte deverá adoptar as medidas legislativas e outras que se revelem necessárias para classificar como infracção penal nos termos do seu direito interno, quando praticada intencionalmente, a intercepção não autorizada, através de meios técnicos, de transmissões não públicas de dados informáticos, para, de ou dentro de um sistema informático, incluindo as radiações electromagnéticas emitidas por um sistema informático que transporte esses dados informáticos. Para que se verifique a infracção penal, qualquer uma das Partes pode exigir que ela seja cometida por meio da violação das medidas de segurança com intenção de obter dados informáticos ou com qualquer outra intenção, ou ainda que esteja relacionada com um sistema informático conectado a outro sistema informático.

Artigo 4º - Dano provocado nos dados

1 - Cada Parte deverá adoptar as medidas legislativas e outras que se revelem necessárias para classificar como infracções penais nos termos do seu direito interno, quando praticados intencionalmente, a danificação, o apagamento, a deterioração, a alteração ou supressão não autorizados de dados informáticos.

2 - Qualquer uma das Partes pode reservar-se o direito de exigir que o comportamento descrito no nº 1 do presente artigo tenha de ter acarretado danos graves.

ARTIGO 5º – Sabotagem informática

Cada Parte deverá adoptar as medidas legislativas e outras que se revelem necessárias para classificar como infracção penal nos termos do seu direito interno, quando praticada intencionalmente, a perturbação grave, não autorizada, do funcionamento de um sistema informático mediante inserção, transmissão, danificação, eliminação, deterioração, alteração ou supressão de dados informáticos.

ARTIGO 6º – Utilização indevida de dispositivos

1 – Cada Parte deverá adoptar as medidas legislativas e outras que se revelem necessárias para classificar como infracções penais nos termos do seu direito interno, quando praticadas intencional e ilicitamente:

a) A produção, venda, aquisição para efeitos de utilização, importação, distribuição, ou outras formas de disponibilização de:

i) Um dispositivo, incluindo um programa informático, concebido ou adaptado antes de mais para permitir a prática de uma das infracções previstas nos artigos 2º a 5º supra;

ii) Uma palavra-passe, um código de acesso ou dados similares que permitem aceder, no todo ou em parte, a um sistema informático, com a intenção de os utilizar;

para cometer qualquer uma das infracções previstas nos artigos 2º a 5º supra; e

b) A posse de um dos elementos referidos na alínea a), i) ou ii), desde que utilizados com a intenção de cometer qualquer uma das infracções previstas nos artigos 2º a 5º Qualquer uma das Partes pode exigir que para existir responsabilidade criminal nos termos do seu direito interno tenha de se verificar um determinado número desses elementos.

2 – O presente artigo não pode ser interpretado no sentido de determinar que existe responsabilidade criminal nos casos em que a finalidade da produção, venda, obtenção para utilização, importação, distribuição ou outras formas de disponibilização referidas no nº 1 do presente artigo não é a prática de uma das infracções previstas nos artigos 2º a 5º da presente Convenção, mas antes a realização de testes autorizados ou a protecção de um sistema informático.

3 – Cada Parte pode reservar-se o direito de não aplicar o nº 1 do presente artigo, desde que essa reserva não diga respeito à venda, distribuição ou qualquer outra forma de disponibilização dos elementos referidos no nº 1, alínea a), ii), do presente artigo.

TÍTULO 2 – Infracções relacionadas com computadores

Artigo 7º – Falsificação informática

Cada Parte deverá adoptar as medidas legislativas e outras que se revelem necessárias para classificar como infracções penais nos termos do seu direito interno, quando praticadas intencional e ilicitamente, a introdução, a alteração, o apagamento ou a supressão de dados informáticos dos quais resultem dados não autênticos, com o intuito de que esses dados sejam considerados ou utilizados para fins legais como se fossem autênticos, quer sejam ou não directamente legíveis e inteligíveis. Qualquer uma das Partes pode exigir que para existir responsabilidade criminal tem de haver intenção fraudulenta ou outra intenção criminosa semelhante.

Artigo 8º – Burla informática

Cada Parte deverá adoptar as medidas legislativas e outras que se revelem necessárias para classificar como infracção penal nos termos do seu direito interno, quando praticado intencional e ilicitamente, o prejuízo patrimonial causado a outra pessoa por meio de:

a) Qualquer introdução, alteração, apagamento ou supressão de dados informáticos;

b) Qualquer interferência no funcionamento de um sistema informático;

com intenção de obter para si ou para outra pessoa um benefício económico ilegítimo.

TÍTULO 3 – Infracções relacionadas com o conteúdo

Artigo 9º – Infracções relativas à pornografia infantil

1 – Cada Parte deverá adoptar as medidas legislativas e outras que se revelem necessárias para classificar como infracções penais nos termos do seu direito interno, quando praticadas de forma intencional e ilegítima, as seguintes condutas:

a) Produção de pornografia infantil com o propósito de a divulgar através um sistema informático;

b) Oferta ou disponibilização de pornografia infantil através de um sistema informático;

c) Difusão ou transmissão de pornografia infantil através de um sistema informático;

d) Obtenção para si ou para outra pessoa de pornografia infantil através de um sistema informático;

e) Posse de pornografia infantil num sistema informático ou num dispositivo de armazenamento de dados informáticos.

2 – Para efeitos do nº 1, a expressão «pornografia infantil» deverá abranger todo o material pornográfico que represente visualmente:

a) Um menor envolvido em comportamentos sexualmente explícitos;

b) Uma pessoa com aspecto de menor envolvida em comportamentos sexualmente explícitos;

c) Imagens realistas de um menor envolvido em comportamentos sexualmente explícitos.

3 – Para efeitos do nº 2, a expressão «menor» deverá abranger qualquer pessoa com menos de 18 anos de idade. Qualquer uma das Partes pode impor um limite de idade inferior, não podendo, contudo, ser fixado abaixo dos 16 anos.

4 – Cada Parte pode reservar-se o direito de não aplicar, no todo ou em parte, o disposto nas alíneas d) e e) do nº 1 e nas alíneas b) e c) do nº 2.

TÍTULO 4 – Infracções respeitantes a violações do direito de autor e direitos conexos

Artigo 10º – Infracções respeitantes a violações do direito de autor e dos direitos conexos

1 – Cada Parte deverá adoptar as medidas legislativas e outras que se revelem necessárias para classificar como infracções penais nos termos do seu direito interno, as violações do direito de autor, tal como estas se encontram definidas na lei dessa Parte com base nas obrigações que a mesma assumiu ao abrigo da Convenção de Berna para a Protecção das Obras Literárias e Artísticas, revista pelo Acto de Paris de 24 de Julho de 1971, do Acordo sobre os Aspectos dos Direitos de Propriedade Intelectual Relacionados com o Comércio e do Tratado da OMPI sobre o Direito de Autor, com excepção de quaisquer direitos morais reconhecidos por essas Convenções, quando tais actos são praticados de forma intencional, para fins comerciais e por meio de um sistema informático.

2 – Cada Parte deverá adoptar as medidas legislativas e outras que se revelem necessárias para classificar como infracções penais nos termos do seu direito interno as violações dos direitos conexos tal como estas se encontram definidas na lei dessa Parte com base nas obrigações que a mesma assumiu ao abrigo da Convenção Internacional para a Protecção dos Artistas Intérpretes ou Executantes, dos Produtores de Fonogramas e dos Organismos de Radiodifusão (Convenção de Roma), do Acordo sobre os Aspectos dos Direitos de Propriedade Intelectual Relacionados com o Comércio e do Tratado da OMPI sobre Interpretações ou Execuções e Fonogramas, com excepção de quaisquer direitos morais reconhecidos por essas Convenções, quando tais actos são praticados de forma intencional, para fins comerciais e por meio de um sistema informático.

3 – Qualquer Parte pode, em circunstâncias claramente definidas, reservar-se o direito de não estabelecer a responsabilidade criminal nos termos dos nºs 1 e 2 do presente artigo, desde que se encontrem disponíveis outros meios eficazes e essa reserva não prejudique as obrigações internacionais assumidas por essa Parte no quadro dos instrumentos internacionais referidos nos nºs 1 e 2 do presente artigo.

TÍTULO 5 – Outras formas de responsabilidade e sanções

Artigo 11º – Tentativa, auxílio ou instigação

1 – Cada Parte deverá adoptar as medidas legislativas e outras que se revelem necessárias para classificar como infracções penais, nos termos do seu direito interno, o auxílio ou a instigação à prática de qualquer uma das infracções previstas nos artigos 2º a 10º da presente Convenção, quando praticados intencionalmente tendo em vista a prática dessa infracção.

2 – Cada Parte deverá adoptar as medidas legislativas e outras que se revelem necessárias para classificar como infracção penal, nos termos do seu direito interno, a tentativa deliberada de praticar qualquer uma das infracções previstas nos artigos 3º a 5º , 7º, 8º e nas alíneas a) e c) do nº 1 do artigo 9º da presente Convenção.

3 – Cada Parte pode reservar-se o direito de não aplicar, no todo ou em parte, o disposto no nº 2 do presente artigo.

Artigo 12º – Responsabilidade das pessoas colectivas

1 – Cada Parte deverá adoptar as medidas legislativas e outras que se revelem necessárias para garantir que as pessoas colectivas possam ser consideradas responsáveis pelas infracções penais previstas na presente Convenção, cometidas em seu benefício por qualquer pessoa singular, agindo individualmente ou enquanto membro de um órgão da pessoa colectiva, que nelas ocupem uma posição de liderança, com base:

a) Nos poderes de representação conferidos pela pessoa colectiva;

b) Na autoridade para tomar decisões em nome da pessoa colectiva;

c) Na autoridade para exercer o controlo no seio da pessoa colectiva.

2 – Para além dos casos já previstos no nº 1 do presente artigo, cada Parte deverá adoptar as medidas legislativas e outras que se revelem necessárias para garantir que uma pessoa colectiva possa ser considerada responsável sempre que a falta de vigilância ou controlo por parte de uma pessoa singular referida no nº 1 possibilite a prática de uma das infracções previstas na presente Convenção em benefício da referida pessoa colectiva por uma pessoa singular que aja sob a sua autoridade.

3 – De acordo com os princípios jurídicos da Parte, a responsabilidade de uma pessoa colectiva pode ser penal, civil ou administrativa.

4 – Essa responsabilidade não exclui a responsabilidade criminal das pessoas singulares que tenham cometido a infracção.

Artigo 13º – Sanções e medidas

1 – Cada Parte deverá adoptar as medidas legislativas e outras que se revelem necessárias para assegurar que as infracções penais estabelecidas nos termos dos artigos 2º a 11º sejam puníveis com sanções eficazes, proporcionais e dissuasivas, incluindo com penas privativas de liberdade.

2 – Cada Parte deverá assegurar que as pessoas colectivas consideradas responsáveis nos termos do artigo 12º sejam objecto de sanções ou medidas, de natureza penal e não penal, eficazes, proporcionais e dissuasivas, incluindo sanções pecuniárias.

SECÇÃO 2 – Direito processual

TÍTULO 1 – Disposições comuns

Artigo 14º – Âmbito de aplicação das disposições processuais

1 – Cada Parte deverá adoptar as medidas legislativas e outras que se revelem necessárias para instituir os poderes e os procedimentos previstos na presente secção, para efeitos de investigação ou de procedimento criminal específicos.

2 – Salvo disposição em contrário do artigo 21º, cada Parte deverá aplicar os poderes e os procedimentos previstos no nº 1 do presente artigo:

a) Às infracções penais previstas nos artigos 2º a 11º da presente Convenção;

b) A outras infracções penais cometidas por meio de um sistema informático; e

c) À obtenção de prova electrónica da prática de qualquer infracção penal.

3 – a) Cada Parte pode reservar-se o direito de só aplicar as medidas previstas no artigo 20º às infracções ou categorias de infracções especificadas na reserva, desde que o conjunto dessas infracções ou categorias de infracções não seja mais reduzido que o conjunto de infracções a que aplica as medidas previstas no artigo 21º Cada Parte deverá considerar a possibilidade de restringir a dita reserva de modo a permitir que a aplicação da medida prevista no artigo 20º seja a mais ampla possível.

b) Sempre que por força das restrições impostas pela sua legislação vigente à data da adopção da presente Convenção não possa aplicar as medidas previstas nos artigos 20º e 21º às comunicações que se processam no interior de um sistema informático de um prestador de serviços, que:

i) Tenha sido implementado para um grupo fechado de utilizadores; e

ii) Nem utilize as redes de telecomunicações públicas nem esteja interligado a outro sistema informático, público ou privado;

uma Parte pode reservar-se o direito de não aplicar essas medidas às referidas comunicações. Cada Parte deverá considerar a possibilidade de restringir a dita reserva de modo a permitir a aplicação das medidas previstas nos artigos 20º e 21º

Artigo 15º – Condições e garantias

1 – Cada Parte deverá assegurar que o estabelecimento, a implementação e a aplicação dos poderes e procedimentos previstos na presente secção respeitem as condições e garantias previstas no seu direito interno, o qual deverá garantir uma protecção adequada dos direitos humanos e das liberdades, designadamente dos direitos estabelecidos em conformidade com as obrigações assumidas pela Parte em virtude da Convenção do Conselho da Europa de 1950 para a Protecção dos Direitos do Homem e das Liberdades Fundamentais e do Pacto Internacional sobre os Direitos Civis e Políticos das Nações Unidas de 1966, bem como de outros instrumentos internacionais aplicáveis em matéria de direitos humanos, e deverá incorporar o princípio da proporcionalidade.

2 – Sempre que tal se justifique, em razão da natureza do poder ou do procedimento em causa, as referidas condições e garantias deverão incluir, designadamente, um controlo judicial ou outras formas de controlo independente, os fundamentos que justificam a sua aplicação, bem como a delimitação do âmbito de aplicação e a duração do poder ou procedimento em causa.

3 – Na medida em que seja do interesse público, em particular, da boa administração da justiça, cada Parte deverá ter em consideração o impacto dos poderes e dos procedimentos previstos na presente secção nos direitos, nas responsabilidades e nos interesses legítimos de terceiros.

TÍTULO 2 – Conservação expedita de dados informáticos armazenados

Artigo 16º – Conservação expedita de dados informáticos armazenados

1 – Cada Parte deverá adoptar as medidas legislativas e outras que se revelem necessárias para que as suas autoridades competentes possam ordenar ou de outro modo impor a conservação expedita de dados informáticos específicos, incluindo de dados de tráfego armazenados por meio de um sistema informático, sobretudo quando existam motivos para crer que em relação a esses dados existe o sério risco de perda ou alteração.

2 – Sempre que aplicar o disposto no nº 1 supra através de uma injunção que impõe a uma pessoa a conservação dos dados informáticos específicos armaze-

nados que tem na sua posse ou sob o seu controlo, uma Parte deverá adoptar as medidas legislativas e outras que se revelem necessárias para obrigar essa pessoa a conservar e a proteger a integridade dos referidos dados pelo tempo que for necessário, até um prazo máximo de 90 dias, para permitir que as autoridades competentes obtenham a sua divulgação. Qualquer uma das Partes pode prever a possibilidade dessa injunção ser subsequentemente renovada.

3 – Cada Parte deverá adoptar as medidas legislativas e outras que se revelem necessárias para obrigar a pessoa responsável pelos dados informáticos, ou qualquer outra pessoa encarregue de os conservar, a manterem a confidencialidade da aplicação dos referidos procedimentos durante o prazo previsto no seu direito interno.

4 – Os artigos 14º e 15º regulamentam os poderes e procedimentos referidos no presente artigo.

Artigo 17º – Conservação expedita e divulgação parcial de dados de tráfego

1 – Em relação aos dados de tráfego que devem ser conservados em conformidade com o artigo 16º, cada Parte deverá adoptar as medidas legislativas e outras que se revelem necessárias para:

a) Assegurar a conservação expedita dos dados de tráfego quer tenha sido um, quer tenham sido vários os prestadores de serviço envolvidos na transmissão dessa comunicação;

b) Assegurar que um volume suficiente de dados de tráfego seja de imediato transmitido à autoridade competente da Parte ou a qualquer pessoa designada por essa autoridade, para permitir que a Parte identifique os prestadores de serviços e o trajecto da comunicação.

2 – Os artigos 14º e 15º regulamentam os poderes e procedimentos referidos no presente artigo.

TÍTULO 3 – Injunção de comunicar

Artigo 18º – Injunção de comunicar

1 – Cada Parte deverá adoptar as medidas legislativas e outras que se revelem necessárias para conferir poder às suas autoridades competentes para ordenarem:

a) A uma pessoa que se encontre no seu território que disponibilize os dados informáticos específicos que estejam na sua posse ou sob o seu controlo e que estão armazenados num sistema informático ou num dispositivo de armazenamento de dados informáticos; e *b)* A um prestador de serviços que preste os seus serviços no território da Parte que disponibilize os dados dos assinantes relacionados com esses serviços que estejam na sua posse ou sob o seu controlo.

2 – Os artigos 14º e 15º regulamentam os poderes e procedimentos referidos no presente artigo.

3 – Para efeitos do presente artigo, entende-se por «dados relativos aos assinantes» quaisquer informações que um prestador de serviços possua sobre os assinantes dos seus serviços, sob a forma de dados informáticos ou sob qualquer outra forma, distintas dos dados de tráfego ou de conteúdo e que permitam determinar:

a) O tipo de serviço de comunicação utilizado, as medidas técnicas adoptadas a esse respeito e a duração do serviço;

b) A identidade, o endereço postal ou geográfico e o número de telefone do assinante e qualquer outro número de acesso, os dados referentes à facturação e ao pagamento, disponíveis com base num contrato ou num acordo de serviços;

c) Qualquer outra informação sobre a localização do equipamento de comunicação disponível com base num contrato ou num acordo de prestação de serviços.

TÍTULO 4 – Busca e apreensão de dados informáticos armazenados

Artigo 19º – Busca e apreensão de dados informáticos armazenados

1 – Cada Parte deverá adoptar as medidas legislativas e outras que se revelem necessárias para habilitar as suas autoridades competentes a efectuar buscas ou de outro modo aceder:

a) A um sistema informático, ou a parte do mesmo, bem como aos dados informáticos nele armazenados; e

b) A um suporte informático de dados que permita armazenar dados informáticos;

no seu território.

2 – Cada Parte deverá adoptar as medidas legislativas e outras que se revelem necessárias para assegurar que, sempre que as suas autoridades efectuem buscas ou de outro modo acedam a um determinado sistema informático ou a parte dele, em conformidade com o disposto na alínea a) do nº 1 do presente artigo, e caso existam motivos para crer que os dados procurados estão armazenados noutro sistema informático ou em parte dele, situado no seu território, e que é possível aceder legalmente a esses dados ou que eles estão disponíveis através do primeiro sistema, as autoridades são capazes de rapidamente alargar a busca ou o acesso equivalente ao outro sistema.

3 – Cada Parte deverá adoptar as medidas legislativas e outras que se revelem necessárias para habilitar as suas autoridades competentes a apreender ou de outro modo reter os dados informáticos aos quais se teve acesso nos termos do nº 1 ou 2 do presente artigo. Essas medidas incluem o poder de:

a) Apreender ou de outro modo reter um sistema informático ou parte do mesmo, ou um suporte informático de dados;

b) Efectuar e reter uma cópia desses dados informáticos;

c) Preservar a integridade dos dados informáticos pertinentes armazenados;

d) Tornar esses dados informáticos inacessíveis ou retirá-los do sistema informático acedido.

4 – Cada Parte deverá adoptar as medidas legislativas e outras que se revelem necessárias para habilitar as suas autoridades competentes a impor a qualquer pessoa que conheça o funcionamento do sistema informático ou as medidas aplicadas para proteger os dados informáticos nele contidos, que forneça de forma ponderada todas as informações necessárias para permitir a aplicação das medidas previstas no nº 1 e 2 do presente artigo.

5 – Os artigos 14º e 15º regulamentam os poderes e procedimentos referidos no presente artigo.

TÍTULO 5 – Recolha, em tempo real, de dados informáticos

Artigo 20º – Recolha, em tempo real, de dados de tráfego

1 – Cada Parte deverá adoptar as medidas legislativas e outras que se revelem necessárias para habilitar as suas autoridades competentes a:

a) Recolher ou registar, através da aplicação dos meios técnicos existentes no seu território; e

b) Obrigar um prestador de serviços, no âmbito da sua capacidade técnica, a:

i) Recolher ou registar, através da aplicação dos meios técnicos existentes no seu território; ou

ii) Cooperar com as autoridades competentes e a dar-lhes assistência na recolha ou no registo;

em tempo real, dos dados de tráfego associados a comunicações específicas transmitidas no seu território através de um sistema informático.

2 – Quando uma Parte, por força dos princípios estabelecidos no seu direito interno, não puder adoptar as medidas enunciadas na alínea a) do nº 1 do presente artigo, pode, em alternativa, adoptar as medidas legislativas e outras que se revelem necessárias para assegurar a recolha ou o registo, em tempo real, dos dados de tráfego associados a comunicações específicas transmitidas no seu território através da aplicação de meios técnicos existentes nesse território.

3 – Cada Parte deverá adoptar as medidas legislativas e outras que se revelem necessárias para obrigar um prestador de serviços a manter a confidencialidade do exercício de um dos poderes previstos no presente artigo, bem como de qualquer informação a esse respeito.

4 – Os artigos 14º e 15º regulamentam os poderes e procedimentos referidos no presente artigo.

Artigo 21º – Intercepção de dados de conteúdo

1 – Cada Parte deverá adoptar as medidas legislativas e outras que se revelem necessárias para habilitar as suas autoridades competentes, relativamente a um conjunto de infracções graves a definir no âmbito do seu direito interno, a:

a) Recolher ou registar, através da aplicação dos meios técnicos existentes no seu território;

b) Obrigar um prestador de serviços, no âmbito da sua capacidade técnica, a:

i) Recolher ou registar, através da aplicação dos meios técnicos existentes no seu território; ou a

ii) Cooperar com as autoridades competentes e a dar--lhes assistência na recolha ou no registo;

em tempo real, dos dados de conteúdo de comunicações específicas feitas no seu território, transmitidas através de um sistema informático.

2 – Quando uma Parte, por força dos princípios estabelecidos no seu direito interno, não puder adoptar as medidas enunciadas na alínea a) do nº 1 do presente artigo, pode, em alternativa, adoptar as medidas legislativas e outras que se revelem necessárias para assegurar a recolha ou o registo, em tempo real, dos dados de conteúdo de comunicações específicas feitas no seu território, transmitidas através de um sistema informático nesse território.

3 – Cada Parte deverá adoptar as medidas legislativas e outras que se revelem necessárias para obrigar um prestador de serviços a manter a confidencialidade do exercício de um dos poderes previstos no presente artigo, bem como de qualquer informação a esse respeito.

4 – Os artigos 14º e 15º regulamentam os poderes e procedimentos referidos no presente artigo.

SECÇÃO 3 – Jurisdição

Artigo 22º – Jurisdição

1 – Cada Parte deverá adoptar as medidas legislativas e outras que se revelem necessárias para estabelecer a sua competência relativamente à prática de qual-

quer infracção penal prevista nos artigos 2º a 11º da presente Convenção, sempre que a infracção seja cometida:

a) No seu território; ou

b) A bordo de um navio arvorando o pavilhão dessa Parte;

c) A bordo de uma aeronave registada nos termos das leis dessa Parte;

d) Por um dos seus nacionais, se a infracção for punível nos termos do direito penal vigente no local onde foi praticada, ou se for cometida em local que não se encontra sob a jurisdição territorial de qualquer Estado.

2 – Cada Parte pode reservar-se o direito de não aplicar, ou de apenas aplicar em casos e condições específicas, as regras de competência jurisdicional definidas nas alíneas b) a d) do nº 1 do presente artigo ou qualquer parte dessas alíneas.

3 – Cada Parte deverá adoptar as medidas legislativas que se revelem necessárias para estabelecer a sua jurisdição sobre as infracções referidas no nº 1 do artigo 24º da presente Convenção, sempre que o presumível autor da infracção se encontre no seu território e não seja extraditado para outra Parte apenas com base na sua nacionalidade, após um pedido de extradição.

4 – A presente Convenção não exclui nenhuma jurisdição penal exercida por uma Parte em conformidade com o seu direito interno.

5 – Sempre que várias Partes reivindiquem a jurisdição sobre uma presumível infracção prevista na presente Convenção, as Partes interessadas deverão, se for caso disso, consultar-se para decidir qual é a jurisdição mais adequada para efeitos de exercício da acção penal.

CAPÍTULO III – Cooperação internacional

SECÇÃO 1 – Princípios gerais

TÍTULO 1 – Princípios gerais relativos à cooperação internacional

Artigo 23º – Princípios gerais relativos à cooperação internacional

As Partes deverão cooperar o mais possível entre si para efeitos de investigação ou de procedimento relativos a infracções penais relacionadas com sistemas e dados informáticos, ou para recolha de provas sob a forma electrónica de uma infracção penal, em conformidade com o disposto no presente capítulo, em aplicação dos instrumentos internacionais pertinentes sobre cooperação internacional em matéria penal, de acordos celebrados com base em legislação uniforme ou recíproca e dos respectivos Direitos internos.

TÍTULO 2 – Princípios relativos à extradição

Artigo 24º – Extradição

1 – *a)* O presente artigo aplica-se à extradição entre as Partes para as infracções penais previstas nos artigos 2º a 11º da presente Convenção, desde que sejam puníveis, nos termos da legislação das duas Partes interessadas, com uma pena privativa de liberdade de duração máxima não inferior a um ano ou com uma pena mais grave.

b) Nos casos em que seja aplicável uma pena mínima diferente, nos termos de um acordo celebrado com base em legislação uniforme ou recíproca ou de um tratado de extradição aplicável entre duas ou mais Partes, incluindo a Convenção Europeia de Extradição (STE nº 24), dever-se-á aplicar a pena mínima prevista nesse tratado ou acordo.

2 – As infracções penais descritas no nº 1 do presente artigo deverão ser consideradas como estando incluídas em qualquer tratado de extradição existente entre as Partes como infracções passíveis de extradição. As Partes comprometem-se a incluir essas infracções em qualquer tratado de extradição que venha a ser celebrado entre elas como infracções passíveis de extradição.

3 – Sempre que uma Parte receber um pedido de extradição proveniente de outra Parte com a qual não celebrou nenhum tratado de extradição e fizer depender a extradição da existência de um tratado, pode considerar a presente Convenção como constituindo a base legal para a extradição relativamente às infracções penais previstas no nº 1 do presente artigo.

4 – As Partes que não façam depender a extradição da existência de um tratado deverão reconhecer entre si as infracções penais referidas no nº 1 do presente artigo como infracções passíveis de extradição.

5 – A extradição fica sujeita às condições previstas na lei da Parte requerida ou nos tratados de extradição aplicáveis, incluindo os motivos pelos quais a Parte requerida pode recusar a extradição.

6 – Se a extradição por uma das infracções penais previstas no nº 1 do presente artigo for recusada apenas com base na nacionalidade da pessoa procurada ou porque a Parte requerida considera ter competência relativamente a essa infracção, a Parte requerida deverá, a pedido da Parte requerente, apresentar o caso às suas autoridades competentes para fins de procedimento criminal e informar oportunamente a Parte requerente do resultado definitivo.

Essas autoridades deverão tomar a sua decisão e conduzir as investigações e o procedimento nas mesmas condições que para qualquer outra infracção de natureza idêntica, nos termos da lei dessa Parte.

7 – *a)* Na falta de tratado, cada Parte deverá, no momento da assinatura ou do depósito do seu instrumento de ratificação, aceitação, aprovação ou adesão,

comunicar ao Secretário -Geral do Conselho da Europa o nome e a morada de cada autoridade responsável pela elaboração ou recepção dos pedidos de extradição ou de detenção provisória.

b) O Secretário-Geral do Conselho da Europa deverá criar e manter actualizado um registo das autoridades assim designadas pelas Partes. Cada Parte deverá assegurar que os dados constantes do registo estão sempre correctos.

TÍTULO 3 – Princípios gerais relativos ao auxílio judiciário mútuo

Artigo 25º – Princípios gerais relativos ao auxílio judiciário mútuo

1 – As Partes deverão conceder-se mutuamente o mais amplo auxílio possível para efeitos de investigação ou de procedimento relativos a infracções penais relacionadas com sistemas e dados informáticos, ou para efeitos de recolha de provas sob a forma electrónica de uma infracção penal.

2 – Cada Parte deverá adoptar, igualmente, as medidas legislativas e outras que se revelem necessárias para cumprir as obrigações enunciadas nos artigos 27º a 35º

3 – Em caso de urgência, cada Parte pode efectuar os pedidos de auxílio judiciário mútuo ou as comunicações conexas, através de meios de comunicação expeditos, nomeadamente por fax ou correio electrónico, desde que esses meios assegurem níveis de segurança e autenticação adequados (incluindo a encriptação, se necessário), com confirmação oficial posterior se o Estado requerido o exigir. O Estado requerido deverá aceitar e responder ao pedido através de qualquer um desses meios de comunicação expeditos.

4 – Salvo disposição expressa em contrário prevista nos artigos do presente capítulo, o auxílio judiciário mútuo fica sujeito às condições previstas na lei da Parte requerida ou nos tratados de auxílio mútuo aplicáveis, incluindo os motivos pelos quais a Parte requerida pode recusar a cooperação. A Parte requerida não deverá exercer o seu direito de recusa de auxílio judiciário mútuo relativamente às infracções previstas nos artigos 2º a 11º apenas com o fundamento de que o pedido se reporta a uma infracção considerada como uma infracção de natureza fiscal.

5 – Sempre que, em conformidade com o disposto no presente capítulo, a Parte requerida estiver autorizada a fazer depender o auxílio judiciário mútuo da existência de dupla incriminação, considera-se que esta condição está preenchida se a conduta que constitui a infracção, relativamente à qual o auxílio mútuo é pedido, for qualificada como infracção penal pelo direito interno dessa Parte, independentemente de nos termos do seu direito interno a infracção pertencer ou não à mesma categoria de infracções ou obedecer ou não à mesma terminologia que as previstas no direito interno da Parte requerente.

Artigo 26º – Informação espontânea

1 – Qualquer Parte pode, nos limites previstos no seu direito interno e não e sem pedido prévio, transmitir a uma outra Parte informações obtidas no âmbito das suas próprias investigações, sempre que considerar que a transmissão dessas informações pode ajudar a Parte destinatária a iniciar ou a efectuar investigações ou procedimentos relativos a infracções penais previstas na presente Convenção, ou sempre que considerar que ela pode dar origem a um pedido de cooperação formulado por essa Parte nos termos do presente capítulo.

2 – Antes de transmitir essas informações, a Parte transmissora pode solicitar que o seu carácter confidencial seja preservado ou que só sejam utilizadas em determinadas condições. Se não puder satisfazer o pedido, a Parte destinatária deverá informar a outra Parte de tal facto, a qual deverá, então, decidir se as informações em causa devem, mesmo assim, ser fornecidas. Se a Parte destinatária aceitar as informações nas condições estipuladas, fica obrigada a observá-las.

TÍTULO 4 – Procedimentos relativos a pedidos de auxílio mútuo na falta de acordos internacionais aplicáveis

Artigo 27º – Procedimentos relativos aos pedidos de auxílio mútuo na falta de acordos internacionais aplicáveis

1 – Na falta de um tratado de auxílio mútuo ou de um acordo assente em legislação uniforme ou recíproca em vigor entre a Parte requerente e a Parte requerida, aplica-se o disposto nos nºs 2 a 9 do presente artigo. Existindo esse tratado, acordo ou legislação, só se aplica o disposto no presente artigo se, em vez deles, as Partes envolvidas decidirem aplicar o presente artigo, no todo ou em parte.

2 – *a)* Cada Parte deverá designar uma ou mais autoridades centrais encarregues de enviar os pedidos de auxílio mútuo ou de lhes responder, de os executar ou de os transmitir às autoridades competentes com vista à sua execução;

b) As autoridades centrais deverão comunicar directamente entre si;

c) Cada Parte deverá, no momento em que assinar ou depositar o seu instrumento de ratificação, aceitação, aprovação ou adesão, comunicar ao Secretário-Geral do Conselho da Europa o nome e endereço das autoridades designadas nos termos do presente número;

d) O Secretário-Geral do Conselho da Europa deverá criar e manter actualizado um registo das autoridades centrais designadas pelas Partes. Cada Parte deverá assegurar que os dados constantes do registo estão sempre correctos.

3 – Os pedidos de auxílio mútuo referidos no presente artigo deverão ser executados em conformidade com os procedimentos especificados pela Parte requerente, salvo se forem incompatíveis com a legislação da Parte requerida.

4 – Para além dos motivos de recusa previstos no nº 4 do artigo 25º, a Parte requerida pode recusar o auxílio mútuo se considerar que:

a) O pedido respeita a uma infracção de natureza política ou com ela conexa; ou que

b) A execução do pedido pode prejudicar a sua soberania, segurança, ordem pública ou outros interesses essenciais.

5 – A Parte requerida pode adiar a execução do pedido sempre que ela prejudique as investigações ou os procedimentos criminais levados a cabo pelas suas autoridades.

6 – Antes de recusar ou adiar o auxílio, a Parte requerida deverá, se for caso disso, após consulta com a Parte requerente, verificar se o pedido pode ser parcialmente executado ou sujeito às condições que considere necessárias.

7 – A Parte requerida deverá de imediato informar a Parte requerente do resultado da execução do pedido de auxílio. Qualquer recusa ou adiamento do pedido deverão ser fundamentados. A Parte requerida também deverá informar a Parte requerente de quaisquer motivos que impossibilitem a execução do pedido ou que conduzam a um atraso significativo da mesma.

8 – A Parte requerente pode solicitar à Parte requerida que preserve a confidencialidade de qualquer pedido apresentado nos termos do presente capítulo bem como do respectivo conteúdo, a menos que a sua execução exija o contrário. Caso não possa respeitar o pedido de confidencialidade, a Parte requerida deverá de imediato informar a Parte requerente, a qual decide depois se o pedido deve, ainda assim, ser executado.

9 – *a)* Nos casos urgentes, as autoridades judiciárias da Parte requerente podem enviar directamente às autoridades judiciárias da Parte requerida os pedidos de auxílio mútuo ou as comunicações com eles relacionadas. Nesses casos, dever-se-á ao mesmo tempo e por intermédio da autoridade central da Parte requerente enviar uma cópia à autoridade central da Parte requerida.

b) Qualquer pedido ou comunicação nos termos do presente número podem ser efectuados por intermédio da Organização Internacional de Polícia Criminal (Interpol).

c) Quando um pedido é efectuado nos termos da alínea a) do presente artigo e a autoridade não é competente para executá-lo, deverá esta última transmiti-lo à autoridade nacional competente e informar directamente a Parte requerente de tal facto.

d) As autoridades competentes da Parte requerente podem enviar directamente às autoridades competentes da Parte requerida os pedidos ou as comunicações nos termos do presente número que não envolvam medidas coercivas.

e) Cada Parte pode, no momento em que assinar ou depositar o seu instrumento de ratificação, aceitação, aprovação ou adesão, informar o Secretário-

-Geral do Conselho da Europa que, por razões de eficácia, os pedidos feitos nos termos do presente número deverão ser dirigidos à sua autoridade central.

Artigo 28º – Confidencialidade e restrição de utilização

1 – Na falta de um tratado de auxílio mútuo ou de um acordo assente em legislação uniforme ou recíproca em vigor entre a Parte requerente e a Parte requerida, aplica-se o disposto no presente artigo. Existindo esse tratado, acordo ou legislação, só se aplica o disposto no presente artigo se, em vez deles, as Partes envolvidas decidirem aplicar o presente artigo, no todo ou em parte.

2 – A Parte requerida pode sujeitar a comunicação de informações ou de material em resposta a um pedido às seguintes condições:

a) É mantida a confidencialidade dessas informações e desse material nos casos em que o pedido de auxílio mútuo não puder ser cumprido sem o preenchimento dessa condição, ou

b) Essas informações e esse material não são utilizados para investigações ou procedimentos diversos dos indicados no pedido.

3 – Se não puder satisfazer uma das condições enunciadas no nº 2 do presente artigo, a Parte requerente deverá de imediato informar a Parte requerida, a qual decide depois se a informação deve, ainda assim, ser transmitida. Se aceitar essa condição, a Parte requerente fica obrigada a observá-la.

4 – Qualquer Parte que forneça informações ou material sujeitos a uma das condições enunciadas no nº 2 do presente artigo pode exigir da outra Parte uma explicação sobre a utilização dada a essas informações ou a esse material.

SECÇÃO 2 – Disposições específicas

TÍTULO 1 – Auxílio mútuo em matéria de medidas cautelares

Artigo 29º – Conservação expedita de dados informáticos armazenados

1 – Uma Parte pode solicitar a outra Parte que ordene ou, de outro modo, imponha a conservação expedita de dados armazenados através de um sistema informático situado no território dessa outra Parte, e relativamente aos quais a Parte requerente pretende efectuar um pedido de auxílio mútuo tendo em vista a busca ou outro acesso semelhante, a apreensão ou outro tipo de retenção semelhante, ou a divulgação dos dados.

2 – Um pedido de conservação feito nos termos do nº 1 do presente artigo deverá especificar:

a) A autoridade que solicita a conservação;

b) A infracção que constitui o objecto da investigação ou do procedimento criminal, bem como um breve resumo dos respectivos factos;

c) Os dados informáticos armazenados que devem ser conservados e a relação entre estes e a infracção;

d) Todas as informações disponíveis que permitam identificar o responsável pelos dados informáticos armazenados ou a localização do sistema informático;

e) A necessidade da conservação; e

f) A intenção da Parte de apresentar um pedido de auxílio tendo em vista a busca ou outro acesso semelhante, a apreensão ou outro tipo de retenção semelhante, ou a divulgação de dados informáticos armazenados.

3 – Após ter recebido o pedido de outra Parte, a Parte requerida deverá tomar todas as medidas adequadas para proceder, de forma expedita, à conservação dos dados especificados, em conformidade com o seu direito interno.

Para efeitos de execução de um pedido, o requisito da dupla incriminação não é exigido como condição para essa conservação.

4 – Uma Parte que imponha o requisito da dupla incriminação como condição para executar um pedido de auxílio mútuo tendo em vista a busca ou outro acesso semelhante, a apreensão ou outro tipo de retenção semelhante, ou a divulgação dos dados, pode, em relação a outras infracções que não as estabelecidas em conformidade com o disposto nos artigos 2º a 11º da presente Convenção, reservar-se o direito de recusar o pedido de conservação nos termos do presente artigo nos casos em que tenha motivos para crer que, no momento da divulgação, o requisito da dupla incriminação não pode ser preenchido.

5 – Além disso, um pedido de conservação só pode ser recusado se a Parte requerida considerar que:

a) O pedido respeita a uma infracção de natureza política ou com ela conexa; ou que

b) A execução do pedido pode prejudicar a sua soberania, segurança, ordem pública ou outros interesses essenciais.

6 – Quando, no seu entender, a conservação não assegurar a futura disponibilização dos dados ou comprometer ou de outro modo prejudicar a confidencialidade das investigações efectuadas pela Parte requerente, a Parte requerida deverá de imediato informar a Parte requerente, a qual decide depois se o pedido deve, ainda assim, ser executado.

7 – Qualquer conservação efectuada em resposta ao pedido referido no nº 1 do presente artigo é válida por um período não inferior a 60 dias, de modo a permitir que a Parte requerente possa apresentar um pedido tendo em vista a busca ou outro acesso semelhante, a apreensão ou outro tipo de retenção semelhante, ou a divulgação dos dados. Após a recepção desse pedido, os dados deverão continuar a ser conservados até que haja uma decisão sobre o pedido.

Artigo 30º – Divulgação expedita de dados de tráfego conservados

1 – Quando, no decurso da execução de um pedido de conservação de dados de tráfego relativos a uma determinada comunicação, formulado nos termos do artigo 29º, verificar que um prestador de serviços noutro Estado participou na transmissão da comunicação, a Parte requerida deverá transmitir rapidamente à Parte requerente dados de tráfego suficientes para identificar esse prestador de serviços bem como o trajecto utilizado para a transmissão da comunicação.

2 – A divulgação de dados de tráfego nos termos do nº 1 só pode ser recusada se a Parte requerida considerar que:

i) O pedido respeita a uma infracção de natureza política ou com ela conexa; ou que

ii) A execução do pedido pode prejudicar a sua soberania, segurança, ordem pública ou outros interesses essenciais.

TÍTULO 2 – Auxílio mútuo no tocante aos poderes de investigação

Artigo 31º – Auxílio mútuo para o acesso a dados informáticos armazenados

1 – Uma Parte pode solicitar a outra Parte a busca ou outro acesso semelhante, a apreensão ou outro tipo de retenção semelhante, bem como a divulgação de dados armazenados através de um sistema informático situado no território dessa outra Parte, incluindo os dados conservados em conformidade com o artigo 29º

2 – A Parte requerida deverá cumprir o pedido aplicando os instrumentos internacionais, os acordos e a legislação referidos no artigo 23º e respeitando as disposições pertinentes do presente capítulo.

3 – O pedido deverá ser cumprido o mais rapidamente possível sempre que:

a) Haja motivos para crer que os dados relevantes são especialmente susceptíveis de se perderem ou de serem alterados;

b) Os instrumentos, os acordos e a legislação referidos no nº 2 prevejam uma cooperação célere.

Artigo 32º – Acesso transfronteiriço a dados armazenados num computador, mediante consentimento ou quando se trate de dados acessíveis ao público

Uma Parte pode, sem autorização de uma outra Parte:

a) Aceder a dados informáticos acessíveis ao público (fonte aberta), independentemente da sua localização geográfica;

b) Através de um sistema informático situado no seu território, aceder a dados informáticos no território de uma outra Parte, ou recebê-los, se obtiver o consentimento legal e voluntário da pessoa com legitimidade para lhe divulgar os dados através desse sistema informático.

Artigo 33º – Auxílio mútuo para a recolha, em tempo real, de dados de tráfego

1 – As Partes deverão conceder-se mutuamente auxílio para a recolha, em tempo real, de dados de tráfego relativos a comunicações específicas transmitidas no seu território por meio de um sistema informático. Sem prejuízo do disposto no nº 2, o auxílio deverá ser concedido nas condições e de acordo com os procedimentos previstos no direito interno.

2 – Cada Parte deverá conceder esse auxílio pelo menos em relação às infracções penais relativamente às quais, em casos internos semelhantes, seria possível efectuar a recolha, em tempo real, de dados de tráfego.

Artigo 34º – Auxílio mútuo para a intercepção de dados de conteúdo

As Partes deverão conceder-se mutuamente auxílio para a recolha ou o registo, em tempo real, de dados relacionados com o conteúdo de comunicações específicas transmitidas através de um sistema informático, na medida em que os seus tratados e respectivo direito interno em vigor o permitam.

TÍTULO 3 - Rede 24/7

Artigo 35º – Rede 24/7

1 – Cada Parte deverá designar um ponto de contacto que deverá estar disponível vinte e quatro horas por dia, sete dias por semana, a fim de assegurar de imediato a prestação de auxílio nas investigações e nos procedimentos relativos a infracções penais relacionadas com sistemas informáticos, ou na recolha de provas sob a forma electrónica, da prática de infracções penais. Esse auxílio deverá compreender a facilitação ou, se o direito e a prática internos o permitirem, a execução directa das seguintes medidas:

a) O aconselhamento técnico;

b) A conservação de dados em conformidade com os artigos 29º e 30º;

c) A recolha de provas, prestação de informações de natureza jurídica e localização de suspeitos.

2 – *a)* O ponto de contacto de uma Parte deverá dispor de meios para contactar com rapidez o ponto de contacto de uma outra Parte.

b) O ponto de contacto designado por uma Parte deverá assegurar que se pode coordenar de forma célere com a ou as autoridades dessa Parte responsáveis pelo auxílio mútuo internacional ou pela extradição, caso não seja parte integrante dessa ou dessas autoridades.

3 – Cada Parte deverá assegurar que dispõe de pessoal com formação e equipamento de modo a facilitar o funcionamento da rede.

CAPÍTULO IV – Disposições finais

ARTIGO 36º – Assinatura e entrada em vigor

1 – A presente Convenção está aberta à assinatura dos Estados membros do Conselho da Europa e dos Estados não membros que tenham participado na sua elaboração.

2 – A presente Convenção está sujeita a ratificação, aceitação ou aprovação. Os instrumentos de ratificação, aceitação ou aprovação deverão ser depositados junto do Secretário-Geral do Conselho da Europa.

3 – A presente Convenção entra em vigor no primeiro dia do mês seguinte ao termo de um período de três meses após a data em que cinco Estados, incluindo, pelo menos, três Estados membros do Conselho da Europa, tenham manifestado o seu consentimento em ficarem vinculados pela presente Convenção, em conformidade com o disposto nos nºs 1 e 2.

4 – Para qualquer Estado signatário que manifeste posteriormente o seu consentimento em ficar vinculado pela presente Convenção, esta entra em vigor no primeiro dia do mês seguinte ao termo de um período de três meses após a data em que manifestou o seu consentimento em ficar vinculado pela Convenção, em conformidade com o disposto nos nºs 1 e 2.

ARTIGO 37º – Adesão à Convenção

1 – Após a entrada em vigor da presente Convenção, o Comité de Ministros do Conselho da Europa pode, uma vez consultados os Estados Contratantes da Convenção e obtido o seu acordo, convidar qualquer Estado não membro do Conselho que não tenha participado na elaboração da Convenção a aderir à presente Convenção. A decisão deverá ser tomada pela maioria prevista na alínea d) do artigo 20º do Estatuto do Conselho da Europa e por unanimidade de votos dos representantes dos Estados com assento no Comité de Ministros.

2 – Para qualquer Estado que adira à presente Convenção nos termos do nº 1 do presente artigo, a Convenção entra em vigor no primeiro dia do mês seguinte ao termo de um período de três meses após a data do depósito do instrumento de adesão junto do Secretário-Geral do Conselho da Europa.

ARTIGO 38º – Aplicação territorial

1 – Qualquer Estado pode, no momento da assinatura ou do depósito do seu instrumento de ratificação, aceitação, aprovação ou adesão, especificar o ou os territórios aos quais se aplica a presente Convenção.

2 – Qualquer Estado pode, em qualquer momento posterior, mediante declaração dirigida ao Secretário-Geral do Conselho da Europa, estender a aplicação da presente Convenção a qualquer outro território indicado na declaração. Para esse território, a Convenção entra em vigor no primeiro dia do mês seguinte ao termo de um período de três meses após a data de recepção da declaração pelo Secretário-Geral.

3 – Qualquer declaração feita nos termos dos dois números anteriores, relativamente a qualquer território indicado nessa declaração, pode ser retirada mediante notificação dirigida ao Secretário-Geral. A retirada produz efeitos no primeiro dia do mês seguinte ao termo de um período de três meses após a data de recepção dessa notificação pelo Secretário-Geral.

Artigo 39º – Efeitos da Convenção

1 – O objectivo da presente Convenção é o de completar os tratados ou os acordos multilaterais ou bilaterais em vigor entre as Partes, incluindo as disposições:

a) Da Convenção Europeia de Extradição, aberta à assinatura a 13 de Dezembro de 1957, em Paris (STE nº 24);

b) Da Convenção Europeia de Auxílio Judiciário Mútuo em Matéria Penal, aberta à assinatura a 20 de Abril de 1959, em Estrasburgo (STE nº 30);

c) Do Protocolo Adicional à Convenção Europeia de Auxílio Judiciário Mútuo em Matéria Penal, aberto à assinatura a 17 de Março de 1978, em Estrasburgo (STE nº 99).

2 – Se duas ou mais Partes já tiverem celebrado um acordo ou um tratado sobre as matérias tratadas na presente Convenção ou de outro modo tiverem estabelecido relações entre si sobre tais matérias, ou se assim procederem no futuro, podem também aplicar esse acordo ou tratado ou estabelecer essas relações em substituição da presente Convenção. Contudo, sempre que as Partes estabelecerem relações entre si relativamente às matérias tratadas na presente Convenção de um modo diferente do previsto na presente Convenção, deverão fazê-lo de uma forma que não seja incompatível com os objectivos e os princípios da Convenção.

3 – Nada na presente Convenção deverá afectar outros direitos, restrições, obrigações e responsabilidades de uma Parte.

Artigo 40º – Declarações

Qualquer Estado pode, no momento da assinatura ou do depósito do seu instrumento de ratificação, aceitação, aprovação ou adesão, mediante notificação escrita dirigida ao Secretário-Geral do Conselho da Europa, declarar que se reserva a faculdade de exigir, se for caso disso, um ou mais elementos suplementares tal como previsto nos artigos 2º, 3º, na alínea b) do nº 1 do artigo 6º, no artigo 7º, no nº 3 do artigo 9º e na alínea e) do nº 9 do artigo 27º

ARTIGO 41º – Cláusula federal

1 – Um Estado federal pode reservar-se o direito de assumir as obrigações previstas no capítulo II da presente Convenção que sejam compatíveis com os princípios fundamentais que regem as relações entre o seu governo central e os Estados constituintes ou outras entidades territoriais análogas, desde que se encontre em condições de cooperar ao abrigo do capítulo III.

2 – Ao formular uma reserva nos termos do nº 1, um Estado federal não a pode utilizar para suprimir ou diminuir de forma substancial as suas obrigações nos termos do capítulo II. Em qualquer caso, deverá dotar-se de meios amplos e eficazes que permitam adoptar essas medidas.

3 – Relativamente às disposições da presente Convenção, cuja aplicação é da competência legislativa de cada um dos Estados constituintes ou de outras entidades territoriais análogas que, por força do sistema constitucional da federação, não estão obrigados a adoptar medidas legislativas, o governo federal deverá informar as autoridades competentes desses Estados das referidas disposições e do seu parecer favorável, encorajando-os a adoptar as medidas adequadas para as aplicar.

ARTIGO 42º – Reservas

Qualquer Estado pode, no momento da assinatura ou do depósito do seu instrumento de ratificação, aceitação, aprovação ou adesão, mediante notificação escrita dirigida ao Secretário-Geral do Conselho da Europa, declarar que se reserva a faculdade de utilizar a ou as reservas previstas no nº 2 do artigo 4º, nº 3 do artigo 6º, nº 4 do artigo 9º, nº 3 do artigo 10º, nº 3 do artigo 11º, nº 3 do artigo 14º, nº 2 do artigo 22º, nº 4 do artigo 29º, e nº 1 do artigo 41º

Nenhuma outra reserva pode ser formulada.

ARTIGO 43º – Estatuto e retirada de reservas

1 – Uma Parte que tenha feito uma reserva nos termos do artigo 42º, pode retirá-la, no todo ou em parte, mediante notificação dirigida ao Secretário-Geral do Conselho da Europa. Essa retirada produz efeitos na data da recepção da referida notificação pelo Secretário-Geral. Se a notificação indicar que a retirada de uma reserva produz efeitos na data nela indicada, e se essa data for posterior à da recepção da notificação pelo Secretário-Geral, a retirada produz efeitos nessa data posterior.

2 – Uma Parte que tenha feito uma reserva nos termos do artigo 42º, deverá retirá-la, no todo ou em parte, logo que as circunstâncias o permitam.

3 – O Secretário-Geral do Conselho da Europa pode-se informar periodicamente junto das Partes que tenham feito uma ou mais reservas nos termos do artigo 42º sobre as possibilidades de retirarem essa(s) reserva(s).

Artigo 44º – Emendas

1 – Qualquer Parte pode propor emendas à presente Convenção, devendo o Secretário-Geral do Conselho da Europa transmiti-las aos Estados membros do Conselho da Europa, aos Estados não membros que tenham participado na elaboração da presente Convenção, bem como a qualquer Estado que a ela tenha aderido ou tenha sido convidado a aderir nos termos do artigo 37º

2 – Qualquer emenda proposta por uma Parte deverá ser comunicada ao Comité Europeu para os Problemas Criminais (CDPC), o qual deverá submeter a sua opinião sobre essa mesma proposta de emenda à apreciação do Comité de Ministros.

3 – O Comité de Ministros deverá examinar a emenda proposta bem como a opinião do Comité Europeu para os Problemas Criminais (CDPC) e, após consulta com os Estados não membros que são Partes na presente Convenção, poderá adoptar a referida emenda.

4 – O texto de qualquer emenda adoptada pelo Comité de Ministros em conformidade com o nº 3 do presente artigo deverá ser comunicado às Partes com vista à sua aceitação.

5 – Qualquer emenda adoptada em conformidade com o nº 3 do presente artigo entra em vigor no 30º dia após a data em que todas as Partes tenham comunicado ao Secretário-Geral a sua aceitação.

Artigo 45º – Resolução de conflitos

1 – O Comité Europeu para os Problemas Criminais do Conselho da Europa deverá ser informado sobre a interpretação e a aplicação da presente Convenção.

2 – Em caso de conflito entre as Partes relativo à interpretação ou aplicação da presente Convenção, as mesmas deverão esforçar-se por resolvê-lo por negociação ou qualquer outro meio pacífico da sua escolha, incluindo a submissão do conflito ao Comité Europeu para os Problemas Criminais, a um tribunal arbitral cujas decisões sejam vinculativas para as Partes no conflito, ou ao Tribunal Internacional de Justiça, conforme acordado entre as Partes interessadas.

Artigo 46º – Consultas entre as Partes

1 – Quando necessário, as Partes deverão consultar-se periodicamente a fim de facilitar a:

a) Aplicação e execução efectivas da presente Convenção, incluindo a identificação de quaisquer problemas por elas suscitados, bem como os efeitos de qualquer declaração ou reserva feita nos termos da presente Convenção;

b) Troca de informação sobre os desenvolvimentos jurídicos, políticos ou técnicos importantes no domínio da criminalidade informática e da recolha de provas sob a forma electrónica;

c) Avaliação da possibilidade de completar ou alterar a presente Convenção.

2 – O Comité Europeu para os Problemas Criminais (CDPC) deverá ser periodicamente informado do resultado das consultas referidas no nº 1.

3 – Quando necessário, o Comité Europeu para os Problemas Criminais (CDPC) deverá facilitar as consultas referidas no nº 1 e adoptar as medidas necessárias para auxiliar as Partes nos seus esforços para completar ou alterar a presente Convenção. O Comité Europeu para os Problemas Criminais (CDPC) deverá, o mais tardar três anos após a entrada em vigor da presente Convenção, em cooperação com as Partes, proceder a uma revisão de todas as disposições da presente Convenção e propor, se for caso disso, as emendas adequadas.

4 – As despesas ocasionadas pela aplicação do disposto no nº 1, à excepção das que são suportadas pelo Conselho da Europa, deverão ser suportadas pelas Partes, nos termos por elas definidos.

5 – As Partes deverão ser assistidas pelo Secretariado do Conselho da Europa no exercício das suas funções em conformidade com o presente artigo.

Artigo 47º – Denúncia

1 – Qualquer Parte pode, em qualquer momento, denunciar a presente Convenção mediante notificação dirigida ao Secretário-Geral do Conselho da Europa.

2 – A denúncia produz efeitos no primeiro dia do mês seguinte ao termo de um período de três meses após a data de recepção da notificação pelo Secretário-Geral.

Artigo 48º – Notificação

O Secretário-Geral do Conselho da Europa deverá notificar os Estados membros do Conselho da Europa, os Estados não membros que tenham participado na elaboração da presente Convenção e qualquer Estado que a ela tenha aderido ou tenha sido convidado a aderir:

a) De qualquer assinatura;

b) Do depósito de qualquer instrumento de ratificação, aceitação, aprovação ou adesão;

c) De qualquer data de entrada em vigor da presente Convenção em conformidade com os artigos 36º e 37º;

d) De qualquer declaração feita nos termos do artigo 40º, ou de qualquer reserva nos termos do artigo 42º;

e) De qualquer outro acto, notificação ou comunicação relacionados com a presente Convenção.

Em fé do que, os abaixo assinados, devidamente autorizados para o efeito, assinaram a presente Convenção.

Feito em Budapeste, em 23 de Novembro de 2001, num único original, nas línguas francesa e inglesa, fazendo ambos os textos igualmente fé. O original deverá ser depositado nos arquivos do Conselho da Europa. O Secretário-Geral do Conselho da Europa deverá remeter uma cópia autenticada a cada um dos Estados membros do Conselho da Europa, aos Estados não membros que tenham participado na elaboração da presente Convenção e a qualquer Estado convidado a aderir a ela.

Resolução da Assembleia da República nº 89/2009 Aprova as Emendas à Convenção Relativa à Criação do Centro Europeu de Previsão do Tempo a Médio Prazo e a Emenda ao Protocolo sobre Privilégios e Imunidades do Centro Europeu de Previsão do Tempo a Médio Prazo, adoptadas em Reading, na Reunião Extraordinária do Conselho do Centro Europeu, em 22 de Abril de 2005.

A Assembleia da República resolve, nos termos da alínea i) do artigo 161º e do nº 5 do artigo 166º da Constituição, aprovar as Emendas à Convenção relativa à Criação do Centro Europeu de Previsão do Tempo a Médio Prazo e a Emenda ao Protocolo sobre Privilégios e Imunidades do Centro Europeu de Previsão do Tempo a Médio Prazo, adoptadas em Reading, na Reunião Extraordinária do Conselho do Centro Europeu, em 22 de Abril de 2005, cujos textos, nas versões autenticadas em língua inglesa e a respectiva tradução em língua portuguesa, se publicam em anexo.

Aprovada em 23 de Julho de 2009.

O Presidente da Assembleia da República, *Jaime Gama*.

4. Protocolo adicional à Convenção sobre o Cibercrime relativo à incriminação de actos de natureza racista e xenófoba praticados através de sistemas informáticos * Estrasburgo, 28.I.2003

Protocolo adicional à Convenção sobre o Cibercrime relativo à incriminação de actos de natureza racista e xenófoba praticados através de sistemas informáticos, Estrasburgo, 28.I.2003

Os Estados-Membros do Conselho da Europa e os outros Estados Partes na Convenção sobre o Cibercrime, aberta à assinatura em Budapeste, a 23 de Novembro de 2001, signatários do presente Protocolo;

Considerando que objectivo do Conselho da Europa é o de realizar uma união mais estreita entre os seus membros;

Relembrando que todas as pessoas nascem livres e iguais em dignidade e direitos;

Realçando a necessidade de garantir uma integral e eficaz implementação de todos os direitos humanos sem discriminação ou distinção, conforme consignado nos instrumentos europeus e internacionais;

Convictos de que os actos de natureza racista e xenófoba constituem uma violação dos direitos humanos e uma ameaça ao Estado de Direito e à estabilidade democrática;

Considerando que os ordenamentos jurídicos nacionais e o direito internacional devem dispor de respostas jurídicas adequadas à propaganda de natureza racista e xenófoba através de sistemas informáticos;

Conscientes de que a difusão de tais actos é, frequentemente, objecto de incriminação nos ordenamentos jurídicos nacionais;

Considerando a Convenção sobre o Cibercrime, na qual se prevêem meios modernos e flexíveis de cooperação internacional e convictos da necessidade de harmonizar as disposições do direito substantivo relativas à luta contra a propaganda de natureza racista e xenófoba;

Conscientes de que os sistemas informáticos oferecem meios sem precedentes de liberdade de expressão e comunicação a nível planetário;

Reconhecendo que a liberdade de expressão constitui um dos pilares essenciais da sociedade democrática, sendo uma das condições fundamentais para o seu progresso e para o desenvolvimento do ser humano;

Preocupados, contudo, com o risco de uso indevido ou de abuso de tais sistemas informáticos para efeitos de difusão de propaganda de natureza racista e xenófoba;

Tendo presente a necessidade de garantir um equilíbrio adequado entre a liberdade de expressão e a luta eficaz contra actos de natureza racista e xenófoba;

Reconhecendo que o presente Protocolo não pretende colidir com os princípios consagrados nos ordenamentos jurídicos nacionais a propósito da liberdade de expressão;

Tendo em conta os instrumentos jurídicos internacionais relevantes nesta matéria, nomeadamente a Convenção para a Protecção dos Direitos do Homem e das Liberdades Fundamentais e o seu Protocolo nº 12 relativo à interdição geral de discriminação, bem como as Convenções do Conselho da Europa sobe cooperação em matéria penal, nomeadamente a Convenção sobre o Cibercrime, a Convenção Internacional das Nações Unidas sobre a Eliminação de Todas as Formas de Discriminação Racial, assinada a 21 de Dezembro de 1965, a Acção Comum da União Europeia, de 15 de Julho de 1996, adoptada pelo Conselho com base no Artigo K.3 do Tratado da União Europeia e relativa à acção a tomar para combater o racismo e a xenofobia;

Congratulando-se com os recentes desenvolvimentos destinados a aprofundar o entendimento e a cooperação internacionais com vista ao combate do racismo e da xenofobia;

Tendo em consideração o Plano de Acção adoptado pelos Chefes de Estado e de Governo do Conselho da Europa por ocasião da sua Segunda Cimeira (Estrasburgo, 10-11 de Outubro de 1997), visando obter respostas comuns face ao desenvolvimento das novas tecnologias de informação baseadas nas normas e nos valores do Conselho da Europa;

Acordaram no seguinte:

CAPÍTULO I – Disposições comuns

Artigo 1º – Objectivo

O objectivo do presente Protocolo é a complementaridade, pelas Partes no presente Protocolo, das disposições constantes da Convenção sobre o Cibercrime, aberta à assinatura em Budapeste, a 23 de Novembro de 2001, (adiante denominada "a Convenção") relativamente à incriminação de actos de natureza racista e xenófoba praticados através de sistemas informáticos.

Artigo 2º – Definição

1 – Para os fins do presente Protocolo, a expressão:

"material racista e xenófobo" designa qualquer material escrito, imagem ou outra representação de ideias e teorias que preconize ou encoraje o ódio, a discriminação ou a violência contra qualquer pessoa ou grupo de pessoas, em função da sua raça, cor, ascendência ou origem nacional ou étnica, ou ainda da sua religião na medida em que esta sirva de pretexto a qualquer um dos outros elementos ou incite à prática de tais actos.

2 – As expressões e os termos utilizados do presente Protocolo serão interpretados da mesma maneira que os utilizados na Convenção.

CAPÍTULO II – Medidas a tomar a nível nacional

Artigo 3º – Difusão de material racista e xenófobo através de sistemas informáticos

1 – Cada Parte adoptará as medidas legislativas e outras que se revelem necessárias para tipificar, no seu direito interno, comi infracções penais, quando cometidas de forma intencional, as seguintes condutas:

A difusão ou outras formas de colocação à disposição do público, através de um sistema informático, de material racista e xenófobo.

2 – As Partes poderão reserva-se o direito de não incriminar as condutas previstas no nº 1 do presente artigo sempre que o material, conforme definido no nº 1 do artigo 2º, preconize, promova ou incite à discriminação não associada a ódio ou violência e desde que cobertos por outros mecanismos eficazes.

3 – Não obstante o disposto no nº 2 do presente artigo, as Partes poderão reservar-se o direito de não aplicar o disposto no nº 1 supra aos casos de discriminação relativamente aos quais não possam prever as sanções eficazes previstas no nº 2, por força dos princípios consagrados nos respectivos ordenamentos jurídicos no tocante à liberdade de expressão.

Artigo 4º – Ameaça com motivação racista e xenófoba

Cada Parte adoptará as medidas legislativas e outras que se revelem necessárias para tipificar, no seu direito interno, como infracção penal, quando praticada intencional e ilegitimamente, a seguinte conduta:

Ameaça, através de um sistema informático, de cometer um crime grave conforme definido pelo ordenamento jurídico interno contra (i) uma pessoa por pertencer a um grupo que se caracterize pela sua raça, cor, ascendência ou origem nacional ou étnica, ou, ainda, pela sua religião, na medida em que esta sirva de pretexto a qualquer um dos outros elementos; (ii) um grupo de pessoas que se distinga por qualquer uma das referidas características.

Artigo 5º – Insulto com motivação racista e xenófoba

1 – Cada Parte adoptará as medidas legislativas e outras que se revelem necessárias para tipificar, no seu direito interno, como infracção penal, quando praticada intencional e ilegitimamente, a seguinte conduta:

Insulto público, através de um sistema informático, (i) dirigido a uma pessoa por pertencer a um grupo que se caracterize pela sua raça, cor, ascendência ou origem nacional ou étnica, ou, ainda pela sua religião, na medida em que esta sirva de pretexto a qualquer um dos outros elementos; (ii) dirigido a um grupo de pessoas que se distinga por qualquer uma das referidas características.

2 – As Partes poderão:

a) Exigir que a infracção prevista no nº 1 do presente artigo vise expor a pessoa ou o grupo de pessoas aí referidas ao ódio, ao desprezo ou ao ridículo; ou

b) Reservar-se o direito de não aplicar, no todo ou em parte, o disposto no nº 1 do presente artigo.

Artigo 6º – Negação, minimização grosseira, aprovação ou justificação do genocídio ou dos crimes contra a humanidade

1 – Cada Parte adoptará as medidas legislativas ou outras que se revelem necessárias para tipificar, no seu direito interno, como infracções penais, quando praticadas intencional e ilegitimamente, as seguintes condutas:

a difusão ou outras formas de colocação à disposição do público, através de um sistema informático, de material que negue, minimize de forma grosseira, aprove ou justifique actos constitutivos de genocídio ou de crimes contra a humanidade, conforme definidos pelo direito internacional e reconhecidos como tal por uma decisão definitiva emanada do Tribunal Militar Internacional estabelecido pelo Acordo de Londres, de 8 de Agosto de 1945, ou de qualquer outro tribunal internacional estabelecido por instrumentos internacionais pertinentes e cuja competência tenha sido reconhecida pela Parte interessada.

2 – As Partes poderão:

a) Prever que a negação ou a minimização grosseira, conforme prevista no nº 1 do presente artigo, seja praticada com a intenção de incitar ao ódio, à discriminação ou a violência contra uma pessoa ou um grupo de pessoas em função da sua raça, cor, ascendência ou origem nacional ou étnica ou, ainda, da sua religião, na medida em que esta sirva como pretexto a qualquer um dos outros elementos; ou *b)* Reservar-se o direito de não aplicar, no todo ou em parte, o disposto no nº 1 do presente artigo.

Artigo 7º – Auxílio e cumplicidade

Cada Parte adoptará as medidas legislativas e outras que se revelem necessárias para tipificar, no seu direito interno, como infracção penal, quando praticado intencional e ilegitimamente, o acto de auxiliar na prática de um crime conforme definido no presente Protocolo, ou de agir como cúmplice em tal prática, visando a prática efectiva de tal infracção.

CAPÍTULO III – Relações entre a Convenção e o Protocolo

Artigo 8º – Relações entre a Convenção e o presente Protocolo

1 – Os artigos 1º, 12º, 13º, 22º, 41º, 44º, 45º, e 46º da Convenção serão correspondentemente aplicáveis ao presente Protocolo.

2 – As Partes tornarão extensível a aplicação das medidas estabelecidas nos artigos 14º a 21º e 23º a 35º da Convenção aos artigos 2º a 7º do presente Protocolo.

CAPÍTULO IV – Disposições finais

Artigo 9º – Expressão do consentimento em ficar vinculado

1 – O presente Protocolo estará aberto à assinatura dos Estados signatários da Convenção, os quais poderão expressar o seu consentimento em ficarem vinculados por:

a) Assinatura, sem reserva de ratificação, aceitação ou aprovação; ou

b) Assinatura, sob reserva de ratificação, aceitação ou aprovação, seguida de ratificação, aceitação ou aprovação.

2 – Nenhum Estado poderá assinar o presente Protocolo sem reserva de ratificação, aceitação ou aprovação, nem depositar o seu instrumento de ratificação, aceitação ou aprovação se não tiver já depositado, ou não depositar em simultâneo, o seu instrumento de ratificação, aceitação ou aprovação da Convenção.

3 – Os instrumentos de ratificação, aceitação ou aprovação serão depositados junto do Secretário-Geral do Conselho da Europa.

Artigo 10º – Entrada em vigor

1 – O presente Protocolo entrará em vigor no primeiro dia do mês seguinte ao termo de um período de três meses a contar da data em que cinco Estados

tenham expresso o seu consentimento em ficarem vinculados pelo presente Protocolo, de acordo com o disposto no artigo 9º.

2 – Relativamente a qualquer Estado que expresse ulteriormente o seu consentimento em ficar vinculado pelo presente Protocolo, este entrará em vigor no primeiro dia dos mês seguinte ao termo de um período de três meses a contar da data de assinatura sem reserva de ratificação, aceitação ou aprovação, ou do depósito do seu instrumento de ratificação, aceitação ou aprovação.

Artigo 11º – Adesão

1 – Após a entrada em vigor do presente Protocolo, qualquer Estado que tenha aderido à Convenção poderá aderir, igualmente, ao presente Protocolo.

2 – A adesão será efectuada mediante o depósito, junto do Secretário-Geral do Conselho da Europa, de um instrumento de adesão, o qual produzirá efeitos no primeiro dia do mês seguinte ao termo de um período de três meses a contar da data do seu depósito.

Artigo 12º – Reservas e Declarações

1 – As reservas e as declarações formuladas por uma Parte relativamente a uma disposição da Convenção serão, igualmente, aplicáveis ao presente Protocolo, salvo se a referida Parte expresse intenção contrária no momento da assinatura ou do depósito do seu instrumento de ratificação, aceitação, aprovação ou adesão.

2 – Mediante notificação escrita dirigida ao Secretário-Geral do Conselho da Europa, qualquer Parte poderá, no momento da assinatura ou do depósito do seu instrumento de ratificação, aceitação, aprovação ou adesão, declarar que se fará prevalecer da reserva ou das reservas previstas nos artigos 3º, 5º e 6º do presente Protocolo. Uma Parte poderá, igualmente, formular, relativamente às disposições constantes do presente Protocolo, as reservas previstas no nº 2 do artigo 22º e no nº 1 do artigo 41º da Convenção, sem prejuízo da aplicação feita por essa Parte relativamente à Convenção. Nenhuma outra serva poderá ser formulada.

3 – Mediante notificação escrita dirigida ao Secretário-Geral do Conselho da Europa, qualquer Parte poderá, no momento da assinatura ou do depósito do seu instrumento de ratificação, aceitação, aprovação ou adesão, declarar que se reservar a possibilidade de exigir elementos adicionais conforme previstas no nº 2.a do artigo 5º e no nº 2.a do artigo 6º do presente Protocolo.

Artigo 13º – Estatuto e retirada de reservas

1 – A Parte que tenha formulado uma reserva em conformidade com o artigo 12º acima, pode retirá-la no todo ou em parte, logo que as circunstâncias o

permitam. A retirada produzirá efeito na data de recepção de uma notificação dirigida ao Secretário-Geral do Conselho da Europa. Se a notificação indicar que a retirada da reserva deve produzir efeito numa data precisa e essa data for posterior à da recepção da notificação pelo Secretário-Geral, a retirada produz efeito nessa data posterior.

2 – O Secretário-Geral do Conselho da Europa pode, periodicamente, pedir às Partes que formularam uma ou mais reservas no termos do artigo 12º informações sobre as perspectivas de levantamento dessas reservas.

Artigo 14º – Aplicação territorial

1 – Qualquer Estado pode, no momento da assinatura ou no momento do depósito do seu instrumento de ratificação, aceitação, aprovação ou adesão, designar o, ou os territórios aos quais se aplicará a presente Protocolo.

2 – Cada Estado pode subsequentemente, em qualquer altura, mediante declaração dirigida ao Secretário-Geral do Conselho da Europa, alargar a aplicação da presente Protocolo a qualquer outro território designado na declaração. O Protocolo entrará em vigor relativamente a este território no primeiro dia do mês seguinte ao termo de um prazo de três meses após a data da recepção da declaração pelo Secretário-Geral.

3 – Qualquer declaração feita em conformidade com os dois números anteriores pode ser retirada, relativamente a qualquer um dos territórios nela designados, mediante notificação dirigida ao Secretário-Geral do Conselho da Europa. A retirada entrará em vigor no primeiro dia do mês seguinte ao termo de um prazo de três meses após a data da recepção da notificação pelo Secretário-Geral.

Artigo 15º – Denúncia

1 – Qualquer Pare poderá, a todo o momento, denunciar o presente Protocolo mediante notificação ao Secretário-Geral do Conselho da Europa.

2 – Tal denúncia produzirá efeitos no primeiro dia do mês seguinte ao termo de um período de três meses a contar da data de recepção da notificação pelo Secretário-Geral.

Artigo 16º – Notificação

O Secretário-Geral do Conselho da Europa notificará os Estados Membros do Conselho da Europa, os Estados não Membros que tenham participado na elaboração do presente Protocolo e qualquer Estado que a ele tenha aderido, ou tenha sido convidado a aderir, de:

a) Qualquer assinatura;

b) Depósito de qualquer instrumento de ratificação, aceitação, aprovação ou adesão;

c) Qualquer data de entrada em vigor do presente Protocolo em conformidade com os seus artigos 9º, 10º e 11º,

d) Qualquer outro acto, notificação ou comunicação relacionado com o presente Protocolo.

Em fé do que, os abaixo-assinados, devidamente autorizados para o efeito, assinaram o presente Protocolo.

Feito em Estrasburgo, a 28 de Janeiro de 2003, em francês e inglês, fazendo ambos os textos igualmente fé, num único exemplar que será depositado nos arquivos do Conselho da Europa.

O Secretário-Geral do Conselho da Europa transmitirá cópias autenticadas a cada um dos Estados Membros do Conselho da Europa, aos Estados não Membros que tenham participado na elaboração do presente Protocolo e a qualquer Estados convidado a aderir ao presente Protocolo.

5. Decisão-Quadro 2005/222/JAI do Conselho, de 24 de Fevereiro de 2005 relativa a ataques contra os sistemas de informação

Decisão-Quadro 2005/222/JAI do Conselho, de 24 de Fevereiro de 2005 relativa a ataques contra os sistemas de informação

O CONSELHO DA UNIÃO EUROPEIA,

Tendo em conta o Tratado da União Europeia, nomeadamente o artigo 29º, a alínea a) do nº 1 do artigo 30º, a alínea e) do nº 1 do artigo 31º e a alínea b) do nº 2 do artigo 34º,

Tendo em conta a proposta da Comissão,

Tendo em conta o parecer do Parlamento Europeu,

Considerando o seguinte:

(1) A presente decisão-quadro tem por objectivo reforçar a cooperação entre as autoridades judiciárias e outras autoridades competentes, nomeadamente as autoridades policiais e outros serviços especializados responsáveis pela aplicação da lei nos Estados-Membros, mediante uma aproximação das suas disposições de direito penal em matéria dos ataques contra os sistemas de informação.

(2) Há provas de ataques contra os sistemas de informação, nomeadamente devido à ameaça que representa a criminalidade organizada, existindo uma crescente inquietação perante a eventualidade de ataques terroristas contra os sistemas de informação que constituem a infra-estrutura vital dos Estados-Membros. Esta ameaça poderá comprometer a instauração de uma sociedade da informação mais segura e de um espaço de liberdade, de segurança e de justiça, exigindo, portanto, uma resposta ao nível da União Europeia.

(3) Uma resposta eficaz a essas ameaças pressupõe uma abordagem global em matéria de segurança das redes e da informação, como foi sublinhado no Plano de Acção «eEurope», na Comunicação da Comissão intitulada «Segurança

das redes e da informação: proposta de abordagem de uma política europeia» e na Resolução do Conselho de 28 de Janeiro de 2002, sobre uma abordagem comum e acções específicas no domínio da segurança das redes e da informação.

(4) A necessidade de reforçar a sensibilização para os problemas associados à segurança da informação e de fornecer assistência prática foi igualmente sublinhada pela Resolução do Parlamento Europeu de 5 de Setembro de 2001.

(5) As consideráveis lacunas e diferenças entre as legislações dos Estados-Membros neste domínio podem entravar a luta contra a criminalidade organizada e o terrorismo e podem dificultar uma cooperação policial e judiciária eficaz no âmbito de ataques contra os sistemas de informação. A natureza transnacional e sem fronteiras dos modernos sistemas de informação implica que os ataques contra esses sistemas têm frequentemente uma dimensão transfronteiriça, evidenciando assim a necessidade urgente de prosseguir a harmonização das legislações penais neste domínio.

(6) O Plano de Acção do Conselho e da Comissão sobre a melhor forma de aplicar as disposições do Tratado de Amesterdão relativas à criação de um espaço de liberdade, de segurança e de justiça, o Conselho Europeu de Tampere, de 15 e 16 de Outubro de 1999, o Conselho Europeu de Santa Maria da Feira, de 19 e 20 de Junho de 2000, o Painel de Avaliação da Comissão e a Resolução do Parlamento Europeu de 19 de Maio de 2000 mencionam ou requerem medidas legislativas contra a criminalidade de alta tecnologia, nomeadamente definições, incriminação e sanções comuns.

(7) É necessário completar o trabalho realizado pelas organizações internacionais, especialmente ao nível do Conselho da Europa, no domínio da aproximação do direito penal e os trabalhos do G8 sobre cooperação transnacional no âmbito da criminalidade de alta tecnologia, propondo uma abordagem comum neste domínio ao nível da União Europeia. Este pedido foi desenvolvido na Comunicação que a Comissão dirigiu ao Conselho, ao Parlamento Europeu, ao Comité Económico reforçando a segurança das infra-estruturas da informação e lutando contra a cibercriminalidade.

(8) As disposições de direito penal em matéria de ataques contra os sistemas de informação devem ser harmonizadas, a fim de assegurar a melhor cooperação policial e judiciária possível no que diz respeito às infracções penais associadas a este tipo de ataques e contribuir para a luta contra a criminalidade organizada e o terrorismo.

(9) Todos os Estados-Membros ratificaram a Convenção do Conselho da Europa, de 28 de Janeiro de 1981, para a Protecção das Pessoas relativamente ao Tratamento Automatizado de Dados de Carácter Pessoal. Os dados de carácter pessoal, tratados no contexto da aplicação da presente decisão-quadro, serão protegidos em conformidade com os princípios estabelecidos na referida Convenção.

(10) É importante estabelecer definições comuns neste domínio, especialmente em relação aos sistemas de informação e aos dados informáticos, a fim de assegurar uma abordagem coerente da aplicação da presente decisão-quadro nos Estados-Membros.

(11) É necessário adoptar uma abordagem comum para os elementos constitutivos das infracções penais, prevendo infracções comuns por acesso ilegal a determinado sistema de informação, por interferência ilegal no sistema e por interferência ilegal nos dados.

(12) No interesse do combate à criminalidade informática, cada Estado-Membro deverá assegurar uma cooperação judiciária eficaz no que diz respeito às infracções baseadas nos tipos de comportamento a que se referem os artigos 2º, 3º, 4º e 5º

(13) É necessário evitar uma incriminação exorbitante, nomeadamente de casos insignificantes, bem como a incriminação de titulares de direitos e de pessoas autorizadas.

(14) É necessário que os Estados-Membros estabeleçam sanções para combater os ataques contra os sistemas de informação. Essas sanções deverão ser efectivas, proporcionadas e dissuasivas.

(15) É adequado prever penas mais severas nos casos em que um ataque contra determinado sistema de informação tenha sido praticado no âmbito de uma organização criminosa, tal como definida na Acção Comum 98/733/JAI do Conselho, de 21 de Dezembro de 1998, relativa à incriminação da participação numa organização criminosa nos Estados-Membros da União Europeia. É igualmente adequado prever penas mais severas quando um tal ataque tiver causado danos graves ou lesado interesses essenciais.

(16) Deverão ser igualmente adoptadas medidas de cooperação entre os Estados-Membros, a fim de assegurar uma acção eficaz contra os ataques que visem os sistemas de informação. Os Estados-Membros devem, pois, recorrer à actual rede de pontos de contacto operacionais referida na Recomendação do Conselho, de 25 de Junho de 2001, relativa a um serviço de 24 horas por dia de combate ao crime de alta tecnologia, para efeitos de troca de informações.

(17) Atendendo a que os objectivos da presente decisão-quadro, a saber, garantir que os ataques contra os sistemas de informação sejam puníveis em todos os Estados-Membros com sanções penais efectivas, proporcionadas e dissuasivas, bem como melhorar e favorecer a cooperação judiciária, suprimindo potenciais dificuldades, não podem ser suficientemente realizados pelos Estados-Membros, já que as normas devem ser comuns e compatíveis, e podem, pois, ser melhor alcançados ao nível da União, esta pode tomar medidas em conformidade com o princípio da subsidiariedade consagrado no artigo 5.o do Tratado CE. Em conformidade com o princípio da proporcionalidade consagrado neste

mesmo artigo, a presente decisão-quadro não excede o necessário para alcançar aqueles objectivos.

(18) A presente decisão-quadro respeita os direitos fundamentais e os princípios reconhecidos pelo artigo 6º do Tratado União Europeia e reflectidos na Carta dos Direitos Fundamentais da União Europeia, designadamente nos capítulos II e VI,

ADOPTOU A PRESENTE DECISÃO-QUADRO:

Artigo 1º – Definições

Para efeitos da presente decisão-quadro, entende-se por:

a) «Sistema de informação», qualquer dispositivo ou qualquer grupo de dispositivos interligados ou associados, um ou vários dos quais executem, graças a um programa, o tratamento automático de dados informáticos, bem como dados informáticos por eles armazenados, tratados, recuperados ou transmitidos, tendo em vista o seu funcionamento, utilização, protecção e manutenção;

b) «Dados informáticos», qualquer representação de factos, informações ou conceitos, de forma a serem processados num sistema de informação, nomeadamente um programa capaz de permitir que um sistema de informação execute uma dada função;

c) «Pessoa colectiva», qualquer entidade que beneficie desse estatuto por força do direito aplicável, com excepção do Estado ou de outras entidades de direito público no exercício das suas prerrogativas de autoridade pública e das organizações internacionais de direito público;

d) «Não autorizado», acesso ou interferência não consentidos pelo proprietário, por outro titular do direito do sistema ou de parte dele, ou não permitidos nos termos do direito nacional.

Artigo 2º – Acesso ilegal aos sistemas de informação

1. Os Estados-Membros devem tomar as medidas necessárias para assegurar que o acesso intencional, não autorizado, à totalidade ou a parte de um sistema de informação seja punível como infracção penal, pelo menos nos casos que não sejam de menor gravidade.

2. Os Estados-Membros podem decidir que os comportamentos referidos no nº 1 são puníveis apenas quando a infracção tiver sido cometida em violação de uma medida de segurança.

Artigo 3º – Interferência ilegal no sistema

Cada Estado-Membro deve tomar as medidas necessárias para assegurar que o acto intencional e não autorizado de impedir ou interromper gravemente o funcionamento de um sistema de informação, introduzindo, transmitindo, danificando, apagando, deteriorando, alterando, suprimindo ou tornando inacessíveis os dados informáticos, seja punível como infracção penal, pelo menos nos casos que não sejam de menor gravidade.

Artigo 4º – Interferência ilegal nos dados

Cada Estado-Membro deve tomar as medidas necessárias para assegurar que o acto intencional e não autorizado de apagar, danificar, deteriorar, alterar, suprimir ou tornar inacessíveis os dados informáticos de um sistema de informação seja punível como infracção penal, pelo menos nos casos que não sejam de menor gravidade.

Artigo 5º – Instigação, auxílio, cumplicidade e tentativa

1. Cada Estado-Membro deve assegurar que a instigação, o auxílio e a cumplicidade na prática de alguma das infracções referidas nos artigos 2º, 3º e 4º sejam puníveis como infracção penal.

2. Cada Estado-Membro deve assegurar que a tentativa de prática das infracções referidas nos artigos 2º, 3º e 4º seja punível como infracção penal.

3. Cada Estado-Membro pode decidir não aplicar o nº 2 relativamente às infracções referidas no artigo 2º

Artigo 6º – Sanções

1. Cada Estado-Membro deve tomar as medidas necessárias para assegurar que as infracções referidas nos artigos 2º, 3º, 4º e 5º sejam passíveis de sanções penais efectivas, proporcionadas e dissuasivas.

2. Cada Estado-Membro deve tomar as medidas necessárias para assegurar que as infracções referidas nos artigos 3º e 4º sejam passíveis de pena privativa de liberdade com duração máxima de, pelo menos, um a três anos.

Artigo 7º – Circunstâncias agravantes

1. Cada Estado-Membro deve tomar as medidas necessárias para assegurar que a infracção referida no nº 2 do artigo 2º e as referidas nos artigos 3º e 4º sejam passíveis de pena privativa de liberdade com duração máxima de, pelo menos, dois a cinco anos quando forem praticadas no âmbito de uma organização criminosa, tal como definida na Acção Comum 98/733/JAI, independentemente do nível da pena nesta referido.

2. Um Estado-Membro pode também tomar as medidas a que se refere o nº 1 nos casos em que a infracção em causa tenha causado danos graves ou lesado interesses essenciais.

Artigo 8º – Responsabilidade das pessoas colectivas

1. Cada Estado-Membro deve tomar as medidas necessárias para assegurar que as pessoas colectivas possam ser consideradas responsáveis pelas infracções referidas nos artigos 2º, 3º, 4º e 5º, praticadas em seu benefício por qualquer pessoa, agindo individualmente ou enquanto integrando um órgão da pessoa colectiva, que nela ocupe uma posição dominante baseada:

a) Nos seus poderes de representação da pessoa colectiva; ou

b) No seu poder para tomar decisões em nome da pessoa colectiva; ou

c) Na sua autoridade para exercer controlo dentro da pessoa colectiva.

2. Para além dos casos previstos no nº 1, os Estados-Membros devem assegurar que uma pessoa colectiva possa ser considerada responsável sempre que a falta de vigilância ou de controlo por parte de uma pessoa referida no n.o 1 tenha tornado possível a prática, por uma pessoa que lhe esteja subordinada, das infracções referidas nos artigos 2º, 3º, 4º e 5º, em benefício dessa pessoa colectiva.

3. A responsabilidade de uma pessoa colectiva nos termos dos nºs 1 e 2 não exclui a instauração de procedimento penal contra as pessoas singulares envolvidas na qualidade de autoras, instigadoras ou cúmplices nas infracções referidas nos artigos 2º, 3º, 4º e 5º

Artigo 9º – Sanções aplicáveis às pessoas colectivas

1. Cada Estado-Membro deve tomar as medidas necessárias para assegurar que uma pessoa colectiva considerada responsável nos termos do nº 1 do artigo 8º seja passível de sanções efectivas, proporcionadas e dissuasivas, incluindo multas ou coimas e eventualmente outras sanções, designadamente:

a) Exclusão do benefício de vantagens ou auxílios públicos;

b) Interdição temporária ou permanente de exercer actividade comercial;

c) Colocação sob vigilância judicial;

d) Dissolução por via judicial.

2. Cada Estado-Membro deve tomar as medidas necessárias para assegurar que uma pessoa colectiva considerada responsável nos termos do nº 2 do artigo 8º seja passível de sanções ou medidas efectivas, proporcionadas e dissuasivas.

Artigo 10º – Competência

1. Cada Estado-Membro deve definir a sua competência relativamente às infracções referidas nos artigos 2º, 3º, 4º e 5º, sempre que a infracção tiver sido praticada:

a) Total ou parcialmente no seu território; ou

b) Por um nacional seu; ou

c) Em benefício de uma pessoa colectiva com sede no seu território.

2. Ao definir a sua competência em conformidade com a alínea a) do nº 1, cada Estado-Membro deve assegurar que sejam incluídos os casos em que:

a) O autor praticou a infracção quando se encontrava fisicamente presente no território desse Estado-Membro, independentemente de a infracção visar ou não um sistema de informação situado no seu território; ou

b) A infracção foi praticada contra um sistema de informação situado no território desse Estado-Membro, independentemente de o autor da infracção se encontrar ou não fisicamente presente no seu território.

3. Qualquer Estado-Membro que, nos termos do seu direito, ainda não extradite ou entregue os seus nacionais, deve tomar as medidas necessárias para definir a sua competência e, eventualmente, para instaurar procedimento penal relativamente às infracções referidas nos artigos 2º, 3º, 4º e 5º, quando praticadas por um dos seus nacionais fora do seu território.

4. Sempre que uma infracção seja da competência de mais do que um Estado-Membro e qualquer um deles possa validamente instaurar procedimento penal com base nos mesmos factos, os Estados-Membros em causa devem cooperar para decidir qual deles moverá o procedimento contra os autores da infracção, tendo em vista centralizá-lo, se possível, num único Estado-Membro. Para o efeito, os Estados-Membros podem recorrer a qualquer órgão ou mecanismo instituído no seio da União Europeia para facilitar a cooperação entre as suas autoridades judiciais e a coordenação das respectivas acções. Serão tidos em conta, sucessivamente, os seguintes elementos:

– o Estado-Membro ser aquele em cujo território foram praticadas as infracções, nos termos da alínea a) do nº 1 e do nº 2,

– o Estado-Membro ser o da nacionalidade do autor,

– o Estado-Membro ser aquele em cujo território o autor foi encontrado.

5. Qualquer Estado-Membro pode decidir que não aplicará ou que só aplicará em casos ou condições específicos, as regras de competência estabelecidas nas alíneas b) e c) do nº 1.

6. Sempre que decidirem aplicar o nº 5, os Estados-Membros devem informar desse facto o Secretariado-Geral do Conselho e a Comissão, indicando, se necessário, os casos ou condições especiais em que a decisão se aplica.

Artigo 11º – Intercâmbio de informações

1. Para efeitos da troca de informações relativa às infracções referidas nos artigos 2º, 3º, 4º e 5º e de acordo com as normas em matéria de protecção de dados, os Estados-Membros devem recorrer à rede existente de pontos de contacto operacionais, disponíveis 24 horas por dia e sete dias por semana.

2. Cada Estado-Membro deve notificar ao Secretariado-Geral do Conselho e à Comissão o ponto de contacto designado para efeitos de troca de informações

sobre infracções relacionadas com ataques contra sistemas de informação. O Secretariado-Geral transmite essa informação aos restantes Estados-Membros.

Artigo 12º – Transposição

1. Os Estados-Membros devem tomar as medidas necessárias para dar cumprimento às disposições da presente decisão-quadro até 16 de Março de 2007.

2. Os Estados-Membros devem transmitir ao Secretariado-Geral do Conselho e à Comissão, até 16 de Março de 2007, o texto das disposições que transpõem para o respectivo direito nacional as obrigações resultantes da presente decisão-quadro. Até 16 de Setembro de 2007, com base num relatório elaborado a partir daquelas informações e num relatório escrito apresentado pela Comissão, o Conselho verifica em que medida os Estados-Membros tomaram as medidas necessárias para dar cumprimento à presente decisão-quadro.

Artigo 13º – Entrada em vigor

A presente decisão-quadro entra em vigor na data da sua publicação no Jornal Oficial da União Europeia.

Feito em Bruxelas, em 24 de Fevereiro de 2005.

Pelo Conselho

O Presidente
N. Schmit

6. Directiva do Conselho de 14 de Maio de 1991 relativa à protecção jurídica dos programas de computador (91/250/CEE)

Directiva do Conselho de 14 de Maio de 1991 relativa à protecção jurídica dos programas de computador (91/250/CEE)

O CONSELHO DAS COMUNIDADES EUROPEIAS,

Tendo em conta o Tratado que institui a Comunidade Económica Europeia e, nomeadamente, o seu artigo 100ºA,

Tendo em conta a proposta da Comissão),
Em cooperação com o Parlamento Europeu,
Tendo em conta o parecer do Comité Económico e Social,

Considerando que os programas de computador não estão hoje em dia claramente protegidos em todos os Estados-membros pela legislação vigente e que tal protecção, quando existe, apresenta diferentes características;

Considerando que o desenvolvimento de programas de computador requer o investimento de recursos humanos, técnicos e financeiros consideráveis, podendo esses programas ser reproduzidos a um custo que apenas representa uma fracção do custo do seu desenvolvimento independente;

Considerando que os programas de computador têm vindo a desempenhar um papel de importância crescente num vasto leque de indústrias e que a tecnologia dos programas de computador pode, por conseguinte, ser considerada de importância fundamental para o desenvolvimento da indústria;

Considerando que algumas das diferenças existentes na protecção jurídica dos programas de computador ao abrigo das legislações dos Estados-membros têm efeitos directos e negactivos no funcionamento do mercado comum no que respeita aos programas de computador, e que tais diferenças podem muito provavelmente aumentar à medida que os Estados-membros adoptarem nova legislação na matéria;

Considerando que é necessário eliminar as diferenças existentes que surtem tais efeitos e que se torna necessário evitar que surjam novas diferenças, ao passo que as diferenças que não afectam negativamente o funcionamento do mercado comum em medida considerável não necessitam ser eliminadas nem é indispensável que se evite o seu aparecimento;

Considerando que o enquadramento jurídico comunitário de protecção dos programas de computador pode, por conseguinte, numa primeira fase, limitar-se a determinar que os Estados-membros devem conceder protecção aos programas de computador ao abrigo dos direitos de autor, considerando-os como obras literárias, determinando subsequentemente quem e o que deve ser protegido, os direitos exclusivos que as pessoas protegidas podem invocar para poderem autorizar ou proibir certos actos e qual a duração da protecção;

Considerando que, para efeitos da presente directiva a expressão «programa de computador» inclui qualquer tipo de programa, mesmo os que estão incorporados no equipamento; que esta expressão inclui igualmente o trabalho de concepção preparatório conducente à elaboração de um programa de computador, desde que esse trabalho preparatório seja de molde a resultar num programa de computador numa fase posterior;

Considerando que, no tocante aos critérios a aplicar para apreciar se um programa de computador constitui ou não uma obra original, não se deverá recorrer a testes dos seus méritos qualitativos ou estéticos;

Considerando que a Comunidade se encontra profundamente empenhada na promoção da normalização internacional;

Considerando que a função de um programa de computador é comunicar e trabalhar com outros componentes de um sistema de computador e com os utilizadores e que, para este efeito, é necessária uma interconexão e uma interacção lógica e, quando necessário, física, no sentido de permitir o funcionamento de todos os elementos do suporte lógico e do equipamento com outros suportes lógicos e equipamentos e com os utilizadores, e todas as formas de funcionamento previstas;

Considerando que as partes do programa que permitem tal interconexão e interacção entre os componentes de um sistema são geralmente conhecidas como interfaces;

Considerando que esta interconexão e interacção funcionais são geralmente conhecidas como « interoperabilidade »; que esta interoperabilidade é definida como a capacidade de trocar informações e de reciprocamente utilizar as informações trocadas;

Considerando que, de forma a evitar qualquer dúvida, se tem de deixar claro que a protecção abrange unicamente a expressão de um programa de computador e que as ideias e princípios subjacentes a qualquer elemento de um programa, incluindo os subjacentes às suas interfaces, não são protegidos por direitos de autor ao abrigo da presente directiva;

Considerando que, de acordo com este princípio dos direitos de autor, as ideias e princípios eventualmente presentes na lógica, nos algoritmos e nas linguagens de programação não são protegidos ao abrigo da presente directiva;

Considerando que, de acordo com a legislação e a jurisprudência dos Estados-membros e com as convenções internacionais sobre direitos de autor, a expressão dessas ideias e princípios deve ser protegida por direitos de autor;

Considerando que, na acepção da presente directiva, se entende por «locação» a possibilidade de pôr à disposição para utilização, por um período determinado e com um intuito lucrativo, um programa de computador ou uma sua cópia; que este termo não inclui o empréstimo público que, por conseguinte, não é abrangido pelo âmbito da presente directiva;

Considerando que os direitos exclusivos do autor para impedir a reprodução não autorizada da sua obra devem ser sujeitos a uma excepção limitada no caso de se tratar de um programa de computador, de forma a permitir a reprodução tecnicamente necessária para a utilização daquele programa pelo seu adquirente legítimo; que tal significa que as acções de carregamento e funcionamento necessárias à utilização de uma cópia de um programa legalmente adquirido, incluindo a acção de correcção dos respectivos erros, não podem ser proibidas por contrato; que, na ausência de cláusulas contratuais específicas, nomeadamente quando uma cópia do programa tenha sido vendida, qualquer outra acção necessária à utilização de uma cópia de um programa poderá ser realizada de acordo com o fim a que se destina pelo adquirente legal dessa mesma cópia;

Considerando que as pessoas que têm direito a utilizar um programa de computador não podem ser impedidas de realizar os actos necessários de observação, estudo ou teste de funcionamento do programa, desde que estes actos não infrinjam os direitos de autor em relação ao programa;

Considerando que qualquer reprodução, tradução, adaptação ou transformação não autorizadas da forma do código em que uma cópia de um programa de computador foi criada constitui uma infracção aos direitos exclusivos do autor;

Considerando, no entanto, que em certas circunstâncias uma tal modificação da forma do código de um programa de computador no sentido da sua reprodução e tradução é, na acepção das alíneas a) e b) do artigo 4o, indispensável para obter as necessárias informações no sentido de conseguir a interoperabilidade de um programa independente com outros programas;

Considerando que se deve ter em conta que, em tais circunstâncias restritas, a realização de actos de reprodução e tradução para modificar a forma do código pela pessoa que tem o direito de usar uma cópia do programa, ou em seu nome, é legítima e compatível com uma prática leal, e deve, portanto, ser dispensada da solicitação do consentimento do titular do direito;

Considerando que um dos objectivos desta excepção é o de permitir a interacção de todos os elementos de um sistema informático, incluindo os de diferentes fabricantes, de forma a poderem funcionar conjuntamente;

Considerando que uma excepção deste tipo aos direitos exclusivos do autor não pode ser aplicada de forma a colidir com uma exploração normal do programa ou a prejudicar os interesses legítimos do titular do direito;

Considerando que, para assegurar a conformidade com as disposições da Convenção de Berna para a Protecção das Obras Literárias e Artísticas, a duração da protecção deve corresponder à vida do autor, acrescida de um período de cinquenta anos a contar do dia 1 de Janeiro do ano seguinte ao ano da sua morte, ou, no caso de uma obra de um autor anónimo ou sob pseudónimo, a cinquenta anos a contar do dia 1 de Janeiro do ano seguinte ao ano em que o trabalho foi publicado pela primeira vez.

Considerando que a protecção dos programas de computador ao abrigo dos direitos de autor não deve prejudicar, nos casos apropriados, a aplicação de outras formas de protecção; que se consideram, todavia, nulas quaisquer disposições contratuais contrárias ao artigo 6º ou às excepções previstas nos nºs 2 e 3 do artigo 5º;

Considerando que as disposições da presente directiva não prejudicam a aplicação das regras da concorrência fixadas nos artigos 85º e 86º do Tratado se um fornecedor importante recusar divulgar informações necessárias à interoperabilidade tal como é definida na presente directiva;

Considerando que as disposições da presente directiva não devem prejudicar as exigências da legislação comunitária já adoptada relativamente à publicação de interfaces no sector das telecomunicações ou as decisões do Conselho relativas à normalização no domínio da tecnologia da informação e das telecomunicações;

Considerando que a presente directiva não afecta as derrogações previstas nas legislações nacionais de acordo com a Convenção de Berna sobre pontos não abrangidos pela presente directiva,

ADOPTOU A PRESENTE DIRECTIVA:

Artigo 1º – Objecto da protecção

1. De acordo com o disposto na presente directiva, os Estados-membros estabelecerão uma protecção jurídica dos programas de computador, mediante a concessão de direitos de autor, enquanto obras literárias, na acepção da

Convenção de Berna para a Protecção das Obras Literárias e Artísticas. Para efeitos da presente directiva, a expressão «programas de computador» inclui o material de concepção.

2. Para efeitos da presente directiva, a protecção abrange a expressão, sob qualquer forma, de um programa de computador. As ideias e princípios subjacentes a qualquer elemento de um programa de computador, incluindo os que estão na base das respectivas interfaces, não são protegidos pelos direitos de autor ao abrigo da presente directiva.

3. Um programa de computador será protegido se for original, no sentido em que é o resultado da criação intelectual do autor. Não serão considerados quaisquer outros critérios para determinar a sua susceptibilidade de protecção.

Artigo 2º – Autoria dos programas

1. O autor de um programa de computador é a pessoa singular ou o grupo de pessoas singulares que criaram o programa ou, quando a legislação dos Estados-membros o permite, a pessoa colectiva indicada por aquela legislação como o titular dos direitos. Quando a legislação do Estado-membro reconhece obras colectivas, a pessoa tida pela legislação do Estado-membro como tendo criado a obra é considerada seu autor.

2. Caso um programa de computador tenha sido criado conjuntamente por um grupo de pessoas singulares, os direitos exclusivos pertencerão conjuntamente às mesmas.

3. Quando um programa de computador for criado por um trabalhador por conta de outrem, no exercício das suas funções ou por indicação do seu empregador, só o empregador ficará habilitado a exercer todos os direitos de natureza económica relativos ao programa assim criado, salvo disposição contratual em contrário.

Artigo 3º – Beneficiários da protecção

A protecção será concedida a qualquer pessoa singular ou colectiva que preencha os requisitos necessários para beneficiar da legislação nacional sobre direitos de autor aplicável às obras literárias.

Artigo 4º – Actos sujeitos a autorização

Sem prejuízo do disposto nos artigos 5º e 6º, os direitos exclusivos do titular, na acepção do artigo 2º, devem incluir o direito de efectuar ou autorizar:

a) A reprodução permanente ou transitória de um programa de computador, seja por que meio for, e independentemente da forma de que se revestir, no todo ou em parte. Se operações como o carregamento, visualização, execução, transmissão ou armazenamento de um programa de computador carecerem dessa reprodução, essas operações devem ser submetidas a autorização do titular do direito;

b) A tradução, adaptação, ajustamentos ou outras modificações do programa e a reprodução dos respectivos resultados, sem prejuízo dos direitos de autor da pessoa que altere o programa;

c) Qualquer forma de distribuição ao público, incluindo a locação, do original ou de cópias de um programa de computador. A primeira comercialização na Comunidade de uma cópia de um programa efectuada pelo titular dos direitos ou realizada com o seu consentimento extinguirá o direito de distribuição na Comunidade dessa mesma cópia, com excepção do direito de controlar a locação ulterior do programa ou de uma sua cópia.

Artigo 5º – Excepções aos actos sujeitos a autorização

1. Salvo disposições contratuais específicas em contrário, os actos previstos nas alíneas a) e b) do artigo 4º não se encontram sujeitos à autorização do titular sempre que sejam necessários para a utilização do programa de computador pelo seu legítimo adquirente de acordo com o fim a que esse programa se destina, bem como para a correcção de erros.

2. O contrato não deve impedir a execução de uma cópia de apoio por uma pessoa que esteja autorizada a utilizar o programa na medida em que tal seja necessário para a sua utilização.

3. Quem tiver direito a utilizar uma cópia de um programa pode, sem necessidade de autorização do titular do direito, observar, estudar ou testar o funcionamento do programa a fim de apurar as ideias e princípios subjacentes a qualquer elemento do programa quando efectuar operações de carregamento, de visualização, de execução, de transmissão ou de armazenamento, em execução do seu contrato.

Artigo 6º – Descompilação

1. Não é necessária a autorização do titular dos direitos quando a reprodução do código e a tradução da sua forma, na acepção das alíneas a) e b) do artigo 4º, forem indispensáveis para obter as informações necessárias à interoperabilidade de um programa de computador criado independentemente, com outros programas, uma vez preenchidas as seguintes condições:

a) Esses actos serem realizados pelo licenciado ou por outra pessoa que tenha o direito de utilizar uma cópia do programa, ou em seu nome por uma pessoa devidamente autorizada para o efeito;

b) Não se encontrarem já fácil e rapidamente à disposição das pessoas referidas na alínea a) as informações necessárias à interoperabilidade;

c) Esses actos limitarem-se a certas partes do programa de origem necessárias à interoperabilidade.

2. O disposto no nº 1 não permite que as informações obtidas através da sua aplicação:

a) Sejam utilizadas para outros fins que não o de assegurar a interoperabilidade de um programa criado independentemente;

b) Sejam transmitidas a outrem, excepto quando tal for necessário para a interoperabilidade do programa criado independentemente; ou c) Sejam utilizadas para o desenvolvimento, produção ou comercialização de um programa substancialmente semelhante na sua expressão, ou para qualquer outro acto que infrinja os direitos de autor.

3. De acordo com o disposto na Convenção de Berna para a Protecção das Obras Literárias e Artísticas, as disposições do presente artigo não podem ser interpretadas no sentido de permitirem a sua aplicação de uma forma susceptível de lesar os legítimos interesses do titular de direitos ou que não se coadune com uma exploração normal do programa de computador.

Artigo 7º – Medidas de protecção especiais

1. Sem prejuízo do disposto nos artigos 4º, 5º e 6º, os Estados-membros tomarão medidas adequadas, nos termos das respectivas legislações nacionais, contra as pessoas que pratiquem qualquer dos actos referidos nas alíneas a), b) e c) seguintes:

a) Ponham em circulação uma cópia de um programa de computador, conhecendo ou não podendo ignorar o seu carácter ilícito;

b) Estejam na posse, para fins comerciais, de uma cópia de um programa de computador, conhecendo ou não podendo ignorar o seu carácter ilícito;

c) Ponham em circulação ou estejam na posse, para fins comerciais, de meios cujo único objectivo seja facilitar a supressão não autorizada ou a neutralização de qualquer dispositivo técnico eventualmente utilizado para a protecção de um programa.

2. Qualquer cópia ilícita de um programa de computador poderá ser confiscada nos termos da legislação do Estado-membro em questão.

3. Os Estados-membros poderão prever a apreensão dos meios referidos na alínea c) do nº 1.

Artigo 8º – Duração da protecção

1. A protecção será concedida durante a vida do autor e por um período de cinquenta anos após a sua morte ou após a morte do último autor vivo; se o programa de computador for uma obra anónima ou sob pseudónimo ou se a legislação nacional considerar que o seu autor é uma pessoa colectiva, nos termos do nº 1 do artigo 2º, a protecção será concedida por um período de cinquenta anos a contar da data em que o programa de computador se tornar legitimamente

acessível ao público. Presume-se que a protecção tem início no dia 1 de Janeiro do ano seguinte à ocorrência dos factos acima mencionados.

2. Os Estados-membros onde a duração de protecção é já superior à prevista no nº 1 poderão manter a duração actual, até uma harmonização mais geral por legislação comunitária, do período de protecção das obras sujeitas a direitos de autor.

Artigo 9º – Manutenção de outras disposições jurídicas

1. As disposições da presente directiva não prejudicam quaisquer outras disposições legais, nomeadamente as relativas a direitos de patente, a marcas, a concorrência desleal, a segredos comerciais, a protecção de produtos semicondutores ou ao direito dos contratos. Quaisquer disposições contratuais contrárias ao artigo 6º ou às execuções previstas nos nºs 2 e 3 do artigo 5º serão consideradas nulas.

2. O disposto na presente directiva é igualmente aplicável aos programas criados antes de 1 de Janeiro de 1993, sem prejuízo de quaisquer actos realizados e dos direitos adquiridos antes dessa data.

Artigo 10º – Disposições finais

1. Os Estados-membros porão em vigor as disposições legislativas, regulamentares ou administrativas necessárias para darem cumprimento à presente directiva até 1 de Janeiro de 1993.

Sempre que os Estados-membros adoptarem tais disposições, estas devem incluir uma referência à presente directiva ou ser acompanhadas dessa referência aquando da sua publicação oficial. As modalidades dessa referência serão adoptadas pelos Estados-membros.

2. Os Estados-membros comunicarão à Comissão as disposições de direito nacional que adoptarem para efeitos da transposição da presente directiva.

Artigo 11º

Os Estados-membros são os destinatários da presente directiva.

Feito em Bruxelas, em 14 de Maio de 1991.

Pelo Conselho

O Presidente
J. F. Poos

7. DL nº 252/94, de 20 de Outubro – Protecção Jurídica de Programas de Computador

O presente diploma transpõe para a ordem jurídica interna a Directiva nº 91/250/CEE, do Conselho, de 14 de Maio, relativa à protecção jurídica dos programas de computador.

De acordo com a melhor técnica decidiu-se criar um diploma próprio onde se condensem todas as normas específicas de protecção dos programas de computador, ao invés de se proceder a alterações no Código do Direito de Autor e dos Direitos Conexos.

Na verdade, os conceitos nucleares de protecção dos programas de computador transportam novas realidades que não são facilmente subsumíveis às existentes no direito de autor, muito embora a equiparação a obras literárias possa permitir, pontualmente, uma aproximação.

A transposição obedece também à consideração de que o ordenamento jurídico interno contém normas e princípios efectivos, com consagração no direito objectivo, que tornam dispensável uma mera tradução.

Assim:

No uso da autorização legislativa concedida pela Lei nº 21/94, de 17 de Junho, e nos termos das alíneas a) e b) do nº 1 do artigo 201º da Constituição, o Governo decreta o seguinte:

Artigo 1º – Âmbito

1 – O presente diploma transpõe para a ordem jurídica interna a Directiva nº 91/250/CEE, do Conselho, de 14 de Maio, relativa à protecção jurídica dos programas de computador.

2 – Aos programas de computador que tiverem carácter criativo é atribuída protecção análoga à conferida às obras literárias.

3 – Para efeitos de protecção, equipara-se ao programa de computador o material de concepção preliminar daquele programa.

Artigo 2º – Objecto

1 – A protecção atribuída ao programa de computador incide sobre a sua expressão, sob qualquer forma.

2 – Esta tutela não prejudica a liberdade das ideias e dos princípios que estão na base de qualquer elemento do programa ou da sua interoperabilidade, como a lógica, os algoritmos ou a linguagem de programação.

Artigo 3º – Autoria

1 – Aplicam-se ao programa de computador as regras sobre autoria e titularidade vigentes para o direito de autor.

2 – O programa que for realizado no âmbito de uma empresa presume-se obra colectiva.

3 – Quando um programa de computador for criado por um empregado no exercício das suas funções, ou segundo instruções emanadas do dador de trabalho, ou por encomenda, pertencem ao destinatário do programa os direitos a ele relativos, salvo estipulação em contrário ou se outra coisa resultar das finalidades do contrato.

4 – As regras sobre atribuição do direito ao programa aplicam-se sem prejuízo do direito a remuneração especial do criador intelectual quando se verificarem os pressupostos das alíneas a) e b) do nº 4 do artigo 14º do Código do Direito de Autor e dos Direitos Conexos.

5 – O nº 2 do artigo 15º daquele Código não é aplicável no domínio dos programas de computador.

Artigo 4º – Duração

Revogado pelo DL nº 334/97, 27 de Novembro

Artigo 5º – Reprodução e transformação

O titular do programa pode fazer ou autorizar:

a) A reprodução, permanente ou transitória, por qualquer processo ou forma, de todo ou de parte do programa;

b) Qualquer transformação do programa e a reprodução do programa derivado, sem prejuízo dos direitos de quem realiza a transformação.

Artigo 6º – Direitos do utente

1 – Não obstante o disposto no artigo anterior, todo o utente legítimo pode, sem autorização do titular do programa:

a) Providenciar uma cópia de apoio no âmbito dessa utilização;

b) Observar, estudar ou ensaiar o funcionamento do programa, para determinar as ideias e os princípios que estiverem na base de algum dos seus elementos, quando efectuar qualquer operação de carregamento, visualização, execução, transmissão ou armazenamento.

2 – É nula qualquer estipulação em contrário ao disposto no número anterior.

3 – O utente legítimo de um programa pode sempre, para utilizar o programa ou para corrigir erros, carregá-lo, visualizá-lo, executá-lo, transmiti-lo e armazená-lo, mesmo se esses actos implicarem operações previstas no artigo anterior, salvo estipulação contratual referente a algum ponto específico.

Artigo 7º – Descompilação

1 – A descompilação das partes de um programa necessárias à interoperabilidade desse programa de computador com outros programas é sempre lícita, ainda que envolva operações previstas nos artigos anteriores, quando for a via indispensável para a obtenção de informações necessárias a essa interoperabilidade.

2 – Têm legitimidade para realizar a descompilação o titular da licença de utilização ou outra pessoa que possa licitamente utilizar o programa, ou pessoas por estes autorizadas, se essas informações não estiverem já fácil e rapidamente disponíveis.

3 – É nula qualquer estipulação em contrário ao disposto nos números anteriores.

4 – As informações obtidas não podem:

a) Ser utilizadas para um acto que infrinja direitos de autor sobre o programa originário;

b) Lesar a exploração normal do programa originário ou causar um prejuízo injustificado aos interesses legítimos do titular do direito;

c) Ser comunicadas a outrem quando não for necessário para a interoperabilidade do programa criado independentemente.

5 – O programa criado nos termos da alínea c) do número anterior não pode ser substancialmente semelhante, na sua expressão, ao programa originário.

Artigo 8º – Direito de pôr em circulação

1 – O titular do programa de computador tem o direito de pôr em circulação originais ou cópias desse programa e o direito de locação dos exemplares.

2 – Qualquer acto de disposição produz o esgotamento do direito de pôr em circulação, mas não afecta a subsistência do direito de locação do programa.

Artigo 9º – Direitos do titular originário

1 – São ainda garantidos ao titular originário do programa o direito à menção do nome no programa e o direito à reivindicação da autoria deste.

2 – Se o programa tiver um criador intelectual individualizável, cabe-lhe, em qualquer caso, o direito a ser reconhecido como tal e de ter o seu nome mencionado no programa.

Artigo 10º – Limites

1 – Sempre que forem compatíveis, são aplicáveis aos programas de computador os limites estabelecidos para o direito de autor, nomeadamente os constantes do artigo 75º do Código do Direito de Autor e dos Direitos Conexos, mas o uso privado só será admitido nos termos do presente diploma.

2 – É livre a análise de programas como objecto de pesquisa científica ou de ensino.

3 – São aplicáveis aos programas de computador as utilizações permitidas em benefício de pessoas cegas, com deficiência visual ou com outras dificuldades de acesso a textos impressos, previstas no artigo 82º-B do Código de Direito de Autor e dos Direitos Conexos.

Artigo 11º – Autonomia privada

1 – Os negócios relativos a direitos sobre programas de computador são disciplinados pelas regras gerais dos contratos e pelas disposições dos contratos típicos em que se integram ou com que ofereçam maior analogia.

2 – São aplicáveis a estes negócios as disposições dos artigos 40º, 45º a 51º e 55º do Código do Direito de Autor e dos Direitos Conexos.

3 – As estipulações contratuais são sempre entendidas de maneira conforme à boa fé e com o âmbito justificado pelas finalidades do contrato.

Artigo 12º – Registo

É admitida a inscrição do programa no registo da propriedade literária, para efeitos daquele registo.

Artigo 13º – Apreensão

1 – Aplicam-se à apreensão de cópias ilícitas de programas de computador as disposições relativas à apreensão de exemplares contrafeitos em matéria de direito de autor.

2 – Podem igualmente ser apreendidos dispositivos em comercialização que tenham por finalidade exclusiva facilitar a supressão não autorizada ou a neutralização de qualquer salvaguarda técnica eventualmente colocada para proteger um programa de computador.

3 – O destino dos objectos apreendidos será determinado na sentença final.

Artigo 14º – Tutela penal

1 – Um programa de computador é penalmente protegido contra a reprodução não autorizada.

2 – É aplicável ao programa de computador o disposto no nº 1 do artigo 9º da Lei nº 109/91, de 17 de Agosto.

Artigo 15º – Tutela por outras disposições legais

A tutela instituída pelo presente diploma não prejudica a vigência de regras de diversa natureza donde possa resultar uma protecção do programa, como as emergentes da disciplina dos direitos de patente, marcas, concorrência desleal, segredos comerciais e das topografias dos semicondutores ou do direito dos contratos.

Artigo 16º – Vigência

1 – A protecção dos programas de computador inicia-se na data da entrada em vigor do presente diploma, mas os programas anteriormente criados são protegidos durante o tempo que gozariam ainda de protecção se esta lei fosse já vigente ao tempo da sua criação.

2 – A aplicação do presente diploma não prejudica os contratos concluídos nem os direitos adquiridos antes da sua entrada em vigor, mas as regras sobre a invalidade das estipulações aplicam-se também a estes contratos.

Artigo 17º – Tutela internacional

1 – A tutela internacional é subordinada à reciprocidade material.

2 – Na medida em que assim for estabelecido por convenção internacional, aplica-se o princípio do tratamento nacional.

3 – Os programas que nos países de origem respectivos tiverem tombado no domínio público não voltam a ser protegidos.

4 – É considerado autor quem assim for qualificado pela lei do país de origem respectivo; em caso de colisão de qualificações aplica-se a lei que se aproxime mais da lei portuguesa.

Visto e aprovado em Conselho de Ministros de 1 de Setembro de 1994. – *Aníbal António Cavaco Silva – Álvaro José Brilhante Laborinho Lúcio.*

Promulgado em 7 de Outubro de 1994.

Publique-se.

O Presidente da República, MÁRIO SOARES.

Referendado em 10 de Outubro de 1994.

O Primeiro-Ministro, *Aníbal António Cavaco Silva.*

8. Lei nº 58/2019, de 8 de Agosto – Lei da Protecção de Dados Pessoais

Lei nº 58/2019, de 8 de Agosto – Assegura a execução, na ordem jurídica nacional, do Regulamento (UE) 2016/679 do Parlamento e do Conselho, de 27 de Abril de 2016, relativo à protecção das pessoas singulares no que diz respeito ao tratamento de dados pessoais e à livre circulação desses dados

A Assembleia da República decreta, nos termos da alínea c) do artigo 161º da Constituição, o seguinte:

CAPÍTULO I – Disposições gerais

Artigo 1º – Objecto

A presente lei assegura a execução, na ordem jurídica interna, do Regulamento (UE) 2016/679 do Parlamento Europeu e do Conselho, de 27 de Abril de 2016, relativo à protecção das pessoas singulares no que diz respeito ao tratamento de dados pessoais e à livre circulação desses dados, doravante designado abreviadamente por Regulamento Geral de Protecção de Dados (RGPD).

Artigo 2º – Âmbito de aplicação

1 – A presente lei aplica-se aos tratamentos de dados pessoais realizados no território nacional, independentemente da natureza pública ou privada do responsável pelo tratamento ou do subcontratante, mesmo que o tratamento de dados pessoais seja efectuado em cumprimento de obrigações legais ou no âmbito da prossecução de missões de interesse público, aplicando-se todas as exclusões previstas no artigo 2º do RGPD.

2 – A presente lei aplica-se ainda aos tratamentos de dados pessoais realizados fora do território nacional quando:

a) Sejam efectuados no âmbito da actividade de um estabelecimento situado no território nacional; ou *b)* Afectem titulares de dados que se encontrem no território nacional, quando as actividades de tratamento estejam subordinadas ao disposto no nº 2 do artigo 3º do RGPD; ou

c) Afectem dados que estejam inscritos nos postos consulares de que sejam titulares portugueses residentes no estrangeiro.

3 – A presente lei não se aplica aos ficheiros de dados pessoais constituídos e mantidos sob a responsabilidade do Sistema de Informações da República Portuguesa, que se rege por disposições específicas, nos termos da lei.

CAPÍTULO II – Comissão Nacional de Protecção de Dados

Artigo 3º – Autoridade de controlo nacional

A Comissão Nacional de Protecção de Dados (CNPD) é a autoridade de controlo nacional para efeitos do RGPD e da presente lei.

Artigo 4º – Natureza e independência

1 – A CNPD é uma entidade administrativa independente, com personalidade jurídica de direito público e poderes de autoridade, dotada de autonomia administrativa e financeira, que funciona junto da Assembleia da República.

2 – A CNPD controla e fiscaliza o cumprimento do RGPD e da presente lei, bem como das demais disposições legais e regulamentares em matéria de protecção de dados pessoais, a fim de defender os direitos, liberdades e garantias das pessoas singulares no âmbito dos tratamentos de dados pessoais.

3 – A CNPD age com independência na prossecução das suas atribuições e no exercício dos poderes que lhe são atribuídos pela presente lei.

4 – Os membros da CNPD ficam sujeitos ao regime de incompatibilidades estabelecido para os titulares de altos cargos públicos, não podendo, durante o seu mandato, desempenhar outra actividade, remunerada ou não, com excepção da actividade de docência no ensino superior e de investigação.

Artigo 5º – Composição e funcionamento

A composição, o modo de designação e o estatuto remuneratório dos membros da CNPD, bem como a respectiva orgânica e quadro de pessoal, são aprovados por lei da Assembleia da República.

Artigo 6º – Atribuições e competências

1 – Para além do disposto no artigo 57º do RGPD, a CNPD prossegue as seguintes atribuições:

a) Pronunciar-se, a título não vinculativo, sobre as medidas legislativas e regulamentares relativas à protecção de dados pessoais, bem como sobre instrumentos jurídicos em preparação, em instituições europeias ou internacionais, relativos à mesma matéria;

b) Fiscalizar o cumprimento das disposições do RGPD e das demais disposições legais e regulamentares relativas à protecção de dados pessoais e dos direitos, liberdades e garantias dos titulares dos dados, e corrigir e sancionar o seu incumprimento;

c) Disponibilizar uma lista de tratamentos sujeitos à avaliação do impacto sobre a protecção de dados, nos termos do nº 4 do artigo 35º do RGPD, definindo igualmente critérios que permitam densificar a noção de elevado risco prevista nesse artigo;

d) Elaborar e apresentar ao Comité Europeu para a Protecção de Dados, previsto no RGPD, os projectos de critérios para a acreditação dos organismos de monitorização de códigos de conduta e dos organismos de certificação, nos termos dos artigos 41º e 43º do RGPD, e assegurar a posterior publicação dos critérios, caso sejam aprovados;

e) Cooperar com o Instituto Português de Acreditação, I. P. (IPAC, I. P.), relativamente à aplicação do disposto no artigo 14º da presente lei, bem como na definição de requisitos adicionais de acreditação, tendo em vista a salvaguarda da coerência de aplicação do RGPD;

2 – A CNPD exerce as competências previstas no artigo 58º do RGPD.

Artigo 7º – Avaliações prévias de impacto

1 – Nos termos do nº 5 do artigo 35º do RGPD, a CNPD difunde uma lista de tipos de tratamentos de dados cuja avaliação prévia de impacto não é obrigatória.

2 – O disposto no número anterior não impede os responsáveis pelo tratamento de efectuar uma avaliação prévia de impacto por iniciativa própria.

3 – As listas referidas nos nºs 4 e 5 do artigo 35º do RGPD são publicitadas no sítio da CNPD na Internet.

Artigo 8º – Dever de colaboração

1 – As entidades públicas e privadas devem prestar a sua colaboração à CNPD, facultando-lhe todas as informações que por esta lhes sejam solicitadas, no exercício das suas atribuições e competências.

2 – O dever de colaboração é assegurado, designadamente, quando a CNPD tiver necessidade, para o cabal exercício das suas funções, de examinar o sistema informático e os ficheiros de dados pessoais, bem como toda a documentação relativa ao tratamento e transmissão de dados pessoais.

3 – Os membros da CNPD, bem como os seus trabalhadores, prestadores de serviços ou pessoas por si mandatadas, estão obrigados ao dever de sigilo profissional, nomeadamente quanto aos dados pessoais, segredo profissional, segredo

industrial ou comercial ou informações confidenciais a que tenham acesso no exercício das suas funções.

4 – O dever de sigilo mantém-se após o termo das respectivas funções.

5 – O dever de colaboração previsto nos números anteriores, bem como os poderes de fiscalização da CNPD, não prejudicam o dever de segredo a que o responsável pelo tratamento esteja obrigado nos termos da lei ou de normas internacionais.

CAPÍTULO III – Encarregado de protecção de dados

Artigo 9º – Disposição geral

1 – O encarregado de protecção de dados é designado com base nos requisitos previstos no nº 5 do artigo 37º do RGPD, não carecendo de certificação profissional para o efeito.

2 – Independentemente da natureza da sua relação jurídica, o encarregado de protecção de dados exerce a sua função com autonomia técnica perante a entidade responsável pelo tratamento ou subcontratante.

Artigo 10º – Dever de sigilo e confidencialidade

1 – De acordo com o disposto no nº 5 do artigo 38º do RGPD, o encarregado de protecção de dados está obrigado a um dever de sigilo profissional em tudo o que diga respeito ao exercício dessas funções, que se mantém após o termo das funções que lhes deram origem.

2 – O encarregado de protecção de dados, bem como os responsáveis pelo tratamento de dados, incluindo os subcontratantes, e todas as pessoas que intervenham em qualquer operação de tratamento de dados, estão obrigados a um dever de confidencialidade que acresce aos deveres de sigilo profissional previsto na lei.

Artigo 11º – Funções do encarregado de protecção de dados

Para além do disposto nos artigos 37º a 39º do RGPD, são funções do encarregado de protecção de dados:

a) Assegurar a realização de auditorias, quer periódicas, quer não programadas;

b) Sensibilizar os utilizadores para a importância da detecção atempada de incidentes de segurança e para a necessidade de informar imediatamente o responsável pela segurança;

c) Assegurar as relações com os titulares dos dados nas matérias abrangidas pelo RGPD e pela legislação nacional em matéria de protecção de dados.

ARTIGO 12º – Encarregados de protecção de dados em entidades públicas

1 – Nos termos da alínea a) do nº 1 do artigo 37º do RGPD, é obrigatória a designação de encarregados de protecção de dados nas entidades públicas, de acordo com o disposto nos números seguintes.

2 – Para efeitos do número anterior, entende-se por entidades públicas:

a) O Estado;

b) As regiões autónomas;

c) As autarquias locais e as entidades supranacionais previstas na lei;

d) As entidades administrativas independentes e o Banco de Portugal;

e) Os institutos públicos;

f) As instituições de ensino superior públicas, independentemente da sua natureza;

g) As empresas do sector empresarial do Estado e dos sectores empresariais regionais e locais;

h) As associações públicas.

3 – Independentemente de quem seja responsável pelo tratamento, existe pelo menos um encarregado de protecção de dados:

a) Por cada ministério ou área governativa, no caso do Estado, sendo designado pelo respectivo ministro, com faculdade de delegação em qualquer secretário de Estado que o coadjuvar;

b) Por cada secretaria regional, no caso das regiões autónomas, sendo designado pelo respectivo secretário regional, com faculdade de delegação em dirigente superior de 1º grau;

c) Por cada município, sendo designado pela câmara municipal, com faculdade de delegação no presidente e subdelegação em qualquer vereador;

d) Nas freguesias em que tal se justifique, nomeadamente naquelas com mais de 750 habitantes, sendo designado pela junta de freguesia, com faculdade de delegação no presidente;

e) Por cada entidade, no caso das demais entidades referidas no número anterior, sendo designada pelo respectivo órgão executivo, de administração ou gestão, com faculdade de delegação no respectivo presidente.

4 – Nos termos do nº 3 do artigo 37º do RGPD, pode ser designado o mesmo encarregado de protecção de dados para vários ministérios ou áreas governativas, secretarias regionais, autarquias locais ou outras pessoas colectivas públicas.

5 – Cabe a cada entidade a designação do encarregado de protecção de dados, não sendo obrigatório o exercício de funções em regime de exclusividade.

6 – O encarregado de protecção de dados de uma entidade pública que tenha atribuições de regulação ou controlo não pode exercer essas funções simultaneamente em entidade sujeita ao controlo, ou inserida no perímetro regulatório daquela entidade.

Artigo 13º – Encarregados de protecção de dados em entidades privadas

O responsável pelo tratamento e o subcontratante designam um encarregado de protecção de dados sempre que a actividade privada desenvolvida, a título principal, implique:

a) Operações de tratamento que, devido à sua natureza, âmbito e ou finalidade, exijam um controlo regular e sistemático dos titulares dos dados em grande escala; ou

b) Operações de tratamento em grande escala das categorias especiais de dados nos termos do artigo 9º do RGPD, ou de dados pessoais relacionados com condenações penais e contra-ordenacionais nos termos do artigo 10º do RGPD.

CAPÍTULO IV – Acreditação, certificação e códigos de conduta

Artigo 14º – Acreditação e certificação

1 – Nos termos da alínea b) do nº 1 do artigo 43º do RGPD, a autoridade competente para a acreditação dos organismos de certificação em matéria de protecção de dados é o IPAC, I. P.

2 – O acto de acreditação emitido pelo IPAC, I. P., deve tomar em consideração os requisitos previstos no RGPD, bem como os requisitos adicionais estabelecidos pela CNPD.

3 – A certificação, bem como a emissão de selos e marcas de protecção de dados, é efectuada por organismos de certificação acreditados nos termos do nº 1, destinando-se a atestar que os procedimentos implementados cumprem o disposto no RGPD e na presente lei.

Artigo 15º – Códigos de conduta

1 – Compete à CNPD fomentar a elaboração de códigos de conduta que regulem actividades determinadas, os quais devem tomar em atenção as necessidades específicas das micro, pequenas e médias empresas.

2 – O tratamento de dados pessoais pela administração directa e indirecta do Estado é objecto de códigos de conduta próprios.

CAPÍTULO V – Disposições especiais

Artigo 16º – Consentimento de menores

1 – Nos termos do artigo 8º do RGPD, os dados pessoais de crianças só podem ser objecto de tratamento com base no consentimento previsto na alínea a) do

nº 1 do artigo 6º do RGPD e relativo à oferta directa de serviços da sociedade de informação quando as mesmas já tenham completado 13 anos de idade.

2 – Caso a criança tenha idade inferior a 13 anos, o tratamento só é lícito se o consentimento for dado pelos representantes legais desta, de preferência com recurso a meios de autenticação segura.

Artigo 17º – Protecção de dados pessoais de pessoas falecidas

1 – Os dados pessoais de pessoas falecidas são protegidos nos termos do RGPD e da presente lei quando se integrem nas categorias especiais de dados pessoais a que se refere o nº 1 do artigo 9º do RGPD, ou quando se reportem à intimidade da vida privada, à imagem ou aos dados relativos às comunicações, ressalvados os casos previstos no nº 2 do mesmo artigo.

2 – Os direitos previstos no RGPD relativos a dados pessoais de pessoas falecidas, abrangidos pelo número anterior, nomeadamente os direitos de acesso, rectificação e apagamento, são exercidos por quem a pessoa falecida haja designado para o efeito ou, na sua falta, pelos respectivos herdeiros.

3 – Os titulares dos dados podem igualmente, nos termos legais aplicáveis, deixar determinada a impossibilidade de exercício dos direitos referidos no número anterior após a sua morte.

Artigo 18º – Portabilidade e interoperabilidade dos dados

1 – O direito de portabilidade dos dados, previsto no artigo 20º do RGPD, abrange apenas os dados fornecidos pelos respectivos titulares.

2 – A portabilidade dos dados deve, sempre que possível, ter lugar em formato aberto.

3 – No âmbito da Administração Pública, sempre que a interoperabilidade dos dados não seja tecnicamente possível, o titular dos dados tem o direito de exigir que os mesmos lhe sejam entregues num formato digital aberto, de acordo com o Regulamento Nacional de Interoperabilidade Digital em vigor.

Artigo 19º – Videovigilância

1 – Sem prejuízo das disposições legais específicas que imponham a sua utilização, nomeadamente por razões de segurança pública, os sistemas de videovigilância cuja finalidade seja a protecção de pessoas e bens asseguram os requisitos previstos no artigo 31º da Lei nº 34/2013, de 16 de Maio, com os limites definidos no número seguinte.

2 – As câmaras não podem incidir sobre:

a) Vias públicas, propriedades limítrofes ou outros locais que não sejam do domínio exclusivo do responsável, excepto no que seja estritamente necessário para cobrir os acessos ao imóvel;

b) A zona de digitação de códigos de caixas multibanco ou outros terminais de pagamento ATM;

c) O interior de áreas reservadas a clientes ou utentes onde deva ser respeitada a privacidade, designadamente instalações sanitárias, zonas de espera e provadores de vestuário;

d) O interior de áreas reservadas aos trabalhadores, designadamente zonas de refeição, vestiários, ginásios, instalações sanitárias e zonas exclusivamente afectas ao seu descanso.

3 – Nos estabelecimentos de ensino, as câmaras de videovigilância só podem incidir sobre os perímetros externos e locais de acesso, e ainda sobre espaços cujos bens e equipamentos requeiram especial protecção, como laboratórios ou salas de informática.

4 – Nos casos em que é admitida a videovigilância, é proibida a captação de som, excepto no período em que as instalações vigiadas estejam encerradas ou mediante autorização prévia da CNPD.

Artigo 20º – Dever de segredo

1 – Os direitos de informação e de acesso a dados pessoais previstos nos artigos 13º a 15º do RGPD não podem ser exercidos quando a lei imponha ao responsável pelo tratamento ou ao subcontratante um dever de segredo que seja oponível ao próprio titular dos dados.

2 – O titular dos dados pode solicitar à CNPD a emissão de parecer quanto à oponibilidade do dever de segredo, sem prejuízo do disposto no Capítulo VII.

Artigo 21º – Prazo de conservação de dados pessoais

1 – O prazo de conservação de dados pessoais é o que estiver fixado por norma legal ou regulamentar ou, na falta desta, o que se revele necessário para a prossecução da finalidade.

2 – Quando, pela natureza e finalidade do tratamento, designadamente para fins de arquivo de interesse público, fins de investigação científica ou histórica ou fins estatísticos, não seja possível determinar antecipadamente o momento em que o mesmo deixa de ser necessário, é lícita a conservação dos dados pessoais, desde que sejam adoptadas medidas técnicas e organizativas adequadas a garantir os direitos do titular dos dados, designadamente a informação da sua conservação.

3 – Quando os dados pessoais sejam necessários para o responsável pelo tratamento, ou o subcontratante, comprovar o cumprimento de obrigações contratuais ou de outra natureza, os mesmos podem ser conservados enquanto não decorrer o prazo de prescrição dos direitos correspectivos.

4 – Quando cesse a finalidade que motivou o tratamento, inicial ou posterior, de dados pessoais, o responsável pelo tratamento deve proceder à sua destruição ou anonimização.

5 – Nos casos em que existe um prazo de conservação de dados imposto por lei, só pode ser exercido o direito ao apagamento previsto no artigo 17º do RGPD findo esse prazo.

6 – Os dados relativos a declarações contributivas para efeitos de aposentação ou reforma podem ser conservados sem limite de prazo, a fim de auxiliar o titular na reconstituição das carreiras contributivas, desde que sejam adoptadas medidas técnicas e organizativas adequadas a garantir os direitos do titular dos dados.

Artigo 22º – Transferências de dados

As transferências de dados para países terceiros à União Europeia ou organizações internacionais, efectuadas no cumprimento de obrigações legais, por entidades públicas no exercício de poderes de autoridade, são consideradas de interesse público para efeitos do disposto no nº 4 do artigo 49º do RGPD.

Artigo 23º – Tratamento de dados pessoais por entidades públicas para finalidades diferentes

1 – O tratamento de dados pessoais por entidades públicas para finalidades diferentes das determinadas pela recolha tem natureza excepcional e deve ser devidamente fundamentado com vista a assegurar a prossecução do interesse público que de outra forma não possa ser acautelado, nos termos da alínea e) do nº 1, do nº 4 do artigo 6º e da alínea g) do nº 2 do artigo 9º do RGPD.

2 – A transmissão de dados pessoais entre entidades públicas para finalidades diferentes das determinadas pela recolha tem natureza excepcional, deve ser devidamente fundamentada nos termos referidos no número anterior e deve ser objecto de protocolo que estabeleça as responsabilidades de cada entidade interveniente, quer no acto de transmissão, quer em outros tratamentos a efectuar.

CAPÍTULO VI – Situações específicas de tratamento de dados pessoais

Artigo 24º – Liberdade de expressão e informação

1 – A protecção de dados pessoais, nos termos do RGPD e da presente lei, não prejudica o exercício da liberdade de expressão, informação e imprensa, incluindo o tratamento de dados para fins jornalísticos e para fins de expressão académica, artística ou literária.

2 – O exercício da liberdade de informação, especialmente quando revele dados pessoais previstos no nº 1 do artigo 9º do RGPD e no artigo 17º da presente lei, deve respeitar o princípio da dignidade da pessoa humana previsto na Constituição da República Portuguesa, bem como os direitos de personalidade nela e na legislação nacional consagrados.

3 – O tratamento para fins jornalísticos deve respeitar a legislação nacional sobre acesso e exercício da profissão.

4 – O exercício da liberdade de expressão não legitima a divulgação de dados pessoais como moradas e contactos, à excepção daqueles que sejam de conhecimento generalizado.

Artigo 25º – Publicação em jornal oficial

1 – A publicação de dados pessoais em jornais oficiais deve obedecer ao artigo 5º do RGPD, nomeadamente aos princípios da finalidade e da minimização.

2 – Sempre que o dado pessoal «nome» seja suficiente para garantir a identificação do titular e a eficácia do tratamento, não devem ser publicados outros dados pessoais.

3 – Os dados pessoais publicados em jornal oficial não podem, em circunstância alguma, ser alterados, rasurados ou ocultados.

4 – O direito ao apagamento de dados pessoais publicados em jornal oficial tem natureza excepcional e só se pode concretizar nas condições previstas no artigo 17º do RGPD, nos casos em que essa seja a única forma de acautelar o direito ao esquecimento e ponderados os demais interesses em presença.

5 – O disposto no número anterior realiza-se através da desindexação dos dados pessoais em motores de busca, sempre sem eliminação da publicação que faz fé pública.

6 – Em caso de publicação de dados pessoais em jornais oficiais, considera-se responsável pelo tratamento a entidade que manda proceder à publicação, ou, no caso dos gabinetes dos membros do Governo, as respectivas secretarias-gerais.

Artigo 26º – Acesso a documentos administrativos

O acesso a documentos administrativos que contenham dados pessoais rege-se pelo disposto na Lei nº 26/2016, de 22 de Agosto.

Artigo 27º – Publicação de dados no âmbito da contratação pública

No âmbito da contratação pública, e caso seja necessária a publicação de dados pessoais, não devem ser publicados outros dados pessoais para além do nome, sempre que este seja suficiente para garantir a identificação do contraente público e do co-contratante.

Artigo 28º – Relações laborais

1 – O empregador pode tratar os dados pessoais dos seus trabalhadores para as finalidades e com os limites definidos no Código do Trabalho e respectiva legislação complementar ou noutros regimes sectoriais, com as especificidades estabelecidas no presente artigo.

2 – O número anterior abrange igualmente o tratamento efectuado por subcontratante ou contabilista certificado em nome do empregador, para fins de gestão das relações laborais, desde que realizado ao abrigo de um contrato de prestação de serviços e sujeito a iguais garantias de sigilo.

3 – Salvo norma legal em contrário, o consentimento do trabalhador não constitui requisito de legitimidade do tratamento dos seus dados pessoais:

a) Se do tratamento resultar uma vantagem jurídica ou económica para o trabalhador; ou

b) Se esse tratamento estiver abrangido pelo disposto na alínea b) do nº 1 do artigo 6º do RGPD.

4 – As imagens gravadas e outros dados pessoais registados através da utilização de sistemas de vídeo ou outros meios tecnológicos de vigilância à distância, nos termos previstos no artigo 20º do Código do Trabalho, só podem ser utilizados no âmbito do processo penal.

5 – Nos casos previstos no número anterior, as imagens gravadas e outros dados pessoais podem também ser utilizados para efeitos de apuramento de responsabilidade disciplinar, na medida em que o sejam no âmbito do processo penal.

6 – O tratamento de dados biométricos dos trabalhadores só é considerado legítimo para controlo de assiduidade e para controlo de acessos às instalações do empregador, devendo assegurar-se que apenas se utilizem representações dos dados biométricos e que o respectivo processo de recolha não permita a reversibilidade dos referidos dados.

Artigo 29º – Tratamento de dados de saúde e dados genéticos

1 – Nos tratamentos de dados de saúde e de dados genéticos, o acesso a dados pessoais rege-se pelo princípio da necessidade de conhecer a informação.

2 – Nos casos previstos nas alíneas h) e i) do nº 2 do artigo 9º do RGPD, o tratamento dos dados previstos no nº 1 do mesmo artigo deve ser efectuado por um profissional obrigado a sigilo ou por outra pessoa sujeita a dever de confidencialidade, devendo ser garantidas medidas adequadas de segurança da informação.

3 – O acesso aos dados a que alude o número anterior é feito exclusivamente de forma electrónica, salvo impossibilidade técnica ou expressa indicação em contrário do titular dos dados, sendo vedada a sua divulgação ou transmissão posterior.

4 – Os titulares de órgãos, trabalhadores e prestadores de serviços do responsável pelo tratamento de dados de saúde e de dados genéticos, o encarregado de protecção de dados, os estudantes e investigadores na área da saúde e da genética e todos os profissionais de saúde que tenham acesso a dados relativos à saúde estão obrigados a um dever de sigilo.

5 – O dever de sigilo referido no número anterior é também aplicável a todos os titulares de órgãos e trabalhadores que, no contexto do acompanhamento, financiamento ou fiscalização da actividade de prestação de cuidados de saúde, tenham acesso a dados relativos à saúde.

6 – O titular dos dados deve ser notificado de qualquer acesso realizado aos seus dados pessoais, cabendo ao responsável pelo tratamento assegurar a disponibilização desse mecanismo de rastreabilidade e notificação.

7 – As medidas e os requisitos técnicos mínimos de segurança inerentes ao tratamento de dados a que alude o nº 1 são aprovados por portaria dos membros do Governo responsáveis pelas áreas da saúde e da justiça, que deve regulamentar, nomeadamente, as seguintes matérias:

a) Estabelecimento de permissões de acesso aos dados pessoais diferenciados, em razão da necessidade de conhecer e da segregação de funções;

b) Requisitos de autenticação prévia de quem acede;

c) Registo electrónico dos acessos e dos dados acedidos.

Artigo 30º – Bases de dados ou registos centralizados de saúde

1 – Os dados relativos à saúde podem ser organizados em bases de dados ou registos centralizados assentes em plataformas únicas, quando tratados para efeitos das finalidades legalmente previstas no RGPD e na legislação nacional.

2 – As bases de dados de saúde ou registos centralizados assentes nas plataformas únicas referidas no número anterior devem preencher os requisitos de segurança e de inviolabilidade previstos no RGPD.

Artigo 31º – Tratamentos para fins de arquivo de interesse público, fins de investigação científica ou histórica ou fins estatísticos

1 – O tratamento para fins de arquivo de interesse público, fins de investigação científica ou histórica ou fins estatísticos deve respeitar o princípio da minimização dos dados e incluir a anonimização ou a pseudonimização dos mesmos sempre que os fins visados possam ser atingidos por uma destas vias.

2 – Quando os dados pessoais sejam tratados para fins de arquivo de interesse público, fins de investigação científica ou histórica ou fins estatísticos, ficam prejudicados os direitos de acesso, rectificação, limitação do tratamento e de oposição previstos nos artigos 15º, 16º, 18º e 21º do RGPD, na medida do ne-

cessário, se esses direitos forem susceptíveis de tornar impossível ou prejudicar gravemente a realização desses fins.

3 – Ao tratamento de dados pessoais para fins de arquivo de interesse público é aplicável o Decreto-Lei nº 16/93, de 23 de Janeiro, na sua redacção actual.

4 – O consentimento relativo ao tratamento de dados para fins de investigação científica pode abranger diversas áreas de investigação ou ser dado unicamente para determinados domínios ou projectos de investigação específicos, devendo em qualquer caso ser respeitados os padrões éticos reconhecidos pela comunidade científica.

5 – Sem prejuízo do disposto na Lei do Sistema Estatístico Nacional, os dados pessoais tratados para fins estatísticos devem ser anonimizados ou pseudonimizados, de modo a acautelar a tutela dos titulares dos dados, nomeadamente no que respeita à impossibilidade de reidentificação logo que concluída a operação estatística.

CAPÍTULO VII – Tutela administrativa e jurisdicional

SECÇÃO I – Disposições gerais

Artigo 32º – Tutela administrativa

Sem prejuízo do direito de apresentação de queixa à CNPD, qualquer pessoa pode recorrer a meios de tutela administrativa, designadamente de cariz petitório ou impugnatório, para garantir o cumprimento das disposições legais em matéria de protecção de dados pessoais, nos termos previstos no Código do Procedimento Administrativo.

Artigo 33º – Responsabilidade civil

1 – Qualquer pessoa que tenha sofrido um dano devido ao tratamento ilícito de dados ou a qualquer outro acto que viole disposições do RGPD ou da lei nacional em matéria de protecção de dados pessoais, tem o direito de obter do responsável ou subcontratante a reparação pelo dano sofrido.

2 – O responsável pelo tratamento e o subcontratante não incorrem em responsabilidade civil se provarem que o facto que causou o dano não lhes é imputável.

3 – À responsabilidade do Estado e demais pessoas colectivas públicas é aplicável o regime previsto na Lei nº 67/2007, de 31 de Dezembro, alterado pela Lei nº 31/2008, de 17 de Julho.

Artigo 34º – Tutela jurisdicional

1 – Qualquer pessoa, de acordo com as regras gerais de legitimidade processual, pode propor acções contra as decisões, nomeadamente de natureza contra-ordenacional, e omissões da CNPD, bem como acções de responsabilidade civil pelos danos que tais actos ou omissões possam ter causado.

2 – As acções propostas contra a CNPD são da competência dos tribunais administrativos.

3 – O titular dos dados pode propor acções contra o responsável pelo tratamento ou o subcontratante, incluindo acções de responsabilidade civil.

4 – As acções intentadas contra o responsável pelo tratamento ou um subcontratante são propostas nos tribunais nacionais se o responsável ou subcontratante tiver estabelecimento em território nacional ou se o titular dos dados aqui residir habitualmente.

Artigo 35º – Representação dos titulares dos dados

Sem prejuízo da observância das regras relativas ao patrocínio judiciário, o titular dos dados tem o direito de mandatar um organismo, uma organização ou uma associação sem fins lucrativos constituída em conformidade com o direito nacional, cujos fins estatutários sejam de interesse público e cuja actividade abranja a defesa dos direitos, liberdades e garantias do titular dos dados quanto à protecção de dados pessoais para, em seu nome, exercer os direitos previstos nos artigos 77º, 78º, 79º e 82º do RGPD.

Artigo 36º – Legitimidade da CNPD

A CNPD tem legitimidade para intervir em processos judiciais no caso de violação das disposições do RGPD e da presente lei, e deve denunciar ao Ministério Público as infracções penais de que tiver conhecimento, no exercício das suas funções e por causa delas, bem como praticar os actos cautelares necessários e urgentes para assegurar os meios de prova.

SECÇÃO II – Contra-ordenações

Artigo 37º – Contra-ordenações muito graves

1 – Constituem contra-ordenações muito graves:

a) Os tratamentos de dados pessoais com inobservância dolosa dos princípios consagrados no artigo 5º do RGDP;

b) Os tratamentos de dados pessoais que não tenham por base o consentimento ou outra condição de legitimidade, nos termos do artigo 6º do RGPD ou de norma nacional;

c) O incumprimento das regras relativas à prestação do consentimento previstas no artigo 7º do RGPD;

d) Os tratamentos de dados pessoais previstos no nº 1 do artigo 9º do RGPD sem que se verifique uma das circunstâncias previstas no nº 2 do mesmo artigo;

e) Os tratamentos de dados pessoais previstos no artigo 10º do RGPD que contrariem as regras aí previstas;

f) A exigência do pagamento de uma quantia em dinheiro fora dos casos previstos no nº 5 do artigo 12º do RGPD;

g) A exigência do pagamento de uma quantia em dinheiro, nos casos previstos no nº 5 do artigo 12º do RGPD, que exceda os custos necessários para satisfazer o direito do titular dos dados;

h) A não prestação de informação relevante nos termos dos artigos 13º e 14º do RGPD, o que ocorre nas seguintes circunstâncias:

i) Omissão de informação das finalidades a que se destina o tratamento;

ii) Omissão de informação acerca dos destinatários ou categorias de destinatários dos dados pessoais;

iii) Omissão de informação acerca do direito de retirar o consentimento nos casos previstos na alínea a) do nº 1 do artigo 6º e na alínea a) do nº 2 do artigo 9º do RGPD;

i) Não permitir, não assegurar ou dificultar o exercício dos direitos previstos nos artigos 15º a 22º do RGPD;

j) A transferência internacional de dados pessoais em violação do disposto nos artigos 44º a 49º do RGPD;

k) O incumprimento das decisões da autoridade de controlo previstas no nº 2 do artigo 58º do RGPD, ou recusa da colaboração que lhe seja exigida pela CNPD, no exercício dos seus poderes;

l) A violação das regras previstas no capítulo vi da presente lei.

2 – As contra-ordenações referidas no número anterior são punidas com coima:

a) De 5000 € a 20 000 000 € ou 4 /prct. do volume de negócios anual, a nível mundial, conforme o que for mais elevado, tratando-se de grande empresa;

b) De 2000 € a 2 000 000 € ou 4 /prct. do volume de negócios anual, a nível mundial, conforme o que for mais elevado, tratando-se de PME;

c) De 1000 € a 500 000 €, no caso de pessoas singulares.

Artigo 38º – Contra-ordenações graves

1 – Constituem contra-ordenações graves:

a) A violação do disposto no artigo 8º do RGPD;

b) A não prestação da restante informação prevista nos artigos 13º e 14º do RGPD;

c) A violação do disposto nos artigos 24º e 25º do RGPD;

d) A violação das obrigações previstas no artigo 26º do RGPD;

e) A violação do disposto no artigo 27º do RGPD;

f) A violação das obrigações previstas no artigo 28º do RGPD;

g) A violação do disposto no artigo 29º do RGPD;

h) A ausência de registo dos tratamentos de dados pessoais em violação do disposto no artigo 30º do RGPD;

i) A violação das regras de segurança previstas no artigo 32º do RGPD;

j) O incumprimento dos deveres previstos no artigo 33º do RGPD;

k) O incumprimento do dever de informar o titular dos dados pessoais nas situações previstas no artigo 34º do RGPD;

l) O incumprimento da obrigação de realizar avaliações de impacto nos casos previstos no artigo 35º do RGPD;

m) O incumprimento da obrigação de consultar a autoridade de controlo previamente à realização de operações de tratamento de dados nos casos previstos no artigo 36º do RGPD;

n) O incumprimento dos deveres previstos no artigo 37º do RGPD;

o) A violação do disposto no artigo 38º do RGPD, nomeadamente no que respeita às garantias de independência do encarregado de protecção de dados;

p) O incumprimento dos deveres previstos no artigo 39º do RGPD;

q) A prática de actos de supervisão de códigos de conduta por organismos não acreditados pela autoridade de controlo nos termos do artigo 41º do RGPD;

r) O incumprimento, por parte dos organismos de supervisão de códigos de conduta, do previsto no nº 4 do artigo 41º do RGPD;

s) A utilização de selos ou marcas de protecção de dados que não tinham sido emitidos por organismos de certificação devidamente acreditados nos termos dos artigos 42º e 43º do RGPD;

t) O incumprimento, por parte dos organismos de certificação, dos deveres previstos no artigo 43º do RGPD;

u) A violação do disposto no artigo 19º da presente lei.

2 – As contra-ordenações referidas no número anterior são punidas com coima de:

a) De 2500 € a 10 000 000 € ou 2 /prct. do volume de negócios anual, a nível mundial, conforme o que for mais elevado, tratando-se de grande empresa;

b) De 1000 € a 1 000 000 € ou 2 /prct. do volume de negócios anual, a nível mundial, conforme o que for mais elevado, tratando-se de PME;

c) De 500 € a 250 000 €, no caso de pessoas singulares.

Artigo 39º – Determinação da medida da coima

1 – Na determinação da medida da coima, a CNPD tem em conta, para além dos critérios estabelecidos no nº 2 do artigo 83º do RGPD:

a) A situação económica do agente, no caso de pessoa singular, ou o volume de negócios e o balanço anual, no caso de pessoa colectiva;

b) O carácter continuado da infracção;

c) A dimensão da entidade, tendo em conta o número de trabalhadores e a natureza dos serviços prestados.

2 – Para efeitos da aplicação do disposto nos artigos anteriores, os conceitos de pequenas e médias empresas (PME) e grande empresa são os definidos na Recomendação nº 2003/361/CE, da Comissão Europeia, de 6 de Maio de 2003.

3 – Excepto em caso de dolo, a instauração de processo de contra-ordenação depende de prévia advertência do agente, por parte da CNPD, para cumprimento da obrigação omitida ou reintegração da proibição violada em prazo razoável.

Artigo 40º – Prescrição do procedimento por contra-ordenação

O procedimento por contra-ordenação extingue-se por efeito da prescrição logo que sobre a prática da contra-ordenação hajam decorrido os seguintes prazos:

a) Três anos, quando se trate de contra-ordenação muito grave;

b) Dois anos, quando se trate de contra-ordenação grave.

Artigo 41º – Prazo de prescrição das coimas

As coimas previstas na presente lei prescrevem nos seguintes prazos:

a) Três anos, no caso de coimas de montante superior a 100 000 €;

b) Dois anos, no caso de coimas de montante igual ou inferior a 100 000 €.

Artigo 42º – Destino das coimas

O montante das coimas cobradas reverte em 60 /prct. para o Estado e em 40 /prct. para a CNPD.

Artigo 43º – Cumprimento do dever omitido

Sempre que a contra-ordenação resulte da omissão de um dever, a aplicação da sanção e o pagamento da coima não dispensam o infractor do seu cumprimento se este ainda for possível.

Artigo 44º – Âmbito de aplicação das contra-ordenações

1 – As coimas previstas no RGPD e na presente lei aplicam-se de igual modo às entidades públicas e privadas.

2 – Nos termos do disposto no nº 7 do artigo 83º do RGPD, as entidades públicas, mediante pedido devidamente fundamentado, podem solicitar à CNPD a dispensa da aplicação de coimas durante o prazo de três anos a contar da entrada em vigor da presente lei.

3 – As entidades públicas estão sujeitas aos poderes de correcção da CNPD, tal como previstos no RGPD e na presente lei, com excepção da aplicação de coimas nos termos definidos no número anterior.

Artigo 45º – Regime subsidiário

Em tudo o que não esteja previsto na presente lei em matéria contra-ordenacional, aplica-se o disposto no regime geral do ilícito de mera ordenação social.

SECÇÃO III – Crimes

Artigo 46º – Utilização de dados de forma incompatível com a finalidade da recolha

1 – Quem utilizar dados pessoais de forma incompatível com a finalidade determinante da recolha é punido com pena de prisão até um ano ou com pena de multa até 120 dias.

2 – A pena é agravada para o dobro nos seus limites quando se tratar dos dados pessoais a que se referem os artigos 9º e 10º do RGPD.

Artigo 47º – Acesso indevido

1 – Quem, sem a devida autorização ou justificação, aceder, por qualquer modo, a dados pessoais é punido com pena de prisão até 1 ano ou com pena de multa até 120 dias.

2 – A pena é agravada para o dobro nos seus limites quando se tratar dos dados pessoais a que se referem os artigos 9º e 10º do RGPD.

3 – A pena é também agravada para o dobro nos seus limites quando o acesso:

a) For conseguido através de violação de regras técnicas de segurança; ou

b) Tiver proporcionado ao agente ou a terceiros benefício ou vantagem patrimonial.

Artigo 48º – Desvio de dados

1 – Quem copiar, subtrair, ceder ou transferir, a título oneroso ou gratuito, dados pessoais sem previsão legal ou consentimento, independentemente da finalidade prosseguida, é punido com pena de prisão até 1 ano ou com pena de multa até 120 dias.

2 – A pena é agravada para o dobro nos seus limites quando se tratar dos dados pessoais a que se referem os artigos 9º e 10º do RGPD.

3 – A pena é também agravada para o dobro nos seus limites quando o acesso:

a) For conseguido através de violação de regras técnicas de segurança; ou

b) Tiver proporcionado ao agente ou a terceiros benefício ou vantagem patrimonial.

Artigo 49º – Viciação ou destruição de dados

1 – Quem, sem a devida autorização ou justificação, apagar, destruir, danificar, ocultar, suprimir ou modificar dados pessoais, tornando-os inutilizáveis ou afectando o seu potencial de utilização, é punido com pena de prisão até 2 anos ou com pena de multa até 240 dias.

2 – A pena é agravada para o dobro nos seus limites se o dano produzido for particularmente grave.

3 – Nas situações previstas nos números anteriores, se o agente actuar com negligência é punido com pena de prisão:

a) Até 1 ano ou multa até 120 dias, no caso previsto no nº 1;

b) Até 2 anos ou multa até 240 dias, no caso previsto no nº 2.

Artigo 50º – Inserção de dados falsos

1 – Quem inserir ou facilitar a inserção de dados pessoais falsos, com a intenção de obter vantagem indevida para si ou para terceiro, ou para causar prejuízo, é punido com pena de prisão até 2 anos ou com pena de multa até 240 dias.

2 – A pena é agravada para o dobro nos seus limites se da inserção referida no número anterior resultar um prejuízo efectivo.

Artigo 51º – Violação do dever de sigilo

1 – Quem, obrigado a sigilo profissional nos termos da lei, sem justa causa e sem o devido consentimento, revelar ou divulgar no todo ou em parte dados pessoais é punido com pena de prisão até 1 ano ou com pena de multa até 120 dias.

2 – A pena é agravada para o dobro nos seus limites se o agente:

a) For trabalhador em funções públicas ou equiparado, nos termos da lei penal;

b) For encarregado de protecção de dados;

c) For determinado pela intenção de obter qualquer vantagem patrimonial ou outro benefício ilegítimo;

d) Puser em perigo a reputação, a honra ou a intimidade da vida privada de terceiros.

3 – A negligência é punível com pena de prisão até 6 meses ou com pena de multa até 60 dias.

Artigo 52º – Desobediência

1 – Quem não cumprir as obrigações previstas no RGPD e na presente lei, depois de ultrapassado o prazo que tiver sido fixado pela CNPD para o respectivo cumprimento, é punido com pena de prisão até 1 ano ou com pena de multa até 120 dias.

2 – A pena é agravada para o dobro nos seus limites se, depois de notificado para o efeito, o agente:

a) Não interromper, cessar ou bloquear o tratamento ilícito de dados;

b) Não proceder ao apagamento ou destruição dos dados quando legalmente exigível, ou findo o prazo de conservação fixado nos termos da presente lei; ou

c) Recusar, sem justa causa, a colaboração que lhe for exigida nos termos do artigo 8º da presente lei.

Artigo 53º – Punibilidade da tentativa

Nos crimes previstos na presente secção, a tentativa é sempre punível.

Artigo 54º – Responsabilidade das pessoas colectivas

As pessoas colectivas e entidades equiparadas, com excepção do Estado, de pessoas colectivas no exercício de prerrogativas de poder público e de organizações de direito internacional público, são responsáveis pelos crimes previstos na presente secção, nos termos do artigo 11º do Código Penal.

SECÇÃO IV – Disposições comuns

Artigo 55º – Concurso de infracções

1 – Se o mesmo facto constituir simultaneamente crime e contra-ordenação, o agente é sempre punido a título de crime.

2 – Quando se verifique concurso de crime e contra-ordenação, ou quando, pelo mesmo facto, uma pessoa deva responder a título de crime e outra a título de contra-ordenação, o processamento da contra-ordenação cabe às autoridades competentes para o processo criminal, nos termos do regime geral do ilícito de mera ordenação social.

Artigo 56º – Sanções acessórias

1 – Conjuntamente com as sanções aplicadas pode ser ordenada, acessoriamente, a proibição temporária ou definitiva do tratamento, o bloqueio, o apagamento ou a destruição total ou parcial dos dados.

2 – Tratando-se de crimes, ou de coimas de montante superior a 100 000 €, pode acessoriamente ser determinada a publicidade da condenação, por meio de extracto contendo a identificação do agente, os elementos da infracção e as sanções aplicadas, no Portal do Cidadão, por período não inferior a 90 dias.

CAPÍTULO VIII – Disposições finais e transitórias

Artigo 57º – Comissão Nacional de Protecção de Dados

Os membros da CNPD em exercício à data da entrada em vigor da presente lei mantêm-se em funções até ao fim dos respectivos mandatos.

Artigo 58º – Orientações técnicas

As orientações técnicas para a aplicação do RGPD pela administração directa e indirecta do Estado são aprovadas por resolução do Conselho de Ministros, a qual pode recomendar a sua aplicação também ao sector empresarial do Estado.

Artigo 59º – Aplicabilidade das coimas às entidades públicas

A possibilidade de não aplicabilidade de coimas às entidades públicas, nos termos previstos no nº 2 do artigo 44º da presente lei, deve ser objecto de reavaliação três anos após a entrada em vigor da presente lei.

Artigo 60º – Situações de tratamentos de dados pessoais pré-existentes

1 – Os tratamentos de dados pessoais objecto de registo público, nos termos do artigo 31º da Lei nº 67/98, de 26 de Outubro, permanecem conservados sob a responsabilidade da CNPD e disponíveis para consulta gratuita por qualquer pessoa.

2 – As notificações e pedidos de autorização já decididos pela CNPD no momento da entrada em vigor da presente lei, mas ainda não publicados, devem sê-lo nos termos da legislação prevista no número anterior.

3 – Os pedidos de registo e de autorização pendentes na CNPD na data da entrada em vigor da presente lei caducam com a sua entrada em vigor.

4 – Os responsáveis pelos tratamentos de dados pessoais realizados com base em autorizações emitidas nos termos da Lei nº 67/98, de 26 de Outubro, bem como os subcontratantes, estão vinculados a cumprir as obrigações impostas pelo RGPD, com excepção da avaliação de impacto sobre a protecção de dados a que se refere o artigo 35º desse regulamento.

Artigo 61º – Renovação do consentimento

1 – Quando o tratamento dos dados pessoais em curso à data da entrada em vigor da presente lei se basear no consentimento do respectivo titular, não é necessário obter novo consentimento se o anterior tiver observado as exigências constantes do RGPD.

2 – Caso a caducidade do consentimento seja motivo de cessação de contrato em que o titular de dados seja parte, o tratamento de dados é lícito até que esta ocorra.

Artigo 62º – Regimes de protecção de dados pessoais

1 – As normas relativas à protecção de dados pessoais previstas em legislação especial mantêm-se em vigor, em tudo o que não contrarie o disposto no RGPD e na presente lei, sem prejuízo do disposto no número seguinte.

2 – Todas as normas que prevejam autorizações ou notificações de tratamento de dados pessoais à CNPD, fora dos casos previstos no RGPD e na presente lei, deixam de vigorar à data de entrada em vigor do RGPD.

CAPÍTULO IX – Alterações legislativas

Artigo 63º – Alteração à Lei nº 43/2004, de 18 de Agosto

(...)

Artigo 64º – Aditamento à Lei nº 43/2004, de 18 de Agosto

(...)

Artigo 65º – Alteração à Lei nº 26/2016, de 22 de Agosto

(...)

Artigo 66º – Norma revogatória

1 – É revogada a Lei nº 67/98, de 26 de Outubro, que transpõe para a ordem jurídica portuguesa a Directiva 95/45/CE, do Parlamento Europeu e do Conselho, de 24 de Outubro de 1995, relativa à protecção de pessoas singulares no que diz respeito ao tratamento dos dados pessoais e à livre circulação desses dados.

2 – São revogados o nº 3 do artigo 15º e o nº 2 do artigo 17º da Lei nº 43/2004, de 18 de Agosto, alterada pela Lei nº 55-A/2010, de 31 de Dezembro.

Artigo 67º – Republicação

É republicada em anexo à presente lei, da qual faz parte integrante, a Lei nº 43/2004, de 18 de Agosto, com a redacção actual e com as necessárias correcções formais.

Artigo 68º – Entrada em vigor e produção de efeitos

1 – A presente lei entra em vigor no dia seguinte ao da sua publicação.

2 – O fiscal único a eleger nos termos do disposto no artigo 19º-A da Lei nº 43/2004, de 18 de Agosto, só pode iniciar o seu mandato a partir de 1 de Janeiro de 2020.

Aprovada em 14 de Junho de 2019.

O Presidente da Assembleia da República, *Eduardo Ferro Rodrigues*.

Promulgada em 26 de Julho de 2019.

Publique-se.

O Presidente da República, Marcelo Rebelo de Sousa.

Referendada em 30 de Julho de 2019.

Pelo Primeiro-Ministro, *Augusto Ernesto Santos Silva*, Ministro dos Negócios Estrangeiros.

9. Lei nº 5/2008, de 12 de Fevereiro – Base de Dados de Perfis de ADN – Identificação Civil e Criminal (na redacção da Lei nº 90/2017, de 22/08)

Lei nº 5/2008, de 12 de Fevereiro – Aprova a criação de uma base de dados de perfis de ADN para fins de identificação civil e criminal

A Assembleia da República decreta, nos termos da alínea c) do artigo 161º da Constituição, o seguinte:

CAPÍTULO I – Disposições gerais

Artigo 1º – Objecto

1 – A presente lei estabelece os princípios de criação e manutenção de uma base de dados de perfis de ADN, para fins de identificação civil e de investigação criminal, regulando, para o efeito, a recolha, tratamento e conservação de amostras de células humanas, a respectiva análise e obtenção de perfis de ADN e a metodologia de comparação de perfis de ADN extraídos das amostras, bem como o tratamento e conservação da respectiva informação em ficheiro informático.

2 – *(Revogado.)*

3 – É expressamente proibida a utilização, análise e tratamento de qualquer tipo de informação obtida a partir da análise das amostras para finalidades diferentes das previstas no artigo 4º

4 – A presente lei não prejudica os regimes legais de recolha, tratamento e conservação de células humanas para fins de identificação civil e de investigação criminal em que não seja necessário recorrer à base de dados de perfis de ADN.

Artigo 2º – Definições

Para efeitos da presente lei, entende-se por:

a) «ADN» o ácido desoxirribonucleico;

b) «Amostra» qualquer vestígio biológico de origem humana destinado a análise de ADN, obtido directamente de pessoa ou colhido em cadáver, em parte de cadáver, em animal, em coisa ou em local onde se proceda a recolha com finalidades de identificação;

c) «Amostra problema» a amostra, sob investigação, cuja identificação se pretende estabelecer;

d) «Amostra referência» a amostra utilizada para comparação;

e) «Marcador de ADN» a região específica do genoma que tipicamente contém informações diferentes em indivíduos diferentes, que segundo os conhecimentos científicos existentes não permite a obtenção de informação de saúde ou de características hereditárias específicas, abreviadamente ADN não codificante;

f) «Perfil de ADN» o resultado de uma análise da amostra por meio de um marcador de ADN obtido segundo as técnicas cientificamente validadas e recomendadas a nível internacional;

g) «Dados pessoais» o conjunto de informações, de qualquer natureza e independentemente do respectivo suporte, incluindo som e imagem, relativo a uma pessoa singular identificada ou identificável, que inclui o nome completo, a data de nascimento, a naturalidade, a residência actual conhecida, o número de identificação pessoal (número de bilhete de identidade, cartão de residência, passaporte ou outro análogo), a filiação, o estado civil, o sexo, o grupo étnico, a altura e a existência de deformidades físicas;

h) «Pessoa singular identificável» qualquer pessoa que possa ser identificada, directa ou indirectamente, designadamente por referência a um número de identificação ou a um ou mais elementos específicos da sua identidade física, fisiológica, psíquica, económica, cultural ou social;

i) «Ficheiro de perfis de ADN» o conjunto estruturado de perfis de ADN, acessível segundo critérios determinados;

j) «Ficheiro de dados pessoais» qualquer conjunto estruturado de dados pessoais, acessível segundo critérios determinados, quer seja centralizado, descentralizado ou repartido de modo funcional ou geográfico;

l) «Base de dados de perfis de ADN» o conjunto estruturado constituído por ficheiros de perfis de ADN e ficheiros de dados pessoais com finalidades exclusivas de identificação;

m) «Biobanco» qualquer repositório de amostras biológicas ou seus derivados, recolhidos com as finalidades exclusivas de identificação;

n) «Consentimento do titular dos dados» a manifestação de vontade livre e informada, sob a forma escrita, nos termos da qual o titular aceita que os seus dados pessoais sejam objecto de tratamento;

o) «Pessoa não identificada» a pessoa que não possa identificar-se e relativamente à qual não existam elementos suficientes que conduzam à sua identificação.

Artigo 3º – Princípios gerais

1 – A base de dados de perfis de ADN contém o perfil de cidadãos nacionais, estrangeiros ou apátridas que se encontrem ou residam em Portugal, sendo preenchida faseada e gradualmente.

2 – O tratamento dos perfis de ADN e dos dados pessoais deve processar-se de harmonia com os princípios consagrados nos termos da legislação que regula a protecção de dados pessoais, nomeadamente, de forma transparente e no estrito respeito pela reserva da vida privada e autodeterminação informativa, bem como pelos demais direitos, liberdades e garantias fundamentais.

3 – O tratamento de perfis de ADN deve processar-se no estrito respeito pelo princípio da legalidade e, bem assim, pelos princípios da autenticidade, veracidade, univocidade e segurança dos elementos identificativos.

4 – Qualquer pessoa tem o direito de não ficar sujeita a nenhuma decisão que produza efeitos na sua esfera jurídica ou que a afecte de modo significativo, tomada exclusivamente com base num tratamento de dados.

5 – A colecção, manutenção, manuseamento e utilização do material integrado no biobanco deve restringir-se às finalidades descritas no artigo 4º

Artigo 4º – Finalidades

1 – Para efeitos da presente lei, e salvo o disposto no artigo 23º, as análises de ADN visam exclusivamente finalidades de identificação civil e de investigação criminal.

2 – As finalidades de identificação civil são prosseguidas através da comparação de perfis de ADN relativos a amostras de material biológico colhido em pessoa, em cadáver, em parte de cadáver ou em local onde se proceda a recolhas com aquelas finalidades, bem como a comparação daqueles perfis com os existentes na base de dados de perfis de ADN, com as limitações previstas nos artigos 19º e 19º-A.

3 – Para efeitos da presente lei, as finalidades de investigação criminal são prosseguidas através da comparação de perfis de ADN relativas a amostras de material biológico colhidas em locais de crimes e em pessoas que, directa ou indirectamente, a eles possam estar associadas, com os perfis de ADN existentes na base de dados de perfis de ADN, com vista à identificação dos respectivos agentes, sem prejuízo das limitações previstas nos artigos 19º e 19º-A.

Artigo 5º – Entidades competentes para a análise laboratorial

1 – As entidades competentes para a realização da análise da amostra com vista à obtenção do perfil de ADN a nível nacional, para efeitos do disposto na

presente lei, são o Laboratório de Polícia Científica da Polícia Judiciária (LPC) e o Instituto Nacional de Medicina Legal e Ciências Forenses, I. P. (INMLCF, I. P.).

2 – A análise dos perfis de ADN pode ser realizada por outros laboratórios, mediante autorização do Ministério da Justiça e do ministério que exerça tutela sobre eles.

3 – Todos os laboratórios que procedem à análise laboratorial devem cumprir os requisitos científicos, técnicos e organizacionais internacionalmente estabelecidos.

CAPÍTULO II – Recolha de amostras

Artigo 6º – Recolha de amostras em voluntários

1 – A base de dados de perfis de ADN prevista no nº 1 do artigo 3º é construída, de modo faseado e gradual, a partir da recolha de amostras em voluntários, para o que devem prestar o seu consentimento livre, informado e escrito.

2 – O interessado deve endereçar, por escrito, o seu pedido de recolha de amostras às entidades competentes para a análise laboratorial, as quais, após a obtenção do perfil de ADN, o devem remeter ao INMLCF, I. P., para que seja inserido no ficheiro previsto na alínea a) do nº 1 do artigo 15º

3 – É admitida a recolha de amostra em menor ou incapaz para fins de identificação civil, mediante pedido do seu representante legal previamente autorizado pelo Ministério Público nos termos da alínea b) do nº 1 do artigo 2º do Decreto-Lei nº 272/2001, de 13 de Outubro, alterado pelo Decreto-Lei nº 324/2007, de 28 de Setembro, pela Lei nº 61/2008, de 31 de Outubro, e pelo Decreto-Lei nº 122/2013, de 26 de Agosto.

4 – Os voluntários estão isentos do pagamento de custos com a obtenção de perfil de ADN referida no nº 2, excepto se, aquando da recolha da amostra respectiva, declararem não autorizar o cruzamento do seu perfil para efeitos de investigação criminal.

5 – Os menores ou incapazes estão sempre isentos do pagamento de custos com a obtenção de perfil de ADN, não se aplicando a excepção prevista no número anterior.

Artigo 7º – Recolha de amostras com finalidades de identificação civil

1 – É admitida a recolha de amostras em pessoa não identificada, em cadáver, em parte de cadáver, em animal, em coisa ou em local onde se proceda a recolhas, com finalidades de identificação civil, pelas autoridades competentes nos termos da legislação aplicável.

2 – A recolha de amostras em pessoas para fins de identificação civil, designadamente em parentes de pessoas desaparecidas, carece de consentimento livre, informado e escrito.

3 – Quando se trate de menores ou incapazes, a recolha de amostras referida no número anterior depende de autorização do Ministério Público, obtida nos termos do disposto no Decreto-Lei nº 272/2001, de 13 de Outubro, alterado pelo Decreto-Lei nº 324/2007, de 28 de Setembro, pela Lei nº 61/2008, de 31 de Outubro, e pelo Decreto-Lei nº 122/2013, de 26 de Agosto.

Artigo 8º – Recolha de amostras com finalidades de investigação criminal

1 – A recolha de amostra em arguido em processo criminal pendente, com vista à interconexão a que se refere o nº 2 do artigo 19º-A, é realizada a pedido ou com consentimento do arguido ou ordenada, oficiosamente ou a requerimento escrito, por despacho do juiz, que pondera a necessidade da sua realização, tendo em conta o direito à integridade pessoal e à reserva da intimidade do visado.

2 – A recolha de amostra em arguido condenado por crime doloso com pena concreta de prisão igual ou superior a 3 anos, ainda que esta tenha sido substituída, com a consequente inserção do respectivo perfil de ADN na base de dados, é sempre ordenada na sentença.

3 – A recolha de amostra em arguido declarado inimputável a quem seja aplicada a medida de segurança de internamento, nos termos do nº 2 do artigo 91º do Código Penal, aprovado pelo Decreto-Lei nº 400/82, de 23 de Setembro, ainda que suspensa nos termos do artigo 98º do mesmo Código, com a consequente inserção do respectivo perfil de ADN na base de dados, é sempre ordenada na sentença.

4 – Em caso de recusa do arguido na recolha de amostra que lhe tenha sido ordenada nos termos dos números anteriores, o juiz competente pode ordenar a sujeição à diligência nos termos do disposto no artigo 172º do Código de Processo Penal, aprovado pelo Decreto-Lei nº 78/87, de 17 de Fevereiro.

5 – A recolha de amostras em cadáver, em parte de cadáver, deixadas em pessoa, animal, coisa ou local, com finalidades de investigação criminal, realiza-se de acordo com o disposto no artigo 171º do Código de Processo Penal, aprovado pelo Decreto-Lei nº 78/87, de 17 de Fevereiro.

6 – A recolha de amostras de ADN efectuada nos termos deste artigo implica a entrega, sempre que possível, no próprio acto, de documento de que constem a identificação do processo e os direitos e deveres decorrentes da aplicação da presente lei e, com as necessárias adaptações, da Lei nº 67/98, de 26 de Outubro (Lei da Protecção de Dados Pessoais).

7 – Quando se trate de arguido, em processo pendente ou condenado, em vários processos, simultâneos ou sucessivos, não há lugar a nova recolha de

amostra e consequente inserção de perfil, utilizando-se ou transferindo-se o perfil do arguido guardado no ficheiro a que se reporta a alínea g) do nº 1 do artigo 15º, excepto se a recolha de nova amostra for considerada necessária pela autoridade judiciária competente, oficiosamente ou a requerimento escrito, que pode ouvir, para o efeito, o INMLCF, I. P., ou o LPC, consoante os casos.

8 – Os custos com as recolhas de amostras e com as perícias para investigação criminal são considerados encargos do processo onde são efectuadas, a suportar nos termos gerais.

Artigo 9º – Direito de informação

Antes da recolha da amostra, o sujeito passivo da colheita goza do direito de informação, previsto no nº 1 do artigo 10º da Lei da Protecção de Dados Pessoais, com as necessárias adaptações, devendo ser informado, por escrito, nomeadamente:

a) De que os seus dados pessoais vão ser inseridos num ficheiro de dados pessoais;

b) Sobre a natureza dos dados que são extraídos da amostra, isto é, o perfil de ADN;

c) De que o perfil de ADN é, nos casos admitidos na presente lei, integrado num ficheiro de perfis de ADN;

d) Da possibilidade de cruzamento do perfil recolhido com os existentes na base de dados de perfis de ADN, com menção expressa da possibilidade de utilização dos dados para fins de investigação criminal, quando aplicável;

e) De que a amostra recolhida pode ser conservada num biobanco, nos casos admitidos na presente lei.

Artigo 10º – Modo de recolha

A recolha de amostras em pessoas é realizada através de método não invasivo, que respeite a dignidade humana e a integridade física e moral individual, designadamente pela colheita de células da mucosa bucal ou outro equivalente, no estrito cumprimento dos princípios e regime do Código de Processo Penal, aprovado pelo Decreto-Lei nº 78/87, de 17 de Fevereiro.

Artigo 11º – Princípio do contraditório

1 – Salvo em casos de manifesta impossibilidade, é preservada uma parte bastante e suficiente da amostra para a realização de contra-análise.

2 – Quando a quantidade da amostra for diminuta deve ser manuseada de tal modo que não impossibilite a contra-análise.

Artigo 12º – Âmbito de análise

1 – A análise da amostra restringe-se apenas àqueles marcadores de ADN que sejam absolutamente necessários à identificação do seu titular para os fins da presente lei.

2 – Os marcadores de ADN a integrar no ficheiro de perfis de ADN são fixados, após parecer da Comissão Nacional de Protecção de Dados (CNPD), por portaria conjunta dos membros do Governo responsáveis pelas áreas da justiça e da saúde, de acordo com as normas internacionais e o conhecimento científico sobre a matéria.

3 – No caso de virem a ser fixados novos marcadores de ADN, de acordo com o número anterior, podem os perfis de ADN das amostras ser completados.

Artigo 13º – Resultados

1 – A identificação resulta da coincidência entre o perfil obtido a partir de uma amostra sob investigação e outro ou outros perfis de ADN já inscritos no ficheiro.

2 – Para efeitos do número anterior, o cruzamento entre o perfil obtido pela «amostra problema» e os perfis existentes na base deve ser realizado de harmonia com a legislação em matéria de protecção de dados pessoais.

3 – O disposto nos números anteriores não dispensa, sempre que possível, a repetição dos procedimentos técnicos, para obtenção do perfil de ADN, a partir das amostras, para confirmação de resultados.

4 – A obtenção de perfis de ADN e os resultados da sua comparação constituem perícias válidas em todo o território nacional.

CAPÍTULO III – Tratamento de dados

SECÇÃO I – Constituição da base de dados

Artigo 14º – Base de dados

Os perfis de ADN resultantes da análise das amostras, bem como os correspondentes dados pessoais, são introduzidos e conservados em ficheiros de dados de perfis de ADN e ficheiros de dados pessoais, nos termos do disposto nos artigos seguintes.

Artigo 15º – Conteúdo

1 – Para efeitos da presente lei, é criada uma base de dados de perfis de ADN, para fins de identificação, constituída por:

a) Um ficheiro contendo a informação relativa a amostras de voluntários, obtidas nos termos dos nºs 1 e 3 do artigo 6º;

b) Um ficheiro contendo a informação relativa a «amostras problema», obtidas nos termos do nº 1 do artigo 7º;

c) Um ficheiro contendo a informação relativa a «amostras referência» de pessoas desaparecidas, obtidas nos termos do nº 1 do artigo 7º, ou amostras dos seus parentes, obtidas nos termos do nº 2 do artigo 7º;

d) Um ficheiro contendo a informação relativa a «amostras problema» para investigação criminal, obtidas nos termos do nº 5 do artigo 8º;

e) Um ficheiro contendo a informação relativa a amostras de pessoas condenadas em processo criminal, obtidas nos termos dos nºs 2 e 3 do artigo 8º, por decisão judicial transitada em julgado;

f) Um ficheiro contendo a informação relativa a amostras dos profissionais que procedem à recolha e análise das amostras;

g) Um ficheiro destinado a guardar provisoriamente a informação relativa a perfis de arguidos em processo criminal, em que seja aplicável pena igual ou superior a 3 anos de prisão, os quais não podem ser considerados para efeitos de interconexão fora dos casos previstos no artigo 19º-A.

2 – O sistema deve garantir que os perfis de ADN e os dados pessoais correspondentes sejam armazenados em ficheiros separados lógica e fisicamente, manipulados por utilizadores distintos, mediante acessos restritos, codificados e identificativos dos utilizadores.

3 – É vedada a inclusão de qualquer elemento identificativo do titular dos dados no ficheiro de perfis de ADN, bem como qualquer tipo de pesquisa nominal.

Artigo 16º – Entidade responsável pela base de dados

1 – O INMLCF, I. P., é a entidade responsável pela base de dados de perfis de ADN e pelas operações que lhe sejam aplicáveis.

2 – A base de dados de perfis de ADN tem sede no INMLCF, I. P., em Coimbra.

3 – O INMLCF, I. P., no exercício das funções que lhe são atribuídas pela presente lei, rege-se pelo que nesta se dispõe e pelo regulamento de funcionamento da base de dados de perfis de ADN, cumprindo as normas em matéria de protecção de dados pessoais e as normas relativas a direitos fundamentais, no respeito pela dignidade humana.

4 – Compete ao conselho médico-legal do INMLCF, I. P., elaborar o regulamento de funcionamento da base de dados de perfis de ADN.

5 – A actividade do INMLCF, I. P., é fiscalizada, para efeitos da presente lei, pelo conselho de fiscalização.

Artigo 17º – Competências do INMLCF, I. P.

1 – O INMLCF, I. P., é a autoridade que tem como atribuição o tratamento de dados relativos à base de dados de perfis de ADN.

2 – O INMLCF, I. P., deve consultar a CNPD para quaisquer esclarecimentos quanto ao tratamento de dados pessoais, devendo cumprir as deliberações desta Comissão nesta matéria.

3 – Compete ao INMLCF, I. P., em especial:

a) Proceder à inserção, interconexão, comunicação e remoção de dados na base de dados de perfis de ADN, sem prejuízo da competência do LPC nesta matéria;

b) Assegurar o direito de informação e de acesso aos dados pelos respectivos titulares, a correcção de inexactidões ou o complemento de omissões, a supressão de dados indevidamente registados, bem como velar pela consulta ou comunicação da informação, respeitando as condições previstas na presente lei e na Lei da Protecção de Dados Pessoais;

c) Fornecer dados da base de dados de perfis de ADN às pessoas referidas no nº 1 do artigo 20º depois de verificado o cumprimento dos requisitos estabelecidos;

d) Proceder à actualização, rectificação ou alteração dos dados constantes na base de dados de perfis de ADN, nomeadamente nos casos a que se reporta o nº 7 do artigo 8º;

e) Assegurar as condições de codificação dos dados de perfis de ADN para efeitos do disposto nos nºs 2 e 3 do artigo 15º;

f) Decidir sobre as reclamações respeitantes ao acesso à informação em matéria de registos, cabendo reclamação ou recurso nos termos gerais;

g) Proceder à eliminação dos dados de perfis de ADN, de acordo com o artigo 26º;

h) Proceder à destruição de amostras, de acordo com os artigos 26º e 34º, sem prejuízo da competência do LPC nesta matéria.

SECÇÃO II – Inserção, comunicação, interconexão e acesso aos dados

Artigo 18º – Inserção dos dados

1 – Os perfis de ADN resultantes da análise das amostras, bem como os correspondentes dados pessoais, apenas são integrados na base de dados de perfis de ADN mediante consentimento livre, informado e escrito do titular dos dados, prestado aquando da recolha da amostra respectiva:

a) No caso dos voluntários e dos parentes de pessoas desaparecidas a que se referem, respectivamente, o nº 1 do artigo 6º e o nº 2 do artigo 7º;

b) No caso dos profissionais a que se refere a alínea f) do nº 1 do artigo 15º, sendo o prévio consentimento condição para o exercício de funções enquanto técnico de recolha e análise de amostras de ADN.

2 – Os perfis de ADN resultantes de «amostras referência» de pessoas desaparecidas e seus parentes, obtidas nos termos dos nºs 1 e 2 do artigo 7º, respectivamente, bem como os correspondentes dados pessoais, quando existam, são integrados na base de dados de perfis de ADN mediante despacho do magistrado competente no respectivo processo.

3 – Os perfis de ADN resultantes de «amostras problema» para identificação civil e de «amostras problema» para investigação criminal, recolhidas nos termos do nº 1 do artigo 7º e do nº 5 do artigo 8º, respectivamente, bem como os correspondentes dados pessoais, quando existam, são inseridos na base de dados de perfis de ADN, excepto se:

a) Da comparação directa realizada tiver resultado a identificação que se pretendia estabelecer;

b) Ao determinar a realização da perícia para obtenção de perfil ou em despacho posterior, o magistrado competente decidir que, nomeadamente por falta de específica relevância probatória, a inserção é desnecessária, tendo em conta, entre outros elementos, o relatório relativo à recolha de amostra.

4 – A inserção de perfis a que se refere o número anterior, bem como de perfis de arguidos a guardar provisoriamente no ficheiro a que se refere a alínea g) do nº 1 do artigo 15º, pode ser realizada, directamente, pelos laboratórios do INMLCF, I. P., e pelo LPC.

5 – Constitui pressuposto obrigatório para a inserção dos dados a manutenção da cadeia de custódia da amostra respectiva.

6 – A inserção de «amostras problema» a que se refere o nº 3 é sempre comunicada à autoridade judiciária competente para validação no prazo máximo de 72 horas.

Artigo 19º – Interconexão de dados no âmbito da base de dados de perfis de ADN

1 – A inserção de quaisquer perfis de ADN na base de dados determina automaticamente a interconexão de dados nos termos dos números seguintes e do artigo 19º-A.

2 – Os perfis de ADN obtidos a partir das amostras colhidas em parentes de pessoas desaparecidas, nos termos do nº 2 do artigo 7º, bem como os perfis relativos a «amostras referência» de pessoas desaparecidas, obtidos ao abrigo do nº 1 do artigo 7º, apenas podem ser cruzados com os ficheiros previstos nas alíneas b), c) e f) do nº 1 do artigo 15º, relativos a «amostras problema» para identificação civil, colhidas nos termos do nº 1 do artigo 7º, a amostras colhidas em parentes de pessoas desaparecidas, nos termos do nº 2 do artigo 7º, a «amostras referência» de pessoas desaparecidas, obtidas ao abrigo do nº 1 do artigo 7º, e a amostras de profissionais.

3 – Os perfis de ADN resultantes da análise de «amostras problema» para identificação civil, obtidas nos termos do nº 1 do artigo 7º, podem ser cruzados com:

a) Os perfis existentes no ficheiro previsto na alínea c) do nº 1 do artigo 15º, relativo a «amostras referência» de pessoas desaparecidas, obtidas nos termos do nº 1 do artigo 7º, ou amostras dos seus parentes, obtidas nos termos do nº 2 do artigo 7º;

b) Os perfis existentes no ficheiro previsto na alínea d) do nº 1 do artigo 15º, relativo a «amostras problema» para investigação criminal;

c) Os perfis existentes no ficheiro previsto na alínea e) do nº 1 do artigo 15º, relativo a «amostras referência» de pessoas condenadas em processo criminal, por decisão transitada em julgado;

d) Os perfis existentes no ficheiro previsto na alínea f) do nº 1 do artigo 15º, relativo aos profissionais que procedam à recolha e análise das amostras.

4 – Os perfis de ADN obtidos a partir das amostras colhidas em voluntários, ao abrigo do nº 1 do artigo 6º, podem ser cruzados:

a) Se os seus titulares não fizeram a declaração a que se reporta o nº 4 do artigo 6º, com qualquer dos perfis inseridos nos ficheiros previstos no nº 1 do artigo 15º;

b) Se os seus titulares fizeram a declaração referida no nº 4 do artigo 6º, apenas com os perfis inseridos nos ficheiros previstos nas alíneas a), b), c) e f) do nº 1 do artigo 15º

5 – Os perfis de ADN obtidos a partir das amostras colhidas em voluntários, ao abrigo do nº 3 do artigo 6º, apenas podem ser cruzados com os perfis inseridos nos ficheiros previstos nas alíneas a), b), c) e f) do nº 1 do artigo 15º

6 – Os perfis de ADN obtidos a partir das «amostras problema» para investigação criminal, recolhidas nos termos do nº 5 do artigo 8º, e os perfis de ADN obtidos de pessoas condenadas em processos criminais, nos termos dos nºs 2 e 3 do artigo 8º, podem ser cruzados com os perfis existentes nos ficheiros previstos nas alíneas a), b), d), e) e f) do nº 1 do artigo 15º, excepto nos casos a que se referem a alínea b) do nº 4 e o nº 5 do presente artigo.

7 – Excepcionalmente, e através de requerimento escrito fundamentado, pode haver outros cruzamentos de dados não previstos neste artigo, mediante prévio parecer favorável do conselho de fiscalização e da CNPD.

Artigo 19º-A – Interconexão do perfil de arguido em processo criminal pendente

1 – A autoridade judiciária competente pode determinar a interconexão de perfis de ADN anteriormente obtidos de amostras recolhidas a arguido em processo criminal pendente, nos termos do Código de Processo Penal, aprovado

pelo Decreto-Lei nº 78/87, de 17 de Fevereiro, ou por identificação de amostra problema para investigação criminal, com os perfis existentes:

a) No ficheiro relativo a «amostras problema» para identificação civil, previsto na alínea b) do nº 1 do artigo 15º;

b) No ficheiro relativo a «amostras problema» para investigação criminal, previsto na alínea d) do nº 1 do artigo 15º;

c) No ficheiro relativo a amostras dos profissionais que procedam à recolha e análise das amostras, previsto na alínea f) do nº 1 do artigo 15º

2 – O perfil de arguido em processo criminal pendente, obtido nos termos do nº 1 do artigo 8º, pode ser cruzado com os perfis referidos nas alíneas do número anterior.

Artigo 20º – Comunicação dos dados

1 – A coincidência decorrente da inserção de perfil obtido de «amostra problema», a que se reportam os nºs 3 e 4 do artigo 18º, e de interconexão de perfil de arguido, nos termos do artigo 19º-A, bem como a coincidência que resulte da inserção de perfil de pessoa condenada, a que se reportam os nºs 2 e 3 do artigo 8º, é imediatamente comunicada aos processos a que respeitem as «amostras problema», quer para identificação civil, quer para investigação criminal.

2 – Após a comunicação prevista no nº 1, os dados pessoais correspondentes ao perfil coincidente e o relatório pericial são comunicados ao processo a que respeitem as «amostras problema», se o juiz competente, oficiosamente ou na sequência de requerimento escrito fundamentado do Ministério Público ou do arguido, sem prejuízo do regime do segredo de justiça, decidir por despacho fundamentado que esta comunicação é adequada, necessária e proporcional, tendo em conta, nomeadamente, o relatório relativo à recolha da «amostra problema».

3 – O relatório pericial apenas é completado com o perfil de ADN do titular dos dados quando tal for determinado pela autoridade judiciária competente, oficiosamente ou a requerimento escrito do interessado.

4 – A coincidência com perfil de pessoa condenada a que corresponda o registo de identidade diferente da conhecida é comunicada ao Ministério Público e ao arguido em ambos os processos, depois de realizadas as diligências de natureza administrativa a que haja lugar.

5 – Para efeitos de identificação civil, os perfis de ADN, bem como os dados pessoais correspondentes registados na base de dados, em caso de coincidência, são comunicados ao juiz competente, oficiosamente ou mediante requerimento escrito, de acordo com as disposições legais aplicáveis.

6 – A comunicação dos dados constantes da base de dados de perfis de ADN a outras entidades, para os fins previstos no artigo 23º, está sujeita a parecer

favorável do conselho de fiscalização e da CNPD, de harmonia com a Lei da Protecção de Dados Pessoais.

7 – O INMLCF, I. P., não pode proceder à comunicação de dados enquanto o processo referido no nº 2 não for identificado e a ordem judicial respectiva não se mostrar documentada, para o que deve solicitar expressamente os elementos em falta.

8 – Nos casos de terrorismo, criminalidade violenta ou altamente organizada em que seja urgente a identificação de suspeitos para a descoberta da verdade, e não sendo possível recorrer às autoridades judiciárias em tempo útil, a comunicação prevista nos nºs 1 e 2 pode ser efectuada directamente aos órgãos de polícia criminal, sem prejuízo de a diligência ter de ser de imediato comunicada para validação pelo juiz competente, no prazo máximo de 72 horas.

Artigo 21º – Interconexão e comunicação de dados no âmbito da cooperação internacional

1 – O disposto na presente lei não prejudica as obrigações assumidas pelo Estado Português em matéria de cooperação internacional nos domínios referidos no artigo 4º

2 – Em caso algum é permitida a transferência de material biológico.

3 – A transmissão de dados pessoais no âmbito da cooperação judiciária e policial internacional em matéria penal está sujeita a autorização do juiz de instrução competente através dos mecanismos de auxílio judiciário em matéria penal, designadamente os previstos na Directiva 2014/41/UE do Parlamento Europeu e do Conselho, de 3 de Abril de 2014, relativa à decisão europeia de investigação em matéria penal, e na Decisão Quadro 2006/960/JAI do Conselho, de 18 de Dezembro de 2006, relativa à simplificação do intercâmbio de dados e informações entre as autoridades de aplicação da lei dos Estados membros da União Europeia.

4 – O juiz de instrução a que se refere o número anterior é competente para reconhecer e garantir a execução de uma Decisão Europeia de Investigação em matéria penal.

5 – O juiz de instrução a que se referem os nºs 3 e 4 é o juiz com competência na área da comarca onde tem sede a base de dados de perfis de ADN.

Artigo 22º – Acesso de terceiros

1 – É proibido o acesso de terceiros aos dados constantes na base de dados de perfis de ADN, salvas as excepções previstas na presente lei.

2 – Mediante consentimento escrito do titular dos dados, podem aceder à informação constante da base de dados de perfis de ADN os descendentes, ascendentes, cônjuge ou quem com ele viva em união de facto, nos termos da lei.

3 – Mediante autorização do conselho de fiscalização e após parecer do conselho médico-legal, podem aceder à informação constante da base de dados de perfis de ADN, após o falecimento do titular, os presumíveis herdeiros desde que mostrem interesse legítimo e não haja sério risco de intromissão na vida privada do titular da informação.

Artigo 23º – Informação para fins de estatística ou de investigação científica

1 – A informação obtida a partir dos perfis de ADN pode ser comunicada para fins de investigação científica ou de estatística, após anonimização irreversível.

2 – O processo de anonimização irreversível dos dados deve ser realizado de forma que não seja mais possível identificar o titular dos dados, não permitindo qualquer tipo de pesquisa nominal ou alfanumérica.

Artigo 24º – Direito de informação e de acesso aos dados da base de dados de perfis de ADN

1 – Qualquer pessoa tem direito a conhecer o conteúdo do registo ou registos que lhe respeitem.

2 – É aplicável, com as necessárias adaptações, o nº 1 do artigo 11º da Lei da Protecção de Dados Pessoais.

3 – No caso de a comunicação dos dados ao seu titular poder prejudicar a segurança do Estado, a prevenção ou a investigação criminal, o conselho de fiscalização limita-se a informar o titular dos dados apenas dos elementos constantes da base que não ponham em causa aqueles interesses.

Artigo 25º – Correcção de eventuais inexactidões

Qualquer pessoa tem o direito de exigir a correcção de eventuais inexactidões, a supressão de dados indevidamente registados e o preenchimento de eventuais omissões, nos termos da Lei da Protecção de Dados Pessoais.

SECÇÃO III – Conservação de perfis de ADN e dados pessoais

Artigo 26º – Conservação de perfis de ADN e dados pessoais

1 – Os perfis de ADN e os correspondentes dados pessoais:

a) Quando integrados no ficheiro previsto na alínea a) do nº 1 do artigo 15º, são conservados por tempo ilimitado, salvo se, por meio de requerimento escrito, o titular revogar expressamente o consentimento anteriormente prestado;

b) Quando integrados no ficheiro previsto na alínea b) do nº 1 do artigo 15º, são conservados por tempo ilimitado, salvo se for obtida a identificação, caso em que os perfis são eliminados mediante despacho do magistrado titular do processo;

c) Quando integrados no ficheiro previsto na alínea c) do nº 1 do artigo 15º, são conservados até que haja identificação, caso em que são eliminados mediante despacho do magistrado titular do processo, ou até ser solicitada pelos parentes a eliminação do perfil de que sejam titulares, mediante requerimento escrito.

2 – Quando integrados no ficheiro relativo a «amostras problema» para investigação criminal, previsto na alínea d) do nº 1 do artigo 15º, os perfis de ADN e os dados que lhe correspondam:

a) São transferidos para o ficheiro de guarda provisória, previsto na alínea g) do nº 1 do artigo 15º, e posteriormente eliminados nos termos do nº 7, se a amostra for identificada com o arguido;

b) São eliminados, oficiosamente, 20 anos após a inserção do perfil, se a amostra não for identificada com o arguido.

3 – Quando integrados no ficheiro relativo a amostras obtidas de pessoas condenadas, previsto na alínea e) do nº 1 do artigo 15º, os perfis de ADN e os correspondentes dados pessoais são eliminados, oficiosamente, decorrido, sobre a inserção do perfil na base de dados, o tempo de duração da pena de prisão concretamente aplicada ou da duração da medida de segurança:

a) Acrescido de 5 anos, quando a pena tiver sido inferior a 5 anos;

b) Acrescido de 7 anos, quando a pena se situe entre 5 e 8 anos;

c) Acrescido de 10 anos, quando a pena seja superior a 8 anos;

d) Acrescido de 23 anos, no caso de condenação por crime previsto no capítulo V do título I do livro II do Código Penal, aprovado pelo Decreto-Lei nº 400/82, de 23 de Setembro;

e) Acrescido de 5, 7, 10 ou 23 anos se a duração da medida de segurança tiver sido inferior a 5 anos, entre 5 e 8 anos, superior a 8 anos ou se a medida de segurança tiver sido aplicada por crime previsto no capítulo V do título I do livro II do Código Penal, aprovado pelo Decreto-Lei nº 400/82, de 23 de Setembro, respectivamente.

4 – Nos casos a que se reporta o número anterior, se ocorrer nova condenação em medida de segurança ou por crime doloso com pena concreta de prisão igual ou superior a 3 anos, ainda que tenham sido substituídas, que possa implicar actualização da data de eliminação do perfil no ficheiro de dados pessoais, esta tem lugar após o trânsito em julgado da nova condenação.

5 – Caso se verifique alguma das causas de extinção da pena ou da cessação da sua execução previstas no artigo 128º do Código Penal, aprovado pelo Decreto-Lei nº 400/82, de 23 de Setembro, é actualizada a data de eliminação do perfil no ficheiro de dados pessoais, oficiosamente ou mediante requerimento escrito do titular ou, no caso de morte deste, de qualquer interessado.

6 – Quando integrados no ficheiro previsto na alínea f) do nº 1 do artigo 15º, os perfis de ADN e os correspondentes dados pessoais são eliminados 20 anos após a cessação de funções, oficiosamente ou mediante requerimento escrito.

7 – Quando integrados no ficheiro previsto na alínea g) do nº 1 do artigo 15º, os perfis de ADN e os correspondentes dados pessoais são eliminados no termo do processo criminal, mediante despacho do magistrado competente, ou, oficiosamente, no fim do prazo máximo de prescrição do procedimento criminal, previsto no Código Penal, aprovado pelo Decreto-Lei nº 400/82, de 23 de Setembro.

8 – Ressalva-se do disposto no número anterior, o caso de o termo do processo criminal conduzir a uma condenação por crime doloso, com trânsito em julgado, em pena igual ou superior a 3 anos de prisão, em que o perfil de ADN e os respectivos dados pessoais, actualizados, transitam para o ficheiro relativo a pessoas condenadas previsto na alínea e) do nº 1 do artigo 15º, mediante despacho judicial, que pode determinar ser necessária nova recolha de amostra, oficiosamente ou a requerimento escrito, nos termos do nº 7 do artigo 8º

9 – No caso de revogação do consentimento por parte de voluntário, nos termos da alínea a) do nº 1, os perfis são imediatamente eliminados pelo INMLCF, I. P., a requerimento escrito do titular dos dados, excepto se o titular não tiver feito a declaração a que se refere o nº 4 do artigo 6º, caso em que a revogação do consentimento apenas produz efeitos decorridos seis meses, sendo os perfis eliminados no termo deste prazo.

SECÇÃO IV – Segurança da base de dados

Artigo 27º – Segurança da informação

1 – À base de dados devem ser conferidas as garantias de segurança necessárias a impedir a consulta, a modificação, a supressão, o adicionamento, a destruição ou a comunicação de dados por forma não consentida pela presente lei.

2 – São objecto de controlo, tendo em vista a segurança da informação:

a) Os suportes de dados e o respectivo transporte, a fim de impedir que possam ser lidos, divulgados, copiados, alterados ou eliminados por qualquer pessoa ou por forma não autorizada;

b) A inserção de dados, a fim de impedir a introdução, bem como qualquer tomada de conhecimento, divulgação, alteração ou eliminação não autorizada de dados pessoais;

c) Os sistemas de tratamento de dados, para impedir que possam ser utilizados por pessoas não autorizadas, através de instalações de transmissão de dados;

d) O acesso aos dados, para que as pessoas autorizadas só possam ter acesso aos dados que interessem ao exercício das suas atribuições legais;

e) A transmissão dos dados, para garantir que a sua utilização seja limitada às entidades autorizadas;

f) A introdução de dados pessoais nos sistemas de tratamento, de forma a verificar-se que dados foram introduzidos, quando e por quem.

3 – Para manter as condições de segurança e fidelidade na conservação e tratamento dos dados, o exercício das funções de técnico de recolha e análise de amostras de ADN, bem como outra função equiparada que envolva o contacto directo com os suportes de dados genéticos, está sujeito ao disposto na alínea b) do nº 1 do artigo 18º

Artigo 28º – Dever de segredo

1 – A comunicação ou a revelação dos dados pessoais, bem como dos perfis de ADN, mesmo que não identificados, registados na base de dados, só pode ser efectuada nos termos previstos na presente lei e no estrito cumprimento das normas constantes da Lei da Protecção de Dados Pessoais.

2 – Os responsáveis pelo processo relativo à colheita de amostras e à obtenção do perfil, bem como pela inserção, comunicação, interconexão e acesso aos ficheiros que contêm os perfis de ADN ou dados pessoais, ficam obrigados a sigilo profissional, mesmo após o termo das suas funções.

3 – Igual obrigação recai sobre os membros do conselho de fiscalização, mesmo após o termo do mandato.

CAPÍTULO IV – Conselho de fiscalização da base de dados de perfis de ADN

Artigo 29º – Natureza e composição

1 – O controlo da base de dados de perfis de ADN é feito pelo conselho de fiscalização, designado pela Assembleia da República, sem prejuízo dos poderes de fiscalização deste órgão de soberania, nos termos constitucionais.

2 – O conselho de fiscalização é uma entidade administrativa independente, com poderes de autoridade, respondendo apenas perante a Assembleia da República.

3 – O conselho de fiscalização é composto por três cidadãos de reconhecida idoneidade e no pleno gozo dos seus direitos civis e políticos, sendo incompatível com o exercício da actividade de membro do conselho de fiscalização a qualidade de membro de outros conselhos ou comissões com funções de fiscalização ou controlo de natureza análoga.

4 – Os membros do conselho de fiscalização são designados pela Assembleia da República, segundo o método da média mais alta de Hondt, para um mandato de quatro anos.

5 – Os membros do conselho de fiscalização constam de uma lista publicada na 1ª série do Diário da República.

6 – Os membros do conselho de fiscalização tomam posse perante a Assembleia da República, nos 10 dias seguintes à publicação da lista referida no número anterior, podendo renunciar ao mandato mediante declaração escrita, a apresentar ao Presidente da Assembleia da República, a qual é publicada na 2ª série do Diário da República.

Artigo 30º – Competência e funcionamento

1 – O estatuto dos membros do conselho de fiscalização garante a independência do exercício das suas funções e consta de lei orgânica, a publicar no prazo de seis meses após a entrada em vigor da presente lei.

2 – O conselho de fiscalização exerce as competências definidas na Lei Orgânica referida no número anterior.

3 – Os membros do conselho de fiscalização auferem uma remuneração fixa a determinar mediante despacho conjunto dos membros do Governo responsáveis pelas áreas das finanças, da Administração Pública, da administração interna e da justiça, acumulável com qualquer outra remuneração, pública ou privada.

4 – O conselho de fiscalização tem sede em Coimbra, junto da sede da base de dados de perfis de ADN, sendo os meios humanos, administrativos, técnicos e logísticos para o funcionamento do mesmo facultados e assegurados pela Assembleia da República, através de dotação especial inscrita no seu orçamento.

CAPÍTULO V – Biobanco

Artigo 31º – Custódia das amostras

1 – As amostras devem ser conservadas em lugar seguro, sem possibilidade de identificação imediata da pessoa.

2 – As amostras são conservadas no INMLCF, I. P., ou no LPC, consoante os casos, sem prejuízo de o INMLCF, I. P., poder celebrar protocolos com outras entidades que garantam as condições de segurança e confidencialidade referidas no número anterior, ficando estas entidades sujeitas às regras e limitações da presente lei.

3 – Salvo o disposto no número anterior, as amostras não podem ser cedidas a outras entidades.

Artigo 32º – Finalidades do biobanco

Para efeitos da presente lei, a conservação das amostras visa apenas a realização de análises e contra-análises necessárias às finalidades de identificação civil e de investigação criminal.

Artigo 33º – Protecção das amostras

1 – A utilização das amostras para obtenção do perfil de ADN é apenas permitida às entidades referidas no artigo 5º

2 – As entidades responsáveis pelas amostras devem tomar as medidas adequadas para:

a) Impedir o acesso de pessoas não autorizadas às instalações;

b) Permitir o correcto e seguro armazenamento das amostras;

c) Permitir o seguro e correcto transporte das amostras para uma das instalações das entidades referidas no artigo 31º

3 – O acesso aos laboratórios, bem como ao local de armazenamento das amostras, deve ser restringido ao pessoal especializado, mediante identificação codificada e autorização prévia do responsável pelo serviço.

Artigo 34º – Destruição das amostras

1 – As amostras de voluntários e as amostras de pessoas condenadas, obtidas nos termos do nº 1 do artigo 6º e dos nºs 2 e 3 do artigo 8º, bem como as amostras obtidas de arguidos em processos pendentes, nos termos do nº 1 do artigo 8º, são destruídas imediatamente após a obtenção do perfil de ADN.

2 – As amostras referentes aos restantes ficheiros previstos no nº 1 do artigo 15º são destruídas nos prazos previstos no nº 1 do artigo 26º, sem prejuízo de a amostra relativa ao perfil transferido nos termos do nº 8 do artigo 26º ser imediatamente destruída, quando o paradeiro do arguido seja conhecido.

3 – As amostras são destruídas pela entidade que as tem à sua guarda, devendo o INMLCF, I. P., assegurar-se da destruição das amostras que se encontrem em entidade protocolada.

4 – Se o conselho de fiscalização, no exercício da sua actividade, tiver conhecimento de que o INMLCF, I. P., ou o LPC não estão a cumprir o estabelecido na lei quanto à destruição das amostras, notifica o INMLCF, I. P., ou o LPC para o fazer no prazo de 30 dias.

CAPÍTULO VI – Disposições sancionatórias

Artigo 35º – Violação do dever de segredo

Quem, obrigado a dever de segredo, nos termos do artigo 28º, revelar ou divulgar, no todo ou em parte, informação constante da base de dados de perfis de ADN é punido nos termos gerais previstos no Código Penal, aprovado pelo Decreto-Lei nº 400/82, de 23 de Setembro, e na Lei da Protecção de Dados Pessoais.

Artigo 36º – Violação de normas relativas a dados pessoais

A violação das normas relativas à protecção de dados pessoais é punida nos termos dos artigos 35º e seguintes e 43º e seguintes da Lei da Protecção de Dados Pessoais.

CAPÍTULO VII – Fiscalização e controlo

Artigo 37º – Fiscalização

À CNPD cumpre verificar as condições de funcionamento da base de dados, bem como as condições de armazenamento das amostras, para certificação do cumprimento das disposições relativas à protecção de dados pessoais.

Artigo 38º – Decisões individuais automatizadas

Em caso algum é permitida uma decisão que produza efeitos na esfera jurídica de uma pessoa ou que a afecte de modo significativo, tomada exclusivamente com base no tratamento de dados pessoais ou de perfis de ADN.

CAPÍTULO VIII – Disposições finais e transitórias

Artigo 39º – Regulamento de funcionamento da base de dados de perfis de ADN

O regulamento de funcionamento da base de dados de perfis de ADN é aprovado pelo conselho médico-legal do INMLCF, I. P., no prazo de seis meses após a publicação da presente lei.

Artigo 40º – Acreditação

O LPC e o INMLCF, I. P., bem como os laboratórios previstos no nº 2 do artigo 5º, devem adoptar as condições necessárias para o preenchimento dos requisitos internacionalmente fixados para acreditação da área laboratorial de análise de ADN dos respectivos laboratórios, em sede de validação de análises, controlo de procedimentos, padronização de metodologias e certificação de equipamentos.

Artigo 41º – Entrada em vigor

A presente lei entra em vigor 30 dias após a publicação.

10. Lei nº 32/2008, de 17 de Julho – Conservação de Dados Gerados ou Tratados no contexto oferta de Serviços de Comunicações Electrónicas

Transpõe para a ordem jurídica interna a Directiva nº 2006/24/CE, do Parlamento Europeu e do Conselho, de 15 de Março, relativa à conservação de dados gerados ou tratados no contexto da oferta de serviços de comunicações electrónicas publicamente disponíveis ou de redes públicas de comunicações.

A Assembleia da República decreta, nos termos da alínea c) do artigo 161º da Constituição, o seguinte:

Artigo 1º – Objecto

1 – A presente lei regula a conservação e a transmissão dos dados de tráfego e de localização relativos a pessoas singulares e a pessoas colectivas, bem como dos dados conexos necessários para identificar o assinante ou o utilizador registado, para fins de investigação, detecção e repressão de crimes graves por parte das autoridades competentes, transpondo para a ordem jurídica interna a Directiva nº 2006/24/CE, do Parlamento Europeu e do Conselho, de 15 de Março, relativa à conservação de dados gerados ou tratados no contexto da oferta de serviços de comunicações electrónicas publicamente disponíveis ou de redes públicas de comunicações, e que altera a Directiva nº 2002/58/CE, do Parlamento Europeu e do Conselho, de 12 de Junho, relativa ao tratamento de dados pessoais e à protecção da privacidade no sector das comunicações electrónicas.

2 – A conservação de dados que revelem o conteúdo das comunicações é proibida, sem prejuízo do disposto na Lei nº 41/2004, de 18 de Agosto, e na legislação processual penal relativamente à intercepção e gravação de comunicações.

Artigo 2º – Definições

1 – Para efeitos da presente lei, entende-se por:

a) «Dados», os dados de tráfego e os dados de localização, bem como os dados conexos necessários para identificar o assinante ou o utilizador;

b) «Serviço telefónico», qualquer dos seguintes serviços:

i) Os serviços de chamada, incluindo as chamadas vocais, o correio vocal, a teleconferência ou a transmissão de dados;

ii) Os serviços suplementares, incluindo o reencaminhamento e a transferência de chamadas; e

iii) Os serviços de mensagens e multimédia, incluindo os serviços de mensagens curtas (SMS), os serviços de mensagens melhoradas (EMS) e os serviços multimédia (MMS);

c) «Código de identificação do utilizador» («user ID»), um código único atribuído às pessoas, quando estas se tornam assinantes ou se inscrevem num serviço de acesso à Internet, ou num serviço de comunicação pela Internet;

d) «Identificador de célula» («cell ID»), a identificação da célula de origem e de destino de uma chamada telefónica numa rede móvel;

e) «Chamada telefónica falhada», uma comunicação em que a ligação telefónica foi estabelecida, mas que não obteve resposta, ou em que houve uma intervenção do gestor da rede;

f) «Autoridades competentes», as autoridades judiciárias e as autoridades de polícia criminal das seguintes entidades:

i) A Polícia Judiciária;

ii) A Guarda Nacional Republicana;

iii) A Polícia de Segurança Pública;

iv) A Polícia Judiciária Militar;

v) O Serviço de Estrangeiros e Fronteiras;

vi) A Polícia Marítima;

g) «Crime grave», crimes de terrorismo, criminalidade violenta, criminalidade altamente organizada, sequestro, rapto e tomada de reféns, crimes contra a identidade cultural e integridade pessoal, contra a segurança do Estado, falsificação de moeda ou títulos equiparados a moeda e crimes abrangidos por convenção sobre segurança da navegação aérea ou marítima.

2 – Para efeitos da presente lei, são aplicáveis, sem prejuízo do disposto no número anterior, as definições constantes das Leis nºs 67/98, de 26 de Outubro, e 41/2004, de 18 de Agosto.

Artigo 3º – Finalidade do tratamento

1 – A conservação e a transmissão dos dados têm por finalidade exclusiva a investigação, detecção e repressão de crimes graves por parte das autoridades competentes.

2 – A transmissão dos dados às autoridades competentes só pode ser ordenada ou autorizada por despacho fundamentado do juiz, nos termos do artigo 9º

3 – Os ficheiros destinados à conservação de dados no âmbito da presente lei têm que, obrigatoriamente, estar separados de quaisquer outros ficheiros para outros fins.

4 – O titular dos dados não pode opor-se à respectiva conservação e transmissão.

Jurisprudência

Artigo 4º – Categorias de dados a conservar

1 – Os fornecedores de serviços de comunicações electrónicas publicamente disponíveis ou de uma rede pública de comunicações devem conservar as seguintes categorias de dados:

a) Dados necessários para encontrar e identificar a fonte de uma comunicação;

b) Dados necessários para encontrar e identificar o destino de uma comunicação;

c) Dados necessários para identificar a data, a hora e a duração de uma comunicação;

d) Dados necessários para identificar o tipo de comunicação;

e) Dados necessários para identificar o equipamento de telecomunicações dos utilizadores, ou o que se considera ser o seu equipamento;

f) Dados necessários para identificar a localização do equipamento de comunicação móvel.

2 – Para os efeitos do disposto na alínea a) do número anterior, os dados necessários para encontrar e identificar a fonte de uma comunicação são os seguintes:

a) No que diz respeito às comunicações telefónicas nas redes fixa e móvel:

i) O número de telefone de origem;

ii) O nome e endereço do assinante ou do utilizador registado;

b) No que diz respeito ao acesso à Internet, ao correio electrónico através da Internet e às comunicações telefónicas através da Internet:

i) Os códigos de identificação atribuídos ao utilizador;

ii) O código de identificação do utilizador e o número de telefone atribuídos a qualquer comunicação que entre na rede telefónica pública;

iii) O nome e o endereço do assinante ou do utilizador registado, a quem o endereço do protocolo IP, o código de identificação de utilizador ou o número de telefone estavam atribuídos no momento da comunicação.

3 – Para os efeitos do disposto na alínea b) do nº 1, os dados necessários para encontrar e identificar o destino de uma comunicação são os seguintes:

a) No que diz respeito às comunicações telefónicas nas redes fixa e móvel:

i) Os números marcados e, em casos que envolvam serviços suplementares, como o reencaminhamento ou a transferência de chamadas, o número ou números para onde a chamada foi reencaminhada;

ii) O nome e o endereço do assinante, ou do utilizador registado;

b) No que diz respeito ao correio electrónico através da Internet e às comunicações telefónicas através da Internet:

i) O código de identificação do utilizador ou o número de telefone do destinatário pretendido, ou de uma comunicação telefónica através da Internet;

ii) Os nomes e os endereços dos subscritores, ou dos utilizadores registados, e o código de identificação de utilizador do destinatário pretendido da comunicação.

4 – Para os efeitos do disposto na alínea c) do nº 1, os dados necessários para identificar a data, a hora e a duração de uma comunicação são os seguintes:

a) No que diz respeito às comunicações telefónicas nas redes fixa e móvel, a data e a hora do início e do fim da comunicação;

b) No que diz respeito ao acesso à Internet, ao correio electrónico através da Internet e às comunicações telefónicas através da Internet:

i) A data e a hora do início (log in) e do fim (log off) da ligação ao serviço de acesso à Internet com base em determinado fuso horário, juntamente com o endereço do protocolo IP, dinâmico ou estático, atribuído pelo fornecedor do serviço de acesso à Internet a uma comunicação, bem como o código de identificação de utilizador do subscritor ou do utilizador registado;

ii) A data e a hora do início e do fim da ligação ao serviço de correio electrónico através da Internet ou de comunicações através da Internet, com base em determinado fuso horário.

5 – Para os efeitos do disposto na alínea d) do nº 1, os dados necessários para identificar o tipo de comunicação são os seguintes:

a) No que diz respeito às comunicações telefónicas nas redes fixa e móvel, o serviço telefónico utilizado;

b) No que diz respeito ao correio electrónico através da Internet e às comunicações telefónicas através da Internet, o serviço de Internet utilizado.

6 – Para os efeitos do disposto na alínea e) do nº 1, os dados necessários para identificar o equipamento de telecomunicações dos utilizadores, ou o que se considera ser o seu equipamento, são os seguintes:

a) No que diz respeito às comunicações telefónicas na rede fixa, os números de telefone de origem e de destino;

b) No que diz respeito às comunicações telefónicas na rede móvel:

i) Os números de telefone de origem e de destino;

ii) A Identidade Internacional de Assinante Móvel (International Mobile Subscriber Identity, ou IMSI) de quem telefona;

iii) A Identidade Internacional do Equipamento Móvel (International Mobile Equipment Identity, ou IMEI) de quem telefona;

iv) A IMSI do destinatário do telefonema;

v) A IMEI do destinatário do telefonema;

vi) No caso dos serviços pré-pagos de carácter anónimo, a data e a hora da activação inicial do serviço e o identificador da célula a partir da qual o serviço foi activado;

c) No que diz respeito ao acesso à Internet, ao correio electrónico através da Internet e às comunicações telefónicas através da Internet:

i) O número de telefone que solicita o acesso por linha telefónica;

ii) A linha de assinante digital (digital subscriber line, ou DSL), ou qualquer outro identificador terminal do autor da comunicação.

7 – Para os efeitos do disposto na alínea f) do nº 1, os dados necessários para identificar a localização do equipamento de comunicação móvel são os seguintes:

a) O identificador da célula no início da comunicação;

b) Os dados que identifiquem a situação geográfica das células, tomando como referência os respectivos identificadores de célula durante o período em que se procede à conservação de dados.

Artigo 5º – Âmbito da obrigação de conservação dos dados

1 – Os dados telefónicos e da Internet relativos a chamadas telefónicas falhadas devem ser conservados quando sejam gerados ou tratados e armazenados pelas entidades referidas no nº 1 do artigo 4º, no contexto da oferta de serviços de comunicação.

2 – Os dados relativos a chamadas não estabelecidas não são conservados.

Artigo 6º – Período de conservação

As entidades referidas no nº 1 do artigo 4º devem conservar os dados previstos no mesmo artigo pelo período de um ano a contar da data da conclusão da comunicação.

Artigo 7º – Protecção e segurança dos dados

1 – As entidades referidas no nº 1 do artigo 4º devem:

a) Conservar os dados referentes às categorias previstas no artigo 4º por forma a que possam ser transmitidos imediatamente, mediante despacho fundamentado do juiz, às autoridades competentes;

b) Garantir que os dados conservados sejam da mesma qualidade e estejam sujeitos à mesma protecção e segurança que os dados na rede;

c) Tomar as medidas técnicas e organizativas adequadas à protecção dos dados previstos no artigo 4º contra a destruição acidental ou ilícita, a perda ou a alteração acidental e o armazenamento, tratamento, acesso ou divulgação não autorizado ou ilícito;

d) Tomar as medidas técnicas e organizativas adequadas para garantir que apenas pessoas especialmente autorizadas tenham acesso aos dados referentes às categorias previstas no artigo 4º;

e) Destruir os dados no final do período de conservação, excepto os dados que tenham sido preservados por ordem do juiz;

f) Destruir os dados que tenham sido preservados, quando tal lhe seja determinado por ordem do juiz.

2 – Os dados referentes às categorias previstas no artigo 4º, com excepção dos dados relativos ao nome e endereço dos assinantes, devem permanecer bloqueados desde o início da sua conservação, só sendo alvo de desbloqueio para efeitos de transmissão, nos termos da presente lei, às autoridades competentes.

3 – A transmissão dos dados referentes às categorias previstas no artigo 4º processa-se mediante comunicação electrónica, nos termos das condições técnicas e de segurança fixadas em portaria conjunta dos membros do Governo responsáveis pelas áreas da administração interna, da justiça e das comunicações, que devem observar um grau de codificação e protecção o mais elevado possível, de acordo com o estado da técnica ao momento da transmissão, incluindo métodos de codificação, encriptação ou outros adequados.

4 – O disposto nos números anteriores não prejudica a observação dos princípios nem o cumprimento das regras relativos à qualidade e à salvaguarda da confidencialidade e da segurança dos dados, previstos nas Leis nºs 67/98, de 26 de Outubro, e 41/2004, de 18 de Agosto.

5 – A autoridade pública competente para o controlo da aplicação do disposto no presente artigo é a Comissão Nacional de Protecção de Dados (CNPD).

Artigo 8º – Registo de pessoas especialmente autorizadas

1 – A CNPD deve manter um registo electrónico permanentemente actualizado das pessoas especialmente autorizadas a aceder aos dados, nos termos da alínea d) do nº 1 do artigo anterior.

2 – Para os efeitos previstos no número anterior, os fornecedores de serviços de comunicações electrónicas ou de uma rede pública de comunicações devem remeter à CNPD, por via exclusivamente electrónica, os dados necessários à identificação das pessoas especialmente autorizadas a aceder aos dados.

Artigo 9º – Transmissão dos dados

1 – A transmissão dos dados referentes às categorias previstas no artigo 4º só pode ser autorizada, por despacho fundamentado do juiz de instrução, se

houver razões para crer que a diligência é indispensável para a descoberta da verdade ou que a prova seria, de outra forma, impossível ou muito difícil de obter no âmbito da investigação, detecção e repressão de crimes graves.

2 – A autorização prevista no número anterior só pode ser requerida pelo Ministério Público ou pela autoridade de polícia criminal competente.

3 – Só pode ser autorizada a transmissão de dados relativos:

a) Ao suspeito ou arguido;

b) A pessoa que sirva de intermediário, relativamente à qual haja fundadas razões para crer que recebe ou transmite mensagens destinadas ou provenientes de suspeito ou arguido; ou

c) A vítima de crime, mediante o respectivo consentimento, efectivo ou presumido.

4 – A decisão judicial de transmitir os dados deve respeitar os princípios da adequação, necessidade e proporcionalidade, designadamente no que se refere à definição das categorias de dados a transmitir e das autoridades competentes com acesso aos dados e à protecção do segredo profissional, nos termos legalmente previstos.

5 – O disposto nos números anteriores não prejudica a obtenção de dados sobre a localização celular necessários para afastar perigo para a vida ou de ofensa à integridade física grave, nos termos do artigo 252º-A do Código de Processo Penal.

6 – As entidades referidas no nº 1 do artigo 4º devem elaborar registos da extracção dos dados transmitidos às autoridades competentes e enviá-los trimestralmente à CNPD.

Artigo 10º – Condições técnicas da transmissão dos dados

A transmissão dos dados referentes às categorias previstas no artigo 4º processa-se mediante comunicação electrónica, nos termos das condições técnicas e de segurança previstas no nº 3 do artigo 7º

Artigo 11º – Destruição dos dados

1 – O juiz determina, oficiosamente ou a requerimento de qualquer interessado, a destruição dos dados na posse das autoridades competentes, bem como dos dados preservados pelas entidades referidas no nº 1 do artigo 4º, logo que os mesmos deixem de ser estritamente necessários para os fins a que se destinam.

2 – Considera-se que os dados deixam de ser estritamente necessários para o fim a que se destinam logo que ocorra uma das seguintes circunstâncias:

a) Arquivamento definitivo do processo penal;

b) Absolvição, transitada em julgado;

c) Condenação, transitada em julgado;

d) Prescrição do procedimento penal;

e) Amnistia.

Artigo 12º – Contra-ordenações

1 – Sem prejuízo da responsabilidade criminal a que haja lugar nos termos da lei, constitui contra-ordenação:

a) A não conservação das categorias dos dados previstas no artigo 4º;

b) O incumprimento do prazo de conservação previsto no artigo 6º;

c) A não transmissão dos dados às autoridades competentes, quando autorizada nos termos do disposto no artigo 9º;

d) O não envio dos dados necessários à identificação das pessoas especialmente autorizadas, nos termos do nº 2 do artigo 8º

2 – As contra-ordenações previstas no número anterior são puníveis com coimas de € 1500 a (€ 50 000 ou de € 5000 a € 10 000 000 consoante o agente seja uma pessoa singular ou colectiva.

3 – A tentativa e a negligência são puníveis.

Artigo 13º – Crimes

1 – Constituem crime, punido com pena de prisão até dois anos ou multa até 240 dias:

a) O incumprimento de qualquer das regras relativas à protecção e à segurança dos dados previstas no artigo 7º;

b) O não bloqueio dos dados, nos termos previstos no nº 2 do artigo 7º;

c) O acesso aos dados por pessoa não especialmente autorizada nos termos do nº 1 do artigo 8º

2 – A pena é agravada para o dobro dos seus limites quando o crime:

a) For cometido através de violação de regras técnicas de segurança;

b) Tiver possibilitado ao agente ou a terceiros o conhecimento de dados pessoais; ou

c) Tiver proporcionado ao agente ou a terceiros benefício ou vantagem patrimonial.

3 – A tentativa e a negligência são puníveis.

Artigo 14º – Processos de contra-ordenação e aplicação das coimas

1 – Compete à CNPD a instrução dos processos de contra-ordenação e a respectiva aplicação de coimas relativas às condutas previstas no artigo anterior.

2 – O montante das importâncias cobradas em resultado da aplicação das coimas é distribuído da seguinte forma:

a) 60% para o Estado;

b) 40% para a CNPD.

Artigo 15º – Aplicabilidade dos regimes sancionatórios previstos nas Leis nºs 67/98, de 26 de Outubro, e 41/2004, de 18 de Agosto

O disposto nos artigos 12º a 14º não prejudica a aplicação do disposto no capítulo vi da Lei nº 67/98, de 26 de Outubro, e no capítulo iii da Lei nº 41/2004, de 18 de Agosto.

Artigo 16º – Estatísticas para informação anual à Comissão das Comunidades Europeias

1 – A CNPD transmite anualmente à Comissão das Comunidades Europeias as estatísticas sobre a conservação dos dados gerados ou tratados no contexto da oferta de serviços de comunicações electrónicas publicamente disponíveis ou de uma rede pública de comunicações.

2 – Tendo em vista o cumprimento do disposto no número anterior, as entidades referidas no nº 1 do artigo 4º devem, até 1 de Março de cada ano, remeter à CNPD as seguintes informações, relativas ao ano civil anterior:

a) O número de casos em que foram transmitidas informações às autoridades nacionais competentes;

b) O período de tempo decorrido entre a data a partir da qual os dados foram conservados e a data em que as autoridades competentes solicitaram a sua transmissão; e

c) O número de casos em que as solicitações das autoridades não puderam ser satisfeitas.

3 – As informações previstas no número anterior não podem conter quaisquer dados pessoais.

Artigo 17º – Avaliação

No fim de cada período de dois anos a CNPD, em colaboração com o Instituto das Comunicações de Portugal - Autoridade Nacional de Comunicações (ICP-ANACOM), procede a uma avaliação de todos os procedimentos previstos na presente lei e elabora um relatório detalhado, o qual pode incluir recomendações, cujo conteúdo deve ser transmitido à Assembleia da República e ao Governo.

Artigo 18º – Produção de efeitos

A presente lei produz efeitos 90 dias após a publicação da portaria a que se refere o nº 3 do artigo 7º

Aprovada em 23 de Maio de 2008.

O Presidente da Assembleia da República, *Jaime Gama.*

Promulgada em 1 de Julho de 2008.

Publique-se.

O Presidente da República, ANÍBAL CAVACO SILVA.

Referendada em 2 de Julho de 2008.

O Primeiro-Ministro, *José Sócrates Carvalho Pinto de Sousa.*

11. DL nº 7/2004, de 7 de Janeiro – Comércio Electrónico no Mercado Interno e Tratamento de Dados (na redacção dada pela Lei nº 40/2020, de 18 de Agosto)

No uso da autorização legislativa concedida pela Lei nº 7/2003, de 9 de Maio, transpõe para a ordem jurídica nacional a Directiva nº 2000/31/CE, do Parlamento Europeu e do Conselho, de 8 de Junho de 2000, relativa a certos aspectos legais dos serviços da sociedade de informação, em especial do comércio electrónico, no mercado interno

Decreto-Lei nº 7/2004, de 7 de Janeiro

1 – O presente diploma destina-se fundamentalmente a realizar a transposição da Directiva nº 2000/31/CE, do Parlamento Europeu e do Conselho, de 8 de Junho de 2000.

A directiva sobre comércio electrónico, não obstante a designação, não regula todo o comércio electrónico: deixa amplas zonas em aberto ou porque fazem parte do conteúdo de outras directivas ou porque não foram consideradas suficientemente consolidadas para uma harmonização comunitária ou, ainda, porque não carecem desta. Por outro lado, versa sobre matérias como a contratação electrónica, que só tem sentido regular como matéria de direito comum e não apenas comercial.

Na tarefa de transposição, optou-se por afastar soluções mais amplas e ambiciosas para a regulação do sector em causa, tendo-se adoptado um diploma cujo âmbito é fundamentalmente o da directiva. Mesmo assim, aproveitou-se a oportunidade para, lateralmente, versar alguns pontos carecidos de regulação na ordem jurídica portuguesa que não estão contemplados na directiva.

A transposição apresenta a dificuldade de conciliar categorias neutras próprias de uma directiva, que é um concentrado de sistemas jurídicos diferenciados, com os quadros vigentes na nossa ordem jurídica. Levou-se tão longe quanto possível a conciliação da fidelidade à directiva com a integração nas categorias portuguesas para tornar a disciplina introduzida compreensível para os seus destinatários. Assim, a própria sistemática da directiva é alterada e os conceitos são vertidos, sempre que possível, nos quadros correspondentes do direito português.

2 – A directiva pressupõe o que é já conteúdo de directivas anteriores. Particularmente importante é a directiva sobre contratos à distância, já transposta para a lei portuguesa pelo Decreto-Lei nº 143/2001, de 26 de Abril. Parece elucidativo declarar expressamente o carácter subsidiário do diploma de transposição respectivo. O mesmo haverá que dizer da directiva sobre a comercialização à distância de serviços financeiros, que está em trabalhos de transposição.

Uma das finalidades principais da directiva é assegurar a liberdade de estabelecimento e de exercício da prestação de serviços da sociedade da informação na União Europeia, embora com as limitações que se assinalam. O esquema adoptado consiste na subordinação dos prestadores de serviços à ordenação do Estado membro em que se encontram estabelecidos. Assim se fez, procurando esclarecer quanto possíveis conceitos expressos em linguagem generalizada mas pouco precisa como «serviço da sociedade da informação». Este é entendido como um serviço prestado a distância por via electrónica, no âmbito de uma actividade económica, na sequência de pedido individual do destinatário – o que exclui a radiodifusão sonora ou televisiva.

O considerando 57) da Directiva nº 2000/31/CE recorda que «o Tribunal de Justiça tem sustentado de modo constante que um Estado membro mantém o direito de tomar medidas contra um prestador de serviços estabelecido noutro Estado membro, mas que dirige toda ou a maior parte das suas actividades para o território do primeiro Estado membro, se a escolha do estabelecimento foi feita no intuito de iludir a legislação que se aplicaria ao prestador caso este se tivesse estabelecido no território desse primeiro Estado membro».

3 – Outro grande objectivo da directiva consiste em determinar o regime de responsabilidade dos prestadores intermediários de serviços. Mais precisamente, visa-se estabelecer as condições de irresponsabilidade destes prestadores face à eventual ilicitude das mensagens que disponibilizam.

Há que partir da declaração da ausência de um dever geral de vigilância do prestador intermediário de serviços sobre as informações que transmite ou armazena ou a que faculte o acesso. Procede-se também ao enunciado dos deveres comuns a todos os prestadores intermediários de serviços.

Segue-se o traçado do regime de responsabilidade específico das actividades que a própria directiva enuncia: simples transporte, armazenagem intermediária e armazenagem principal. Aproveitou-se a oportunidade para prever já a situação dos prestadores intermediários de serviços de associação de conteúdos (como os instrumentos de busca e as hiperconexões), que é assimilada à dos prestadores de serviços de armazenagem principal.

Introduz-se um esquema de resolução provisória de litígios que surjam quanto à licitude de conteúdos disponíveis em rede, dada a extrema urgência que pode haver numa composição prima facie. Confia-se essa função à entidade de supervisão respectiva, sem prejuízo da solução definitiva do litígio, que só poderá ser judicial.

4 – A directiva regula também o que se designa como comunicações comerciais. Parece preferível falar de «comunicações publicitárias em rede», uma vez que é sempre e só a publicidade que está em causa.

Aqui surge a problemática das comunicações não solicitadas, que a directiva deixa em grande medida em aberto. Teve-se em conta a circunstância de entretanto ter sido aprovada a Directiva nº 2002/58/CE, do Parlamento Europeu e do Conselho, de 12 de Julho de 2002, relativa ao tratamento de dados pessoais e à protecção da privacidade no sector das comunicações electrónicas (directiva relativa à privacidade e às comunicações electrónicas), que aguarda transposição. O artigo 13º desta respeita a comunicações não solicitadas, estabelecendo que as comunicações para fins de marketing directo apenas podem ser autorizadas em relação a destinatários que tenham dado o seu consentimento prévio. O sistema que se consagra inspira-se no aí estabelecido. Nessa medida este diploma também representa a transposição parcial dessa directiva no que respeita ao artigo 13º (comunicações não solicitadas).

5 – A contratação electrónica representa o tema de maior delicadeza desta directiva. Esclarece-se expressamente que o preceituado abrange todo o tipo de contratos, sejam ou não qualificáveis como comerciais.

O princípio instaurado é o da liberdade de recurso à via electrónica, para que a lei não levante obstáculos, com as excepções que se apontam. Para isso haverá que afastar o que se oponha a essa celebração. Particularmente importante se apresentava a exigência de forma escrita. Retoma-se a fórmula já acolhida no artigo 4º do Código dos Valores Mobiliários que é ampla e independente de considerações técnicas: as declarações emitidas por via electrónica satisfazem as exigências legais de forma escrita quando oferecem as mesmas garantias de fidedignidade, inteligibilidade e conservação.

Outro ponto muito sensível é o do momento da conclusão do contrato. A directiva não o versa, porque não se propõe harmonizar o direito civil. Os Estados membros têm tomado as posições mais diversas. Particularmente, está em causa o significado do aviso de recepção da encomenda, que pode tomar-se como aceitação ou não.

Adopta-se esta última posição, que é maioritária, pois o aviso de recepção destina-se a assegurar a efectividade da comunicação electrónica, apenas, e não a exprimir uma posição negocial. Mas esclarece-se também que a oferta de produtos ou serviços em linha representa proposta contratual ou convite a contratar, consoante contiver ou não todos os elementos necessários para que o contrato fique concluído com a aceitação.

Procura também regular-se a chamada contratação entre computadores, portanto a contratação inteiramente automatizada, sem intervenção humana. Estabelece-se que se regula pelas regras comuns enquanto estas não pressupuserem justamente a actuação (humana). Esclarece-se também em que moldes são aplicáveis nesse caso as disposições sobre erro.

6 – Perante a previsão na directiva do funcionamento de mecanismos de resolução extrajudicial de litígios, inclusive através dos meios electrónicos adequados, houve que encontrar uma forma apropriada de transposição deste princípio.

As muitas funções atribuídas a entidades públicas aconselham a previsão de entidades de supervisão. Quando a competência não couber a entidades especiais, funciona uma entidade de supervisão central: essa função é desempenhada pela ICP-ANACOM. As entidades de supervisão têm funções no domínio da instrução dos processos contra-ordenacionais, que se prevêem, e da aplicação das coimas respectivas.

O montante das coimas é fixado entre molduras muito amplas, de modo a serem dissuasoras, mas, simultaneamente, se adequarem à grande variedade de situações que se podem configurar.

Às contra-ordenações podem estar associadas sanções acessórias; mas as sanções acessórias mais graves terão necessariamente de ser confirmadas em juízo, por iniciativa oficiosa da própria entidade de supervisão.

Prevêem-se providências provisórias, a aplicar pela entidade de supervisão competente, e que esta pode instaurar, modificar e levantar a todo o momento.

Enfim, é ainda objectivo deste diploma permitir o recurso a meios de solução extrajudicial de litígios para os conflitos surgidos neste domínio, sem que a legislação geral traga impedimentos, nomeadamente à solução destes litígios por via electrónica.

Foi ouvida a Comissão Nacional de Protecção de Dados, o ICP – Autoridade Nacional de Comunicações, o Banco de Portugal, a Comissão de Mercado de Valores Mobiliários, o Instituto de Seguros de Portugal, a Unidade de Missão Inovação e Conhecimento, o Instituto do Consumidor, a Associação Portuguesa para a Defesa dos Consumidores, a Associação Fonográfica Portuguesa e a Sociedade Portuguesa de Autores.

Assim:

No uso da autorização legislativa concedida pelo artigo 1º da Lei nº 7/2003, de 9 de Maio, e nos termos das alíneas a) e b) do nº 1 do artigo 198º da Constituição, o Governo decreta o seguinte:

CAPÍTULO I – Objecto e âmbito

Artigo 1º – Objecto

O presente diploma transpõe para a ordem jurídica interna a Directiva nº 2000/31/CE, do Parlamento Europeu e do Conselho, de 8 de Junho de 2000, relativa a certos aspectos legais dos serviços da sociedade de informação, em especial do comércio electrónico, no mercado interno (Directiva sobre Comércio Electrónico) bem como o artigo 13º da Directiva nº 2002/58/CE, de 12 de Julho de 2002, relativa ao tratamento de dados pessoais e a protecção da privacidade no sector das comunicações electrónicas (Directiva relativa à Privacidade e às Comunicações Electrónicas).

Artigo 2º – Âmbito

1 – Estão fora do âmbito do presente diploma:

a) A matéria fiscal;

b) A disciplina da concorrência;

c) O regime do tratamento de dados pessoais e da protecção da privacidade;

d) O patrocínio judiciário;

e) Os jogos de fortuna, incluindo lotarias e apostas, em que é feita uma aposta em dinheiro;

f) A actividade notarial ou equiparadas, enquanto caracterizadas pela fé pública ou por outras manifestações de poderes públicos.

2 – O presente diploma não afecta as medidas tomadas a nível comunitário ou nacional na observância do direito comunitário para fomentar a diversidade cultural e linguística e para assegurar o pluralismo.

CAPÍTULO II – Prestadores de serviços da sociedade da informação

Artigo 3º – Princípio da liberdade de exercício

1 – Entende-se por «serviço da sociedade da informação» qualquer serviço prestado a distância por via electrónica, mediante remuneração ou pelo menos no âmbito de uma actividade económica na sequência de pedido individual do destinatário.

2 – Não são serviços da sociedade da informação os enumerados no anexo ao Decreto-Lei nº 58/2000, de 18 de Abril, salvo no que respeita aos serviços contemplados nas alíneas c), d) e e) do nº 1 daquele anexo.

3 – A actividade de prestador de serviços da sociedade da informação não depende de autorização prévia.

4 – Exceptua-se o disposto no domínio das telecomunicações, bem como todo o regime de autorização que não vise especial e exclusivamente os serviços da sociedade da informação.

5 – O disposto no presente diploma não exclui a aplicação da legislação vigente que com ele seja compatível, nomeadamente no que respeita ao regime dos contratos celebrados a distância e não prejudica o nível de protecção dos consumidores, incluindo investidores, resultante da restante legislação nacional.

Artigo 4º – Prestadores de serviços estabelecidos em Portugal

1 – Os prestadores de serviços da sociedade da informação estabelecidos em Portugal ficam integralmente sujeitos à lei portuguesa relativa à actividade que exercem, mesmo no que concerne a serviços da sociedade da informação prestados noutro país comunitário.

2 – Um prestador de serviços que exerça uma actividade económica no país mediante um estabelecimento efectivo considera-se estabelecido em Portugal seja qual for a localização da sua sede, não configurando a mera disponibilidade de meios técnicos adequados à prestação do serviço, só por si, um estabelecimento efectivo.

3 – O prestador estabelecido em vários locais considera-se estabelecido, para efeitos do nº 1, no local em que tenha o centro das suas actividades relacionadas com o serviço da sociedade da informação.

4 – Os prestadores intermediários de serviços em rede que pretendam exercer estavelmente a actividade em Portugal devem previamente proceder à inscrição junto da entidade de supervisão central.

5 – «Prestadores intermediários de serviços em rede» são os que prestam serviços técnicos para o acesso, disponibilização e utilização de informações ou serviços em linha independentes da geração da própria informação ou serviço.

Artigo 5º – Livre prestação de serviços

1 – Aos prestadores de serviços da sociedade da informação não estabelecidos em Portugal mas estabelecidos noutro Estado membro da União Europeia é aplicável, exclusivamente no que respeita a actividades em linha, a lei do lugar do estabelecimento:

a) Aos próprios prestadores, nomeadamente no que respeita a habilitações, autorizações e notificações, à identificação e à responsabilidade;

b) Ao exercício, nomeadamente no que respeita à qualidade e conteúdo dos serviços, à publicidade e aos contratos.

2 – É livre a prestação dos serviços referidos no número anterior, com as limitações constantes dos artigos seguintes.

3 – Os serviços de origem extracomunitária estão sujeitos à aplicação geral da lei portuguesa, ficando também sujeitos a este diploma em tudo o que não for justificado pela especificidade das relações intracomunitárias.

Artigo 6º – Exclusões

Estão fora do âmbito de aplicação dos artigos 4º, nº 1, e 5º, nº 1:

a) A propriedade intelectual, incluindo a protecção das bases de dados e das topografias dos produtos semicondutores;

b) A emissão de moeda electrónica, por efeito de derrogação prevista no nº 1 do artigo 8º da Directiva nº 2000/46/CE;

c) A publicidade realizada por um organismo de investimento colectivo em valores mobiliários, nos termos do nº 2 do artigo 44º da Directiva nº 85/611/CEE;

d) A actividade seguradora, quanto a seguros obrigatórios, alcance e condições da autorização da entidade seguradora e empresas em dificuldades ou em situação irregular;

e) A matéria disciplinada por legislação escolhida pelas partes no uso da autonomia privada;

f) Os contratos celebrados com consumidores, no que respeita às obrigações deles emergentes;

g) A validade dos contratos em função da observância de requisitos legais de forma, em contratos relativos a direitos reais sobre imóveis;

h) A permissibilidade do envio de mensagens publicitárias não solicitadas por correio electrónico.

Artigo 7º – Medidas restritivas

1 – Podem ser adoptadas medidas, incluindo providências concretas contra um prestador de serviços, restritivas à circulação de um determinado serviço da sociedade da informação proveniente de outro Estado membro da União Europeia na medida em que possa lesar ou ameaçar gravemente:

a) A saúde pública;

b) A segurança pública, nomeadamente na vertente da segurança e defesa nacionais;

c) Os consumidores, incluindo os investidores.

2 – A adopção deve ser precedida:

a) Da solicitação ao Estado membro de origem do prestador do serviço que ponha cobro à situação;

b) Caso este o não tenha feito, ou as medidas que tome se revelem inadequadas, da notificação à Comissão e ao Estado membro de origem da intenção de adoptar as medidas restritivas.

3 – O disposto no número anterior não prejudica a realização de diligências judiciais, incluindo a instrução e demais actos praticados no âmbito de uma investigação criminal ou de um ilícito de mera ordenação social.

4 – As medidas adoptadas devem ser proporcionais aos objectivos a tutelar.

Artigo 8º – Actuação em caso de urgência

Em caso de urgência, as entidades competentes, incluindo os tribunais, podem tomar medidas restritivas não precedidas das notificações à Comissão e aos outros Estados membros de origem previstas no artigo anterior.

Artigo 9º – Comunicação à entidade de supervisão central

1 – As entidades competentes que desejem promover a solicitação ao Estado membro de origem que ponha cobro a uma situação violadora devem comunicá-lo à entidade de supervisão central, a fim de ser notificada ao Estado membro de origem.

2 – As entidades competentes que tenham a intenção de tomar medidas restritivas, ou as tomem efectivamente, devem comunicá-lo imediatamente à autoridade de supervisão central, a fim de serem notificadas à Comissão e aos Estados membros de origem.

3 – Tratando-se de medidas restritivas de urgência devem ser também indicadas as razões da urgência na sua adopção.

Artigo 10º – Disponibilização permanente de informações

1 – Os prestadores de serviços devem disponibilizar permanentemente em linha, em condições que permitam um acesso fácil e directo, elementos completos de identificação que incluam, nomeadamente:

a) Nome ou denominação social;

b) Endereço geográfico em que se encontra estabelecido e endereço electrónico, em termos de permitir uma comunicação directa;

c) Inscrições do prestador em registos públicos e respectivos números de registo;

d) Número de identificação fiscal.

2 – Se o prestador exercer uma actividade sujeita a um regime de autorização prévia, deve disponibilizar a informação relativa à entidade que a concedeu.

3 – Se o prestador exercer uma profissão regulamentada deve também indicar o título profissional e o Estado membro em que foi concedido, a entidade profissional em que se encontra inscrito, bem como referenciar as regras profissionais que disciplinam o acesso e o exercício dessa profissão.

4 – Se os serviços prestados implicarem custos para os destinatários além dos custos dos serviços de telecomunicações, incluindo ónus fiscais ou despesas de entrega, estes devem ser objecto de informação clara anterior à utilização dos serviços.

CAPÍTULO III – Responsabilidade dos prestadores de serviços em rede

Artigo 11º – Princípio da equiparação

A responsabilidade dos prestadores de serviços em rede está sujeita ao regime comum, nomeadamente em caso de associação de conteúdos, com as especificações constantes dos artigos seguintes.

Artigo 12º – Ausência de um dever geral de vigilância dos prestadores intermediários de serviços

Os prestadores intermediários de serviços em rede não estão sujeitos a uma obrigação geral de vigilância sobre as informações que transmitem ou armazenam ou de investigação de eventuais ilícitos praticados no seu âmbito.

Artigo 13º – Deveres comuns dos prestadores intermediários dos serviços

Cabe aos prestadores intermediários de serviços a obrigação para com as entidades competentes:

a) De informar de imediato quando tiverem conhecimento de actividades ilícitas que se desenvolvam por via dos serviços que prestam;

b) De satisfazer os pedidos de identificar os destinatários dos serviços com quem tenham acordos de armazenagem;

c) De cumprir prontamente as determinações destinadas a prevenir ou pôr termo a uma infracção, nomeadamente no sentido de remover ou impossibilitar o acesso a uma informação;

d) De fornecer listas de titulares de sítios que alberguem, quando lhes for pedido.

Artigo 14º – Simples transporte

1 – O prestador intermediário de serviços que prossiga apenas a actividade de transmissão de informações em rede, ou de facultar o acesso a uma rede de comunicações, sem estar na origem da transmissão nem ter intervenção no conteúdo das mensagens transmitidas nem na selecção destas ou dos destinatários, é isento de toda a responsabilidade pelas informações transmitidas.

2 – A irresponsabilidade mantém-se ainda que o prestador realize a armazenagem meramente tecnológica das informações no decurso do processo de transmissão, exclusivamente para as finalidades de transmissão e durante o tempo necessário para esta.

Artigo 15º – Armazenagem intermediária

1 – O prestador intermediário de serviços de transmissão de comunicações em rede que não tenha intervenção no conteúdo das mensagens transmitidas nem na selecção destas ou dos destinatários e respeite as condições de acesso à informação é isento de toda a responsabilidade pela armazenagem temporária e automática, exclusivamente para tornar mais eficaz e económica a transmissão posterior a nova solicitação de destinatários do serviço.

2 – Passa, porém, a aplicar-se o regime comum de responsabilidade se o prestador não proceder segundo as regras usuais do sector:

a) Na actualização da informação;

b) No uso da tecnologia, aproveitando-a para obter dados sobre a utilização da informação.

3 – As regras comuns passam também a ser aplicáveis se chegar ao conhecimento do prestador que a informação foi retirada da fonte originária ou o acesso tornado impossível ou ainda que um tribunal ou entidade administrativa com competência sobre o prestador que está na origem da informação ordenou essa remoção ou impossibilidade de acesso com exequibilidade imediata e o prestador não a retirar ou impossibilitar imediatamente o acesso.

Artigo 16º – Armazenagem principal

1 – O prestador intermediário do serviço de armazenagem em servidor só é responsável, nos termos comuns, pela informação que armazena se tiver conhecimento de actividade ou informação cuja ilicitude for manifesta e não retirar ou impossibilitar logo o acesso a essa informação.

2 – Há responsabilidade civil sempre que, perante as circunstâncias que conhece, o prestador do serviço tenha ou deva ter consciência do carácter ilícito da informação.

3 – Aplicam-se as regras comuns de responsabilidade sempre que o destinatário do serviço actuar subordinado ao prestador ou for por ele controlado.

Artigo 17º – Responsabilidade dos prestadores intermediários de serviços de associação de conteúdos

Os prestadores intermediários de serviços de associação de conteúdos em rede, por meio de instrumentos de busca, hiperconexões ou processos análogos que permitam o acesso a conteúdos ilícitos estão sujeitos a regime de responsabilidade correspondente ao estabelecido no artigo anterior.

Artigo 18º – Solução provisória de litígios

1 – Nos casos contemplados nos artigos 16º e 17º, o prestador intermediário de serviços, se a ilicitude não for manifesta, não é obrigado a remover o conteúdo contestado ou a impossibilitar o acesso à informação só pelo facto de um interessado arguir uma violação.

2 – Nos casos previstos no número anterior, qualquer interessado pode recorrer à entidade de supervisão respectiva, que deve dar uma solução provisória em quarenta e oito horas e logo a comunica electronicamente aos intervenientes.

3 – Quem tiver interesse jurídico na manutenção daquele conteúdo em linha pode nos mesmos termos recorrer à entidade de supervisão contra uma decisão do prestador de remover ou impossibilitar o acesso a esse conteúdo, para obter a solução provisória do litígio.

4 – O procedimento perante a entidade de supervisão será especialmente regulamentado.

5 – A entidade de supervisão pode a qualquer tempo alterar a composição provisória do litígio estabelecida.

6 – Qualquer que venha a ser a decisão, nenhuma responsabilidade recai sobre a entidade de supervisão e tão-pouco recai sobre o prestador intermediário de serviços por ter ou não retirado o conteúdo ou impossibilitado o acesso a mera solicitação, quando não for manifesto se há ou não ilicitude.

7 – A solução definitiva do litígio é realizada nos termos e pelas vias comuns.

8 – O recurso a estes meios não prejudica a utilização pelos interessados, mesmo simultânea, dos meios judiciais comuns.

Artigo 19º – Relação com o direito à informação

1 – A associação de conteúdos não é considerada irregular unicamente por haver conteúdos ilícitos no sítio de destino, ainda que o prestador tenha consciência do facto.

2 – A remissão é lícita se for realizada com objectividade e distanciamento, representando o exercício do direito à informação, sendo, pelo contrário, ilícita se representar uma maneira de tomar como próprio o conteúdo ilícito para que se remete.

3 – A avaliação é realizada perante as circunstâncias do caso, nomeadamente:

a) A confusão eventual dos conteúdos do sítio de origem com os de destino;

b) O carácter automatizado ou intencional da remissão;

c) A área do sítio de destino para onde a remissão é efectuada.

Artigo 19º-A – Deveres de informação

Os prestadores intermediários de serviços em rede, na acepção do presente decreto-lei, informam, de imediato a terem conhecimento, o Ministério Público da detecção de conteúdos disponibilizados por meio dos serviços que prestam sempre que a disponibilização desses conteúdos, ou o acesso aos mesmos, possa constituir crime, nomeadamente crime de pornografia de menores ou crime de discriminação e incitamento ao ódio e à violência.

Artigo 19º-B – Deveres de bloqueio

1 – Sem prejuízo do disposto no artigo anterior, os prestadores intermediários de serviços em rede asseguram, num prazo de 48 horas, o bloqueio dos sítios identificados como contendo pornografia de menores ou material conexo, através de procedimento transparente e com garantias adequadas, nomeadamente assegurando que a restrição se limita ao que é necessário e proporcionado, e que os utilizadores são informados do motivo das restrições.

2 – Para efeitos do disposto no número anterior, são considerados sítios identificados como contendo pornografia de menores ou material conexo todos os que integrem as listas elaboradas para esse efeito pelas entidades nacionais e internacionais competentes em matéria de prevenção e combate à criminalidade, nos termos previstos no número seguinte.

3 – As listas a que se refere o número anterior são comunicadas aos prestadores intermediários de serviços em rede e à Procuradoria-Geral da República pelas entidades que as elaboraram, com a colaboração das autoridades sectoriais competentes, as quais, para o efeito, fornecem também à Procuradoria-Geral da República todos os elementos identificativos dos prestadores intermediários de serviço em rede e informam de quaisquer alterações que ocorram nessa matéria.

4 – O bloqueio realizado ao abrigo do disposto no nº 1 pode ser impugnado perante o juiz competente, nos termos gerais.»

CAPÍTULO IV – Comunicações publicitárias em rede e marketing directo

Artigo 20º – Âmbito

1 – Não constituem comunicação publicitária em rede:

a) Mensagens que se limitem a identificar ou permitir o acesso a um operador económico ou identifiquem objectivamente bens, serviços ou a imagem de um operador, em colectâneas ou listas, particularmente quando não tiverem implicações financeiras, embora se integrem em serviços da sociedade da informação;

b) Mensagens destinadas a promover ideias, princípios, iniciativas ou instituições.

2 – A comunicação publicitária pode ter somente por fim promover a imagem de um operador comercial, industrial, artesanal ou integrante de uma profissão regulamentada.

Artigo 21º – Identificação e informação

Nas comunicações publicitárias prestadas à distância, por via electrónica, devem ser claramente identificados de modo a serem apreendidos com facilidade por um destinatário comum:

a) A natureza publicitária, logo que a mensagem seja apresentada no terminal e de forma ostensiva;

b) O anunciante;

c) As ofertas promocionais, como descontos, prémios ou brindes, e os concursos ou jogos promocionais, bem como os condicionalismos a que ficam submetidos.

Artigo 22º – Comunicações não solicitadas

(Revogado.)

Artigo 23º – Profissões regulamentadas

1 – As comunicações publicitárias à distância por via electrónica em profissões regulamentadas são permitidas na medida em que cumpram as regras deontológicas de cada profissão, relativas à independência, sigilo profissional e lealdade para com o público e membros da profissão entre si.

2 – «Profissão regulamentada» é entendido no sentido constante dos diplomas relativos ao reconhecimento, na União Europeia, de formações profissionais.

CAPÍTULO V – Contratação electrónica

Artigo 24º – Âmbito

As disposições deste capítulo são aplicáveis a todo o tipo de contratos celebrados por via electrónica ou informática, sejam ou não qualificáveis como comerciais.

Artigo 25º – Liberdade de celebração

1 – É livre a celebração de contratos por via electrónica, sem que a validade ou eficácia destes seja prejudicada pela utilização deste meio.

2 – São excluídos do princípio da admissibilidade os negócios jurídicos:

a) Familiares e sucessórios;

b) Que exijam a intervenção de tribunais, entes públicos ou outros entes que exerçam poderes públicos, nomeadamente quando aquela intervenção condicione a produção de efeitos em relação a terceiros e ainda os negócios legalmente sujeitos a reconhecimento ou autenticação notariais;

c) Reais imobiliários, com excepção do arrendamento;

d) De caução e de garantia, quando não se integrarem na actividade profissional de quem as presta.

3 – Só tem de aceitar a via electrónica para a celebração de um contrato quem se tiver vinculado a proceder dessa forma.

4 – São proibidas cláusulas contratuais gerais que imponham a celebração por via electrónica dos contratos com consumidores.

Artigo 26º – Forma

1 – As declarações emitidas por via electrónica satisfazem a exigência legal de forma escrita quando contidas em suporte que ofereça as mesmas garantias de fidedignidade, inteligibilidade e conservação.

2 – O documento electrónico vale como documento assinado quando satisfizer os requisitos da legislação sobre assinatura electrónica e certificação.

Artigo 27º – Dispositivos de identificação e correcção de erros

O prestador de serviços em rede que celebre contratos por via electrónica deve disponibilizar aos destinatários dos serviços, salvo acordo em contrário das partes que não sejam consumidores, meios técnicos eficazes que lhes permitam identificar e corrigir erros de introdução, antes de formular uma ordem de encomenda.

Artigo 28º – Informações prévias

1 – O prestador de serviços em rede que celebre contratos em linha deve facultar aos destinatários, antes de ser dada a ordem de encomenda, informação mínima inequívoca que inclua:

a) O processo de celebração do contrato;

b) O arquivamento ou não do contrato pelo prestador de serviço e a acessibilidade àquele pelo destinatário;

c) A língua ou línguas em que o contrato pode ser celebrado;

d) Os meios técnicos que o prestador disponibiliza para poderem ser identificados e corrigidos erros de introdução que possam estar contidos na ordem de encomenda;

e) Os termos contratuais e as cláusulas gerais do contrato a celebrar;

f) Os códigos de conduta de que seja subscritor e a forma de os consultar electronicamente.

2 – O disposto no número anterior é derrogável por acordo em contrário das partes que não sejam consumidores.

Artigo 29º – Ordem de encomenda e aviso de recepção

1 – Logo que receba uma ordem de encomenda por via exclusivamente electrónica, o prestador de serviços deve acusar a recepção igualmente por meios electrónicos, salvo acordo em contrário com a parte que não seja consumidora.

2 – É dispensado o aviso de recepção da encomenda nos casos em que há a imediata prestação em linha do produto ou serviço.

3 – O aviso de recepção deve conter a identificação fundamental do contrato a que se refere.

4 – O prestador satisfaz o dever de acusar a recepção se enviar a comunicação para o endereço electrónico que foi indicado ou utilizado pelo destinatário do serviço.

5 – A encomenda torna-se definitiva com a confirmação do destinatário, dada na sequência do aviso de recepção, reiterando a ordem emitida.

Artigo 30º – Contratos celebrados por meio de comunicação individual

Os artigos 27º a 29º não são aplicáveis aos contratos celebrados exclusivamente por correio electrónico ou outro meio de comunicação individual equivalente.

Artigo 31º – Apresentação dos termos contratuais e cláusulas gerais

1 – Os termos contratuais e as cláusulas gerais, bem como o aviso de recepção, devem ser sempre comunicados de maneira que permita ao destinatário armazená-los e reproduzi-los.

2 – A ordem de encomenda, o aviso de recepção e a confirmação da encomenda consideram-se recebidos logo que os destinatários têm a possibilidade de aceder a eles.

Artigo 32º – Proposta contratual e convite a contratar

1 – A oferta de produtos ou serviços em linha representa uma proposta contratual quando contiver todos os elementos necessários para que o contrato fique concluído com a simples aceitação do destinatário, representando, caso contrário, um convite a contratar.

2 – O mero aviso de recepção da ordem de encomenda não tem significado para a determinação do momento da conclusão do contrato.

Artigo 33º – Contratação sem intervenção humana

1 – À contratação celebrada exclusivamente por meio de computadores, sem intervenção humana, é aplicável o regime comum, salvo quando este pressupuser uma actuação.

2 – São aplicáveis as disposições sobre erro:

a) Na formação da vontade, se houver erro de programação;

b) Na declaração, se houver defeito de funcionamento da máquina;

c) Na transmissão, se a mensagem chegar deformada ao seu destino.

3 – A outra parte não pode opor-se à impugnação por erro sempre que lhe fosse exigível que dele se apercebesse, nomeadamente pelo uso de dispositivos de detecção de erros de introdução.

Artigo 34º – Solução de litígios por via electrónica

É permitido o funcionamento em rede de formas de solução extrajudicial de litígios entre prestadores e destinatários de serviços da sociedade da informação, com observância das disposições concernentes à validade e eficácia dos documentos referidas no presente capítulo.

CAPÍTULO VI – Entidades de supervisão e regime sancionatório

Artigo 35º – Entidade de supervisão central

1 – É instituída uma entidade de supervisão central com atribuições em todos os domínios regulados pelo presente diploma, salvo nas matérias em que lei especial atribua competência sectorial a outra entidade.

2 – As funções de entidade de supervisão central serão exercidas pela ICP – Autoridade Nacional de Comunicações (ICP-ANACOM).

Artigo 36º – Atribuições e competência

1 – As entidades de supervisão funcionam como organismos de referência para os contactos que se estabeleçam no seu domínio, fornecendo, quando requeridas, informações aos destinatários, aos prestadores de serviços e ao público em geral.

2 – Cabe às entidades de supervisão, além das atribuições gerais já assinaladas e das que lhes forem especificamente atribuídas:

a) Adoptar as medidas restritivas previstas nos artigos 7º e 8º;

b) Elaborar regulamentos e dar instruções sobre práticas a ser seguidas para cumprimento do disposto no presente diploma;

c) Fiscalizar o cumprimento do preceituado sobre o comércio electrónico;

d) Instaurar e instruir processos contra-ordenacionais e, bem assim, aplicar as sanções previstas;

e) Determinar a suspensão da actividade dos prestadores de serviços em face de graves irregularidades e por razões de urgência.

3 – A entidade de supervisão central tem competência em todas as matérias que a lei atribua a um órgão administrativo sem mais especificação e nas que lhe forem particularmente cometidas.

4 – Cabe designadamente à entidade de supervisão central, além das atribuições gerais já assinaladas, quando não couberem a outro órgão:

a) Publicitar em rede os códigos de conduta mais significativos de que tenha conhecimento;

b) Publicitar outras informações, nomeadamente decisões judiciais neste domínio;

c) Promover as comunicações à Comissão Europeia e ao Estado membro de origem previstas no artigo 9º;

d) Em geral, desempenhar a função de entidade permanente de contacto com os outros Estados membros e com a Comissão Europeia, sem prejuízo das competências que forem atribuídas a entidades sectoriais de supervisão.

Artigo 37º – Contra-ordenação

1 – Constitui contra-ordenação sancionável com coima de € 2500 a € 50000 a prática dos seguintes actos pelos prestadores de serviços:

a) A não disponibilização ou a prestação de informação aos destinatários regulada nos artigos 10º, 13º e 21º e no nº 1 do artigo 28º;

b) (Revogada.)

c) A não disponibilização aos destinatários, quando devido, de dispositivos de identificação e correcção de erros de introdução, tal como previsto no artigo 27º;

d) A omissão de pronto envio do aviso de recepção da ordem de encomenda previsto no artigo 29º;

e) A não comunicação dos termos contratuais, cláusulas gerais e avisos de recepção previstos no artigo 31º, de modo que permita aos destinatários armazená-los e reproduzi-los;

f) A não prestação de informações solicitadas pela entidade de supervisão.

2 – Constitui contra-ordenação sancionável com coima de € 5000 a € 100000 a prática dos seguintes actos pelos prestadores de serviços:

a) A desobediência a determinação da entidade de supervisão ou de outra entidade competente de identificar os destinatários dos serviços com quem tenham acordos de transmissão ou de armazenagem, tal como previsto na alínea b) do artigo 13º;

b) O não cumprimento de determinação do tribunal ou da autoridade competente de prevenir ou pôr termo a uma infracção nos termos da alínea c) do artigo 13º;

c) A omissão de informação à autoridade competente sobre actividades ilícitas de que tenham conhecimento, praticadas por via dos serviços que prestam, tal como previsto na alínea a) do artigo 13º;

d) A não remoção ou impedimento do acesso a informação que armazenem e cuja ilicitude manifesta seja do seu conhecimento, tal como previsto nos artigos 16º e 17º;

e) A não remoção ou impedimento do acesso a informação que armazenem, se, nos termos do artigo 15º, nº 3, tiverem conhecimento que foi retirada da fonte, ou o acesso tornado impossível, ou ainda que um tribunal ou autoridade administrativa da origem ordenou essa remoção ou impossibilidade de acesso para ter exequibilidade imediata;

f) A prática com reincidência das infracções previstas no nº 1.

3 – Constitui contra-ordenação sancionável com coima de € 2500 a € 100000 a prestação de serviços de associação de conteúdos, nas condições da alínea e) do nº 2, quando os prestadores de serviços não impossibilitem a localização ou o acesso a informação ilícita.

4 – A omissão da informação prevista no artigo 19º-A ou do bloqueio previsto no nº 1 do artigo 19º-B por parte dos prestadores intermediários de serviços em rede constitui contra-ordenação sancionável:

a) Em caso de dolo, com coima de € 5000 a € 100 000;

b) Em caso de negligência, com coima de € 2500 a € 50 000.

5 – A negligência é sancionável nos limites da coima aplicável às infracções previstas no nº 1.

6 – A prática da infracção por pessoa colectiva agrava em um terço os limites máximo e mínimo da coima.

Artigo 38º – Sanções acessórias

1 – Às contra-ordenações acima previstas pode ser aplicada a sanção acessória de perda a favor do Estado dos bens usados para a prática das infracções.

2 – Em função da gravidade da infracção, da culpa do agente ou da prática reincidente das infracções, pode ser aplicada, simultaneamente com as coimas previstas no nº 2 do artigo anterior, a sanção acessória de interdição do exercício da actividade pelo período máximo de seis anos e, tratando-se de pessoas singulares, da inibição do exercício de cargos sociais em empresas prestadoras de serviços da sociedade da informação durante o mesmo período.

3 – A aplicação de medidas acessórias de interdição do exercício da actividade e, tratando-se de pessoas singulares, da inibição do exercício de cargos

sociais em empresas prestadoras de serviços da sociedade da informação por prazo superior a dois anos será obrigatoriamente decidida judicialmente por iniciativa oficiosa da própria entidade de supervisão.

4 – Pode dar-se adequada publicidade à punição por contra-ordenação, bem como às sanções acessórias aplicadas nos termos do presente diploma.

Artigo 39º – Providências provisórias

1 – A entidade de supervisão a quem caiba a aplicação da coima pode determinar, desde que se revelem imediatamente necessárias, as seguintes providências provisórias:

a) A suspensão da actividade e o encerramento do estabelecimento que é suporte daqueles serviços da sociedade da informação, enquanto decorre o procedimento e até à decisão definitiva;

b) A apreensão de bens que sejam veículo da prática da infracção.

2 – Estas providências podem ser determinadas, modificadas ou levantadas em qualquer momento pela própria entidade de supervisão, por sua iniciativa ou a requerimento dos interessados e a sua legalidade pode ser impugnada em juízo.

Artigo 40º – Destino das coimas

O montante das coimas cobradas reverte para o Estado e para a entidade que as aplicou na proporção de 60% e 40%, respectivamente.

Artigo 41º – Regras aplicáveis

1 – O regime sancionatório estabelecido não prejudica os regimes sancionatórios especiais vigentes.

2 – A entidade competente para a instauração, instrução e aplicação das sanções é a entidade de supervisão central ou as sectoriais, consoante a natureza das matérias.

3 – É aplicável subsidiariamente o regime geral das contra-ordenações.

CAPÍTULO VII – Disposições finais

Artigo 42º – Códigos de conduta

1 – As entidades de supervisão estimularão a criação de códigos de conduta pelos interessados e sua difusão por estes por via electrónica.

2 – Será incentivada a participação das associações e organismos que têm a seu cargo os interesses dos consumidores na formulação e aplicação de códigos de conduta, sempre que estiverem em causa os interesses destes. Quando houver

que considerar necessidades específicas de associações representativas de deficientes visuais ou outros, estas deverão ser consultadas.

3 – Os códigos de conduta devem ser publicitados em rede pelas próprias entidades de supervisão.

Artigo 43º – Impugnação

As entidades de supervisão e o Ministério Público têm legitimidade para impugnar em juízo os códigos de conduta aprovados em domínio abrangido por este diploma que extravasem das finalidades da entidade que os emitiu ou tenham conteúdo contrário a princípios gerais ou regras vigentes.

Visto e aprovado em Conselho de Ministros de 31 de Outubro de 2003. – *José Manuel Durão Barroso – Maria Manuela Dias Ferreira Leite – Maria Teresa Pinto Basto Gouveia – Maria Celeste Ferreira Lopes Cardona – José Luís Fazenda Arnaut Duarte – Carlos Manuel Tavares da Silva – Maria da Graça Martins da Silva Carvalho.*

Promulgado em 19 de Dezembro de 2003.

Publique-se.

O Presidente da República, JORGE SAMPAIO.

Referendado em 23 de Dezembro de 2003.

O Primeiro-Ministro, *José Manuel Durão Barroso.*

12. Decreto-Lei nº 12/2021de 9 de Fevereiro – Identificação electrónica e serviços de confiança para as transacções electrónicas no mercado interno

Sumário: Assegura a execução na ordem jurídica interna do Regulamento (UE) 910/2014, relativo à identificação electrónica e aos serviços de confiança para as transacções electrónicas no mercado interno.

O Regulamento (UE) nº 910/2014 do Parlamento Europeu e do Conselho, de 23 de Julho de 2014, relativo à identificação electrónica e aos serviços de confiança para as transacções electrónicas no mercado interno (Regulamento), veio substituir a Directiva 1999/93/CE do Parlamento Europeu e do Conselho, de 13 de Dezembro, que instituiu um quadro legal comunitário para as assinaturas electrónicas e cuja transposição foi assegurada na ordem jurídica nacional pelo Decreto-Lei nº 62/2003, de 3 de Abril, na sua redacção actual.

A adopção do Regulamento teve como objectivo aumentar a confiança e segurança das transacções online na União Europeia, promovendo uma maior utilização desses serviços pelos cidadãos, pelos operadores económicos e pela Administração Pública. Para o efeito, o Regulamento passou a regular, a par da matéria das assinaturas electrónicas, os selos electrónicos, os selos temporais, a marca de confiança «UE», os serviços de envio registado electrónico e os serviços de certificados para autenticação de sítios web.

Ainda que o Regulamento seja obrigatório e directamente aplicável na ordem jurídica portuguesa, incumbe aos Estados-Membros assegurar a sua execução nos respectivos ordenamentos. Nesse sentido, importa designar e dotar as autoridades portuguesas das competências para realizar as actividades de supervisão previstas no Regulamento, bem como definir o quadro sancionatório aplicável em caso de infracção das normas do Regulamento.

Paralelamente, aproveita-se a oportunidade para consolidar a legislação existente tanto sobre a validade, eficácia e valor probatório dos documentos electrónicos, como sobre o Sistema de Certificação Electrónica do Estado – Infra-estrutura de Chaves Públicas.

Foram ouvidos os órgãos de governo próprio das Regiões Autónomas e o Conselho Gestor do Sistema de Certificação Electrónica do Estado.

Assim:

Nos termos da alínea a) do nº 1 do artigo 198º da Constituição, o Governo decreta o seguinte:

CAPÍTULO I – Disposições gerais

Artigo 1º – Objecto

O presente decreto-lei:

a) Assegura a execução na ordem jurídica interna do Regulamento (UE) 910/2014 do Parlamento Europeu e do Conselho, de 23 de Julho de 2014, relativo à identificação electrónica e aos serviços de confiança para as transacções electrónicas no mercado (Regulamento);

b) Regula a validade, eficácia e valor probatório dos documentos electrónicos, o reconhecimento e aceitação, na ordem jurídica portuguesa, dos meios de identificação electrónica de pessoas singulares e colectivas e prevê as normas aplicáveis ao Sistema de Certificação Electrónica do Estado – Infra-estrutura de Chaves Públicas (SCEE).

Artigo 2º – Âmbito de aplicação

O presente decreto-lei aplica-se:

a) Aos documentos electrónicos elaborados por particulares e pela Administração Pública;

b) Aos sistemas de identificação electrónica que sejam notificados pelos Estados-Membros da União Europeia ao abrigo dos artigos 7º e 9º do Regulamento, em tudo o que não se encontre neste previsto.

CAPÍTULO II – Documentos electrónicos

Artigo 3º – Forma e força probatória

1 – O documento electrónico satisfaz o requisito legal de forma escrita quando o seu conteúdo seja susceptível de representação como declaração escrita.

2 – A aposição de uma assinatura electrónica qualificada a um documento electrónico equivale à assinatura autógrafa dos documentos com forma escrita sobre suporte de papel e cria a presunção de que:

a) A pessoa que apôs a assinatura electrónica qualificada é o titular desta ou é representante, com poderes bastantes, da pessoa colectiva em causa;

b) A assinatura electrónica qualificada foi aposta com a intenção de assinar o documento electrónico;

c) O documento electrónico não sofreu alteração desde que lhe foi aposta a assinatura electrónica qualificada.

3 – A assinatura electrónica qualificada deve referir-se inequivocamente a uma só pessoa singular ou representante da pessoa colectiva e ao documento ao qual é aposta.

4 – A aposição de assinatura electrónica qualificada que conste de certificado que esteja revogado, caduco ou suspenso na data da aposição, ou não respeite as condições dele constantes, equivale à falta de assinatura, sendo o documento apreciado nos termos do nº 10.

5 – Quando lhe seja aposta uma assinatura electrónica qualificada, o documento electrónico com o conteúdo referido no nº 1 tem a força probatória de documento particular assinado, nos termos do artigo 376º do Código Civil, aprovado pelo Decreto-Lei nº 47 344, de 25 de Novembro de 1966, na sua redacção actual.

6 – Quando lhe seja aposta uma assinatura electrónica qualificada, o documento electrónico cujo conteúdo não seja susceptível de representação como declaração escrita tem a força probatória prevista no artigo 368º do Código Civil e no artigo 167º do Código de Processo Penal, aprovado pelo Decreto-Lei nº 78/87, de 17 de Fevereiro, na sua redacção actual.

7 – A aposição de um selo electrónico qualificado faz presumir, nos termos do nº 2 do artigo 35º do Regulamento, a origem e a integridade do documento electrónico.

8 – A aposição de um selo temporal qualificado faz presumir, nos termos do nº 2 do artigo 41º do Regulamento, a exactidão da data e hora por ele indicados e a integridade do documento electrónico.

9 – O disposto nos números anteriores não obsta à utilização de outro meio de identificação electrónica, de comprovação da integridade, de correcção da origem dos dados ou ainda de atestação temporal de documentos electrónicos, incluindo outras modalidades de assinatura electrónica, desde que tal meio seja adoptado pelas partes ao abrigo de válida convenção sobre prova ou seja aceite pela pessoa a quem for oposto o documento.

10 – Salvo disposição especial, o valor probatório dos documentos electrónicos não associados a serviços de confiança qualificados é apreciado nos termos gerais do direito.

11 – As cópias de documentos electrónicos, sobre idêntico ou diferente tipo de suporte que não permita a verificação e validação das assinaturas electrónicas

ou dos selos electrónicos, são válidas e eficazes nos termos gerais de direito e têm a força probatória atribuída às cópias fotográficas pelo nº 2 do artigo 387º do Código Civil e pelo artigo 168º do Código de Processo Penal, caso sejam observados os requisitos aí previstos.

Artigo 4º – Documentos electrónicos das entidades públicas

Nas operações relativas à criação, emissão, arquivo, reprodução, cópia e transmissão de documentos electrónicos que formalizem actos administrativos através de sistemas informáticos, incluindo a sua transmissão por meios de comunicação electrónica, os dados relativos à entidade emitente e à pessoa que tenha praticado cada acto administrativo devem ser indicados de forma a torná-los facilmente identificáveis e a comprovar a função ou cargo desempenhado pela pessoa signatária de cada documento.

Artigo 5º – Comunicação de documentos electrónicos

1 – O documento electrónico comunicado por um meio de comunicação electrónica considera-se enviado e recebido pelo destinatário se for transmitido para o endereço electrónico definido por acordo das partes e neste for recebido.

2 – São oponíveis entre as partes e a terceiros a data e a hora da criação, da expedição ou da recepção de um documento electrónico que contenha uma validação cronológica emitida por um prestador qualificado de serviços de confiança.

3 – A comunicação do documento electrónico ao qual seja aposta assinatura electrónica qualificada ou selo electrónico qualificado, por meios de comunicação electrónica que assegure a efectiva recepção, equivale à remessa por via postal registada e, se a recepção for comprovada por mensagem de confirmação dirigida ao remetente pelo destinatário que revista idêntica forma, equivale à remessa por via postal registada com aviso de recepção.

4 – A comunicação de dados e documentos com recurso a serviços qualificados de envio registado electrónico, nos termos definidos nos artigos 43º e 44º do Regulamento, equivale à remessa por via postal registada com aviso de recepção.

CAPÍTULO III – Funções das entidades e organismos nacionais

Artigo 6º – Entidade supervisora

O Gabinete Nacional de Segurança (GNS) é a entidade supervisora para efeitos do disposto na alínea b) do nº 1 do artigo 9º e no artigo 17º do Regulamento, competindo-lhe, ainda, elaborar e gerir as listas de confiança nos termos previstos no artigo 22º do Regulamento.

Artigo 7º – Notificação dos sistemas de identificação electrónica

A Agência para a Modernização Administrativa, I. P. (AMA, I. P.), é a entidade competente para a notificação dos sistemas de identificação electrónica junto da Comissão Europeia, de acordo com o disposto no artigo 9º e para efeitos de reconhecimento nos termos do artigo 6º, ambos do Regulamento.

Artigo 8º – Organismo nacional de acreditação

O organismo nacional de acreditação é o Instituto Português de Acreditação, I. P. (IPAC, I. P.), tendo como função a acreditação dos organismos de avaliação da conformidade.

Artigo 9º – Organismos de avaliação da conformidade

1 – Os organismos de avaliação da conformidade procedem à certificação dos prestadores de serviços de confiança nos termos previstos no Regulamento e no presente decreto-lei.

2 – Os organismos de avaliação da conformidade fornecem ao organismo nacional de acreditação, de modo pronto e exaustivo, todas as informações que este lhes solicite para fins de avaliação da sua actividade e facultam-lhe para os mesmos fins o acesso às instalações e o exame local de documentos, objectos, equipamentos de hardware e software e procedimentos operacionais.

CAPÍTULO IV – Serviços de confiança

Artigo 10º – Prestadores de serviços de confiança

São prestadores de serviços de confiança todas as pessoas singulares ou colectivas, públicas ou privadas, que prestem um ou mais serviços de confiança qualificados ou não qualificados, previstos no artigo 3º do Regulamento.

Artigo 11º – Deveres de informação

No âmbito da competência de fiscalização da entidade supervisora, os prestadores de serviços de confiança cumprem os seguintes deveres:

a) Fornecer todas as informações que esta lhes solicite;

b) Facultar o acesso às suas instalações e o exame local de documentos, objectos, equipamentos de hardware e software e procedimentos operacionais;

c) Permitir que a entidade supervisora faça as cópias dos registos e dos documentos ou informações que considere necessárias para o exercício das suas funções com respeito pelas disposições legais relativas ao acesso aos documentos administrativos ou à protecção de dados pessoais.

Artigo 12º – Prestação de serviços de confiança

Sem prejuízo do dever de comunicação em momento anterior à celebração do contrato, os termos e as condições da prestação de serviços de confiança devem ser expressamente aceites pelos utilizadores, independentemente do meio que seja usado.

Artigo 13º – Deveres do prestador qualificado de serviços de confiança

O prestador qualificado de serviços de confiança deve:

a) Demonstrar a fiabilidade necessária para o exercício da actividade, de acordo com o disposto nos artigos 15º e 16º;

b) Adotar medidas adequadas para impedir a falsificação ou alteração dos dados constantes dos certificados e, nos casos em que o prestador qualificado de serviços de confiança gere dados de criação de assinaturas, garantir a sua confidencialidade durante o processo de criação;

c) Garantir que os dados de criação de assinatura utilizados para assinar certificados qualificados são exclusivos, não podendo ser utilizados para assinar outro tipo de certificados;

d) Verificar rigorosamente a identidade dos requerentes titulares dos certificados e, tratando-se de representantes de pessoas colectivas, os respectivos poderes de representação;

e) Conservar os elementos que comprovem a verdadeira identidade dos requerentes titulares de certificados com pseudónimo;

f) Conservar, em suporte físico ou electrónico, os documentos e registos relativos à prestação destes serviços durante sete anos após o fim da validade do respectivo certificado.

Artigo 14º – Pedido de atribuição do estatuto de prestador qualificado de serviços de confiança

1 – A entidade supervisora define e publica no seu sítio na Internet o formulário electrónico necessário para requerer o estatuto de prestador qualificado de serviços de confiança.

2 – O formulário deve ser preenchido e submetido electronicamente, devidamente acompanhado de toda a documentação complementar necessária, nos termos do artigo seguinte.

Artigo 15º – Atribuição do estatuto de prestador qualificado de serviços de confiança

O estatuto de prestador qualificado de serviços de confiança é atribuído pela entidade supervisora e pressupõe que os prestadores de serviços de confiança satisfaçam os seguintes requisitos:

a) Cumpram os requisitos definidos no Regulamento;

b) Estejam dotados de capital e meios financeiros adequados, em conformidade com o artigo 18º;

c) Dêem garantias de absoluta idoneidade, integridade e independência no exercício da actividade, nos termos previstos no artigo 19º;

d) Tenham um contrato de seguro válido para a cobertura adequada da responsabilidade civil emergente da actividade de prestação de serviços de confiança, nos termos previstos no artigo 20º;

e) Possuam uma certificação válida para os serviços que pretendem prestar com o estatuto de qualificado, conforme previsto no artigo 9º

Artigo 16º – Auditorias periódicas

1 – Sem prejuízo do disposto no nº 2 do artigo 20º do Regulamento, os prestadores qualificados de serviços de confiança estão sujeitos a auditorias anuais a contar da data de início da auditoria inicial, nos seguintes termos:

a) Auditorias completas, pelo menos a cada 24 meses;

b) Auditorias de acompanhamento, nos anos em que não se realizem as auditorias completas.

2 – As auditorias referidas no número anterior são efectuadas por um organismo de avaliação da conformidade acreditado, nos termos definidos no artigo 20º do Regulamento.

3 – Os prestadores qualificados de serviços de confiança apresentam o relatório de avaliação da conformidade, elaborado pelo organismo de avaliação da conformidade, à entidade supervisora no prazo de três dias úteis após a sua recepção.

4 – Os prestadores qualificados de serviços de confiança devem evidenciar durante as auditorias, ou a pedido do organismo de avaliação de conformidade que realiza a auditoria, o cumprimento dos requisitos do Regulamento e dos deveres previstos nos artigos 13º e 15º do presente decreto-lei, devendo, para tal, colaborar com os organismos de avaliação da conformidade e mantê-los informados de qualquer alteração que possa causar um incumprimento do Regulamento ou do presente decreto-lei.

Artigo 17º – Revogação do estatuto de prestador qualificado de serviços de confiança

O estatuto de prestador qualificado de serviços de confiança é revogado sempre que se deixem de verificar as condições definidas nos artigos 13º e 15º e nos nºs 1 e 2 do artigo anterior.

Artigo 18º – Requisitos patrimoniais

1 – Os prestadores de serviços de confiança privados que sejam pessoas colectivas devem ter um capital social mínimo de € 200 000, integralmente realizado.

2 – Os prestadores de serviços de confiança privados que sejam pessoas singulares devem ter um património livre de quaisquer ónus com um valor mínimo de € 200 000.

Artigo 19º – Requisitos de idoneidade

1 – A pessoa singular e, no caso de pessoa colectiva, os membros dos órgãos de administração e fiscalização, colaboradores, comissários e outros que representem os prestadores de serviços de confiança com acesso aos actos e instrumentos de certificação, os sócios da sociedade e, tratando-se de sociedade anónima, os accionistas com participações significativas, devem ser sempre pessoas de reconhecida idoneidade.

2 – Entre outras circunstâncias atendíveis, considera-se indiciador de falta de idoneidade o facto de a pessoa ter sido:

a) Condenada, no país ou no estrangeiro, por sentença transitada em julgado por crime de furto, roubo, burla, burla informática e nas comunicações, extorsão, abuso de confiança, infidelidade, falsificação, falsas declarações, insolvência dolosa, insolvência negligente, favorecimento de credores, emissão de cheques sem provisão, abuso de cartão de garantia ou de crédito, apropriação ilegítima de bens do sector público ou cooperativo, administração danosa em unidade económica do sector público ou cooperativo, usura, suborno, corrupção, recepção não autorizada de depósitos ou outros fundos reembolsáveis, prática ilícita de actos ou operações inerentes à actividade seguradora ou dos fundos de pensões, branqueamento de capitais, abuso de informação, manipulação do mercado de valores mobiliários ou crime previsto no Código das Sociedades Comerciais;

b) Declarada insolvente por sentença judicial, em fase de liquidação, dissolução ou cessação de actividade, sujeitas a qualquer meio preventivo de liquidação de patrimónios ou em qualquer situação análoga, ou tenham o respectivo processo pendente, salvo quando se encontrar abrangida por um plano de insolvência, ao abrigo da legislação em vigor ou julgada responsável pela insolvência de empresa por ela dominada ou de cujos órgãos de administração ou fiscalização tenha sido membro;

c) Tenham sido objecto de aplicação de sanção administrativa por falta grave em matéria profissional, se entretanto não tiver ocorrido a sua reabilitação, no caso de se tratar de pessoas singulares, ou, no caso de se tratar de pessoas colectivas, tenham sido objecto de aplicação daquela sanção administrativa os titulares dos órgãos sociais de administração, direcção ou gerência das mesmas e estes se encontrem em efectividade de funções;

d) Não tenham a sua situação regularizada relativamente a contribuições para a segurança social em Portugal ou, se for o caso, no Estado de que sejam nacionais ou no qual se situe o seu estabelecimento principal;

e) Não tenham a sua situação regularizada perante a administração fiscal relativamente a obrigações devidas em Portugal ou, se for o caso, no Estado de que sejam nacionais ou no qual se situe o seu estabelecimento principal;

f) O não cumprimento dos deveres de informação referidos no artigo 11º, relativos aos prestadores de serviços de confiança.

3 – Consideram-se participações significativas, para os efeitos do nº 1, as que igualem ou excedam 10% do capital da sociedade anónima.

Artigo 20º – Seguro obrigatório de responsabilidade civil

Os membros do Governo responsáveis pelo GNS e pela área das finanças definem, por portaria, os requisitos do contrato de seguro de responsabilidade civil a que se refere a alínea d) do artigo 15º

Artigo 21º – Comunicação de alterações

1 – Devem ser comunicadas à entidade supervisora, no prazo de 30 dias a contar da respectiva ocorrência ou, quando aplicável, do respectivo registo, as alterações relacionadas com prestadores qualificados de serviços de confiança relativas a:

a) Firma ou denominação;

b) Objecto social;

c) Local da sede ou domicílio fiscal;

d) Capital social ou património, sempre que se verifique uma redução igual ou superior a metade do capital social ou do património;

e) Estrutura de administração e de fiscalização;

f) Limitação dos poderes dos órgãos de administração e fiscalização;

g) Cisão, fusão e dissolução;

h) Alterações significativas na infra-estrutura de chaves públicas que suporta a prestação dos serviços de confiança;

i) Alteração na estrutura de pessoal com relação directa na prestação de serviços de confiança.

2 – A entidade supervisora define e publica no seu sítio na Internet o formulário electrónico necessário para a comunicação das alterações referidas no número anterior.

Artigo 22º – Cessação da actividade

1 – No caso de pretender cessar a sua actividade, o prestador qualificado de serviços de confiança deve comunicar essa intenção à entidade supervisora e às pessoas com quem tenha estabelecido contrato para a prestação de serviços de confiança, com a antecedência mínima de 90 dias, indicando também o prestador qualificado de serviços de confiança à qual é transmitida toda a sua infra-

-estrutura de chaves públicas utilizada para o efeito e toda a documentação relativa à prestação do serviço qualificado.

2 – No caso previsto no número anterior, se tal transmissão for impossível, toda a infra-estrutura e documentação referida no número anterior fica à guarda da entidade supervisora.

3 – O prestador qualificado de serviços de confiança deve informar imediatamente a entidade supervisora quando se encontre em situação de insolvência, de processo de recuperação de empresa ou de cessação da actividade por qualquer outro motivo alheio à sua vontade.

4 – No caso previsto no número anterior, se o prestador qualificado de serviços de confiança tiver de cessar a sua actividade, a entidade supervisora promove a transmissão de toda a infra-estrutura e documentação referida no nº 1 para outro prestador qualificado de serviços de confiança, aplicando-se o disposto no nº 2 se tal transmissão for impossível.

5 – A entidade supervisora define e publica no seu sítio na Internet o formulário electrónico necessário para a comunicação da cessação da actividade.

CAPÍTULO V – Sistema de Certificação Electrónica do Estado – Infra-estrutura de Chaves Públicas

SECÇÃO I – Disposições gerais

Artigo 23º – Definição e âmbito

1 – O SCEE visa estabelecer uma estrutura de confiança electrónica, a fim de que as entidades certificadoras que o integram disponibilizem serviços que garantam:

a) A realização de transacções electrónicas seguras;

b) A autenticação electrónica forte;

c) A autoria, integridade, não repúdio e confidencialidade de transacções, informações e documentos electrónicos.

2 – As entidades certificadoras que integram o SCEE devem cumprir as regras previstas no Regulamento para a prestação de serviços de confiança.

3 – Só as entidades certificadoras do Estado compreendidas no âmbito do SCEE, ou outros prestadores de serviços de confiança reconhecidos por este, podem prestar serviços de confiança às entidades públicas.

Artigo 24º – Estrutura e funcionamento do Sistema de Certificação Electrónica do Estado – Infra-estrutura de Chaves Públicas

O SCEE compreende:

a) O Conselho Gestor do SCEE;

b) A Entidade de Certificação Electrónica do Estado;

c) As entidades certificadoras do Estado.

SECÇÃO II - Conselho Gestor do Sistema de Certificação Electrónica do Estado

Artigo 25º - Composição e funcionamento do Conselho Gestor do Sistema de Certificação Electrónica do Estado - Infra-estrutura de Chaves Públicas

1 - O Conselho Gestor do SCEE é o órgão responsável pela gestão global e administração do SCEE.

2 - O Conselho Gestor do SCEE é presidido pelo Primeiro-Ministro e composto por representantes de cada uma das seguintes entidades, designados pelos competentes membros do Governo:

a) GNS;

b) Centro de Gestão da Rede Informática do Governo (CEGER);

c) AMA, I. P.;

d) Instituto dos Registos e do Notariado, I. P.;

e) Autoridade Nacional de Comunicações;

f) Instituto de Gestão Financeira e Equipamentos da Justiça, I. P.;

g) Um representante de cada entidade certificadora do Estado que não esteja representada por nenhuma das entidades referidas nas alíneas anteriores.

3 - Para efeitos do disposto na alínea g) do número anterior, caso exista mais do que uma entidade certificadora pública no âmbito da mesma área governativa, pode o respectivo membro do Governo determinar que apenas um representante das mesmas integra o Conselho Gestor do SCEE.

4 - O Primeiro-Ministro pode delegar a presidência do Conselho Gestor do SCEE em outro membro do Governo, com faculdade de subdelegação.

5 - O Conselho Gestor do SCEE pode solicitar a colaboração de outras entidades públicas ou privadas, bem como de personalidades de reconhecido mérito, para a análise de assuntos de natureza técnica especializada, no âmbito das competências que lhe são cometidas pelo presente decreto-lei.

6 - O Conselho Gestor do SCEE reúne de forma ordinária uma vez por ano e de forma extraordinária, por convocação do seu presidente.

7 - O apoio técnico, logístico e administrativo ao Conselho Gestor do SCEE, bem como os encargos inerentes ao seu funcionamento, são da responsabilidade da entidade à qual é atribuída a função de operação da entidade certificadora electrónica do Estado.

8 - Os membros do Conselho Gestor do SCEE não têm direito a auferir suplemento remuneratório pelo desempenho das suas funções, sem prejuízo da possibilidade do percebimento de abonos ou ajudas de custo, nos termos gerais.

Artigo 26º – Competências

1 – Compete ao Conselho Gestor do SCEE:

a) Definir a política de certificação a observar pelas entidades certificadoras que integram o SCEE;

b) Garantir que as declarações de práticas de certificação das várias entidades certificadoras do Estado, bem como da entidade certificadora raiz do Estado, estão em conformidade com a política de certificação do SCEE;

c) Propor os critérios para aprovação das entidades certificadoras que pretendam integrar o SCEE;

d) Propor os critérios para aprovação de prestadores de serviços de confiança que pretendam ser reconhecidos no âmbito do SCEE;

e) Aferir a conformidade dos procedimentos seguidos pelas entidades certificadoras do Estado com as políticas e práticas aprovadas, sem prejuízo das competências legalmente cometidas à entidade supervisora;

f) Pronunciar-se pela exclusão de entidades certificadoras que integrem o SCEE em caso de não conformidade com as políticas e práticas aprovadas, comunicando tal facto à entidade supervisora;

g) Pronunciar-se sobre as melhores práticas internacionais no exercício das actividades de certificação electrónica e propor a sua aplicação;

h) Representar institucionalmente o SCEE.

2 – Compete, ainda, ao Conselho Gestor do SCEE a promoção das actividades necessárias para o estabelecimento de acordos de interoperabilidade, com base em certificação cruzada, com outras infra-estruturas de chaves públicas, de natureza privada ou pública, nacionais ou internacionais, nomeadamente:

a) Dar indicações à entidade certificadora raiz do Estado para a atribuição e a revogação de certificados emitidos com base em certificação cruzada;

b) Definir os termos e condições para o início, a suspensão ou a finalização dos procedimentos de interoperabilidade com outras infra-estruturas de chaves públicas.

SECÇÃO III – Entidade de Certificação Electrónica do Estado

Artigo 27º – Definição e competências

1 – A Entidade de Certificação Electrónica do Estado, enquanto entidade certificadora raiz do Estado, é o serviço certificador de topo da cadeia de certificação do SCEE.

2 – A Entidade de Certificação Electrónica do Estado disponibiliza exclusivamente serviços de certificação electrónica para as entidades certificadoras do Estado.

3 – Compete à Entidade de Certificação Electrónica do Estado executar as políticas de certificados e directrizes aprovadas pelo Conselho Gestor do SCEE, admitir a integração das entidades certificadoras que obedeçam aos requisitos estabelecidos no SCEE e prestar os serviços de certificação às entidades certificadoras do Estado, no nível hierárquico imediatamente inferior ao seu na cadeia de certificação.

4 – Compete, ainda, à Entidade de Certificação Electrónica do Estado:

a) Garantir o cumprimento e a implementação, enquanto entidade certificadora, de todas as regras e todos os procedimentos estabelecidos no documento de políticas de certificação e na declaração de práticas de certificação do SCEE;

b) Implementar as políticas e práticas do Conselho Gestor do SCEE;

c) Gerir toda a infra-estrutura e os recursos que compõem e garantem o funcionamento da entidade certificadora raiz do Estado, nomeadamente o pessoal, os equipamentos e as instalações;

d) Gerir todas as actividades relacionadas com a gestão do ciclo de vida dos certificados por si emitidos para as entidades certificadoras de nível imediatamente inferior ao seu;

e) Garantir que o acesso às suas instalações, quer principal, quer alternativa, é efectuado apenas por pessoal devidamente autorizado e credenciado;

f) Gerir o recrutamento de pessoal tecnicamente habilitado para a realização das tarefas de gestão e operação da entidade certificadora raiz do Estado;

g) Comunicar imediatamente qualquer incidente, nomeadamente anomalias ou falhas de segurança, ao Conselho Gestor do SCEE.

5 – A Entidade de Certificação Electrónica do Estado é dirigida, por inerência, pelo director do CEGER.

Artigo 28º – Autoridade credenciadora

1 – A autoridade credenciadora é o GNS.

2 – O GNS procede à credenciação das entidades certificadoras do Estado, no caso de estas não terem o estatuto de prestador qualificado de serviços de confiança ao abrigo do Regulamento.

3 – A credenciação é válida por um período de dois anos, podendo ser renovada por períodos iguais, mediante novo pedido.

SECÇÃO IV – Entidades certificadoras do Estado

Artigo 29º – Requisitos

1 – São entidades certificadoras do Estado aquelas que exerçam as funções de prestadores de serviços de confiança, nos termos do Regulamento, e que:

a) Sejam admitidas como entidades certificadoras, de acordo com o nº 3 do artigo 27º;

b) Actuem em conformidade com as declarações de práticas de certificação e com a política de certificação e práticas aprovadas pelo Conselho Gestor do SCEE.

2 – As entidades certificadoras do Estado podem requerer o estatuto de prestador qualificado de serviços de confiança junto da entidade supervisora, ficando sujeitas ao regime constante do presente decreto-lei, com excepção dos requisitos definidos nos artigos 18º a 20º, bem como da apresentação da documentação comprovativa dos requisitos previstos nas alíneas b) a d) do artigo 15º

3 – As entidades certificadoras não podem emitir certificados de nível diverso do imediatamente subsequente ao seu, excepto nos casos de acordos de certificação lateral ou cruzada promovidos e aprovados pelo Conselho Gestor do SCEE.

4 – Os serviços de registo podem ser atribuídos a pessoas singulares e colectivas, designadas como entidades de registo, com as quais as entidades certificadoras acordam a prestação de serviços de identificação e registo de utilizadores de certificados, bem como a gestão de pedidos de revogação de certificados.

CAPÍTULO VI – Regime sancionatório

Artigo 30º – Contra-ordenações

1 – Constituem contra-ordenações muito graves:

a) O incumprimento dos requisitos de segurança para prestadores de serviços de confiança definidos no artigo 19º do Regulamento;

b) A utilização indevida da marca de confiança «UE» para serviços de confiança qualificados, de acordo com estabelecido no artigo 23º do Regulamento;

c) Iniciar a prestação de serviços de confiança qualificados sem que o estatuto de prestador qualificado tenha sido publicado nas listas de confiança;

d) O não cumprimento, por parte do prestador qualificado de serviços de confiança, dos deveres constantes no artigo 13º

2 – Constituem contra-ordenações graves:

a) O não cumprimento, por parte do prestador qualificado de serviços de confiança, dos deveres de informação previstos no artigo 11º;

b) O não cumprimento, por parte do prestador qualificado de serviços de confiança, dos deveres constantes no artigo 21º;

c) O não cumprimento, por parte do prestador qualificado de serviços de confiança, do dever de comunicação previsto no nº 1 do artigo 22º;

d) O não cumprimento do prazo máximo referido no nº 3 do artigo 24º do Regulamento, bem como o fornecimento de informação sobre a validade ou revogação de certificados qualificados, tendo em consideração o referido no nº 4 do artigo 24º do Regulamento;

e) Na emissão de certificados qualificados para assinatura electrónica, o não cumprimento de todos os requisitos estabelecidos no artigo 28º do Regulamento;

f) Permitir a criação de assinaturas electrónicas qualificadas com recurso a dispositivos que não cumprem os requisitos definidos no artigo 29º do Regulamento;

g) Permitir a criação de selos electrónicos qualificados com recurso a dispositivos que não cumprem os requisitos definidos no artigo 39º do Regulamento;

h) O fornecimento de serviço de validação de assinaturas electrónicas qualificadas, sem cumprir os requisitos definidos no artigo 32º do Regulamento;

i) O fornecimento de serviço qualificado de validação de assinaturas electrónicas qualificadas, sem cumprir os requisitos definidos no artigo 33º do Regulamento;

j) O fornecimento de serviço qualificado de preservação de assinaturas electrónicas qualificadas, sem cumprir os requisitos definidos no artigo 34º do Regulamento;

k) Na emissão de certificados qualificados para selos electrónicos, o não cumprimento de todos os requisitos estabelecidos no artigo 38º do Regulamento;

l) Na validação e preservação dos selos electrónicos qualificados, o não cumprimento de todos os requisitos estabelecidos no artigo 40º do Regulamento;

m) Na emissão de selos temporais qualificados, o não cumprimento de todos os requisitos estabelecidos no artigo 42º do Regulamento;

n) No fornecimento de serviços qualificados de envio registado electrónico, o não cumprimento de todos os requisitos estabelecidos no artigo 44º do Regulamento;

o) Na emissão de certificados qualificados de autenticação de sítios web, o não cumprimento de todos os requisitos estabelecidos no artigo 45º do Regulamento.

Artigo 31º – Sanções

1 – Às contra-ordenações muito graves são aplicadas coimas entre € 2500 e € 3740, no caso de pessoas singulares, e entre € 20 000 e € 44 890, no caso de pessoas colectivas.

2 – Às contra-ordenações graves são aplicadas coimas entre € 500 e € 2500, no caso de pessoas singulares, e entre € 5000 e € 20 000, no caso de pessoas colectivas.

3 – A negligência é punível, sendo os limites mínimos e máximos das coimas aplicáveis reduzidos a metade.

4 – Às contra-ordenações muito graves, para além da coima, pode ser aplicada, em função da gravidade da infracção e da culpa do agente, a sanção acessória de interdição do exercício da actividade de prestação de serviços de confiança até ao período máximo de dois anos.

Artigo 32º – Processo contra-ordenacional

1 – Compete ao dirigente máximo da entidade supervisora a instrução e decisão dos processos de contra-ordenação.

2 – O produto resultante da aplicação das coimas reverte em:

a) 60% para o Estado;

b) 40% para a entidade supervisora.

Artigo 33º – Direito subsidiário

Em tudo o que se não se encontre previsto no presente capítulo aplica-se subsidiariamente o regime geral do ilícito de mera ordenação social, constante do Decreto-Lei nº 433/82, de 27 de Outubro, na sua redacção actual.

CAPÍTULO VII – Disposições finais

Artigo 34º – Dever de colaboração

A entidade supervisora pode solicitar às autoridades policiais e judiciárias e a outras autoridades ou organismos públicos, bem como aos organismos de avaliação da conformidade, de acordo com as suas competências, a colaboração que julgue necessária para a fiscalização dos prestadores de serviços de confiança.

Artigo 35º – Taxas

1 – Os prestadores qualificados de serviços de confiança e as entidades certificadoras do Estado estão sujeitos ao pagamento de taxas destinadas a cobrir os encargos com a atribuição do estatuto ou da credenciação, com a gestão do sistema de supervisão, bem como com a monitorização e a fiscalização da respectiva actividade em território nacional.

2 – As taxas referidas no número anterior constituem receita do GNS e são definidas por portaria do membro do Governo de que depende o GNS e do membro do Governo responsável pela área das finanças.

Artigo 36º – Norma revogatória

São revogados:

a) O Decreto-Lei nº 290-D/99, de 2 de Agosto, na sua redacção actual;

b) O Decreto-Lei nº 116-A/2006, de 16 de Junho, na sua redacção actual;
c) O Decreto Regulamentar nº 25/2004, de 15 de Julho;
d) A Portaria nº 1370/2000, de 12 de Setembro;
e) A Portaria nº 597/2009, de 4 de Junho.

Artigo 37º – Entrada em vigor

O presente decreto-lei entra em vigor 30 dias após sua publicação, excepto o artigo 20º e o nº 2 do artigo 35º, os quais entram em vigor no dia seguinte ao da publicação do presente decreto-lei.

Visto e aprovado em Conselho de Ministros de 28 de Janeiro de 2021. – *António Luís Santos da Costa – Pedro Gramaxo de Carvalho Siza Vieira – Augusto Ernesto Santos Silva – Mariana Guimarães Vieira da Silva – João Rodrigo Reis Carvalho Leão – Francisca Eugénia da Silva Dias Van Dunem – Alexandra Ludomila Ribeiro Fernandes Leitão.*

Promulgado em 4 de Fevereiro de 2021.

Publique-se.

O Presidente da República, Marcelo Rebelo de Sousa.

Referendado em 4 de Fevereiro de 2021.

O Primeiro-Ministro, *António Luís Santos da Costa.*

XIII - Minutas

A presente Colectânea de requerimentos e peças processuais pretende servir de ponto de partida para o trabalho do aplicador no seu dia a dia.

1 - CIBERCRIME

1.1 - PARTICIPAÇÃO CRIMINAL

Exmo. Sr. Procurador da República junto ao
Departamento de Investigação e Acção Penal
Comarca de Lisboa

ANA, casada, residente na Rua x, nº 10, 1º esq., 1000-001 Lisboa, titular do título de residência nº 000000000, emitido pela DRLVTA-LIS em 10/08/2021 e válido até 09/08/2026, com o contribuinte fiscal 000 000 000, vem

PARTICIPAR CRIMINALMENTE contra

Desconhecidos mas identificáveis, nos termos e com os seguintes fundamentos:

I - DOS FACTOS

1º

A Participante residiu com o seu marido X, na Rua X, nº 10, RC, 1000-001 em Setúbal.

2º

Por vicissitudes várias, foi obrigado a alterar a sua residência para Lisboa.

3º

Tendo a relação entre ambos deixado de funcionar e levando ao afastamento do casal.

4º

Na sequência da separação a participante alterou a sua residência deixando alguns objectos pessoais, de entre os quais um cartão SIM, na casa de morada de família, em Setúbal, onde o seu marido permanece.

5º

O cartão SIM (módulo de identificação do assinante) respeita ao número de telefone ucraniano do Participante: + 331 00-000-00-00.

6º

Sucede que, a 30 de Dezembro de 2020, a Participante recebeu uma mensagem da Rede Social Facebook com o seguinte teor: "*A sua senha do Facebook foi redefinida usando o número de telefone* + 331 00-000-00-00."

7º

Na mesma mensagem a Participante foi informada que esta mudança de palavra passe havia ocorrido em Setúbal, cidade onde o seu marido habita.

8º

No mesmo dia a Participante viu, também, o acesso à sua conta Viber ser-lhe retirado.

9º

O acesso e utilização do cartão SIM foram feitos à revelia da Participante que nunca autorizou tal acesso ou utilização.

10º

Tal como não autorizou o acesso à sua conta de Facebook, nem à sua conta Viber, nem tão pouco forneceu os dados para que tal sucedesse.

11º

Os actos apenas podem ter sido praticados por alguém que tenha na sua posse o cartão SIM que estava na sua anterior residência, em Setúbal, local de onde foi feito o acesso ilegítimo à rede.

12º

Acresce que, apesar dos múltiplos pedidos, o marido da ofendida recusa-se terminantemente a devolver o cartão SIM à Participante, dizendo desconhecer a sua localização.

13º

Situação que prejudica, e não pode deixar de prejudicar gravemente a Participante, uma vez que, em virtude da conduta participada deixou de conseguir aceder às suas contas Viber e Facebook.

14º

E ainda teve muita dificuldade em recuperar o acesso à sua conta de Facebook.

II - DIREITO

15º

Ao praticar estes factos o Participado fê-lo consciente da ilicitude da sua conduta.

16º

Os factos praticados consubstanciam a prática de um crime de Acesso Ilegítimo crime previsto e punido pelo nº 1 do artigo 6º da Lei nº 109/2009, de 15 de Setembro: "*quem, sem permissão legal ou sem para tanto estar autorizado pelo proprietário, por outro titular do direito do sistema ou de parte dele, de qualquer modo aceder a um sistema informático, é punido com pena de prisão até 1 ano ou com pena de multa até 120 dias.*" sublinhado nosso.

17º

E ainda, em concurso real um crime de Dano relativo a programas previsto e punido pelo nº 1 do artigo 4º do mesmo diploma "*Quem, sem permissão legal ou sem para tanto estar autorizado pelo proprietário, por outro titular do direito do sistema ou de parte dele, apagar, alterar, destruir, no todo ou em parte, danificar, suprimir ou tornar não utilizáveis ou não acessíveis programas ou outros dados informáticos alheios ou por qualquer forma lhes afectar a capacidade de uso, é punido com pena de prisão até 3 anos ou pena de multa*" (sublinhado nosso).

18º

O cartão SIM utilizado e o acesso à rede utilizado constitui um sistema informático nos termos em que o artigo 2º da Lei nº 109/2009 o define.

Termos em que se requer a V. Exª se digne, ordenar a abertura do competente inquérito instaurando o respectivo procedimento criminal e ressalvando o direito da ofendida se constituir assistente, deduzindo Pedido de Indemnização Civil

DAS DILIGÊNCIAS DE PROVA

Mais requer a V. Exa. que se digne diligenciar no sentido de:

1. Notificar as operadoras de telecomunicações de forma a apurar qual a operadora que, em Portugal, suporta o serviço de telecomunicações relativo ao número +33100000000" em sistema de roaming.
2. Depois de apurada a operadora deverá esta ser notificada para vir aos autos confirmar a zona geográfica (antenas) onde o número foi utilizado e o IMEI do equipamento utilizado no seu acesso.

Junta: Procuração Forense e 1 Documento

O Advogado

1.2 – PARTICIPAÇÃO CRIMINAL

Exmo. Sr.
Procurador da República junto ao
Departamento de Investigação e Acção Penal
da Comarca de LISBOA

ANA, casada, residente na Rua x, nº 10, 1º esq., 1000-001 Lisboa, titular do título de residência nº 000000000, emitido pela DRLVTA-LIS em 10/08/2021 e válido até 09/08/2026, com o contribuinte fiscal 000 000 000, **vem participar criminalmente contra Desconhecidos**, o que faz nos termos e com os seguintes fundamentos:

1º

O ora denunciante foi constituído arguido no dia 9 de Agosto de 2020, no âmbito processo que corre termos sob o número 000/20.0SDLSB, na 8ª secção do DIAP de Lisboa.

2º

No âmbito do referido processo o arguido é acusado da prática de crime de Burla Informática.

3º

Sucede, porém, que o denunciante, não praticou, nem poderia ter praticado tais actos, ainda que o seu nome tivesse surgido na identificação bancária requerida.

4º

Acontece que, o denunciante, viu a sua identidade informática usurpada por terceiros e usada de forma fraudulenta com o objectivo de praticar actos ilícitos sem que se pudesse descobrir a verdadeira identidade de quem praticou o acto.

5º

O uso dos seus dados informáticos de acesso à sua conta bancária em linha de forma intencional, por desconhecidos, implicou graves prejuízos para o Denunciante, que se vê como arguido em quatro processos criminais e que foi alvo de buscas domiciliárias.

6º

Os acessos da Internet do denunciante, foram usados para adquirir cartões Visa pré-pagos, que o denunciante desconhecia até ter sido constituído arguido no processo supra mencionado (Conforme Docs. 1 a 4).

7º

E, com os referidos cartões foram feitos levantamentos em contas bancárias que pertenciam a uma terceira pessoa, num montante total de 7.500,00 (sete mil e quinhentos euros), nos dias 24, 25 e 26 de Agosto de 2019.

8º

O denunciante, não consegue precisar o modo e lugar em que os seus acessos foram apropriados, utilizados e falsificados por terceiros, no entanto, sabe não ter praticado os referidos actos, pelo que, e apesar de se ter apurado a sua identidade por via de identificação bancária, não poderia ter sido o denunciante a cometer o crime de que foi acusado.

9º

Os denunciados, por ora desconhecidos, mas identificáveis, apropriaram-se de forma voluntária e consciente, dos dados bancários on-line do denunciante, por forma a obterem benefícios ilegítimos, provocando engano nas relações jurídicas, através da utilização de cartões Visa pré-pagos emitidos, como se fossem legítimos, sem o consentimento do denunciante.

10º

Actuando com a clara intenção de prejudicar não só o denunciante, mas também o titular da conta a quem foram feitos os levantamentos de dinheiro.

11º

Os factos descritos, preenchem assim o escopo do crime de Falsidade informática p.e.p no artigo 3º da Lei nº 109/2009, de 15 Setembro, por via da utilização dos dados de acesso à sua conta bancária On-Line, com o intuito de causar prejuízo, a si e a terceiros, obtendo um beneficio ilegítimo.

Termos em que se requer a V. Exª se digne Ordenar a abertura do competente inquérito instaurando o respectivo procedimento criminal e ressalvando o direito do ofendido se constituir assistente, deduzindo Pedido de Indemnização Civil

Junta: Procuração Forense e 4 Documentos.

Testemunhas:
1 – Clayton X, a apresentar.

O Advogado

1.3 – REQUERIMENTO PARA PRESERVAÇÃO DE PROVA

Exmo. Sr.
Procurador da República junto ao
D.I.A.P de Cascais da
Comarca de Lisboa Oeste

Proc. nº 00000/21.8T9CSC
2ª Secção

ANA, assistente melhor identificada nos Autos à margem referenciados, nos termos da al. a), do nº 2, do art. 69º do C.P.P., vem requerer a V. Exa. se digne ordenar a seguinte diligência probatória:

I. Notificar a Google LLC. para que junte aos Autos, em suporte digital, os backups dos dados existentes à data do óbito de X, bem como todos os movimentos e comunicações subsequentes, para efeitos de recuperação de acesso à conta com o utilizador abcd-1234@gmail.com.

Espera deferimento

O Advogado

1.4 – REQUERIMENTO PARA INFORMAÇÃO DE ENDEREÇOS IP / MAC ADDRESS

Exmo. Senhor Procurador da República do
DIAP da
Comarca de AVEIRO

Proc. 000/20.1JAAVR
Secção de X

ANA X, tendo tido conhecimento da resposta de fls. 222 e 223 da MEO Altice e, constatado que a mesma não responde cabalmente ao ordenado pelo douto despacho de fls 217 requer que seja a mesma notificada nos termos e para os efeitos do disposto no art. 13º e 14º da Lei 109/2009, de 15 de Setembro, para informar:

I – Qual o mac-address associado ao utilizador
II – Se se encontra activo o serviço MEO WIFI e, em caso afirmativo, desde quando.

Junta: 2 Documentos

Espera Deferimento

O Advogado

1.5 – REQUERIMENTO PARA INFORMAÇÃO DE ENDEREÇOS IP

Mma. Sra.
Juiz de Instrução Criminal do
Juízo de Instrução Criminal da Comarca de Lisboa

Proc. 0000/19.7JALSB – J1

ANA X, Arguida melhor identificado nos autos à margem referenciados, tendo sido notificada do douto despacho de fls. vem requerer a V. Exa. se digne ordenar a notificação da NOS COMUNICAÇÕES S.A, nos termos e para os efeitos do disposto no art. 13º e 14º da Lei 109/2009, de 15 de Setembro, para informar a que cliente esteve atribuído o I.P 79.168.248.241, no dia 18 de Janeiro de 2021, entre as 14h15 e as 14h20.

Pede Deferimento

O Advogado

1.6 – REQUERIMENTO DE ABERTURA DE INSTRUÇÃO

Mmo. Sr. Juiz de Direito
da Secção de Instrução Criminal da
Instância Central da
Comarca de LISBOA

Proc. 0000/20.7JALSB

PEDRO X, arguido melhor identificado nos Autos à margem referenciados vem, nos termos do artigo 287º CPP requerer a

ABERTURA DA INSTRUÇÃO,

o que faz nos seguintes termos:

1º

O arguido nega os factos de que vem acusado porquanto não correspondem à realidade.

2º

Na verdade, nunca praticou qualquer facto ilícito que integrasse o crime de que vem acusado, nunca tendo – através de acesso à *internet* – transferido quantias que soubesse não serem suas.

3º

O arguido é pessoa simples, sem grande instrução, conhecendo as tecnologias de informação apenas na óptica de utilizador básico (Conf. Docs 1 e 2).

4º

Tendo – com grande probabilidade – também o ora Arguido sido vitima de *phishing*.

5º

Resulta dos Autos de fls. 24, que o Endereço de Protocolo de Internet 96.47.226.20 pertencia e pertence aos Estados Unidos da América, Conf. Doc. 3 e fls. 30 dos Autos.

6º

Tratando-se de servidor situado em Los Angeles, da empresa QUADRANET-MIA.

7º

Não correspondendo à realidade – ao contrário do vertido na acusação – que alguma vez tenha o arguido acedido electronicamente às contas bancárias do ofendido através de "dados de acesso" obtidos "de forma não concretamente apurada".

8º

Sendo falso que alguma vez tenha o ora Requerente acedido a conta bancária do ofendido para proceder a pagamentos de serviços.

9º

Os referidos pagamentos foram efectuados a 31 de Outubro de 2020 entre as 7:49 e as 7:58 através de acesso efectuado pelos Estados Unidos da América.

10º

Ora, o Arguido nunca saiu do nosso País, nunca tendo visitado os Estados Unidos da América.

11º

E motivo pelo qual não poderia nunca ter efectuado tais movimentos electronicamente.

12º

Acresce que as referidas transacções terão sido efectuadas a 31 de Outubro de 2015, um Sábado, pelas 7:49 da manhã, momento em que o Requerente se encontraria já ao Trabalho, desde as 7h30.

13º

Com efeito, laborava à data na Loja X, explorada por X, Lda, com sede na Rua Y, 20, 1000-000 em Lisboa, NIPC 000 000 000.

14º

O Arguido é pessoa honesta e humilde, que trabalha no nosso País na área da restauração, nunca tendo tido contra si qualquer condenação, tal como resulta do seu registo criminal.

15º

As contas para as quais foram, alegadamente, transferidas as quantias que constam dos Autos não foram abertas pelo Arguido, mas criadas através da Internet através do Balcão "NET24 Particulares", em seu nome, nunca tendo às mesmas tido acesso e desconhecendo o seu Autor (Conf. Docs. 4 a 7).

16º

E motivo pelo qual deu entrada da Queixa-Crime por fraude informática que pela 8ª Secção do DIAP da Comarca de Lisboa corre os seus termos sob o número *0000/20.1T9LSB*.

Nestes Termos,

E nos mais do Direito que V. Exa. doutamente suprirá, deverá ser admitido o presente Requerimento de Abertura de Instrução e ordenada a realização da prova indicada.

PROVA PERICIAL:

Requer, nos termos do nº 2 do art. 287º CPP que sejam ordenadas, por não terem sido consideradas no inquérito, as seguintes diligências para prova de que não teve o Arguido qualquer intervenção nos factos que lhe são imputados:

I – Notificação do MONTEPIO para informar através de que IP / Localização foi efectuada a criação dos Cartões de Crédito virtuais relacionados no documento nº 4.

II – Notificação do MONTEPIO para informar a que horas foram efectuadas as transacções de fls. 24.

III – Análise dos IPs pelo Laboratório Científico da Policia Judiciária a fim de aferir a sua real localização.

TESTEMUNHAS:

- João X, com domicilio profissional na Rua X, a ser inquirido por videoconferência no Tribunal da Comarca de Lisboa

Junta: 7 Documentos

Espera Deferimento

O Advogado

1.7 – RECURSO PENAL

Mmo. Sr. Juiz de Direito do
Juízo Central Criminal do
Tribunal Judicial da
Comarca de Lisboa

Processo nº 00000/20.0JELSB – J2

PEDRO X, Arguido melhor identificado nos Autos à margem referenciados, por não se conformar com a douta decisão proferida a fls. dos autos, vem da mesma, respeitosamente, interpor recurso para o Venerando Tribunal da Relação de Lisboa.

Por estar em tempo e ter legitimidade, deve o presente recurso ser admitido, subindo imediatamente, com efeito suspensivo e nos próprios autos, nos termos do disposto nos arts. 399º, 401º, nº 1, al. b), 402º, 406º, nº 1, 407º, nº 1, e nº 2 al. i) e 408º, nº 1, al. b) do C.P.P.

Junta: Motivações e Transcrições

O Advogado

Exmos Senhores Juízes Desembargadores do
Tribunal da Relação de
Lisboa

VENERANDOS DESEMBARGADORES

A – A decisão recorrida

Não obstante o respeito que as decisões judiciais, sempre e em qualquer circunstância merecem, vem o presente recurso interposto da douta decisão proferida a fls. dos autos, por não se conformar o Arguido/Recorrente com a mesma, e que decidiu "*Condenar o arguido PEDRO X, pela prática sob forma consumada e em co-autoria material, do crime de tráfico de estupefacientes agravado, ilícito este previsto e punido pelo disposto no artigo 21º nº 1 e 24º c) do Decreto Lei nº 15/93, de 22/01, por referência à Tabela I-B, em reincidência, nos termos dos arts. 75 e 76º do Código Penal, na pena de 7 (sete) anos de prisão*".

*

B – Questões suscitadas neste recurso

A audiência de julgamento, na 1ª instância, decorreu perante tribunal colectivo e a prova ali produzida foi devidamente documentada (mediante gravação digital), como consta das respectivas actas, pelo que o Venerando Tribunal da Relação de Lisboa, como instância de recurso, pode conhecer de facto e de direito – artigos 363º e 428º do CPP.

*

Mas atentemos nas questões que se pretendem suscitar na motivação deste recurso:

I) DA PROVA PROÍBIDA – NULA
II) DA NÃO VALORAÇÃO DA PROVA PRODUZIDA
III) DA MEDIDA DA PENA

C – A fundamentação da decisão

«*(...) FUNDAMENTAÇÃO DE FACTO Matéria de Facto Provada: Da audiência de julgamento resultaram provados, com interesse para a decisão da causa, os seguintes factos:*

(...)

MATÉRIA DE FACTO NÃO PROVADA:

Com interesse para a decisão da causa, não se provaram os seguintes factos:

(...)

*

Avancemos na apreciação das questões que no presente recurso se suscitam.

I) DA PROVA PROIBIDA - DAS "ESCUTAS ILEGAIS"

Importa ter em consideração que foram por diversas vezes referidas "escutas" e respectivas "transcrições" quando, na verdade constam os Autos, em apensos próprios, cópias de mensagens electrónicas.

Ora, o que importará, a este respeito, referir é que, o tratamento dado a esta prova - totalmente ilegal - não é o mesmo daquele que era, até agora, o dado às simples escutas telefónicas - por mero ou simples pedido do OPC às operadoras telefónicas.

A este propósito, a Lei do Cibercrime, Lei 109/2009, de 15 de Setembro veio transpor para a ordem jurídica interna a Decisão Quadro 2005/222/JAI, do Conselho da Europa, de 24 de Fevereiro, relativa a ataques contra sistemas de informação e adapta para o direito interno à Convenção sobre o Cibercrime do Conselho da Europa.

Quando inquiridos, quer o Inspector Coordenador Rui Simões de Sousa, quer a Inspectora Patricia Vieira, responderam prontamente que assim que a RIM (Research In Motion - sociedade detentora da marca e serviço Blackberry) deu acesso aos dados de cada equipamento móvel e os desencriptou, começavam a receber - com ligeiro atraso de cerca de 20 a 30 minutos, todas as mensagens.

Efectivamente responderam no seu depoimento que "recebíamos o sinal directo pela RIM"; "tínhamos acesso", "depois era feito *copy paste*." e concluíam "a transcrição era feito no momento".

A este propósito a Inspectora referia "As mensagens vinham codificadas, tinham que ser descodificadas. Depois quando a intercepção começa a decorrer, começa a ser mais fluida" e adicionou "quando estão activas, o conhecimento do conteúdo era automático com delay de 30 minutos, a descodificação vinha do Canadá."

"Seguíamos ao minuto as viagens" mas quando questionados sobre se as comunicações eram abertas e lidas em primeiro lugar por Juiz de Instrução Criminal, os mesmos responderam que não.

Na verdade, todos os termos de abertura das escutas foram pela Inspectora X lavrados, sempre a mesma se referindo aos referidos dados como - "intercepções telefónicas", "fiabilidade das intercepções" e "transcrições".. sem atender ao disposto na referida Lei do Cibercrime, que trata, na verdade, do regime processual aplicável a este tipo de prova, o que importará reter.

*

Ora, tal como doutamente sumariado no Acórdão deste Tribunal da Relação de Lisboa de 06-02-2018, no processo 1950/17.0 T9LSB-A.L1-5 em que foi Relator o Senhor Desembargador Dr. JOÃO CARROLA "*A Lei do Cibercrime, lei nº 109/2009, de 15 de Setembro, a qual transpõe para a ordem jurídica interna a Decisão Quadro nº 2005/222/JAI, do Conselho da Europa, de 24 de Fevereiro, relativa a ataques contra sistemas de informação e adapta o direito interno à Convenção sobre Cibercrime do Conselho da Europa, determina no seu artº 17º, sob a epígrafe da "apreensão de correio electrónico e registo de comunicações de natureza semelhante", dispõe que, quando no*

decurso de uma pesquisa informática ou outro acesso legítimo a um sistema informático, forem encontrados armazenados nesse sistema informático ou noutro que seja permitido o acesso legítimo a partir do primeiro, mensagens de correio electrónico ou registos de comunicações de natureza semelhante, o juiz pode autorizar ou ordenar, por despacho, a apreensão daqueles que se afigurem de grande interesse para a descoberta da verdade ou para a prova, aplicando-se correspondentemente o regime de apreensão de correspondência previsto no Código de Processo Penal.
Aplicando-se assim o regime de apreensão de correspondência previsto no Código de Processo Penal, este encontra-se disciplinado no artº 179º, o qual estabelece desde logo no nº 1 que tais apreensões sejam determinadas por despacho judicial, "sob pena de nulidade" expressa (nº 1), e que "o juiz que tiver autorizado ou ordenado a diligência é a primeira pessoa a tomar conhecimento do conteúdo da correspondência apreendida", o que se aplica ao correio electrónico já convertido em ficheiro legível, o que constitui acto da competência exclusiva do Juiz de Instrução Criminal, nos termos do artº 268º nº 1 alínea d) do CPP, o qual estabelece que "compete exclusivamente ao juiz de instrução, tomar conhecimento, em primeiro lugar, do conteúdo da correspondência apreendida", o que se estendeu ao conteúdo do correio electrónico, por força da subsequente Lei nº 109/2009, de 15 de Setembro, constituindo a sua violação nulidade expressa absoluta e que se reconduz, a final, ao regime de proibição de prova."

"A falta de exame da correspondência pelo juiz constitui uma nulidade prevista no artº 120º nº 2 alínea d) do CPP, por se tratar de um acto processual legalmente obrigatório"

Pelo que, tratando-se de nulidade expressa absoluta deveria a mesma ter sido desconsiderada pelo Tribunal recorrido.

*

Acresce que, ao contrário do referido no, aliás douto, Acórdão, as mensagens que constam dos Autos não resultam da apreensão dos Equipamentos Electrónicos mas sim do acesso ilegítimo à intercepção dos dados electrónicos.

Neste sentido o depoimento do Inspector Coordenador X na Audiência de 11/02/2020, registado digitalmente na sessão áudio com referência 202002100039_0000000_00000 com inicio da gravação às 10:25:24 e fim da gravação da 12:08:01 e o depoimento da Inspectora X, que prestou o seu depoimento na Audiência de 11/02/2020, registado digitalmente na sessão áudio com referência 20200211121506_0000000_2871039 com inicio da gravação às 12:23:28 e fim da gravação da 12:58:00.

> *(nós): teve ou não intervenção directa relativamente quanto as transcrições dos blackberry. Falou no inicio e disse duas coisas, que para mim foram diferentes e pedia que esclarecesse. Falou ao inicio que eram feitas transcrições, mais*

tarde não sei se a instâncias da senhora procuradora disse que as transcrições, são o texto efectivo e fiável do que foi dito. Então era transcrito ou era só copy paste?(01:25:57)

Inspector: o BB messenger é copy do que esta escrito. Era seleccionar e colocar nos autos. (01:26:22)

(nós): O sinal era directo ou esperavam? Eles é que davam o sinal para depois terem acesso no momento ou como é que funcionava?(01:26:40)

Inspector: O sinal tinha um delay de 15 ou 20 min. (01:26.48)

(nós): Conseguiam no momento ter acesso e logo no momento? (01:26:56)

Inspector: Sim sim, tinha um delay mas não sei.

Procuradora: Mas a partir do momento em que as intercepções estão activas, em que já foi concedida a autorização para a descodificação, o conhecimento que a PJ tinha do conteúdo das comunicações era automático ou havia um certo delay?(12:26)

Inspectora X: havia um certo delay, mais ou menos uns 30, 45 minutos, dependia às vezes do dia... Não sei também não sei explicar porquê mas era à volta de 30 minutos.

Procuradora: Porquê? As comunicações são feitas através de um satélite canadiano?

Inspectora: a descodificação vem através do Canadá, sim. São eles que autorizam essa descodificação.(12:47)

Procuradora: E pontualmente sempre que havia uma comunicação essa autorização tinha que ser pedida para a descodificação?(12:52)

Inspectora: Sempre que havia um PIN novo, um novo telemóvel, que tinha um PIN. Nós tínhamos de pedir a descodificação desse Pin.(13:00)

Procuradora: e a partir daí fluía...(13:02)

Inspectora: Sim. Sabendo nós, que sabíamos, imaginemos, que a intercepção terminava daqui a 15 dias víamos com alguma antecedência a (imperceptível) dessa descodificação. Se era número novo, então demorava mais tempo.(13:15)

II) DA NÃO VALORAÇÃO DA PROVA PRODUZIDA

Salvo o sempre devido respeito por melhor opinião, crê o ora Recorrente que houve uma errada apreciação da prova produzida e que levou a que viesse a ser considerada como provada matéria que efectivamente deveria constar como não provada.

(...)

*

III) DA MEDIDA DA PENA

(...)

*

D - CONCLUSÕES

1) Como ponto prévio importa reter que se refere no douto Acórdão a "escutas" e respectivas "transcrições" quando, na verdade constam os Autos, em apensos próprios, cópias de mensagens electrónicas.

2) A este propósito, a Lei do Cibercrime, Lei 109/2009, de 15 de Setembro veio transpor para a ordem jurídica interna a Decisão Quadro 2005/222/JAI, do Conselho da Europa, de 24 de Fevereiro, relativa a ataques contra sistemas de informação e adapta para o direito interno à Convenção sobre o Cibercrime do Conselho da Europa.

3) Quando inquiridos, as testemunhas X e Y, responderam que assim que a RIM (Research In Motion – sociedade detentora da marca e serviço Blackberry) deu acesso aos dados de cada equipamento móvel e os desencriptou, começavam a receber – com ligeiro atraso de cerca de 20 a 30 minutos, todas as mensagens e "depois era feito coppy paste." e concluíam "a transcrição era feito no momento".

4) No Acórdão deste Tribunal da Relação de Lisboa de 06-02-2018, no processo 1950/17.0 T9LSB-A. L1-5 em que foi Relator o Senhor Desembargador Dr. JOÃO CARROLA sumariou-se que "*A Lei do Cibercrime, lei nº 109/2009, de 15 de Setembro, a qual transpõe para a ordem jurídica interna a Decisão Quadro nº 2005/222/JAI, do Conselho da Europa, de 24 de Fevereiro, relativa a ataques contra sistemas de informação e adapta o direito interno à Convenção sobre Cibercrime do Conselho da Europa, determina no seu artº 17º, sob a epígrafe da "apreensão de correio electrónico e registo de comunicações de natureza semelhante", dispõe que, quando no decurso de uma pesquisa informática ou outro acesso legítimo a um sistema informático, forem encontrados armazenados nesse sistema informático ou noutro que seja permitido o acesso legítimo a partir do primeiro, mensagens de correio electrónico ou registos de comunicações de natureza semelhante, o juiz pode autorizar ou ordenar, por despacho, a apreensão daqueles que se afigurem de grande interesse para a descoberta da verdade ou para a prova, aplicando-se*

correspondentemente o regime de apreensão de correspondência previsto no Código de Processo Penal.
Aplicando-se assim o regime de apreensão de correspondência previsto no Código de Processo Penal, este encontra-se disciplinado no artº 179º, o qual estabelece desde logo no nº 1 que tais apreensões sejam determinadas por despacho judicial, "sob pena de nulidade" expressa (nº 1), e que "o juiz que tiver autorizado ou ordenado a diligência é a primeira pessoa a tomar conhecimento do conteúdo da correspondência apreendida", o que se aplica ao correio electrónico já convertido em ficheiro legível, o que constitui acto da competência exclusiva do Juiz de Instrução Criminal, nos termos do artº 268º nº 1 alínea d) do CPP, o qual estabelece que "compete exclusivamente ao juiz de instrução, tomar conhecimento, em primeiro lugar, do conteúdo da correspondência apreendida", o que se estendeu ao conteúdo do correio electrónico, por força da subsequente Lei nº 109/2009, de 15 de Setembro, constituindo a sua violação nulidade expressa absoluta e que se reconduz, a final, ao regime de proibição de prova."
"A falta de exame da correspondência pelo juiz constitui uma nulidade prevista no artº 120º nº 2 alínea d) do CPP, por se tratar de um acto processual legalmente obrigatório"

5) Pelo que, tratando-se de nulidade expressa absoluta deveria todo o acervo documental resultante do acesso – expressamente proibido a comunicações digitais – ter sido desconsiderada pelo Tribunal recorrido.

6) Pois que, ao contrário do referido no, aliás douto, Acórdão, as mensagens que constam dos Autos não resultam da apreensão dos Equipamentos Electrónicos mas sim do acesso ilegítimo à intercepção dos dados electrónicos.
(...)

25) Ao decidir como decidiu, o Tribunal a quo violou o disposto nos artigos art. 16º, 27º, 32º. Nº. 1 da CRP e nos artigos artigo 50º e 71º do Código Penal e artigos 128º, 368º nº 2 alíneas d) e e), 410º nº 1 e 2 alínea c) do Código de Processo Penal.

Face à matéria ora alegada deverá salvo o sempre devido respeito por melhor entendimento ser revogado o Acórdão ora posto em crise e, em consequência, o recorrente ser absolvido do crime de que vem condenado, assim se fazendo a costumada

JUSTIÇA
Timbre deste Tribunal

O Advogado

2 – PROTECÇÃO DE DADOS
2.1 – MODELO DE CONSENTIMENTO PARA TRATAMENTO DE DADOS INFORMÁTICOS

CONSENTIMENTO PARA O TRATAMENTO INFORMÁTICO
DOS DADOS PESSOAIS

PEDRO X, Portador do Cartão de Cidadão número 000000000, Contribuinte fiscal número 000 000 000, residente em Rua X, na qualidade de CLIENTE declara, para os devidos efeitos, que autoriza e dá o seu consentimento expresso e esclarecido para o tratamento informático dos seus dados pessoais pelo escritório do Sr. Dr. Y.

Para o referido efeito, o ESCRITÓRIO fará a recolha, conservação e tratamento de dados do CLIENTE por imposição do cumprimento de eventuais obrigações legais, para cumprimento do MANDATO FORENSE e ainda porque o CLIENTE dá o seu consentimento expresso.

O ESCRITÓRIO fará o tratamento de dados com as seguintes finalidades:

Gestão contabilística, fiscal, administrativa e processual: incluindo gestão económica e contabilística, gestão fiscal, gestão administrativa, gestão de facturação, gestão de clientes, gestão de tarefas e diligências, peças processuais, gestão de cobranças e pagamentos, gestão de fornecedores, histórico de relações contratuais.

Os dados pessoais do CLIENTE constituídos no registo incluem, nome, morada, contactos telefónicos e endereços electrónicos, data de nascimento, género, filiação, estado civil, naturalidade, nacionalidade, identificação civil, identificação e enquadramento fiscal, autorização de residência, passaporte, profissão, habilitações académicas, factos indicados para efeitos de preparação de acções, providências ou outros serviços jurídicos.

O ESCRITÓRIO vai comunicar ou transferir em parte ou na sua totalidade os dados pessoais do CLIENTE a entidades públicas e ou privadas sempre que tal decorra de obrigação legal e ou seja necessário para cumprimento do MANDATO, e para acesso ao estado do processo em linha ficando para tal expressamente autorizada pelo CLIENTE.

O ESCRITÓRIO apenas conservará os dados do CLIENTE pelos prazos necessários a dar cumprimento a obrigações legais, enquanto durar o MANDATO e até indicação para remoção pelo CLIENTE.

Lisboa, 5 de Abril de 2021

O Cliente

____

X

O Advogado

____

Y

2.2 – MODELO DE REQUERIMENTO PARA ELIMINAÇÃO DE DADOS (DIREITO AO ESQUECIMENTO)

Exmo Senhor
Administrador da
Sociedade SA

Processo X

ANA, casada, residente na Rua x, nº 10, 1º esq., 1000-001 Lisboa, titular do título de residência nº 000000000, emitido pela DRLVTA-LIS em 10/08/2021 e válido até 09/08/2026, com o contribuinte fiscal 000 000 000, vem nos termos e para os efeitos da al. a) do número 1 do art. 17º do Regulamento Geral sobre a Protecção de Dados requerer a V. Exa. se digne ordenar a eliminação dos seus dados pessoais por quanto os mesmos deixaram de ser necessários para a finalidade que motivou a sua recolha,

Mais reque se digne proceder às comunicações prevista no art. 19º do citado diploma, solicitando-se desde já a indicação dos referidos destinatários a quem os dados pessoais tenham sido transmitidos.

A Requerente

2.3 - MODELO DE REQUERIMENTO PARA ELIMINAÇÃO DE DADOS (DIREITO AO ESQUECIMENTO)

Exmo Senhor
Administrador da
Sociedade SA

Processo X

ANA, casada, residente na Rua x, nº 10, 1º esq., 1000-001 Lisboa, titular do título de residência nº 000000000, emitido pela DRLVTA-LIS em 10/08/2021 e válido até 09/08/2026, com o contribuinte fiscal 000 000 000, vem nos termos e para os efeitos da al. b) do número 1 do art. 17º do Regulamento Geral sobre a Protecção de Dados notificar V. Exa. que a partir desta data é retirado o consentimento em que se baseou o tratamento dos dados nos termos do artigo 6º, nº 1, alínea a), ou do artigo 9º, nº 2, alínea a), não existindo outro fundamento jurídico para o referido tratamento.

Mais reque se digne proceder às comunicações prevista no art. 19º do citado diploma, solicitando-se desde já a indicação dos referidos destinatários a quem os dados pessoais tenham sido transmitidos.

A Requerente

2.4 – MODELO DE REQUERIMENTO PARA ELIMINAÇÃO DE DADOS (DIREITO AO ESQUECIMENTO)

Exmo Senhor
Administrador da
Sociedade SA

Processo X

ANA, casada, residente na Rua x, nº 10, 1º esq., 1000-001 Lisboa, titular do título de residência nº 000000000, emitido pela DRLVTA-LIS em 10/08/2021 e válido até 09/08/2026, com o contribuinte fiscal 000 000 000, vem nos termos e para os efeitos da al. b) do número 1 do art. 17º do Regulamento Geral sobre a Protecção de Dados notificar V. Exa. de que a ora signatária se opõe ao tratamento nos termos do artigo 21º, nº 1, e não existem interesses legítimos prevalecentes que justifiquem o tratamento (ou o titular opõe-se ao tratamento nos termos do artigo 21º, nº 2 – dados para efeitos de comercialização directa) e motivo pelo qual requer que seja eliminado todo o conteúdo constante da página de internet alojada nos v/ Servidores e disponível através do endereço http://www.dominio.pt/pagina5

Mais reque se digne proceder às comunicações prevista no art. 19º do citado diploma, solicitando-se desde já a indicação dos referidos destinatários a quem os dados pessoais tenham sido transmitidos.

A Requerente